UTB **3146**

W0086188

Eine Arbeitsgemeinschaft der Verlage

Böhlau Verlag · Köln · Weimar · Wien
Verlag Barbara Budrich · Opladen · Farmington Hills
facultas.wuv · Wien
Wilhelm Fink · München
A. Francke Verlag · Tübingen und Basel
Haupt Verlag · Bern · Stuttgart · Wien
Julius Klinkhardt Verlagsbuchhandlung · Bad Heilbrunn
Lucius & Lucius Verlagsgesellschaft · Stuttgart
Mohr Siebeck · Tübingen
C. F. Müller Verlag · Heidelberg
Orell Füssli Verlag · Zürich
Verlag Recht und Wirtschaft · Frankfurt am Main
Ernst Reinhardt Verlag · München · Basel
Ferdinand Schöningh · Paderborn · München · Wien · Zürich
Eugen Ulmer Verlag · Stuttgart
UVK Verlagsgesellschaft · Konstanz
Vandenhoeck & Ruprecht · Göttingen
vdf Hochschulverlag AG an der ETH Zürich

JOHANNES HUININK
TORSTEN SCHRÖDER

Sozialstruktur
Deutschlands

UVK Verlagsgesellschaft mbH

Zu den Autoren:
Johannes Huinink ist Professor für Soziologie am Institut für empirische und angewandte Soziologie der Universität Bremen, Arbeitsgebiet »Theorie und Empirie der Sozialstruktur«. Torsten Schröder ist dort wissenschaftlicher Mitarbeiter.

Bibliografische Information der Deutschen Nationalbibliothek
Die Deutsche Nationalbibliothek verzeichnet diese Publikation in der Deutschen Nationalbibliografie; detaillierte bibliografische Daten sind im Internet über http://dnb.d-nb.de abrufbar.

Das Werk einschließlich aller seiner Teile ist urheberrechtlich geschützt. Jede Verwertung außerhalb der engen Grenzen des Urheberrechtsgesetzes ist ohne Zustimmung des Verlages unzulässig und strafbar. Das gilt insbesondere für Vervielfältigungen, Übersetzungen, Mikroverfilmungen und die Einspeicherung und Verarbeitung in elektronischen Systemen.

ISBN 978-3-8252-3146-0

© UVK Verlagsgesellschaft mbH, Konstanz 2008

Einbandgestaltung: Atelier Reichert, Stuttgart
Einbandmotiv: © S. Hofschlaeger / PIXELIO
Lektorat: Verena Artz, Bonn
Satz und Layout: PTP-Berlin Protago-TEX-Production GmbH, Berlin
Druck: Ebner & Spiegel, Ulm

UVK Verlagsgesellschaft mbH
Schützenstr. 24 · D-78462 Konstanz
Tel.: 07531-9053-0 · Fax: 07531-9053-98
www.uvk.de

Inhalt

Einleitung |1

Die Sozialstruktur eines Landes ist zentraler Gegenstand soziologischer Forschung. Gleichwohl werden innerhalb der Soziologie sehr unterschiedliche Definitionen von Sozialstruktur verwendet. Dies ist einerseits der Vielfältigkeit des Themas geschuldet, andererseits ist es als Hinweis darauf zu verstehen, dass es in der Sozialstrukturanalyse noch einen Bedarf an begrifflicher Ordnung gibt. Anknüpfend an Definitionsvorschläge in der Literatur versuchen wir in diesem Band, theoretisch begründet Licht in den Begriffsdschungel zu bringen – nicht als l'art pour l'art, sondern als aus unserer Sicht notwendige Systematisierungsleistung. Der Begriff der Sozialstruktur soll dabei auf zwei eng miteinander zusammenhängende Aspekte Bezug nehmen: auf die Muster sozialer Beziehungsgeflechte zwischen den Mitgliedern einer Gesellschaft und auf die Gliederung der Bevölkerung nach Merkmalen, die für die Stellung oder Positionierung von Individuen in einer Gesellschaft eine wichtige Rolle spielen.

Mit diesem Band verfolgen wir drei Ziele: *Ziele dieses Bandes*

- *Erstens* geben wir eine systematische Einführung in die zentralen Begriffe und Konzepte der Sozialstrukturforschung.
- *Zweitens* betten wir die Sozialstrukturforschung insgesamt und bestimmte Teilbereiche (soziale Ungleichheit) gesondert in allgemeiner angelegte soziologische Theoriezusammenhänge ein.
- *Drittens* präsentieren wir ausgewählte, aktuelle Informationen zu grundlegenden Bereichen der Sozialstruktur Deutschlands – für ausführlichere empirische Dokumentationen wird jeweils auf weiterführende Publikationen der Sozialstrukturforschung verwiesen. Dabei verzichten wir auf einen internationalen Vergleich (vgl. dazu Mau/ Verwiebe 2008; Hradil 2004).

Unsere Einführung umfasst vier Abschnitte: *Aufbau des Buches*

- Im *ersten* Teil (Kapitel 2 und 3) führen wir die Grundbegriffe der Sozialstrukturforschung ein und stellen das allgemein-theoretische Basismodell einer mikrofundierten Sozialstrukturanalyse dar. Es ist Ausgangspunkt für eine transparente theoretische Argumentation innerhalb der nachfolgend behandelten Themenfelder der Sozial- *Erster Teil: Grundbegriffe und Basismodell* strukturanalyse, indem es die Ebene der gesellschaftlichen Strukturen mit der Ebene der individuellen Lebensläufe von Akteuren verbindet. Diese treten mit der Geburt in die Bevölkerung einer Gesellschaft ein und tragen durch ihr Handeln im Verlauf ihres Lebens zur Stabilität und zum Wandel der Sozialstruktur einer Gesellschaft bei.

- Im *zweiten* Teil (Kapitel 4) gehen wir auf das erste große Themenfeld der Sozialstrukturforschung ein. Wir stellen Ansätze, (Mess-)Konzepte und Befunde der demografischen Sozialstrukturanalyse bzw. der Bevölkerungssoziologie vor. Die Bevölkerung ist genuiner Gegenstand der Sozialstrukturforschung. Demografische Merkmale der Bevölkerungsstruktur, die Verteilung der Bevölkerung nach Lebensformen als Elemente der Beziehungsstruktur einer Gesellschaft oder auch die Erwerbsstruktur der Bevölkerung gehören zu diesem Bereich und sind dafür grundlegend. Auch kann an diesen Merkmalen die Wechselbeziehung zwischen demografischer Struktur und individuellem Handeln relativ einfach verdeutlicht werden.

Zweiter Teil: Demografie

- Im *dritten* Teil (Kapitel 5) gehen wir auf den zweiten großen Themenkomplex der Sozialstrukturforschung ein – die Soziologie der sozialen Ungleichheit. Da auch hier zentrale Begriffe recht uneinheitlich verwendet werden, wird ein starkes Augenmerk auf eine transparente Begriffstruktur gelegt. Das beginnt beim Begriff der sozialen Ungleichheit selbst und reicht bis zu den Konzepten der Dimensionen und Determinanten sozialer Ungleichheit, der Lebenslage und den unterschiedlichen Modellen der Strukturen sozialer Ungleichheit (Klasse, Schicht, Milieu). Die Begrifflichkeit wird nachvollziehbar theoretisch verankert. Anschließend werden Erklärungsansätze für das Phänomen der sozialen Ungleichheit und seine spezifischen Erscheinungsformen in verschiedenen Teilbereichen vorgestellt. Großen Raum nimmt auch hier wieder die Darstellung grundlegender Informationen zur sozialen Ungleichheit in Deutschland ein.

Dritter Teil: Soziale Ungleichheit

- Im *vierten* Teil (Kapitel 6) geht es um die Beziehung der Sozialstruktur zu grundlegenden Institutionen unserer Gesellschaft (Wirtschaft und Arbeitsmarkt, Wohlfahrtsstaat und Öffentlichkeit). Bevölkerungsentwicklung und Phänomene sozialer Ungleichheit sind in vielfältiger Weise mit diesen Institutionen verbunden, sie ließen sich nicht ohne den Bezug darauf verstehen. Insbesondere werden unterschiedliche Formen und das unterschiedliche Ausmaß der Beteiligung der Bevölkerung am Arbeitsmarkt und die Bedeutung der Leistungssysteme des Wohlfahrtsstaates vorgestellt. Wie in den vorangegangenen Teilen wird ihre Bedeutung für die Sozialstruktur exemplarisch mit ausgewählten, aktuellen empirischen Befunden belegt und erläutert.

Vierter Teil: Sozialstruktur und gesellschaftliche Institutionen

- In einem Anhang werden neben der verwendeten und empfohlenen Anhang Literatur die wichtigsten Datenquellen der Sozialstrukturanalyse sowie die im Internet bestehenden Zugangsmöglichkeiten zu diesen Quellen vorgestellt, um dem Leser eigene Recherchen zu erleichtern.

Dieses Buch hat eine lange Vorgeschichte. Es ist aus einem Vorlesungsskript hervorgegangen, das in seiner Entwicklung über die Jahre von vielen inhaltlichen Hinweisen und Ratschlägen sowie praktischen Hilfen bei seiner Erstellung profitiert hat. Allen, die daran Teil hatten, Studierenden, Tutorinnen und Tutoren sowie den Mitarbeiterinnen und Mitarbeitern im Arbeitsgebiet »Theorie und Empirie der Sozialstruktur« des Instituts für Soziologie der Universität Bremen sind wir zu großem Dank verpflichtet. Stellvertretend für sie nennen wir Ilona Bartkowski, Michael Feldhaus, Katrin Schwanitz und Jan Sörnsen. Ganz besonders bedanken möchten wir uns bei unserer Lektorin Verena Artz und bei Frau Sonja Rothländer vom UVK, die uns während der gesamten Zeit mit Rat und Tat zur Seite gestanden haben. Mit ihren instruktiven Hinweisen und Nachfragen haben sie erheblich zur Verbesserung des Textes und der Gestaltung des Bandes beigetragen. Es versteht sich natürlich von selbst, dass für den Inhalt dieses Bandes allein wir Autoren verantwortlich sind.

Literatur

Hradil, Stefan (2004): Die Sozialstruktur Deutschlands im internationalen Vergleich, Wiesbaden.

Mau, Steffen/Verwiebe, Roland (2008): Die Sozialstruktur Europas, Konstanz.

2 | Begriffliche Grundlagen der Sozialstrukturanalyse

Inhalt

In diesem Kapitel werden die grundlegenden Begriffe und die Dimensionen der Sozialstruktur einer Gesellschaft vorgestellt. Zunächst erläutern wir allgemein, was unter gesellschaftlichen Strukturen zu verstehen ist. Wir geben dann eine systematische Einführung in den Begriff der Sozialstruktur mit seinen beiden Dimensionen: die soziale Beziehungsstruktur und die soziale Verteilungsstruktur.

2.1   Gesellschaftliche Strukturen

2.2   Die Sozialstruktur der Gesellschaft

2.1 | Gesellschaftliche Strukturen

Menschen sehen sich tagtäglich verschiedenartigen Aspekten von gesellschaftlichen Strukturen gegenüber. Sie haben sie zu beachten, wenn sie ihr Leben individuell planen und gestalten. Dazu gehören ganz allgemein die sozialen Verhältnisse, die kulturellen Eigenarten, die politisch-rechtliche Ordnung und die Wirtschaftsverfassung einer Gesellschaft. Gesellschaftliche Strukturen äußern sich auch durch die Einbindung der Menschen in ihr engeres soziales Umfeld. Sie bestimmen je nach Situation die unterschiedlichen gegenseitigen Erwartungen, die Menschen bezogen auf das Handeln anderer haben, und sie begründen den mehr oder weniger sanften Druck zum sozial Akzeptierten. Die Existenz gesellschaftlicher Strukturen als verlässliche Orientierungslinien macht Menschen erst handlungsfähig und ermöglicht ihnen die Aufnahme und Pflege sozialer Beziehungen zu anderen Menschen.

Gesellschaftliche Strukturen

Relativ stabile, sich in der Regel nur langsam verändernde Phänomene, die das Miteinander der Menschen in einer Gesellschaft regulieren und ordnen und an denen sich die Menschen mit ihrem Handeln orientieren.

Gesellschaftliche Strukturen treten dem Einzelnen als soziale Phänomene gegenüber, die er nicht ohne Weiteres verändern kann. Daher hat er sich mit seinem Handeln an ihnen zu orientieren. Der französische Mitbegründer der modernen Soziologie Emile Durkheim (1858–1917) nennt ein solches Phänomen *fait social*. In der folgenden deutschen Übersetzung wird es als *soziologischer Tatbestand* bezeichnet. Durkheim definiert:

Soziologischer
Tatbestand *Durkheim*

> »*Ein soziologischer Tatbestand ist jede mehr oder minder festgelegte Art des Handelns, die die Fähigkeit besitzt, auf den einzelnen einen äußeren Zwang auszuüben; oder auch, die im Bereiche einer gegebenen Gesellschaft allgemein auftritt, wobei sie ein von ihren individuellen Äußerungen unabhängiges Eigenleben besitzt.*« (Durkheim 1976: 114)

Wir können damit soziologische Tatbestände als die Elemente gesellschaftlicher Strukturen ansehen.

Soziologische Tatbestände äußern sich beispielsweise in Bräuchen und Kulten, die Menschen wie selbstverständlich pflegen, in ihrer Sprache, in den Regeln wirtschaftlichen Handelns in einer Gesellschaft oder in gesellschaftlichen Konventionen jeglicher Art. Soziologische Tatbestände offenbaren sich dem Menschen meist nicht in Form materieller Gegenstände. Doch stellen sie sich ihm als etwas objektiv Vorgegebenes dar, auch wenn sie sich oft nur in seinem sozialen Handeln manifestieren. Immerhin, vielfach sind soziale Regeln und Gesetze in Schriftstücken fixiert und sozial reguliertes Handeln schlägt sich in unserer physischen Umwelt, in demografischen Strukturen oder gar in Selbstmordraten nieder. Durkheim spricht diesbezüglich vom **Substrat der Gesellschaft** oder des **Kollektivlebens**.

Durkheim

Gesellschaftliche Strukturen regulieren das *soziale Handeln* der Menschen oder sind Ausdruck und Ergebnis typischer Formen sozialen Handelns. Der Begriff des sozialen Handelns ist für die Soziologie grundlegend. Was darunter zu verstehen ist, hat der deutsche Soziologe Max Weber (1864–1930) in seiner berühmten Definition bestimmt:

Soziales Handeln

Max Weber

»Soziales Handeln aber soll ein solches Handeln heißen, welches seinem von dem oder den Handelnden gemeinten Sinn nach auf das Verhalten anderer bezogen wird und daran in seinem Ablauf orientiert ist.« (Weber 1972: 1)

Das Besondere am sozialen Handeln

Nicht jede Art individuellen Handelns ist soziales Handeln. Wenn viele Menschen zur gleichen Zeit das Gleiche tun, etwa mit einem Zug von A nach B fahren, muss das kein Ausdruck sozialen Handelns sein. Sozial handelt dagegen schon, wer einer anderen Person im Zugabteil einen Platz anbietet oder die Abteiltür aufhält. Entscheidend ist, dass der Handelnde sich damit bewusst, direkt oder indirekt auf andere Menschen bzw. deren Verhalten bezieht. Ein Künstler wird in der Produktion eines Kunstwerks nicht sozial handeln, wenn er damit allein seine Intention von Selbstverwirklichung und Selbstausdruck verfolgt, einerlei welche Wirkung er damit erzeugt. Verbindet er mit dem Werk aber eine bestimmte Aussage, will er damit etwa Einfluss auf politische Entscheidungen nehmen oder auch nur einer bestimmten Person eine Freude bereiten, haben wir es nach dem von dem Handelnden gemeinten Sinn her mit sozialem Handeln zu tun.

Soziale Prozesse

Die Wirkung von gesellschaftlichen Strukturen auf soziales Handeln zeigt sich in der Regelmäßigkeit von Handlungsabläufen, die wir beim Umgang der Menschen miteinander beobachten können. Diese Handlungsabläufe bezeichnen wir als *soziale Prozesse*. Mit dem deutschen Soziologen Hartmut Esser verstehen wir darunter wiederkehrende »Sequenzen des Ablaufs und der Wirkung des sozialen Handelns« (Esser 1993: 87). Soziale Prozesse bezeichnen die Abfolge von Aktivitäten der Menschen im alltäglichen Umgang miteinander: in der Familie, im Beruf, in Vereinen, Organisationen und sozialen Gruppen. Sie stellen Handlungs- und Entscheidungssequenzen dar, in denen sich Menschen an der sozialen Wirklichkeit, die sie umgibt, orientieren und diese durch ihr Handeln reproduzieren oder verändern.

Definition

Soziales Handeln, Soziologische Tatbestände, soziale Prozesse
- *Soziales Handeln* ist ein dem subjektiven Sinn des/der Handelnden nach auf das Verhalten anderer Personen bezogenes Handeln.
- *Soziologische Tatbestände* sind soziale Phänomene, die dem Einzelnen objektiv vorgegeben erscheinen und an denen er sich mit seinem sozialen Handeln zu orientieren hat. Sie stellen damit Aspekte gesellschaftlicher Strukturen dar.

- *Soziale Prozesse* bezeichnen die Abfolge von Akten sozialen Handelns und dessen Wirkung auf soziale Tatbestände bzw. soziale Strukturen (Reproduktion und Veränderung).

Die Bedeutung sozialer Strukturen für die gesellschaftliche Ordnung insgesamt und ihr Einfluss auf soziale Prozesse im Einzelnen werden in Übersicht 2.1 dargelegt. In Anlehnung an Hartmut Esser (1993: 426) benennen wir darin vier allgemeine Eigenschaften von gesellschaftlichen Strukturen, die für diese konstitutiv sind.

Übersicht

Charakteristika gesellschaftlicher Strukturen | 2.1
Gesellschaftliche Strukturen
- steuern soziale Prozesse, da sie die Möglichkeiten *(Opportunitäten)* und Beschränkungen *(Restriktionen)* für das Handeln der Menschen festlegen;
- begründen *Regelmäßigkeit und Ordnung* sozialer Prozesse, die gewährleisten, dass man mit ihnen »rechnen« kann;
- äußern sich in der *Dauerhaftigkeit* von Zuständen und Ablaufmustern in sozialen Prozessen;
- werden selbst durch Strukturen stabilisiert und beruhen also auf *Regelmäßigkeiten sozialen Handelns, institutionalisierten Regelungen* und sozial geteilten *Orientierungs-, Wert-* und *Normensystemen.*

Gesellschaftliche Strukturen bilden den Bedingungsrahmen für soziale Prozesse und damit für soziales Handeln. Indem Menschen in gesellschaftlichen Strukturen handeln und sich an ihnen orientieren, reproduzieren sie gleichzeitig die bestehenden gesellschaftlichen Strukturen. Dabei tragen sie zur Genese neuer und zum Wandel alter gesellschaftlicher Strukturen bei. Gesellschaftliche Strukturen sind daher nicht nur Rahmen, sondern immer auch ein Ergebnis von sozialem Handeln bzw. von sozialen Prozessen (→ Kapitel 3).

Akteure

Wir sprechen im Folgenden häufig von Akteuren, wenn wir die sozial handelnden Individuen meinen. Im Vordergrund stehen die Menschen als *individuelle Akteure.* Darüber hinaus gibt es weitere wichtige *Akteurskonstellationen*: die kollektiven und die korporativen Akteure (vgl. Übersicht 2.2).

2.2 | Akteurstypen

Zu unterscheiden sind:

- *individuelle Akteure:* Menschen als intentional handelnde Subjekte;
- *kollektive Akteure:* Gruppen individueller Akteure, die durch das mehr oder weniger koordinierte Handeln individueller Akteure als Einheit wahrnehmbar und wirksam sind;
- *korporative Akteure:* Kollektive Akteure (soziale Organisationen oder Körperschaften), die aufgrund ihrer inneren, hierarchischen Steuerungsstruktur durch dafür bestimmte Repräsentanten wie individuelle Akteure »auftreten« und handeln können (juristische Personen).

Der Begriff des kollektiven Akteurs wird hier sehr umfassend verstanden. Neben den korporativen Akteuren lassen sich zahlreiche weitere Untertypen unterscheiden. Darunter fallen Gruppen von individuellen Akteuren, die gleiche Interessen verfolgen und entsprechend handeln, ohne in besonders starker Weise organisiert zu sein, wie es etwa bei den 1989 regemäßig stattfindenden, legendären Montagsdemonstrationen in Leipzig der Fall war.

Zu den kollektiven Akteuren gehören auch die sozialen Gruppen, in denen Individuen in direkten und informellen, aber in der Regel auch länger andauernden sozialen Beziehungen zueinander stehen. Beispiele hierfür sind Lebensformen, in denen Menschen miteinander zusammenleben (Paarbeziehungen, Familien) oder der Freundeskreis, der sich regelmäßig zum Kegeln trifft. Zum korporativen Akteur wird Letzterer dann, wenn er sich offiziell als Verein mit einer Satzung etabliert und eine Vereinsleitung hat, die für den Verein nach außen auftreten und agieren kann. Dieser Verein kann dann als »juristische Person« handeln, womit die Analogie zum individuellen Akteur deutlich wird. Vereine können Verträge schließen und sie können für die Folgen der Handlungen ihrer Mitglieder, wenn diese im Namen des Vereins handeln, haftbar gemacht werden. Ein Verein »agiert« allerdings nur durch ein oder mehrere dafür autorisierte Mitglieder. Die sozialen Positionen und Beziehungen der Mitglieder sind durch eine formal geregelte innere Entscheidungs- und Organisationsstruktur bestimmt.

Wandel gesellschaftlicher Strukturen

Das Wechselverhältnis zwischen gesellschaftlichen Strukturen und sozialen Prozessen bedingt, dass gesellschaftliche Strukturen nicht starr und unveränderlich sind. Sie werden nie eins zu eins reproduziert, weil sie die Akteure nie vollständig auf ein bestimmtes Verhalten festlegen. Sie lassen eine gewisse Verhaltensvielfalt zu, die zu Variationen und

Veränderungen von Verhaltensregeln oder Institutionen – also zu sozialem Wandel – führen kann. Zudem können veränderte Handlungsmöglichkeiten oder -beschränkungen Akteure dazu veranlassen, einmal eingeschlagene Wege nicht mehr zu beschreiten und **neue soziologische Tatbestände zu schaffen** (Genese). Diese werden dann Teil der gesellschaftlichen Struktur; gesellschaftliche Strukturen wandeln sich also.

Ihr Wandel erfolgt in der Regel aber nur sehr langsam. Das unterscheidet sie gerade von dem beständigen Fluss sozialen Handelns in sozialen Prozessen und den dadurch bewirkten Veränderungen im Lebensalltag der Menschen. Obwohl sich gesellschaftliche Strukturen im Allgemeinen durch eine hohe Stabilität auszeichnen, können sie sich auch in sehr kurzen Zeiträumen radikal ändern. Der Zusammenbruch der DDR, in dessen Folge ein vormals relativ stabiles und institutionell abgesichertes Strukturgefüge einer Gesellschaft in sehr kurzer Zeit radikal verändert wurde, ist ein Beispiel dafür.

Zum Abschluss dieser allgemeinen Einführung in den Begriff der gesellschaftlichen Strukturen sei angemerkt, dass man verschiedene Ebenen oder Dimensionen gesellschaftlicher Strukturen voneinander unterscheiden kann. Mit Hartmut Esser betrachten wir drei Dimensionen gesellschaftlicher Strukturen: die Infrastruktur einer Gesellschaft, die soziale Struktur oder Sozialstruktur einer Gesellschaft und die institutionelle Struktur einer Gesellschaft (Esser 1993: 426 ff.).

Drei Dimensionen gesellschaftlicher Strukturen

Hartmut Esser

- Die *Infrastruktur* stellt die materielle und technologische Basis der Gesellschaft dar. Sie ist die strukturelle Ebene der Mittel und Ressourcen, die den Akteuren in einer Gesellschaft zur Verfügung stehen. Esser zählt dazu unter anderem den technischen Entwicklungsstand, die bisher geschaffenen technischen und infrastrukturellen Produktionsbedingungen, vorhandene Bildungseinrichtungen, die ökologischen Gegebenheiten und die Fähigkeiten und Talente der Bevölkerung.
- Die *institutionelle Struktur* beinhaltet nach Esser die Gesamtheit der sozialen Institutionen, welche dazu beitragen, den gesellschaftlichen Strukturen insgesamt Dauerhaftigkeit zu verleihen. Die institutionelle Struktur ist die grundlegende, übergreifende »Verfassung« einer Gesellschaft. Neben den Werten, Normen und den kulturell verankerten, allgemein akzeptierten Lebenszielen der Mitglieder einer Gesellschaft gehören hierzu auch Vorstellungen über die legitimen Mittel, mit denen diese Ziele verfolgt werden können, sowie die Verteilung dieser Mittel und der Kontrolle über sie. Beispielsweise sind sowohl die Vorstellungen über das Ziel von Akteuren, materielle Sicherheit im Leben zu erreichen, als auch die Möglichkeiten und Mittel, diese zu realisieren, kulturell und rechtlich recht klar definiert.

Die *Sozialstruktur* einer Gesellschaft wird im kommenden Abschnitt erklärt und uns im Weiteren ausführlich beschäftigen. Es wird dabei deutlich werden, dass die Sozialstruktur als wesentlicher Teil der gesellschaftlichen Strukturen eng mit der Infrastruktur und der institutionellen Struktur einer Gesellschaft verknüpft ist.

Lernkontrollfragen

1 Was sind die Charakteristika gesellschaftlicher Strukturen?
2 Wie unterscheiden sich gesellschaftliche Strukturen von sozialen Prozessen?
3 Welche strukturellen Ebenen einer Gesellschaft kann man unterscheiden?

Infoteil

Den systematischen Versuch einer theoretisch begründeten Klassifikation verschiedener Ebenen gesellschaftlicher Strukturen, die hier nur kurz angedeutet werden konnte, findet man ausführlich in dem Einführungsbuch von Hartmut Esser »Soziologie. Allgemeine Grundlagen« aus dem Jahre 1993 beschrieben.

2.2 | Die Sozialstruktur der Gesellschaft

Unter dem Begriff der *Sozialstruktur der Gesellschaft* fassen wir zwei Dimensionen zusammen:
• die soziale Beziehungsstruktur und
• die soziale Verteilungsstruktur der Gesellschaft.

Der Begriff der Sozialstruktur wird in der Literatur nicht einheitlich verwendet. Häufig wird darunter nur eine der beiden zuvor genannten Dimensionen verstanden. So sprechen zum Beispiel manche Autoren von sozialen Strukturen, wenn sie allein die Beziehungsstruktur einer Gesellschaft meinen (Bahrdt 1994). Der deutsche Sozialstrukturforscher Rainer Geißler präsentiert eine Übersicht (Geißler 2006: 17 ff.), welche die Vielfalt und die Vieldeutigkeit der unterschiedlichen Definitionen der Sozialstruktur verdeutlicht. Er selbst fasst diese Definitionsangebote in einer eigenen Charakterisierung zusammen, wonach die Sozialstruktur »die Wirkungszusammenhänge in einer mehrdimensio-

Verwendung des Begriffs in der Forschung

nalen Gliederung der Gesamtgesellschaft in unterschiedliche Gruppen nach wichtigen sozial relevanten Merkmalen sowie die relativ dauerhaften sozialen Beziehungen dieser Gruppen untereinander« umfasst. Dieses Verständnis kommt dem unsrigen relativ nahe. Im Folgenden wollen wir unseren Begriff der Sozialstruktur aber etwas umfassender und präziser anlegen.

Definition

Sozialstruktur einer Gesellschaft
Die Sozialstruktur einer Gesellschaft hat zwei miteinander verbundene Dimensionen:
- die *soziale Beziehungsstruktur* als die Gesamtheit dauerhaft angelegter Formen sozialer Beziehungen zwischen Mitgliedern der Gesellschaft;
- die *soziale Verteilungsstruktur* als die Gliederung der Mitglieder der Gesellschaft nach sozial relevanten Merkmalen und Kombinationen solcher Merkmale, d. h. nach Merkmalen, die für die Aufnahme und Pflege sozialer Beziehungen sowie für Möglichkeiten sozialen Handelns wichtig sind.

Unsere Definition der Sozialstruktur beinhaltet die genannten zwei Dimensionen. Sie verweist zum einen darauf, dass wir in einer Gesellschaft relativ stabile Formen von sozialen Beziehungen vorfinden, in denen die Gesellschaftsmitglieder miteinander verkehren und sozial handeln (soziale Beziehungsstruktur). Zum anderen hebt sie hervor, dass sich die Mitglieder einer Gesellschaft nach bestimmten, für ihre sozialen Beziehungen und ihr soziales Handeln bedeutsamen Merkmalen (oder auch Kombinationen solcher Eigenschaften) in Teilgruppen untergliedern lassen (soziale Verteilungsstruktur). Aus der Zugehörigkeit zu diesen Teilgruppen lassen sich Rückschlüsse auf die unterschiedlichen Lebensbedingungen der Menschen und ihre sozialen Verhältnisse ziehen.

Zwei Dimensionen der Sozialstruktur

Die Sozialstrukturanalyse untersucht die beiden Dimensionen der Sozialstruktur und deren Wandel:
- Sie beschreibt die soziale Beziehungs- und Verteilungsstruktur der Gesellschaft.
- Sie analysiert die Auswirkungen und die Zusammenhänge zwischen Eigenschaften der Menschen bezüglich unterschiedlicher Merkmalsgruppen und der Zugehörigkeit zu bestimmten Bereichen der sozialen Beziehungsstruktur.

Sozialstrukturanalyse

2.2.1 | Soziale Beziehungsstruktur

Soziale Beziehungen

Die individuellen Akteure in einer Gesellschaft können in vielfältiger Weise in *sozialen Beziehungen* zueinander stehen. Eine soziale Beziehung bedeutet ein spezifisch definiertes, sinnhaftes Zueinander- oder Aufeinanderbezogensein von Akteuren, das einen bestimmten Handlungszusammenhang generiert. Max Weber definiert:

> »*Soziale Beziehung soll ein seinem Sinngehalt nach aufeinander eingestelltes und dadurch orientiertes Sichverhalten mehrerer heißen. Die soziale Beziehung besteht also durchaus und ganz ausschließlich: in der Chance, dass in einer (sinnhaft) angebbaren Art sozial gehandelt wird, einerlei zunächst: worauf diese Chance beruht.*« (Weber 1972: 13)

Beispiele für soziale Beziehungen sind Geschäftsbeziehungen, Freundschaften, Kooperationsbeziehungen in Organisationen und am Arbeitsplatz, aber auch flüchtige Bekanntschaften im Zug oder auf der Straße.

Im übertragenen Sinne können, über individuelle Akteure vermittelt, auch korporative Akteure in sozialen Beziehungen zueinander stehen (vgl. Übersicht 2.2). Vertraglich geregelte Kooperationsbeziehungen zwischen Organisationen oder Unternehmen sind dafür ein Beispiel.

Soziale Beziehungsgeflechte

Unter der sozialen Beziehungsstruktur einer Gesellschaft verstehen wir die Gesamtheit der gesellschaftstypischen, dauerhaft angelegten Formen sozialer Beziehungen zwischen zwei oder mehreren Mitgliedern der Gesellschaft. Sie stellt einen stabilen Kontext für das Handeln der beteiligten Akteure dar und umfasst im allgemeinen Sinne verschieden geartete, auf Dauer angelegte *soziale Beziehungsgeflechte* (Elias 1993: 109), die zwei und mehr Akteure einschließen können. Hierzu gehört nun nicht mehr die flüchtige Bekanntschaft im Zug, sondern es sind Paarbeziehungen, Familienbeziehungen, Marktbeziehungen, Freundschaft- und Bekanntschaftsnetzwerke, soziale Organisationen oder Wirtschaftsunternehmen gemeint, welche allesamt ein Mindestmaß an Stabilität aufweisen.

Nach dem deutschen Soziologen Hans P. Bahrdt sollen unter sozialen Beziehungsgeflechten oder »sozialen Strukturen«, wie er sie nennt, »Verhältnisse, d. h. als objektiv erlebte Zusammenhänge, die durch soziales Handeln entstehen, verstanden werden, die nicht nur faktisch die Situation einzelner sozialer Verhaltensweisen bzw. Interaktionen überdauern, sondern ihre Dauerhaftigkeit spezifischen Stabilisationsmomenten verdanken« (Bahrdt 1994: 110).

Stabilisationsmomente von sozialen Beziehungsgeflechten können auf persönlichen Übereinkünften, aber auch auf hochgradig formalisierten Regelungen und sozialen Institutionen beruhen.

Als besondere Formen von sozialen Beziehungsgeflechten in der sozialen Beziehungsstruktur einer Gesellschaft sind die *kollektiven Akteure* hervorzuheben (vgl. Übersicht 2.2). Sie sind eindeutig abgrenzbare und identifizierbare Gruppen individueller Akteure und lassen sich durch eigene Merkmale und Eigenschaften charakterisieren. Die individuellen Akteure in diesen sozialen Kollektiven handeln koordiniert. Sie folgen informell geregelten Handlungserwartungen, die mehr oder weniger stark aufeinander abgestimmt sind. Korporative Akteure – als Sonderfall der kollektiven Akteure – sind durch eine deutlich stärkere Formalisierung (bzw. Institutionalisierung) dieser Handlungserwartungen, bzw. der Rollenvorstellungen gekennzeichnet.

Den »Ort«, den ein individueller Akteur in einem sozialen Beziehungsgeflecht einnimmt, bezeichnen wir als seine *soziale Position* in diesem Beziehungsgeflecht. Soziale Positionen bestimmen das Verhältnis der individuellen Akteure zueinander, die Mitglieder eines sozialen Beziehungsgeflechtes sind. In den sozialen Positionen kommen ihnen daher soziale Rollen zu. Das heißt, es werden Handlungsvorschriften oder Handlungserwartungen an sie gerichtet, die an ihre soziale Position geknüpft sind. In kollektiven Akteuren definiert eine soziale Position die Aufgaben, die jemand im Zusammenspiel der Mitglieder des kollektiven Akteurs zu übernehmen hat. Beispiele für soziale Positionen sind: die Mutter in der Familie, der Manager in einem Unternehmen, der Kassierer in einem Verein. Diese Beispiele zeigen, ein und dieselbe Person kann gleichzeitig mehrere soziale Positionen einnehmen und tut das in der Regel auch.

Soz ale Positionen

Definition

Soziale Beziehungsgeflechte und soziale Positionen
- *Soziale Beziehungsgeflechte* sind relativ dauerhafte Strukturen sozialer Beziehungen in einer Gesellschaft, die zwei oder mehr Akteure umfassen.
- *Soziale Positionen* kennzeichnen die Orte von individuellen Akteuren in sozialen Beziehungsgeflechten allgemein und in kollektiven bzw. korporativen Akteuren im Besonderen.

Soziale Beziehungen sind stark durch die gegenseitigen Handlungserwartungen der Akteure geprägt. Zur Charakterisierung dieser Handlungserwartungen kann zwischen zwei idealtypischen Prinzipien unterschieden werden, die soziale Beziehungsgeflechte in Reinform oder als Mischtyp begründen oder stabilisieren.

Soziale Beziehungen und die damit verbundenen sozialen Positionen können durch *formal* gesetzte Normen, Regeln und Vorschriften festgelegt sein, wie es für soziale Organisationen charakteristisch ist. Die individuellen Akteure, die durch formale Regelungen charakterisierte soziale Positionen bekleiden, werden in den sozialen Beziehungen nur als Träger der dadurch festgelegten sozialen Rolle betrachtet. Als Person bleiben sie uninteressant. Sie sind daher austauschbar, ohne dass das soziale Beziehungsgeflecht und seine Struktur davon tangiert sein müssen. Das trifft vor allem für korporative Akteure, wie zum Beispiel Wirtschaftsunternehmen, Vereine oder politische Parteien zu.

Formal bestimmte Beziehungsgeflechte

Soziale Beziehungen und die damit verbundenen sozialen Positionen können auch das Ergebnis persönlicher Interaktion von individuellen Akteuren sein. In diesem Fall werden die gegenseitigen Handlungserwartungen über die *informelle* gegenseitige Zuschreibung generiert. Das ist in sozialen Gruppen wie Familien oder in Freundschaftsnetzwerken der Fall. Personen sind hier nicht austauschbar, ohne das soziale Beziehungsgeflecht bzw. seine Struktur grundlegend zu verändern.

Informell begründete Beziehungsgeflechte

2.2.2 | Soziale Verteilungsstruktur

Die Menschen in einer Gesellschaft können sich in Bezug auf Merkmale verschiedenster Art gleichen oder voneinander unterscheiden. Dazu gehören das Geschlecht, die Staatsangehörigkeit oder das Einkommen ebenso wie die Körpergröße, die Haarfarbe oder die Intelligenz. Wenn wir im Folgenden die soziale Verteilungsstruktur einer Gesellschaft untersuchen, werden wir allerdings nur bestimmte Merkmale berücksichtigen. Es handelt sich dabei um Merkmale, die der deutsche Soziologe und Sozialstrukturforscher Karl M. Bolte als »sozial relevante Kriterien« bezeichnet. Damit meint er »solche Kriterien, die das aufeinander bezogene Verhalten von Menschen beeinflussen« (Bolte 1990: 30).

Karl M. Bolte

Wir nennen solche Merkmale *sozialstrukturelle Merkmale*. Zu diesen gehören etwa das Geschlecht, die Staatsangehörigkeit oder der Beruf – während beispielsweise die Augenfarbe nicht dazu zählt. Wir werden in der Tat zeigen können, dass die Tatsache, welches Geschlecht, welche Staatsangehörigkeit oder welches Einkommen jemand hat, sich auf die soziale Beziehungen und Möglichkeiten sozialen Handelns auswirkt. Ob ein Merkmal sozialstrukturell relevant ist, kann gesellschaftsspezifisch

Sozialstrukturelle Merkmale

variieren. So spielt die Religionszugehörigkeit in einigen Ländern eine wichtige Rolle, während sie in anderen kaum von Bedeutung ist.

In Bezug auf ein sozialstrukturelles Merkmal sind Menschen verschieden. Wir sagen, das Merkmal nimmt bei ihnen eine unterschiedliche Ausprägung an. Jemand kann etwa weiblichen oder männlichen Geschlechts sein, sein Einkommen kann 3000 Euro oder 4000 Euro betragen. Die individuelle Ausprägung eines sozialstrukturellen Merkmals bei einem Menschen bezeichnen wir als seine *sozialstrukturelle Position* (bezogen auf dieses Merkmal). Sozialstrukturelle Positionen können die Zuge- **Sozialstrukturelle** hörigkeit zu einer von mehreren möglichen Kategorien eines sozial- **Positionen** strukturellen Merkmals ausdrücken, wie es beim »Geschlecht« oder der »Staatsangehörigkeit« der Fall ist. Eine Frau zu sein ist dann eine sozialstrukturelle Position. Eine andere ist, die deutsche Staatsangehörigkeit zu haben. Sozialstrukturelle Positionen sind bei Merkmalen wie dem Einkommen auch durch verschiedene Messwerte oder Größen bestimmt, so beim Einkommen etwa durch eine bestimmte Einkommenshöhe.

Definition

Sozialstrukturelle Merkmale und sozialstrukturelle Positionen

- *Sozialstrukturelle Merkmale* sind Eigenschaften der Mitglieder einer Gesellschaft, die für die Aufnahme und Pflege sozialer Beziehungen sowie die Möglichkeiten ihres sozialen Handelns wichtig sind.
- *Eine sozialstrukturelle Position* ist die spezifische Ausprägung eines sozialstrukturellen Merkmals bei einem Menschen (Zugehörigkeit zu einer bestimmten Kategorie, z. B. bezogen auf das Merkmal Geschlecht: »eine Frau sein«; Größenordnung eines Merkmals, z. B. bezogen auf das Merkmal Einkommen: Einkommenshöhe).

Ergänzend ist die folgende Unterscheidung wichtig: **Zugeschriebene**
- Eine sozialstrukturelle Position wird bezogen auf bestimmte Merk- **und erworbene** male *zugeschrieben* genannt, wenn sie nicht selbst aktiv erworben ist, **sozialstrukturelle** wenn sie dem Einzelnen gleichsam mit in die Wiege gelegt wurde. Ob **Positionen** ich Frau oder Mann bin, ist mir vorgegeben (Merkmal: Geschlechtszugehörigkeit). Ob die Familie, in die ich hineingeboren wurde, arm oder reich ist (Merkmal: Einkommen des elterlichen Haushalts), ist ebenfalls nicht auf mein Handeln zurückzuführen.
- Sozialstrukturelle Positionen können aber auch vom Akteur selbst *erworben* sein. Das kann man etwa für das Ausbildungsniveau oder den Familienstand behaupten. Ob ich einen Hochschulabschluss er-

reiche oder eine abgeschlossene Lehre als Facharbeiter, ob ich ledig bin oder verheiratet, hängt entscheidend, wenn auch nicht ausschließlich, von meinen Aktivitäten ab.

Der bedeutende amerikanische Soziologie und Sozialstrukturforscher Peter M. Blau nennt sozialstrukturelle Merkmale »Parameter sozialer Strukturen« und meint damit »Kriterien«, wie das Alter, das Geschlecht, die ethnische Zugehörigkeit und den sozioökonomischen Status. Die Tatsache, dass Menschen in ihrer sozialstrukturellen Position bezogen auf solche Kriterien unterschiedlich sind, also Frau oder Mann, schwarz oder weiß, wohlhabend oder arm, hat einen Einfluss auf ihre Rollenbeziehungen (Blau 1978).

Sozialstrukturelle und soziale Positionen

Sozialstrukturelle Merkmale haben also einen Bezug zur sozialen Beziehungsstruktur einer Gesellschaft. Welche sozialstrukturelle Position ein Akteur bezogen auf bestimmte Merkmale einnimmt, hat einen Einfluss darauf, zu wem er soziale Beziehungen pflegen kann und welche Art von sozialen Beziehungen er in sozialen Beziehungsgeflechten knüpfen bzw. welche sozialen Positionen er darin einnehmen kann. Umgekehrt gilt, dass die Information über die Zugehörigkeit zu bestimmten sozialen Beziehungsgeflechten oder kollektiven Akteuren selbst als sozialstrukturelles Merkmal anzusehen ist. Eine sozialstrukturelle Position könnte dann zum Beispiel sein, dass man Mitglied eines Vereins X ist und in einem Industrieunternehmen Y arbeitet. Ein anderes sozialstrukturelles Merkmal könnte die Information beinhalten, in welcher sozialen Position, sprich in welcher Funktion man in einem Verein oder in einem Unternehmen tätig ist. Der Vorsitzende eines Sportvereins oder der Vorarbeiter in einem Stahlwerk zu sein, ist dann eine diesbezügliche sozialstrukturelle Position.

Zwei Typen sozialstruktureller Merkmale

Auf Peter M. Blau (1994: 14 f.) geht auch die folgende, wichtige Unterscheidung zwischen zwei verschiedenen Typen sozialstruktureller Merkmale zurück:

1. Sozialstrukturelle Merkmale, die Menschen nach verschiedenen Kategorien oder Untergruppen unterscheiden, die keine irgendwie geartete Rangfolge unter den Merkmalsinhabern implizieren (Religionszugehörigkeit, Geschlecht, Familienform usw.). Wir nennen sie *Klassifikationsmerkmale* (bei Blau: *nominal parameters*). Sozialstrukturelle Positionen bezogen auf solche Merkmale drücken dann eine *Zugehörigkeit* zu einer bestimmten Kategorie von Akteuren aus. Das Ausmaß der Unterschiedlichkeit bezüglich solcher Merkmale bestimmt die *Heterogenität* unter den Mitgliedern einer Gesellschaft. Die Heterogenität wächst im Prinzip mit der möglichen Anzahl der sozialstrukturellen Positionen. Sie nimmt auch in dem Maße zu, wie sich die Ge-

Klassifikationsmerkmale: Zugehörigkeit und Heterogenität

sellschaftsmitglieder auf diese Positionen immer gleichmäßiger verteilen. Ein Beispiel ist die Verteilung einer Bevölkerung auf verschiedene Familienformen.

2. Sozialstrukturelle Merkmale, gemäß derer sich die Menschen in eine Rangfolge bringen lassen und deren sozialstrukturelle Positionen auf ein Mehr oder Weniger von etwas verweisen (Bildungsniveau, Einkommen). K. M. Bolte spricht von »ungleichheitsrelevanten« Merkmalen (Bolte 1990: 30). Wir nennen sie im Folgenden *Ungleichheitsmerkmale* (bei Blau: *graduated parameters*). Verschiedene sozialstrukturelle Positionen bezogen auf solche Merkmale drücken, weiter der Begrifflichkeit von Bolte folgend, einen unterschiedlich hohen *Status* (oder *Statusposition*) bezogen auf das Merkmal aus. Das Ausmaß der Unterschiedlichkeit bezüglich dieses Typs von sozialstrukturellen Merkmalen bestimmt den Grad der *Ungleichheit* zwischen Mitgliedern einer Gesellschaft (Blau 1994: 14). Als Beispiel sei das Ausmaß der Einkommensungleichheit in einer Gesellschaft genannt, das auf unterschiedliche Art und Weise gemessen werden kann (→ Kapitel 5.2).

Ungleichheitsmerkmale: Status und Ungleichheit

Mitglieder der Gesellschaft, die dieselbe sozialstrukturelle Position bezüglich eines sozialstrukturellen Merkmals einnehmen, bilden ein *soziales Aggregat*. Mit Peter M. Blau nennen wir soziale Aggregate auch *sozialstrukturelle Gruppen* (Blau 1994: 21 ff.). Soziale Aggregate oder sozialstrukturelle Gruppen bilden in der Regel keine kollektiven Akteure, da sie im Allgemeinen kein Beziehungsgeflecht darstellen, sondern allein eine Menge von Individuen mit der gleichen sozialstrukturellen Position bilden. Sie können aber als Referenzgruppe für das Denken und Handeln individueller Akteure bedeutsam sein, indem sich Mitglieder einer sozialstrukturellen Gruppe in ihrem Verhalten aneinander orientieren.

Soziale Aggregate und sozialstrukturelle Gruppen

Die Verteilung der Mitglieder einer Gesellschaft nach sozialstrukturellen Merkmalen ist ein wesentlicher Bestandteil ihrer sozialen Verteilungsstruktur. In Anlehnung an Peter M. Blaus Begriff der *population structure* sind drei weitere Aspekte zu ergänzen:

- Maße der Unterschiedlichkeit der Mitglieder einer Gesellschaft bezogen auf sozialstrukturelle Merkmale (Klassifikations- und Ungleichheitsmerkmale),
- Maße des Zusammenhangs bzw. der Korrelation zwischen sozialstrukturellen Merkmalen und
- Umfang und Verteilung von sozialen Beziehungen zwischen Akteuren innerhalb und zwischen sozialstrukturellen Gruppen (vgl. Übersicht 2.3).

2.3 | Soziale Verteilungsstruktur

Zur sozialen Verteilungsstruktur einer Gesellschaft zählen:

- die *Gliederung bzw. die statistische Verteilung* der Mitglieder einer Gesellschaft nach sozialstrukturellen Merkmalen. Beispiele sind die Altersstruktur einer Gesellschaft, die Verteilung der erwachsenen Bevölkerung nach der Größe des Haushalts, in dem sie leben, oder die Verteilung nach dem sozialen Status ihrer Eltern;
- *Maße der Unterschiedlichkeit (Heterogenität, Ungleichheit)* der Mitglieder einer Gesellschaft in Bezug auf sozialstrukturelle Merkmale. Beispiele sind Maße der Vielfalt von Lebensformen oder der Einkommensungleichheit;
- *Maße des Zusammenhangs (Korrelationen) zwischen sozialstrukturellen Merkmalen* unter den Mitgliedern einer Gesellschaft. Ein bekanntes Beispiel dafür ist der Zusammenhang zwischen dem Schulabschluss junger Menschen und dem Schulabschluss ihrer Eltern;
- *Umfang von Beziehungen zwischen Mitgliedern innerhalb und zwischen unterschiedlichen, sozialstrukturellen Gruppen* der Gesellschaft. Ein Beispiel dafür ist das Ausmaß der Bildungshomogamie in Ehen, also das Ausmaß, in dem Ehepartner derselben Bildungsgruppe (etwa gleicher Schulabschluss) angehören.

Die soziale Verteilungsstruktur einer Gesellschaft wird auf einen Zeitpunkt bezogen bestimmt. Durch den Vergleich verschiedener Zeitpunkte *Querschnittsbetrachtungsweise* miteinander kann man dann ihren Wandel »komparativ-statisch« im Zeitverlauf betrachten. Wir nennen diesen Zugang die *Querschnittsbetrachtungsweise* der Analyse sozialstrukturellen Wandels.

In der Sozialstrukturforschung wird aber mehr und mehr auch die Veränderung sozialstruktureller Positionen von Akteuren im Verlaufe *Längsschnittbetrachtungsweise* ihres Lebens untersucht. Diese Veränderungen sind es, die den sozialstrukturellen Wandel bewirken. Will man ihn erklären, muss man somit die Dynamik sozialstruktureller Positionen im Lebenslauf von Menschen entschlüsseln. Veränderungen sozialstruktureller Positionen finden typischerweise in einem bestimmten Alter im Verlauf des Lebens von Menschen eines bestimmten Geburtsjahrgangs statt. So mag zum Beispiel der Bezug des Auszugs aus dem Elternhaus eines Individuums zu dem Kalenderjahr, in dem er stattfindet, eher belanglos sein. Das Alter, in dem dieses Ereignis, das eine neue Phase im individuellen Lebenslauf einleitet, sich zuträgt, dürfte dagegen bedeutsam sein. Auch der Vergleich verschiedener Geburtsjahrgänge (Kohorten) im Hinblick auf das durchschnittliche Alter beim Auszug aus dem Elternhaus gibt aussagekräftige Hinweise auf Prozesse des sozialstrukturellen Wandels.

Die Teilgebiete der Sozialstrukturforschung, welche sich mit dieser Art von Fragestellungen beschäftigen, sind die Kohorten- und die Lebenslaufanalyse. Wählt man diese Analyseperspektive, folgt man der *Längsschnittbetrachtungsweise* der Analyse sozialstrukturellen Wandels. Im Einzelnen wird auf diese konzeptuellen und methodischen Aspekte der Sozialstrukturforschung im nächsten Kapitel noch detaillierter eingegangen.

Menschen nehmen gleichzeitig sozialstrukturelle Positionen zu verschiedenen sozialstrukturellen Merkmalen ein. Sie gehören also gleichzeitig verschiedenen sozialstrukturellen Gruppen an (vgl. den Begriff der »multiple groups« bei Blau 1994). Jemand ist ein Mann, hat die deutsche Staatsangehörigkeit inne, hat ein Einkommen von mehr 3000 Euro usw. Man kann auch sagen, dass ihm ein bestimmtes *sozialstrukturelles Profil* bezogen auf die berücksichtigten Merkmale zukommt. Je nachdem, welche Merkmale man einbezieht, kann man Menschen mittels solcher Profile unterschiedlich gut charakterisieren. Man kann zudem untersuchen, wie viele verschiedene sozialstrukturelle Profile bezogen auf diese Merkmale es in einer Gesellschaft gibt und wie sich die Bevölkerung darauf verteilt.

Sozialstrukturelles Profil

Die Vielfalt der sozialstrukturellen Profile in einer Gesellschaft kann unterschiedlich groß sein. Das hängt davon ab, wie viele verschiedene Kombinationen der sozialstrukturellen Positionen zu den einbezogenen Merkmalen beobachtet werden können. Das wiederum ist abhängig davon, wie stark die sozialstrukturellen Merkmale miteinander zusammenhängen oder korrelieren (Blau 1994: 14 f.). Betrachten wir zwei Beispiele mit zwei Paaren von sozialstrukturellen Merkmalen.

Im ersten Beispiel ist ein vergleichsweise enger Zusammenhang zwischen den beiden ausgewählten sozialstrukturellen Merkmalen anzunehmen. Dabei handelt es sich um den Ausbildungsabschluss und die berufliche Stellung eines Individuums. Menschen mit einer abgeschlossenen Lehre nehmen eher eine niedrigere berufliche Stellung (z. B. Facharbeiter) ein, während Menschen mit einem Hochschulabschluss eher Leitungspositionen erreichen oder selbstständig sind. Hochschulabsolventen sind also seltener unter den Facharbeitern als in Leitungspositionen zu finden. Das Umgekehrte gilt für die Mitglieder der Gruppe derjenigen, die eine Lehre absolviert haben.

Zusammenhänge zwischen sozialstrukturellen Merkmalen

Eine bestimmte sozialstrukturelle Position bezüglich des ersten Merkmals (Ausbildungsabschluss) geht also besonders häufig mit einer ganz bestimmten sozialstrukturellen Position bezüglich des zweiten Merkmals (berufliche Stellung) einher und umgekehrt. Das ist ein Indiz für »konsolidierte Abgrenzungen« (Blau) zwischen sozialstrukturellen Gruppen bezüglich der betrachteten Merkmale. Sozialstrukturelle Gruppen bezüglich dieser beiden Merkmale sind mehr oder weniger *kongruent*: Die sozialstrukturelle Gruppe bezüglich des einen Merkmals ist auch vorwiegend in der Gruppe bezüglich des anderen Merkmals vertreten und umgekehrt.

Kongruenz von sozialstrukturellen Gruppen

Bezogen auf unser Beispiel hieße das, dass Menschen mit einem unterschiedlichen Ausbildungsniveau im Hinblick auf ihre berufliche Stellung deutlich voneinander abgegrenzt sind und umgekehrt. Dies impliziert, dass Angehörige einer bestimmten Ausbildungsgruppe in Bezug auf ihre berufliche Stellung relativ homogen wären. Umgekehrt wäre die Gruppe der Menschen mit einer bestimmten beruflichen Stellung bezogen auf ihren Ausbildungsabschluss relativ homogen.

Betrachtet man als zweites Beispiel die Wohnortgröße und die berufliche Stellung, erwartet man einen eher schwachen Zusammenhang zwischen diesen zwei sozialstrukturellen Merkmalen. Hier geht eine bestimmte sozialstrukturelle Position bei dem einen Merkmal (Wohnortgröße) mit allen möglichen sozialstrukturellen Positionen bezüglich des anderen sozialstrukturellen Merkmals (berufliche Stellung) einher. Ob man sich in einer leitenden Angestelltenposition befindet oder als Facharbeiter arbeitet, sollte von der Wohnortgröße kaum abhängen.

Inkongruenz von sozialstrukturellen Gruppen

Das ist ein Indiz dafür, dass die Kongruenz sozialstruktureller Gruppen bezüglich dieser beiden Merkmale gering ist und »Überschneidungen« (Blau) die Regel sind – man spricht von *Inkongruenz*. Jede Gruppe bezüglich des einen Merkmals ist in allen Gruppen bezüglich des anderen Merkmals nennenswert vertreten und umgekehrt. Menschen, die in Wohnorten einer bestimmten Größe leben, können eben alle möglichen Formen einer beruflichen Stellung bekleiden, ob Arbeiter, mittlerer Angestellter oder Beamter. Menschen mit einer bestimmten beruflichen Stellung leben nicht nur in Wohnorten einer besonderen Größe. Daraus kann man schlussfolgern, dass die sozialstrukturelle Gruppe derjenigen, die in einem Wohnort einer bestimmten Größe wohnen, in Bezug auf ihre berufliche Stellung relativ heterogen ist, wie ebenso Menschen mit einer bestimmten beruflichen Stellung relativ heterogen bezogen auf ihre Wohnortgrößen sind.

Wenn Georg Simmel von der »Kreuzung der sozialen Kreise« spricht, so meint er dieses Phänomen (Simmel 1989). Die bestimmten Positionen verschiedener sozialstruktureller Merkmale zugeordneten sozialen Kreise (sprich: sozialstrukturellen Gruppen) können sich mehr oder weniger stark überschneiden. In komplexen modernen Gesellschaften überschneiden sich sehr viel mehr soziale Kreise und die einzelnen Überschneidungsmengen sind sehr viel kleiner als in traditionalen Gesellschaften.

Wir werden uns in dieser Einführung ausführlich mit Aspekten der sozialen Verteilungsstruktur einer Gesellschaft beschäftigen (Bevölkerungsstruktur in Kapitel 4, Strukturen sozialer Ungleichheit in Kapitel 5). Die soziale Beziehungsstruktur werden wir nur punktuell behandeln. Dazu gehören die Lebensformen (Kapitel 4), Korporationen und Arbeitsorganisationen in der Wirtschaft (Kapitel 6.1) sowie Organisationen und Institutionen des Wohlfahrtsstaats (Kapitel 6.2)

Kurzer Ausblick

Lernkontrollfragen

1 Beschreiben Sie beispielhaft Elemente der Beziehungsstruktur einer Gesellschaft.
2 Nennen Sie Beispiele für sozialstrukturelle Merkmale und begründen Sie die Auswahl.
3 Welche Sachverhalte werden mit den Begriffen der Heterogenität und der Ungleichheit ausgedrückt?
4 Wie hängen die Beziehungs- und die Verteilungsstruktur als Teildimensionen der Sozialstruktur zusammen?

Infoteil

Eine sehr gute und klar konzipierte Einführung in die Begrifflichkeit der Sozialstrukturanalyse gibt Peter M. Blau in seinem Band »Structural Contexts of Opportunities« aus dem Jahre 1994. Wir haben uns in großen Teilen daran orientiert. Um Verwirrung zu vermeiden, sei darauf hingewiesen, dass der hier definierte Begriff der sozialstrukturellen Position mit Blaus Begriff der sozialen Position identisch ist.

In einer deutschen Übersetzung gibt es dazu einen Text von Peter M. Blau mit dem Titel »Parameter sozialer Strukturen« in dem von ihm herausgegebenen Band »Theorien sozialer Strukturen« von 1978.

Literatur

Bahrdt, Hans P. (1994): Schlüsselbegriffe der Soziologie, 6. Aufl., München.

Blau, Peter M. (1978): Parameter sozialer Strukturen, in: Blau, Peter M. (Hg.), Theorien sozialer Strukturen, Opladen, S. 203–233.

Blau, Peter M. (1994): Structural Contexts of Opportunities; Chicago/London.

Bolte, Karl M. (1990): Strukturtypen sozialer Ungleichheit. Soziale Ungleichheit in der Bundesrepublik Deutschland im historischen Vergleich, in: Berger, Peter A./Hradil, Stefan (Hg.), Lebenslagen, Lebensläufe, Lebensstile (Sonderband 7 der Sozialen Welt), Göttingen, S. 27–50.

Durkheim, Emile (1976): Regeln der soziologischen Methode, Neuwied.

Elias, Norbert (1993): Was ist Soziologie?, Weinheim/München.

Esser, Hartmut (1993): Soziologie. Allgemeine Grundlagen, Frankfurt/M.

Geißler, Rainer (2006): Die Sozialstruktur Deutschlands, 4., überarb. und akt. Aufl., Wiesbaden.

Simmel, Georg (1989) [1890]: Über die Kreuzung socialer Kreise, in: ders.: Gesamtausgabe, Bd. 2: Aufsätze 1887–1890, hg. v. Otthein Rammstedt, Frankfurt/M., S. 237–257.

Weber, Max (1972): Wirtschaft und Gesellschaft, Tübingen.

Sozialstruktur und Individuum |3

Sozialstruktur und soziales Handeln | 3.1

Wie im zweiten Kapitel dargelegt, reguliert und ordnet die Sozialstruktur als Teil der gesellschaftlichen Strukturen das soziale Handeln und das Miteinander der Menschen in einer Gesellschaft. Gleichzeitig ist sie selbst aber das Ergebnis des sozialen Handelns von Akteuren. Sozialstruktur und individuelles Handeln stehen also in einer Wechselbeziehung zueinander. Wollen wir die Genese, Reproduktion und den Wandel soziologischer Tatbestände und der Sozialstruktur einer Gesellschaft verstehen, müssen wir neben der sozialstrukturellen Makroebene auch die Mikroebene der sozial handelnden Akteure in die Betrachtung einbeziehen, denn durch ihre alltäglichen Entscheidungen werden diese Strukturen immer wieder aufs Neue reproduziert oder verändert. Wir nennen dieses Prinzip die *Mikrofundierung der sozialstrukturellen Analyse*.

Mikrofundierung der sozialstrukturellen Analyse

Die Auswirkungen gesellschaftlicher Strukturen auf individuelles Handeln sind vielfältig. Beispielsweise beeinflussen sie in Form von Verhaltensnormen die Handlungsziele von Akteuren. So sollen sie nicht erwünschte Folgen individuellen Handelns für Mitakteure und Gesellschaft verhindern. Dieses dürfte besonders dann gewährleistet sein, wenn Akteure organisiert miteinander kooperieren und ihr Handeln koordinieren. Innerhalb sozialer Organisationen soll dieses durch vereinbarte und formal festgelegte Handlungsregeln für die Mitglieder gesichert werden. Indem sich Akteure organisieren, schaffen sie eine Beziehungsstruktur mit vereinbarten Verhaltensnormen, innerhalb derer das soziale Handeln aufeinander abgestimmt wird – nicht zuletzt, um auf diese Weise nicht intendierte Handlungsfolgen zu vermeiden.

Organisiertes Handeln

Ein Beispiel dafür sind sogenannte *sharing groups*. Deren Mitglieder teilen sich die Nutzung eines für sie zugänglichen Gutes (z.B. ein Auto) (Carsharing). Damit die Vorteile der gemeinsamen Nutzung optimiert und die Nachteile möglichst gering gehalten werden, gibt es für alle Eventualitäten Regeln, nach denen jeder Einzelne auf das Gut zugreifen kann. Warum eine solche Vorgehensweise sinnvoll ist, lässt sich auch an einem klassischem Beispiel zeigen: der von Hardin dargestellten »Tragik der Allmende« (Hardin 1968). Danach besteht die Tendenz, dass ohne Vereinbarungen eine für Akteure kostenlos nutzbare Ressource (etwa eine von allen Bewohnern eines Dorfes für die Viehzucht nutzbare Weide) aus Eigeninteresse der Akteure »übernutzt« und dadurch schließlich für alle Beteiligten unbrauchbar wird.

Ein anderes Beispiel ist die Ausgestaltung einer gesetzlichen Regelung, welche die Vereinbarkeit von Elternschaft und Berufstätigkeit verbessern soll – etwa der Ausbau des Angebots an Betreuungsplätzen für Kinder im Alter von unter drei Jahren. Die Wahrscheinlichkeit, dass eine entsprechende Gesetzesvorlage der Intention der Gesetzgeber gemäß umgesetzt wird, steht und fällt damit, wie gut die Interessen aller daran beteiligten (korporativen) Akteure (Verbände, Gemeinden, Bundesländer und Bund) berücksichtigt sind und deren Kooperation funktioniert.

Nicht intendierte Folgen absichtsvollen Handelns

Die strukturellen Auswirkungen von sozialem Handeln oder Teile davon sind aber sehr häufig nicht intendiert und entsprechen nicht oder nicht vollständig den Handlungszielen der Akteure. Sie können den Zielen der Akteure sogar widersprechen (paradoxe Effekte). Nicht intendierte Folgen absichtsvollen Handelns ergeben sich häufig dann, wenn die Akteure nicht organisiert sind, ihre Einzelhandlungen jedoch Konsequenzen füreinander haben. So bringt etwa jeder Gast zur Party eine Kleinigkeit zu Essen mit und am Ende stehen alle ohne Getränke da. Die Individuen sind nach **Boudon** (1978: 81) über ihre Handlungsergebnisse in einem Interdependenzsystem miteinander verbunden, ohne dass zwischen ihnen direkte oder indirekte soziale Beziehungen bestehen.

Übersicht

Interaktionssysteme nach Boudon (1978) | 3.1

- Erster Typ: *Funktionales System*. Das sind Interaktionssysteme, in denen das Handeln der Mitglieder des Interaktionssystems weitgehend durch vorgegebene Handlungsvorschriften bestimmt oder festgelegt.
- Zweiter Typ: *Interdependenzsysteme*. Das sind Interaktionssysteme, in denen Individuen nicht geregelt aufeinander Bezug nehmend handeln, durch ihr Handeln aber dennoch bewusst oder unbewusst aufeinander einwirken können.

Wieder ein Beispiel: Kein Mensch in unserer Gesellschaft beabsichtigt, indem er – aus welchen persönlichen Gründen auch immer – auf Kinder verzichtet, die Alterung der Bevölkerung der Bundesrepublik zu beschleunigen und wohlmöglich seine eigene Altersabsicherung zu gefährden. Doch genau diese Gefahr droht, da sich bei zu geringer Geburtenzahl langfristig das Verhältnis von jungen und alten Menschen in einer Bevölkerung zugunsten Letzterer verschiebt (→ Kapitel 4.2). Die Geburtenentwicklung in einer Bevölkerung kann aber nicht »organisiert« werden, sodass die Menschen bewusst zur biologischen Reproduktion ihrer Gesellschaft ihren Beitrag leisten, indem sie etwa einer Norm entsprechen, die verlangt, dass man mindestens zwei Kinder bekommt. Strukturelle Rahmenbedingungen einer Gesellschaft beeinflussen natürlich die individuellen Entscheidungen – etwa indem sich Frauen aufgrund ihrer besseren Ausbildung und Erwerbschancen zunehmend gegen Kinder entscheiden, solange Familie und Beruf für sie schwer miteinander zu vereinbaren sind.

Wir haben es bezogen auf die Geburt von Kindern mit autonomen individuellen Entscheidungen zu tun, bei denen Frauen und Männer ihr eigenes Wohlergehen und nicht das der Gesellschaft im Blick haben. Dennoch führen diese Entscheidungen zu nicht intendierten Veränderungen auf der Strukturebene, wonach sich zum Beispiel das Verhältnis von Erwerbspersonen zu Rentenempfängern zugunsten der Letzteren verschiebt. Ausgelöst durch Strukturveränderungen rufen viele Einzelne mit ihrem veränderten Verhalten in der Summe einen Wandel sozialstruktureller Phänomene hervor. Die verbesserten Bildungschancen von Frauen haben danach – bei gleichbleibend schlechten Möglichkeiten der Vereinbarkeit von Familie und Beruf – neben anderen Faktoren einen weitreichenden, wenn auch sehr indirekten Effekt auf die individuelle Lebensplanung vieler Akteure.

Beispiel
Geburtenentwicklung

Gegenwärtig werden politische Maßnahmen diskutiert und umgesetzt, welche die Vereinbarkeit beruflicher und familiärer Ziele verbessern sollen. Das heißt, wir erleben einen neuen strukturellen Wandel, mit dem politische (korporative) Akteure die Rahmenbedingungen der individuellen Entscheidung zur Familiengründung und -erweiterung verändern, um Elternschaft auf individueller Ebene wieder attraktiver werden zu lassen. Es bleibt abzuwarten, ob die dabei intendierten Ziele auch tatsächlich realisiert werden.

Definition

Mehrebenenmodell gesellschaftlicher Entwicklung

Modell des wechselseitigen Zusammenhangs zwischen soziologischen Tatbeständen und der Sozialstruktur auf der Makroebene und den Handlungen von Akteuren auf der Mikroebene.

Soziologische Tatbestände bedingen soziales Handeln und soziales Handeln verändert soziologische Tatbestände Das Wechselverhältnis zwischen gesellschaftlichen Strukturen und sozialen Prozessen zeigt, dass eine Gesellschaft durch das Handeln von Menschen oder Gruppen von Menschen reproduziert oder verändert wird, wie komplex ein solcher Zusammenhang auch immer sein mag. Wegen ihrer Bedeutung sollen die Wechselbeziehung zwischen den gesellschaftlichen Strukturen (sozialen Tatbeständen) bzw. der Sozialstruktur und der individuellen Handlungsebene noch etwas genauer betrachtet werden. James Coleman hat sie in einer einfachen Abbildung veranschaulicht: der »Coleman-Wanne« (Coleman 1991: 7 ff.). Abbildung 3.1 zeigt eine für unsere Zwecke angepasste Version dieses einfachen Mehrebenenmodells.

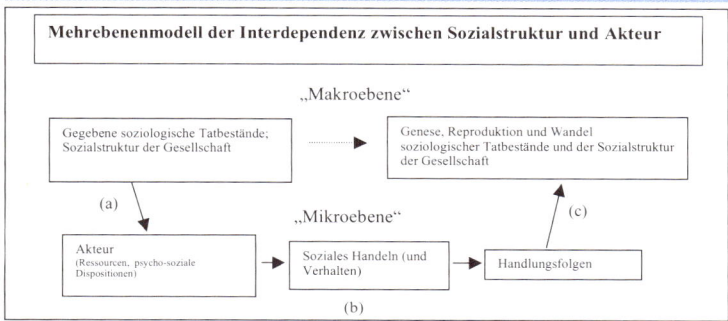

| Abb. 3.1

Das Mehrebenenmodell

Pfeil (a) kennzeichnet die strukturelle Bedingtheit des Handelns einer Person.
Pfad (b) kennzeichnet die individuelle Auswahl einer bestimmten Alternative sozialen Handelns durch den Akteur und die Handlungsfolgen für den Akteur.
Pfeil (c) steht für die Auswirkungen individueller Handlungsfolgen auf Strukturen der Gesellschaft.

Soziales Handeln von Akteuren findet unter objektiv vorgegebenen Rahmenbedingungen statt, die (unter anderem) durch gegebene soziologische Tatbestände und Merkmale der Sozialstruktur gekennzeichnet sind (Pfeil a). Sie beinhalten Gelegenheiten *(Opportunitäten)* und Behinderungen *(Restriktionen)* oder Anforderungen, die einen Einfluss darauf haben, wie Akteure handeln können. Man unterscheidet also gewährte, gebotene oder naheliegende Möglichkeiten und Chancen, welche die Ausführung einer Handlung in einer Situation begünstigen, von Umständen, die einen mehr oder weniger großen Ausschluss von Handlungsmöglichkeiten oder Knappheiten implizieren oder eine Handlung mehr oder weniger kostenträchtig sein lassen. Die strukturelle Bedingtheit des sozialen Handelns ist den Akteuren häufig bewusst, kann aber auch »hinter ihrem Rücken« ihre Wirkung entfalten.

Der Makro-Mikro-Link: Pfeil (a)

Definition

Opportunitätsstruktur
Gesamtheit der objektiven gesellschaftlichen Rahmenbedingungen des Handelns von Akteuren (Handlungsmöglichkeiten und Handlungsrestriktionen).

Die Sozialstruktur ist Teil der Opportunitätsstruktur von Akteuren und hat Folgen für ihr Handeln. Die Art der sozialen Beziehungen, die Akteure eingehen, hängt nach Blau zum Beispiel entscheidend von der Sozialstruktur der sozialen Kontexte ab, in denen die Akteure verkehren (Blau 1994: 9 f.). Damit ist die Frage der Erreichbarkeit gewünschter Beziehungspartner angesprochen. Die Chance für eine Frau, mit einem Mann eine Paarbeziehung einzugehen, der über denselben Bildungsabschluss verfügt wie sie selbst oder andere wünschenswerte Eigenschaften hat, ist umso größer, je mehr Männer mit den entsprechenden Eigenschaften für sie räumlich erreichbar sind. Man spricht auch vom Partner- oder Heiratsmarkt. Die Kontaktmöglichkeiten werden im Übrigen auch durch soziale Bedingungen, Wertvorstellungen und Verhaltensregeln zum Beisammensein unverheirateter Männer und Frauen beeinflusst. Auch sie sind Teil der Opportunitätsstruktur.

Beispiel Partner- oder Heiratsmarkt

Paarbeziehungen, in denen beide Partner über dasselbe Bildungsniveau verfügen, sind *bildungshomogam*. Die Wahrscheinlichkeit einer bildungshomogamen Beziehung hängt dann – unter anderem – von der Verteilung potenzieller Beziehungspartner nach dem Bildungsabschluss ab. Je mehr bzw. weniger Männer aus der eigenen Bildungsgruppe eine Frau treffen kann, desto wahrscheinlicher bzw. weniger wahrscheinlich ist es, dass sie eine bildungshomogame Paarbeziehung eingehen kann. Davon hängt auch der Aufwand ab, den sie treiben muss, um den gewünschten Partner zu bekommen.

Die Sozialstruktur ist auch in anderer Hinsicht als Teil der Opportunitätsstruktur relevant, und zwar unter dem Aspekt der *Erreichbarkeit sozialer Positionen*. Ein Beispiel stellt die Möglichkeit dar, eine bestimmte berufliche Position zu besetzen. Neben den individuellen Voraussetzungen (adäquate Ausbildung) ist die Zahl der freien Stellen entscheidend dafür, wie groß die Chancen sind, eine angestrebte berufliche Position auch einzunehmen. Wächst ihre Zahl, erhöht sich diese Chance für eine größere Zahl von Individuen, die Konkurrenz verringert sich. Die veränderte Opportunitätsstruktur begünstigt also die Möglichkeit, die gewünschte berufliche Position zu erreichen. Auch der umgekehrte Fall ist denkbar, wenn sich etwa die Zahl der Stellen verringert oder die Zahl der Personen, die eine solche Stelle nachfragen, zunimmt. In beiden Fällen vergrößert sich die Konkurrenz, während die Chancen, eine solche Position zu erreichen, sinken.

Beispiel Arbeitsmarkt

Was bedeutet das etwa für das berufliche Schicksal besonders stark besetzter Geburtsjahrgänge (Kohorten)? Wenn man einem vergleichsweise kleinen Geburtsjahrgang angehört, sollte man optimistischer in die berufliche Zukunft schauen können, als wenn man sich (bei gleichem Stellenangebot) gegen viele Mitbewerber aus seiner Kohorte behaupten muss (Easterlin 1980).

Auf der Mikroebene der Akteure bilden die für sie verfügbaren Handlungsressourcen einen weiteren Teil ihrer objektiven Handlungsbedingungen. Dazu gehören neben den zeitlichen und finanziellen Mitteln auch individuelle Begabungen, Bildung und Wissen, aber auch physische Merkmale wie Attraktivität, sowie kognitive, emotionale und soziale Kompetenzen. Wir wollen sie zusammenfassend als *psycho-soziale Kompetenzen* des Akteurs bezeichnen.

Der Akteur nimmt die objektiven Handlungsbedingungen im Allgemeinen nur lückenhaft oder verzerrt wahr. Die individuelle Wahrnehmung der Handlungssituation, die »Definition der Situation« (Esser 1999: 35 ff.), ist daher ein subjektiver Akt eines Akteurs, der auf hoch selektiven Einschätzungen beruhen kann.

Handlungsressourcen und psycho-soziale Kompetenz

Definition der Situation

Definition

Psychosoziale Dispositionen

Persönliche Ziele und Ansprüche, Werte und Interessen, Einstellungen und Überzeugungen von Akteuren, welche die Wahrnehmung der Handlungssituation sowie die Auswahl der Handlungsziele und der einzusetzenden Ressourcen beeinflussen.

Bei der Einschätzung der objektiven Handlungssituation spielen psychosoziale Dispositionen der Akteure eine wichtige Rolle; so können – je nach persönlichen Erfahrungen und daraus erwachsenen Einschätzungen – die individuelle Begabungen oder die für eine Handlung notwendigen finanziellen Mittel über- oder unterschätzt werden. Dieses wirkt sich natürlich auf die Handlungsentscheidung aus.

Mithilfe sogenannter *Brückenhypothesen* wird spezifiziert, wie die objektiven – unter anderem durch die Sozialstruktur bestimmten – Handlungsbedingungen subjektiv wahrgenommen werden, d. h. die Brückenhypothesen geben an, ob und in welcher Weise subjektive Verzerrung der Situationseinschätzung anzunehmen sind (Esser 1999: 15).

Brückenhypothesen

Handlungsentscheidend für den Akteur ist also diese subjektive Einschätzung der Handlungssituation und die Beurteilung der damit verbundenen Gelegenheiten und Hindernisse, Handlungsanreize und Handlungskosten sowie der verfügbaren Ressourcen und der Wahrscheinlichkeit, durch die zur Entscheidung stehenden Handlungsalternativen die ge-

Handlungswahl
und Handlungsfolgen:
Pfad (b)

wünschten Ergebnisse zu erreichen. Der Akteur wählt dann aus den wahrgenommenen Handlungsmöglichkeiten eine bestimmte Handlungsalternative aus, der das soziale Handeln folgt, das dann bestimmte, erwünschte oder auch unerwünschte und unerwartete Handlungsfolgen bewirkt (Pfad b).

(Beschränkt) rationale
Wahl als Erklärung
von Handlungs-
entscheidungen

Aus theoretischer Sicht folgt die Entscheidung mehr oder weniger komplizierten Regeln. Auf die umfangreiche und kontrovers geführte Diskussion der verschiedenen Entscheidungsmodelle dazu können wir an dieser Stelle nicht eingehen (vgl. Esser 1999; Rössel 2005). Als einfaches und prominentes Modell sei hier die Maximierung des subjektiv erwarteten Nutzens (SEU-Modell) einer Handlung genannt (vgl. Esser 1999: 247 ff.). Das Modell geht davon aus, dass Akteure sich bei der Auswahl möglicher Handlungsalternativen für die Variante entscheiden, welche gemäß ihrer subjektiven Erwartung nach und im Lichte ihrer Ziele den höchsten Nettonutzen (Nutzen abzüglich Kosten) verspricht.

Sehr oft geht dem Akteurshandeln aber kein komplizierter Entscheidungsprozess voraus. Viele Entscheidungen erfolgen routinemäßig oder habitualisiert, d.h. man handelt in einer bestimmten Weise ohne weiter darüber nachzudenken. Das geschieht, weil der Akteur mit der Handlungssituation hinreichend vertraut ist und »weiß, was zu tun ist«. Individuen verlassen sich auf diese eher wenig reflektierten Handlungspraktiken nur, weil und solange sie sich hinreichend bewähren. Man gibt sich sogar mit einem bestimmten (d.h. unter dem Maximum liegenden) Nutzenniveau zufrieden (»satisficing« nach Simon; March/Simon 1958). Warum sollte man beispielsweise beim immer wiederkehrenden Kauf eines Waschmittels jedes Mal neu die verschiedenen Produkte und ihre Preise gegeneinander abwägen – das wäre ineffizient, da auch der Entscheidungsprozess Kosten verursacht. Aufwändige Abwägungs- und Entscheidungsprozesse sind immer dann die Regel, wenn es keine probate Auswahl gibt oder es sich um eine neue oder »einmalige« Entscheidungssituation handelt und daher ein Abwägungsprozess für notwendig erachtet wird.

»Salience« einer sozialstrukturellen Gruppe (Blau)

Die Relevanz der sozialstrukturellen Gruppe (einer sozialstrukturellen Position) für die sozialen Beziehungen ihrer Mitglieder.

Sie lässt sich daran gemessen, wie stark soziale Beziehungen unter den Mitgliedern der Gruppe, also zwischen Akteuren, die dieselbe sozialstrukturelle Position haben *(ingroup relation)*, gegenüber sozialen Beziehungen zu Akteuren, die eine andere sozialstrukturelle Position haben *(outgroup relation)*, überwiegen.

Zurück zum Beispiel der Partnerwahl: Wir gehen davon aus, dass die Bedeutung der Zugehörigkeit zu einer sozialstrukturellen Gruppe sich danach bemisst, wie stark – aus welchen Gründen auch immer – die Beziehungsaffinität zwischen Individuen ist, die dieselbe sozialstrukturelle Position besitzen, oder wie stark das subjektive Verbundenheitsgefühl mit der sozialstrukturellen Gruppe ist (Blau 1994: 3 ff.). Blau spricht von der »salience« der Gruppe. Die »salience« einer sozialstrukturellen Gruppe bei der Auswahl eines Beziehungspartners hängt unter anderem davon ab, wie vorteilhaft es für eine Beziehung ist, wenn die Partner sich im Hinblick auf bestimmte sozialstrukturelle Merkmale gleichen – etwa denselben Bildungsabschluss haben. Akteure streben umso eher eine homogame Beziehung – eine »ingroup relation« nach Blau – bezogen auf ein sozialstrukturelles Merkmal an, je höher die »salience« der entsprechenden sozialstrukturellen Gruppe für sie ist. Haben Abiturienten nur Freundschaftsbeziehungen mit Abiturienten oder Hauptschüler nur mit Hauptschülern, dann sind die durch das Bildungsniveau bestimmten sozialstrukturellen Gruppen hoch salient für ihre Mitglieder.

Noch einmal: Partnerwahl

Die Partnerschaftswahl kann – je nach verwendeter Entscheidungsregel – unterschiedlich erklärt werden. Aus Nutzen maximierender Sicht hängt die Entscheidung für einen bestimmten Partner davon ab, wie hoch der Aufwand ist, um die oder den Auserwählten zu gewinnen, und wie die Wahrscheinlichkeit dafür eingeschätzt wird, dass diese Person auch »anbeißt«, wenn die entsprechenden Mittel eingesetzt werden. Nimmt ein Akteur die Sozialstruktur seines Partnermarktes angesichts seiner spezifischen Partnerwünsche als hinreichend ungünstig wahr, kann er sich auch durch räumliche Mobilität oder durch Nutzung von Alternativen (etwa einer Partnerbörse im Internet) neue Partnermärkte erschließen.

Nach welchen Kriterien Entscheidungen für Partner getroffen werden, warum es Personen zum Beispiel als besonders vorteilhaft ansehen, eher einen Partner zu haben, der etwa das gleiche Bildungsniveau erreicht hat wie sie selbst, ist Gegenstand von Theorien der Partnerwahl (Lenz 1998). Die Erklärung hängt zu einem großen Teil von den zugrunde gelegten Entscheidungstheorien ab. Dass beispielsweise die Bildungshomogamie heute in Paarbeziehungen vorherrscht, lässt sich nicht nur theoretisch gut begründen, sondern kann auch empirisch bestätigt werden (Blossfeld/Timm 1997).

Noch einmal: Berufswahl

Wenden wir uns auch noch einmal dem Arbeitsmarkt zu. Neben den dort herrschenden Bedingungen spielen für die berufliche Karriere von Individuen weitere Faktoren eine große Rolle. Natürlich sind die Ressourcen und individuellen Fähigkeiten, die den Akteuren zur Verfügung stehen, von großer Bedeutung (→ Kapitel 5.5). Auch hier kann die Entscheidungsfindung durch ganz unterschiedliche subjektive Grundsätze beeinflusst und nicht nur den objektiven Rahmenbedingungen und Erfolgschancen im Beruf geschuldet sein. Beispielsweise wird man Hochseefischer, weil das auch schon der Vater und der Bruder machen – obwohl man vielleicht eine bessere Schulausbildung und andere Vorlieben hat. Andererseits spielen individuelle Interessen bei der Berufswahl eine große Rolle. Sie können die Akteure dazu motivieren, sich auch gegen starke Widerstände darum zu bemühen, eine bestimmte berufliche Position zu erreichen.

Der Mikro-Makro-Link: Pfeil (c) Transformationsregeln

Individuelles Handeln wirkt auf die Strukturen der Makroebene der Gesellschaft, dem eigentlichen Untersuchungsgegenstand soziologischer Analyse, zurück. Mit hypothetisch formulierten Annahmen über die Mechanismen, die dieser Wirkung zugrunde liegen, den sogenannten *Transformationsregeln*, sollen die Konsequenzen individueller Handlungen für den Fortbestand und den Wandel dieser Strukturen bestimmt werden. Dieses Unterfangen ist allerdings oft schwierig und die komplexen Wirkungen sozialer Prozesse auf den sozialen Wandel sind mitunter nur ex post, also im Nachhinein, abschätzbar und erklärbar. Das ist besonders dann der Fall, wenn die strukturellen Folgen von Handlungen von sehr kleinen Veränderungen der gesamten (also der von den Akteuren realisierten und der von ihnen nicht realisierten) sozialstrukturellen und institutionellen Rahmenbedingungen abhängig sein können (vgl. Boudon 1986). Wir haben es mit einem komplexen (nicht linearen) Systemzusammenhang zu tun, der oft nur sehr schwer zu durchschauen ist. Eine befriedigende theoretische Lösung des Aggregations- oder Transformationsproblems steht daher auch noch aus.

Ein einfaches Beispiel für die kumulative Auswirkung individueller Verhaltensakte auf die soziale Verteilungsstruktur einer Gesellschaft stellen *demografische Prozesse* dar. Geburten, Wanderungen und Sterbefälle führen beispielsweise zusammen mit dem biologischen Alterungsprozess qua einfacher Addition und Subtraktion als Transformationsregel zur Veränderung des Bevölkerungsbestands in einzelnen Altersgruppen und Regionen (→ Kapitel 4).

Beispiel demografische Entwicklung

Diesem einfachen *Aggregationsprinzip* folgend schlägt sich auch das Partnerwahl- oder Heiratsverhalten in der Sozialstruktur einer Gesellschaft nieder. Auf den wachsenden Anteil bildungshomogamer Ehen in der Bundesrepublik wurde bereits verwiesen; sie haben das alte Modell, in dem der Mann ein höheres Qualifikationsniveau aufwies und als alleiniger Familienernährer fungierte, abgelöst. Interessanterweise hat sich der Altersabstand zwischen Ehepartnern in den letzten Jahrzehnten aber nicht stark verändert. Er liegt relativ konstant bei etwa drei Jahren.

Strukturelle Auswirkungen von individuellen Einzelentscheidungen können auch am Beispiel der Berufswahl veranschaulicht werden: Die Hochseefischerei ist eine harte Arbeit, die zudem nur noch sehr wenig einbringt. Aufgrund besser Bildungschancen und bedingt durch den Wandel des Erwerbsmarktes ist es der nachwachsenden Generation möglich geworden, attraktivere Berufe zu ergreifen. Damit droht in der Bundesrepublik das Aussterben eines ganzen Berufszweigs und ein entsprechender Wandel der Sozialstruktur. Mehr noch, damit geht ein Stück regionaler Identität in Norddeutschland verloren. Daher deuten sich komplexere strukturelle Auswirkungen an, die nicht in der hier vorgeführten einfachen Form von Aggregationseffekten darzustellen sind, weil ihnen komplexere Integrationsprozesse zugrunde liegen.

Zusammenfassung

Tiefenerklärung im Mehrebenenmodell
- (a) Individuelles Handeln wird durch die strukturellen Rahmenbedingungen der Handlungssituation geprägt. Die Brückenhypothesen spezifizieren, welche und wie Anreize der Handlungssituation wahrgenommen werden.
- (b) Die Handlungsentscheidung bestimmt nach situational angepassten Entscheidungsregeln, wie auf Grundlage der (wahrgenommenen) Anreize unter Einbeziehung der individuellen Dispositionen gehandelt wird.

- (c) Die Transformationsregeln geben an, wie sich die Makrostruktur aufgrund der individuellen Einzelhandlungen verändert. Sie beruhen auf sehr verschiedenen Prinzipien: Diese reichen von der einfachen Aggregation von Handlungsergebnissen (Geburtenzahl), über die nicht-intendierten Folgen des Handelns von Akteuren in Interdependenzsystemen (»tragedy of commons«) bis hin zu institutionalisierten Verfahren (Bundestagswahl).

Dynamisches Modell

Die drei Schritte des Mehrebenenmodells lassen sich zu einem sich ständig wiederholenden Prozess der Wechselwirkung von individuellem Handeln und strukturellen Gegebenheiten in der Gesellschaft »hintereinanderschalten«. Wir erhalten damit ein dynamisches Modell sozialen Wandels. Strukturelle Bedingungen beeinflussen individuelles Handeln, dieses wirkt auf die Bedingungen zurück; die auf diese Weise reproduzierten (und ggf. geänderten) Bedingungen wirken dann wiederum auf das zukünftige individuelle Handeln usw.

Soziale Segregation als dynamisches Phänomen

Ein gutes Beispiel für einen Prozess, der sich als dynamische Wechselwirkung zwischen zielgerichtetem, sozialem Handeln und Strukturwandel beschreiben lässt, ist die soziale Segregation (Schelling 1978). Dieses Phänomen beruht auf der Entscheidung einzelner Haushalte in einem Stadtviertel oder Wohnbezirk, in Abhängigkeit von der sozialen Zusammensetzung der Nachbarschaft (soziale Schicht, ethnische Zugehörigkeit) abzuwandern oder nicht. Man unterstellt, dass Menschen in ihrer Wohnumgebung eher mit ihresgleichen zusammenleben wollen. Überschreitet der Anteil der Haushalte, denen sich andere Haushalte sozial nicht zugehörig fühlen, einen bestimmten Wert, verlassen diese den Wohnbezirk.

Zu- und Fortzüge verändern aber die soziale Zusammensetzung des Stadtviertels, worauf weitere Haushalte mit räumlicher Mobilität reagieren und zukünftige Entscheidungen über einen Wohnortswechsel dynamisch beeinflussen. Ohne dass unterstellt werden muss, dass Bewohner nur mit Angehörigen der eigenen sozialen Schicht oder Ethnie in ihrer Nachbarschaft zusammenleben wollen, führen die »Entmischungseffekte« der Zu- und Fortzüge zu sozial oder ethnisch homogenen Nachbarschaften, wie wir sie in vielen Städten beobachten können. Auch das ist ein Aspekt der Sozialstruktur einer Gesellschaft.

Lernkontrollfragen

1 Welche Bedeutung haben die Brückenhypothesen im Mehrebenenmodell?
2 Begründen Sie die Komplexität von Aggregationsprozessen.
3 Überlegen Sie, wie man Bevölkerungswandel mit Hilfe des Mehrebenenmodells, geeigneter Brückenhypothesen und Transformationsregeln
   begründen kann.

Infoteil

Die Einführung des Mehrebenenmodells als Grundlage des Modells der
soziologischen Erklärung kann man bei Esser (1999: 15 ff.) noch ausführlicher studieren. Das zugrunde liegende Konzept des methodologi-
schen Individualismus hat in der Soziologie eine lange Tradition.

Eine sehr anschauliche, beispielhafte Abhandlung zum Aggregations
problem und zu nicht intendierten Folgen absichtsvollen Handelns
(»Emergenzeffekte«) hat Boudon in seinem Buch über »Die Logik des gesellschaftlichen Handelns« vorgelegt (Boudon 1978).

Sozialstruktur und Lebenslauf | 3.2

Auf der Makroebene ist es der sich in historischer Zeit vollziehende soziale
Wandel der Sozialstruktur (sozialstruktureller Wandel), der sich in der
Genese, Reproduktion und Veränderung soziologischer Tatbestände
innerhalb der Sozialstruktur äußert. Auf der individuellen Ebene vollzieht sich das Handeln im individuellen Lebenslauf von Akteuren. Da, wie
wir gesehen haben, die Mikro- und die Makroebene eng miteinander
verknüpft sind, ändern sich mit den gesellschaftlichen Abläufen auch
die individuellen Lebensläufe. Der Lebenslauf wird damit für die Sozialstrukturforschung und für das Studium sozialen Wandels eine wichtige
Analyseebene.

Neben der Wechselbeziehung (Interdependenz) zwischen dem sozialen Wandel auf der Makro- und individuellen Lebensläufen auf der
Mikroebene, ist eine lebenslaufanalytische Betrachtungsweise durch
zwei weitere Arten von Interdependenzen gekennzeichnet, die in Übersicht 3.2 erläutert werden:

3.2 | Der Lebenslaufansatz: Drei Interdependenzen

Lebensläufe sind kennzeichnet durch:

1. Mikro-Makro-Interdependenz: Lebensläufe vollziehen sich im Kontext verschiedener Ebenen von Handlungsbedingungen und wirken auf diese zurück. Grob lassen sich unterscheiden: der allgemeine historische und gesellschaftliche Kontext (Kultur, Wirtschaft, Politik, Sozialstruktur), die soziale Einbettung in sozialen Gruppen, Organisationen, soziale Netzwerke sowie die Paar- bzw. Familienbeziehungen;

2. die Interdependenz der Lebensbereiche: Der Lebenslauf ist ein mehrdimensionaler Prozess, der aus sich wechselseitig beeinflussenden Lebensbereichen und –dimensionen (Familie, Arbeit, Freizeit, Wohnen etc.; psychosoziale, individuelle Entwicklung) gespeist wird;

3. die »Vorher-Nachher-Interdependenz«: Der Lebenslauf ist ein Prozess, in dem die aktuellen und zukünftigen Interessen und Handlungsmöglichkeiten von früheren (Lern)Erfahrungen, Entscheidungen und Handlungen abhängen. Man nennt ihn deshalb auch pfadabhägig. Weil sich Akteure dessen bewusst sind, wirkt gleichzeitig eine antizipierte zukünftige Entwicklung des Lebenslaufs auf die aktuellen Entscheidungssituationen zurück.

Der Lebenslauf vollzieht sich in enger Beziehung zu den Lebensläufen anderer Menschen (Eltern, Partner, Kinder, Freunde usw.) und im Kontext sozialer Gruppen (die elterliche Familie, die eigene Familie, Peergroups, Freundschaftsgruppen, etc.). Er unterliegt den strukturierenden Einflüssen gesellschaftlicher Institutionen in Staat (Bildungssystem, Recht, Sozialgesetzgebung etc.) und Wirtschaft (Markt; Arbeits- und Gütermärkte). Er findet in spezifischen sozialräumlichen Kontexten und unter historisch gewachsenen gesellschaftlichen Bedingungen statt.

Mehrebenenbezug des Lebenslaufs

Die deutschen Bildungs- und Lebenslaufforscher Karl Ulrich Mayer und Walter Müller betonen die Rolle des Staates als wichtige Instanz der Strukturierung und Regulierung individueller Lebensläufe (Mayer/ Müller 1989). Der Lebenslaufsoziologie Martin Kohli nimmt die institutionelle und kulturelle Regulierung des Lebenslaufs zum Anlass, den (Normal-)Lebenslauf zur *Institution* zu erheben (Kohli 1985). Damit will er zum Ausdruck bringen, dass der Lebenslauf im Unterschied zu vormodernen Zeiten selbst zu einem Komplex erwartbarer Abläufe geworden ist. Das gilt sowohl für die Reihenfolge, das Auftreten und die altersspezifische Terminierung von Ereignissen (Chronologisierung des Lebenslaufs), als auch für die Erwartungen über die Länge des Lebenslaufs, die ja heute erheblich sicherer und vorhersehbarer geworden sind als in früheren Zeiten. Erst durch diese Prozesse ist der Lebenslauf in gewisser Weise planbar und kalkulierbar geworden.

Der Lebenslauf entwickelt sich in wechselseitig aufeinander bezogenen Lebensbereichen oder -dimensionen. Es gibt den Bildungsverlauf, den Familienverlauf, den Erwerbsverlauf, den Krankheitsverlauf. Er ist zudem ohne die Berücksichtigung der individuellen kognitiven und psychosozialen Entwicklung nicht vollständig zu beschreiben.

Die einzelnen Dimensionen haben in unterschiedlichen Lebenssituationen und abhängig vom Alter eine unterschiedliche Relevanz. Der Lebenslauf lässt sich als Abfolge (und Nebeneinander) von Lebenszielen oder -projekten verstehen, die in verschiedenen Lebensphasen und Lebensbereichen um die knappen zeitlichen und finanziellen Ressourcen des Akteurs konkurrieren. Die Ziele in den verschiedenen Lebensbereichen entwickeln sich nicht unabhängig voneinander. Ihr Verhältnis ist durch einen wechselseitigen Bedingungszusammenhang charakterisiert.

Mehrdimensionalität von Lebensläufen

Übersicht

Typen der Wechselwirkung zwischen Lebensbereichen | 3.3

- *Komplementär*: Die erfolgreiche Zielverfolgung in einem Lebensbereich fördert auch den Erfolg in einem anderen Lebensbereich (und umgekehrt): Beruflicher Erfolg schafft Einkommen und Einkommen erweitert Spielräume einer anspruchsvollen Freizeitgestaltung und Entspannung durch Freizeit fördert den Einsatz im Beruf.
- *Substitutiv*: Der Erfolg in einem Lebensbereich begrenzt die Möglichkeiten der Zielverfolgung in einem anderen Lebensbereich (und umgekehrt): Kümmert man sich verstärkt um berufliche Ziele, muss man seine Ziele im Hinblick zeitaufwendige Hobbys zurückstellen.

Diese Problematik ist besonders stark ausgeprägt bei sogenannten *Statuspassagen*. Damit sind Phasen im Lebenslauf gemeint, in denen Statusübergänge in mehreren Lebensbereichen zu einer umfassenden Neustrukturierung der Lebensumstände führen (etwa der Eintritt in das Erwachsenenalter).

Der zeitliche Spielraum dafür, biographische Entscheidungen aufzuschieben und wichtige Ziele in verschiedenen Lebensbereichen zu ver-

Statuspassagen

wirklichen, ist unterschiedlich groß. Für die Wahl des Zeitpunkts einer Familiengründung steht zum Beispiel ein relativ großes Altersintervall zu Verfügung. Wenn man einmal von sozial bedingten Alterspräferenzen absieht, begrenzen allein biologische Schranken die Lebenszeit, innerhalb derer Menschen Kinder bekommen können. Andere biographische Aufgaben und die damit verbundenen Statusübergänge, wie zum Beispiel die Aufnahme und der Abschluss einer Ausbildung, die Berufswahl oder der Start in die Erwerbstätigkeit, sind dagegen nicht in diesem Maße zeitlich disponibel. Sie werden stärker durch die strukturellen Rahmenbedingungen vorgegeben, rücken damit zeitweilig (im jungen Erwachsenenalter) stark in den Vordergrund und beherrschen die Ausrichtung der individuellen Handlungsorientierungen.

Heute ist der Übergang ins Erwachsenenalter von ausbildungs- und berufsspezifischen Aufgaben dominiert. Fragen der Familiengründung bleiben während der Zeit der Ausbildung und der beruflichen Orientierungsphase im Hintergrund und werden erst in einer späteren Altersphase aufgegriffen, wenn sich eine materielle Konsolidierung der Lebensgrundlagen und die Sicherung eines bestimmten Lebensstandards abzeichnet (Huinink 1995, Schröder 2007).

Der individuelle Akteur handelt und entwickelt seine Orientierungen auf der Grundlage seiner kumulierten Erfahrungen und materiellen, sozialen und kulturellen Ressourcen. Der Lebenslauf kann daher auch als ein »endogener Kausalzusammenhang« verstanden werden (Mayer 1987: 60). Aktuelles Handeln hat also Konsequenzen für die Gestaltung des zukünftigen Lebens; es kann zukünftige Handlungsmöglichkeiten eröffnen oder beschränken. Intendierte und nicht intendierte Folgen des individuellen Handelns erhalten so eine hohe Relevanz für die zukünftige Lebensgestaltung. Biografische Umorientierungen im Lebenslauf sind zwar möglich, häufig auch durch die Umstände erzwungen. Sie können aber zu starken »Tempoverlusten« und damit zu erheblichen Kosten und Benachteiligungen führen, die die Akteure natürlich zu vermeiden suchen.

Es ist auch belegt, dass frühere Entscheidungen und im Zusammenhang damit auch die soziale Herkunft sehr bedeutsam dafür sind, wie individuelle Lebensläufe gestaltet werden können und welche sozialstrukturellen Positionen erreichbar sind (Blossfeld 1989, Mayer/Blossfeld 1990). Der nicht zu bestreitende Zuwachs an individueller Entscheidungskompetenz wird daher von vielen nicht als Hinweis auf eine Auflösung starker sozialstrukturell bedingter Prägungen des Lebenslaufs gesehen. Wie strikt einmal vorgenommene oder herkunftsbedingte biografische Festlegungen sind, hängt nicht (allein) von den individu-

Pfadabhängigkeit von Lebensläufen

ellen Akteuren ab, sondern ist durch die institutionellen Möglichkeiten in einer Gesellschaft bestimmt. Sie haben einen Einfluss darauf, ob und mit welchem Aufwand Revisionen einmal eingeschlagener Lebenswege möglich sind. Aber auch diese Institutionen entwickeln sich pfadabhängig. So kann man eine Beziehung zwischen der Macht der Vergangenheit auf der Mikroebene des Lebenslaufs und der Makroebene der gesellschaftlichen Entwicklung ausmachen.

Lernkontrollfragen

1 Welche Betrachtungsperspektiven bringt die Lebenslaufanalyse in die Sozialstrukturforschung ein?
2 Durch welche Art von Interdependenzen sind Lebensläufe charakterisiert? Machen Sie sich das anhand von Beispielen klar.

Infoteil

Die Lebenslaufforschung hat verschiedene Wurzeln. Ein anderer prominenter Systematisierungsvorschlag, als der hier vorgestellte, kommt von dem amerikanischen Soziologien Glen Elder (Elder/Johnson/Crosnoe 2004). Als Überblick eignet sich das »Handbook of the Life Course« von Mortimer und Shanahan (2004), in dem auch der Artikel von Elder et al. veröffentlicht worden ist.

Literatur

Blau, Peter M. (1994): Structural Contexts of Opportunities, Chicago/London.

Blossfeld, Hans P. (1989): Kohortendifferenzierung und Karriereprozeß, Frankfurt/M.

Blossfeld, Hans-P./Timm, Andreas (1997): Der Einfluss des Bildungssystems auf den Heiratsmarkt – Eine Längsschnittanalyse der Wahl des ersten Ehepartners im Lebenslauf, in: Kölner Zeitschrift für Soziologie und Sozialpsychologie, Jg. 49, H. 3, S. 440–476.

Boudon, Raymond (1978): Die Logik des gesellschaftlichen Handelns, Neuwied.

Boudon Raymond (1986): Theories of Social Change. A Critical Appraisal, Cambridge.

Coleman, James S. (1991): Grundlagen der Sozialtheorie, Band 1, München.

Easterlin, Richard A. (1980): Birth and Fortune. The Impact of Numbers on Personal Welfare, New York.

Elder Glen H. Jr./Johnson, Monika K./ Crosnoe, Robert (2004): The Emergence and Development of Life Course Theory, in: Mortimer, Jeylan T./Shanahan, Michael (Hg.), Handbook of the Life Course, New York S. 3–19.

Esser, Hartmut (1999): Soziologie. Spezielle Grundlagen, Band 1: Situationslogik und Handeln. Frankfurt/M.

Hardin, Carrett (1968): The Tragedy of the Commons, Science, 162 (Dec. 1968), S. 1243–1248.

Huinink, Johannes (1995): Warum noch Familie? Zur Attraktivität von Partnerschaft und Elternschaft in unserer Gesellschaft, Frankfurt/M.

Kohli, Martin (1985): Die Institutionalisierung des Lebenslaufs, in: Kölner Zeitschrift für Soziologie und Sozialpsychologie, Jg. 37, H. 1, S. 1–29.

Lenz, Karl (1998): Soziologie der Zweierbeziehung, Wiesbaden.

March, James G./Simon, Herbert A. (1958): Organizations, New York/London/Sydney.

Mayer, Karl U. (1987): Lebensverlaufsforschung, in: Voges, Wolfgang (Hg.), Methoden der Biographie- und Lebenslaufforschung, Opladen, S. 51–74.

Mayer, Karl U./Blossfeld, Hans Peter (1990): Die gesellschaftliche Konstruktion sozialer Ungleichheit im Lebensverlauf, in: Berger, Peter A./Hradil, Stefan (Hg.), Lebenslagen – Lebensläufe – Lebensstile (Sonderband 7 der Sozialen Welt), Göttingen, S. 297–318.

Mayer, Karl U./Müller, Walter (1989): Lebensverläufe im Wohlfahrtsstaat, in: Weymann, Ansgar (Hg.), Handlungsspielräume. Untersuchungen zur Individualisierung und Institutionalisierung von Lebensläufen in der Moderne, Stuttgart S. 41–60.

Mortimer, Jeylan T./Shanahan, Michael (Hg.) (2004): Handbook of the Life Course, New York.

Rössel, Jörg (2005): Plurale Sozialstrukturanalyse. Eine handlungstheoretische Rekonstruktion der Grundbegriffe der Sozialstrukturanalyse, Wiesbaden.

Schelling, Thomas C. (1978): Micromotives and macrobehavior, New York.

Schröder, Torsten (2007): Geplante Kinderlosigkeit? Ein lebensverlaufstheoretisches Entscheidungsmodell, in: Konietzka, Dirk/Kreyenfeld, Michaela (Hg.), Ein Leben ohne Kinder. Kinderlosigkeit in Deutschland, Wiesbaden, S. 365–300.

Sozialstruktur und Bevölkerung | 4

Grundbegriffe der Bevölkerungsforschung | 4.1

Die lebendige Basis einer Gesellschaft ist ihre Bevölkerung. Sie verkörpert die Gesamtheit der individuellen Akteure, die letztlich Gesellschaft gestalten. Wegen der besonderen Rolle, die die Struktur und Entwicklung der Einwohner eines Landes oder einer regionalen Einheit spielt, hat sich dazu eine eigenständige Wissenschaftsdisziplin mit einem eigenen methodischen Instrumentarium ausdifferenziert: die *Demografie oder Bevölkerungswissenschaft* als Lehre von der Struktur und Entwicklung der Bevölkerung. Innerhalb der Soziologie hat sich als »Bindestrich-Soziologie« die *Bevölkerungssoziologie* etabliert (Höpflinger 1997).

Demografie

Was aber wird genau unter der Bevölkerung eines Landes verstanden? In Deutschland verwenden die statistischen Ämter zu dessen Bestimmung seit 1983 das Konzept der Wohnbevölkerung.

Definition

Wohnbevölkerung

Zur Wohnbevölkerung einer regionalen Einheit (Gemeinde, Bundesland, Deutschland) gehören die Menschen, die mit ihrer Hauptwohnung dort gemeldet sind.

Am 31.12.2006 gehörten laut Angabe des Statistischen Bundesamts 82315906 Menschen zur Wohnbevölkerung der Bundesrepublik Deutschland. Dazu zählten 7255949 zu diesem Zeitpunkt in Deutschland gemeldete Ausländerinnen und Ausländer.

Wenn wir im Folgenden von Bevölkerung sprechen, meinen wir immer die Wohnbevölkerung gemäß der obigen Definition. Alternativ oder ergänzend gibt es auch andere Bevölkerungskonzepte. So kann man zum Beispiel die ortsanwesende – und nicht unbedingt dort auch gemeldete – Bevölkerung, d.h. die Menschen, die sich zu einem bestimmten Zeitpunkt in einem Land oder einer Region aufhalten, betrachten (Esenwein-Rothe 1982: 9 ff).

Bevölkerungsstruktur und demografische Merkmale

Die *Bevölkerungsstruktur* eines Landes ist durch die Gliederung seiner Einwohner nach sogenannten *demografischen Merkmalen* bestimmt. Dazu gehören das Geschlecht, das Alter, der Wohnort und die Wohnregion sowie die Staatsangehörigkeit der Bewohner. Auch zählt man dazu die Religionszugehörigkeit, Angaben zur Erwerbsbeteiligung und zur Lebensform der Menschen, wie Familienstand, Kinderzahl oder der Typ, die Größe und die Zusammensetzung des Haushalts, in dem die Menschen leben.

Die Bevölkerungsstruktur ist Teil der sozialen Verteilungsstruktur einer Gesellschaft (→ Kapitel 2.2.2), denn demografische Merkmale gehören grundsätzlich zu den sozialstrukturellen Merkmalen. Welche demografischen Merkmale im Einzelnen sozial bedeutsam sind, kann von Land zu Land variieren. Beispielsweise spielt die Religionszugehörigkeit in vielen Gesellschaften für die sozialen Beziehungen der Individuen eine äußerst bedeutende Rolle, während sie in anderen, etwa den Industriegesellschaften, in dieser Hinsicht weniger von Belang ist.

Zur Beschreibung der Bevölkerungsstruktur gibt es Maßzahlen, zu denen in der folgenden Übersicht 4.1 eine Systematik präsentiert wird (vgl. Mueller 2000).

Absolute und relative Strukturmaße | 4.1

Demografische Strukturmaße messen die Größe und Verteilung demografischer *Merkmale* zu einem bestimmten *Zeitpunkt*.

- *Absolute Strukturmaße* (Bestandsmaße) sind Strukturmaße, die Bestandmassen, d.h. die Größe einer Bevölkerung insgesamt oder von Teilbevölkerungen, die nach demografischen Merkmalen untergliedert sind, angeben (z.B. Anzahl aller Einwohner eines Landes oder die Anzahl der weiblichen Einwohner eines Landes).
- *Relative Strukturmaße* sind Strukturmaße, bei denen Bestandsmassen zueinander ins Verhältnis gesetzt werden. Dazu gehören *Quoten* (z.B. der Anteil der über 60-Jährigen an der Gesamtbevölkerung oder Erwerbsquoten), *Häufigkeitsverteilungen* (z.B. die Altersverteilung einer Bevölkerung) und *Proportionen* (z.B. die Sexualproportion, die die Verteilung der Bevölkerung nach Geschlecht angibt).
- *Entsprechungszahlen* sind Strukturmaße, in denen Bevölkerungsbestände zu anderen sinnvollen Größen in Beziehung gesetzt werden (z.B. die Bevölkerungsdichte einer Region).

Strukturmaße werden grundsätzlich für einen Zeitpunkt oder einen Stichtag gemessen oder berechnet. Bezieht man Bestands- und Strukturmaße dennoch auf einen Zeitraum, etwa ein Kalenderjahr, werden Durchschnittswerte bestimmt. Ein Beispiel ist die durchschnittliche Größe der Bevölkerung eines Landes in einem Jahr. *(Durchschnittsbevölkerung)*

Veränderungen der Bevölkerungsgröße und der Bevölkerungsstruktur gehören zur *Bevölkerungsbewegung*. Diese stellt eine Dimension sozialstrukturellen Wandels dar und steht mit dem sozialen, wirtschaftlichen und institutionellen Wandel eines Landes in einer engen Wechselbeziehung. Beispielsweise hängt die Erwerbsquote nicht nur von der Anzahl der verfügbaren Arbeitskräfte, sondern auch vom Angebot an Arbeitsplätzen ab, das sich aufgrund der wirtschaftlichen Dynamik eines Landes ständig verändert. *(Bevölkerungsbewegung)*

Die Hauptkomponenten der Bevölkerungsbewegung bzw. die damit verbundenen *demografischen Ereignisse* sind die *Geburten*, die *Sterbefälle*, welche die *natürliche Bevölkerungsbewegung* bestimmen und die *Wanderungen* (Migrationen). Wie solche demografischen Ereignisse zu erfassen sind, zeigt Übersicht 4.2.

4.2 | Absolute und relative Ereignismaße

Demografische Ereignismaße erfassen die Häufigkeit demografischer Ereignisse in einem bestimmten *Zeitraum*. Der Beobachtungszeitraum kann sich auf die Kalenderzeit und/oder auf das Lebensalter von Mitgliedern der Bevölkerung beziehen.

1. *Absolute Ereignismaße* geben die Häufigkeit von demografischen Ereignissen (Ereignismassen) an, die in einer Bevölkerung oder einem Teil der Bevölkerung während eines bestimmten Zeitraums stattgefunden haben (z.B. die jährliche Zahl der Geburten oder die jährliche Zahl der Sterbefälle unter der Bevölkerung mit ausländischer Staatsangehörigkeit).
2. *Relative Ereignismaße* beruhen auf zwei unterschiedlichen Berechnungsweisen:
   a) Maße der Verteilung von Ereignissen (Ereignisquoten) setzen Ereignismassen zueinander in Beziehung (z.B. wird die Nichtehelichenquote als Anteil der nichtehelichen Geburten an allen Geburten eines Jahres berechnet).
   b) Bei *Ereignisraten* oder *-ziffern* wird die Zahl demografischer Ereignisse zur Größe der Gesamtbevölkerung oder des Teils der Bevölkerung in Beziehung gesetzt, in dem die Ereignisse während des Beobachtungszeitraums stattgefunden haben (können) (z.B. wird die rohe Geburtenziffer als Zahl der Lebendgeborenen eines Jahres auf 1 000 Einwohner berechnet).
   Ereignisraten lassen sich weiter ausdifferenzieren; etwa Sterbeziffern für bestimmte Altersjahrgänge. Darauf und auf weitere Typen relativer Ereignismaßen gehen wir hier nicht ein (vgl. Mueller 2000).

Demografische Ereignisse

Demografische Ereignisse sind Vorkommnisse, die den Bevölkerungsbestand und die Bevölkerungsstruktur verändern. Hierzu zählen neben Geburt, Migration und Tod auch Änderungen in der Verteilung der Bevölkerung nach dem Familienstand (Eheschließungen, Ehescheidungen und Verwitwungen), zumal diese einen indirekten Effekt auf die natürliche Bevölkerungsbewegung haben. Die Zahl der Eheschließungen lieferte bis vor wenigen Jahrzehnten noch eine recht zuverlässige Vorhersage der zu erwartenden Geburtenzahlen. Angesichts steigender Quoten nichtehelicher Geburten gilt das heute nicht mehr. Aus bevölkerungssoziologischer Sicht sollte man daher allgemeiner Veränderungen der *Lebens- und Haushaltsform* – etwa das Zusammenziehen mit einem Partner, das Verlassen des Elternhauses – einbeziehen (→ Kapitel 4.5).

Man rechnet schließlich die Veränderung weiterer Bereiche der Bevölkerungsstruktur, wie der Bildungs- und Erwerbsbeteiligung (Erwerbsquoten) zu den demografischen Ereignissen: der Beginn oder Abschluss einer Ausbildung, die Aufnahme und Aufgabe einer Berufstätigkeit oder der Übergang in die Verrentung.

Lernkontrollfragen

1 Warum kann man die Bevölkerungsstruktur als Teil der sozialen Verteilungsstruktur einer Gesellschaft ansehen?
2 Worin unterscheiden sich Struktur- und Ereignismaße?

Infoteil

Eine schon etwas ältere Einführung in die Demografie sowie ausführliche Erläuterungen zu den dort verwendeten Maßzahlen gibt die deutsche Demografin Ingeborg Esenwein-Rothe. Eine neuere Einführung bietet das Buch der amerikanischen Demografen Samuel Preston, Patrick Heuveline and Michel Guillot mit dem Titel: Demography: Measuring and Modeling Population Processes (2001). Außerdem kann man sich über die Demografie mit all ihren Facetten in der zweibändigen Ausgabe das »Handbuchs der Demografie« informieren, das 2000 von den Soziologien Ulrich Müller, Bernhard Nauck und Andreas Diekmann herausgegeben wurde.

Parameter der Bevölkerungsstruktur | 4.2

Die Bevölkerungsgröße und die Verteilung der Bevölkerung nach dem Alter werden in der Bevölkerungsstatistik des Statistischen Bundesamtes im Statistischen Jahrbuch für den 31.12. eines Jahres veröffentlicht. Auch Angaben zur *Bevölkerungsstruktur* sind in der Regel auf einen *Stichtag* bezogen.

4.2.1 | Die Verteilung der Bevölkerung nach dem Geschlecht

In der Bundesrepublik lebten laut amtlicher Statistik am 31.12.2006 42 013 740 Frauen und 40 301 166 Männer. Der Frauenanteil betrug damit 51 Prozent. Anders ausgedrückt, kamen auf 100 Frauen 95,9 Männer. Diese Angabe wird als *Sexualproportion* bezeichnet und berechnet sich als Verhältnis der Zahl der Männer zur Zahl der Frauen, multipliziert mit 100.

Sexualproportion

Die Sexualproportion kann man auch für Teile der Bevölkerung, etwa einzelne Altersgruppen, berechnen. In jüngeren Altersjahren überwiegt die Zahl der Männer. Ab dem Alter 52 (für Ende 2005) sind die Frauen in der Mehrzahl. Das ist deshalb der Fall, weil Frauen in Deutschland eine deutlich höhere Lebenserwartung haben als Männer (→ Kapitel 4.3).

4.2.2 | Die Verteilung der Bevölkerung nach dem Alter

Die Alterszusammensetzung der Bevölkerung, man spricht auch von ihrer *Vitalstruktur, Altersstruktur* oder ihrem *Altersaufbau*, ist das Ergebnis der Geburtenhäufigkeiten, Wanderungsbewegungen und Sterbefälle der letzten 100 Jahre. Anhand eines Größenvergleiches verschiedener Altersgruppen kann man erkennen, ob die demografischen Rahmenbedingungen, die für die Bevölkerungsentwicklung relevant sind, in diesem Zeitraum stabil waren oder sich verändert haben.

Grundtypen
des Altersaufbaus
einer Bevölkerung

Man kann drei Grundtypen des Altersaufbaus einer Bevölkerung unterscheiden. Sie sind als idealtypische »Schablone« zu verstehen, die mit drei Versionen der Bevölkerungsentwicklung korrespondieren (vgl. Abb. 4.1).

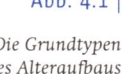

Abb. 4.1 |

Die Grundtypen des Alteraufbaus einer Bevölkerung

Quelle: nach Esenwein-Rothe 1982: 82.

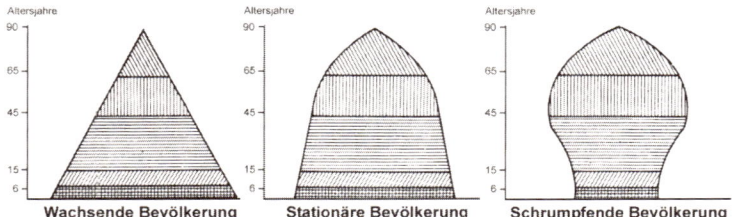

In Übersicht 4.3 sind die wesentlichen Erklärungen zu diesen Grundtypen zusammengefasst.

Die Grundtypen des Altersaufbaus einer Bevölkerung | 4.3

- Beim Typ der *wachsenden Bevölkerung* (Pyramide) werden mehr Kinder geboren, als für die Bestandssicherung der Bevölkerung, d. h. für die zahlenmäßige Reproduktion der einzelnen Geburtsjahrgänge, notwendig ist. Der Bestand (bzw. die Reproduktion) ist dann gesichert, wenn die Größe eines Geburtsjahrgangs durch die Zahl der eigenen Nachkommen (unter Berücksichtigung des Sterberisikos) ersetzt wird. Das Ausmaß, in dem sich die Basis der Pyramide von Jahrgang zu Jahrgang verbreitert, hängt neben der Geburtenhäufigkeit auch von der Höhe der altersspezifischen Sterblichkeit in den mittleren Altersstufen ab. Dieser Altersaufbau einer »jungen« Bevölkerung ist in Entwicklungs- und vielen Schwellenländern zu finden. In Deutschland charakterisierte er die Altersstruktur der Bevölkerung vor dem 1. Weltkrieg.
- Beim Typ der *stationären Bevölkerung* (Glocke) bekommen die einzelnen Jahrgänge so viele Kinder, wie für die Bestandssicherung der Bevölkerung nötig sind. Jeder Geburtsjahrgang reproduziert sich dann gerade selbst. Die Alterskohorten haben anfänglich eine ähnliche Größe. Typischerweise ist die Sterblichkeit im jüngeren Alter recht gering und steigt erst in höheren Altersklassen (ab 65 Jahren) an. Dieser Typ wird selten über längere Zeit beobachtet, sondern ist eher als Übergang zu dem dritten Grundtyp anzusehen. Man findet ihn heute in Japan, dessen Alterszusammensetzung sich gegenwärtig stark verändert.
- Der dritte Typ stellt die *schrumpfende Bevölkerung* (Pilz) dar. Hier werden weniger Kinder geboren, als für die Bestandssicherung der Bevölkerung erforderlich ist. Die Größe der nachrückenden Geburtsjahrgänge verkleinert sich und es kommt zu einer Überalterung. Erst in den höheren Altersklassen (ab 65 Jahren) verringert sich der Bestand in den Altersgruppen wieder durch die »natürliche« Sterblichkeit. Gegenwärtig findet man diesen Typ beispielsweise in Italien, Spanien und auch – unter Berücksichtigung der kriegsbedingten Verwerfungen – in Deutschland.

Die Altersverteilung wird durch gravierende historische Ereignisse verändert, soweit sie einen Einfluss auf die Geburten- und Sterbehäufigkeiten haben. Esenwein-Rothe (1982: 80) nennt Bevölkerungsverluste durch Naturkatastrophen (z. B. Dürrezeiten oder Seuchen), welche sich zumeist überproportional auf ältere Menschen auswirken. Auch Kriege und politische oder wirtschaftliche Krisen sind zu nennen. An Kriegshandlungen direkt Beteiligte und die Zivilbevölkerung sind einem höheren Sterblichkeitsrisiko unterlegen. Es gibt massenhafte Zu- und Abwanderungen (z. B. Flucht) und es sind hohe Geburtenausfälle zu beobachten.

Nachfolgend zeigen wir, wie sich die Alterszusammensetzung der Bevölkerung Deutschlands innerhalb der letzten 100 Jahre verändert hat und voraussichtlich bis zum Jahr 2050 verändern wird (vgl. Abb. 4.2). Die Schätzung für das Jahr 2050 basiert auf der 11. koordinierten Bevölkerungsvorausberechnung des Statistischen Bundesamts. Für die gezeigten Vorausberechnungen zum Jahr 2050 wurde angenommen, dass die zukünftige Geburtenhäufigkeit annähernd konstant bleibt und die Lebenserwartung weiter ansteigt. Für die erste Modellrechnung wird angenommen, dass jährlich 200 000 Personen mehr zu- als fortwandern (Modellvariante: »Obergrenze der mittleren Bevölkerung«), für die zweite Modellrechnung wird von 100 000 Personen ausgegangen (»Untergrenze der mittleren Bevölkerung«) (vgl. Statistisches Bundesamt 2006a).

Veränderung der Altersstruktur in Deutschland

Abb. 4.2 | *Altersaufbau der deutschen Bevölkerung für die Stichjahre: 1910, 1950, 2005 und 2050 (geschätzt) Quelle: Statistisches Bundesamt 2006a: 16*

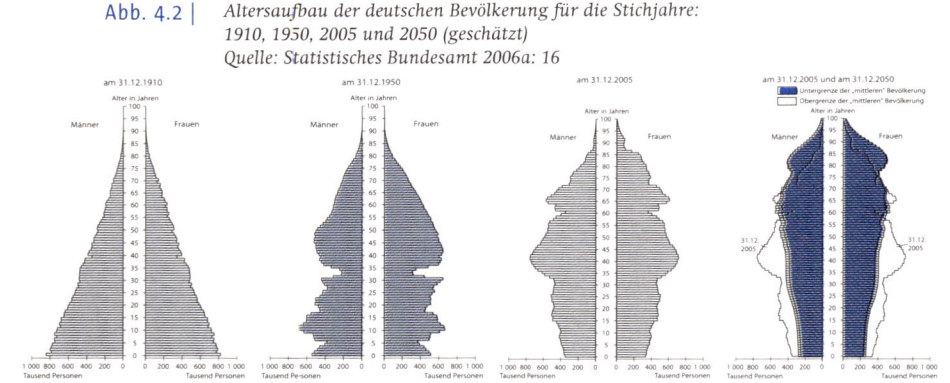

In Abbildung 4.2 ist nach Frauen und Männern getrennt die Altersstruktur der Bevölkerung Deutschlands in den Jahren 1910, 1950, 2005 und 2050 (geschätzt) dargestellt. Die einzelnen Jahre können grob den weiter oben vorgestellten Grundtypen zugeordnet werden, wenngleich auch die Einwirkungen historischer Ereignisse erkennbar sind. Der Altersaufbau in den Jahren 1950 und 2005 weist deutliche »Kerben« auf. Sie sind vor allem auf Geburtenausfälle während der Weltwirtschaftskrise und infolge der beiden Weltkriege zurückzuführen.

Zur einfacheren Charakterisierung der Altersstruktur einer Bevölkerung berechnet man die Anteile unterschiedlicher Altersgruppen an der Gesamtbevölkerung: etwa der überwiegend erwerbstätigen Bevölkerung (20 bis unter 60 Jahre), der überwiegend noch nicht erwerbstätigen Jugendlichen (0 bis unter 20 Jahre) und der zum großen Teil nicht mehr erwerbstätigen Alten (60 und älter). Je nach Statistik können die Altersgrenzen variieren; oft wird als obere Altersgrenze auch das Alter 65 gewählt.

Jahr	0–19 Jahre	20–59 Jahre	60 Jahre oder älter
1950	30,4	55,0	14,6
1960	28,4	54,2	17,4
1970	30,0	50,1	19,9
1980	26,8	53,9	19,4
1990	21,7	57,9	20,4
2000	21,1	55,3	23,6
2005	20,0	55,1	25,0

| Tab. 4.1

Veränderung der Altersstruktur 1950–2005* (Altersgruppen in % an der Gesamtbevölkerung)

*Bis 1990 Westdeutschland, ab 1990 Angaben für Deutschland.

Quelle: Statistisches Bundesamt 2006b, Tabelle 1.3.

Laut Tabelle 4.1 hat sich der Anteil der unter 20-Jährigen an der Gesamtbevölkerung von 1950 bis zum Jahr 2005 auf einen Wert von ca. 20 Prozent verringert. Im Gegenzug stieg der Anteil der Menschen, die 60 Jahre und älter sind, auf etwa 25 Prozent an. Prognosen zeigen für die kommenden Jahre, dass ihr Anteil weiter deutlich steigen wird.

Um expliziter auf die möglichen Folgen des demografischen Wandels für die bestehenden Sozialsysteme zu verweisen, wird auch das zahlenmäßige Verhältnis bestimmter Altergruppen zueinander bestimmt:

- Der *Jugendquotient* wird in der Regel als Verhältnis der Zahl der unter 20-Jährigen zu der Zahl der 20- bis unter 65-Jährigen berechnet.
- Beim *Altenquotient* setzt man die Zahl der 60- oder 65-Jährigen und Älteren zur Zahl der 20- bis unter 60- oder 65-Jährigen in Beziehung.

Jugend- und Altenquotient

Die Überlegung dabei ist, dass die Bezugsgruppe jenen Teil der Bevölkerung repräsentiert, der wirtschaftlich aktiv ist, während die Jungen und die Alten entweder direkt oder indirekt (Rentenversicherung) von dieser Bevölkerungsgruppe materiell zu versorgen sind. Der Gesamt(last)quotient ist das Verhältnis der Größe der jungen und alten Altersgruppe (im Zähler) zur Größe der wirtschaftlich aktiven Altergruppe (im Nenner). Neben dem gesetzlichen Verrentungsalter von 65 Jahren wird oft auch die niedrige Altersgrenze von 60 gewählt.

Abbildung 4.3 illustriert den Verlauf des Jugend-, Alten- und Gesamtquotienten seit 1950 und beinhaltet eine Prognose von 2006 bis 2050.

Diese basiert wiederum auf der Variante ›Obergrenze der mittleren Bevölkerung‹ der 11. koordinierten Bevölkerungsvorausschätzung (Statistisches Bundesamt 2006a).

Abb. 4.3 |

Jugend-, Alten- und Gesamtquotient (Altersgrenzen 20 und 65 Jahre[1]; ab 2006 Ergebnisse der 11. koordinierten Bevölkerungsvorausberechnung; Variante ›Obergrenze der mittleren Bevölkerung‹)

Quelle: Statistisches Bundesamt 2006a: 24.

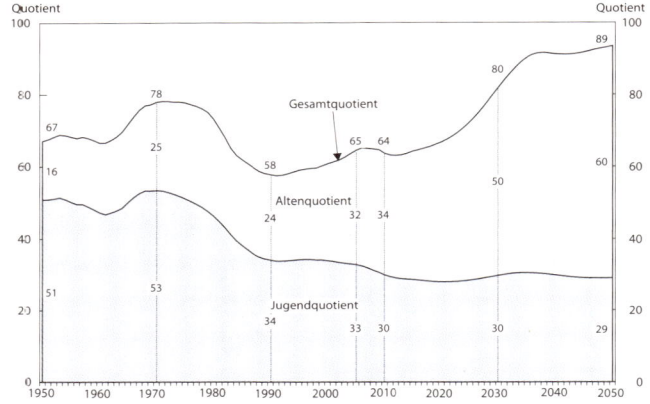

1) Jugendquotient: unter 20-Jährige je 100 Personen im Alter von 20 bis 64 Jahren; Altenquotient: 65-Jährige und Ältere je 100 Personen im Alter von 20 bis 64 Jahren; Gesamtquotient: unter 20-Jährige und ab 65-Jährige je 100 Personen im Alter von 20 bis 55 Jahren.

Wie die Abbildung zeigt, wird sich der Jugendquotient von 51 im Jahr 1950 auf etwa 30 im Jahr 2010 verringern, während sich der Altenquotient im selben Zeitraum von 16 auf knapp 34 im Jahr 2010 erhöhen wird. In den folgenden Jahrzehnten ist mit einem deutlichen Anstieg des Altenquotienten zu rechnen (bis auf 60 im Jahr 2050), während der Jugendquotient weitgehend konstant bei 30 bleibt. Im Jahr 2050 kämen danach auf 100 Personen im (erwerbsfähigen) Alter zwischen 20 bis unter 65 etwa 29 Personen im Alter bis unter 20 Jahre und 60 Personen im Alter von 60 Jahren und mehr.

Auswirkung der Überalterung auf die Sozialsysteme

Diese Quotienten spiegeln nur bedingt die realen sozialen oder ökonomischen Belastungsverhältnisse wider, die für die Zukunft zu erwarten sind, da die wirtschaftliche Produktivität steigen wird und Anpassungsprozesse, etwa eine Erhöhung des Rentenalters, erfolgen werden. Dennoch werden die deutlichen Verschiebungen in der Altersstruktur Auswirkungen auf die Altersversorgung in der Bundesrepublik haben. Diese wird immer noch wesentlich durch die Rentenbeiträge der Erwerbstätigen finanziert – und weniger Erwerbsfähige werden die materiellen Mittel zur Versorgung der älteren Generation in Form von Renten und Pensionen erwirtschaften müssen.

Die Verteilung der Bevölkerung nach der Staatsangehörigkeit | 4.2.3

Ende 2006 wohnten nach Angaben des Statistischen Bundesamts in Deutschland 7 255 949 Menschen mit ausländischer Staatsangehörigkeit. Das sind 8,8 Prozent der Gesamtbevölkerung. Diese Zahl war über die letzten Jahrzehnte hinweg erheblichen Schwankungen unterworfen, blieb aber seit Mitte der 1990er Jahre relativ konstant (BMI 2007). Der Ausländeranteil variiert stark nach dem Bundesland, wobei die Stadtstaaten die höchsten Ausländeranteile haben. Er ist in Hamburg mit 14,2 Prozent am höchsten und in Sachsen-Anhalt mit nur 1,9 Prozent am geringsten.

Das Ausländerzentralregister (AZR) weist als Zahl der Ausländer, die nicht nur vorübergehend in Deutschland leben, 6 751 002 Personen aus. Von ihnen sind etwa ein Drittel Staatsangehörige eines EU-Landes und ein Viertel hat die türkische Staatsangehörigkeit. 20 Prozent der Ausländer wurden in Deutschland geboren.

Anteil von Menschen mit ausländischer Staatsangehörigkeit

Die Bevölkerungsdichte | 4.2.4

Die Bevölkerungsdichte ist eine Entsprechungszahl zur Beschreibung der räumlichen Bevölkerungsverteilung. Sie wird als Verhältnis der Einwohner einer regionalen Einheit zu deren Fläche berechnet. Am 31. 12. 2005 betrug sie in Deutschland insgesamt 231 Einwohner je km². Deutschland ist also ein dicht besiedeltes Land. Die Bevölkerungsdichte in den einzelnen Bundesländern ist allerdings sehr unterschiedlich: Unter den Flächenstaaten ist sie in Mecklenburg-Vorpommern mit 73 Einwohnern/km² am niedrigsten und in Nordrhein-Westfalen mit 530 Einwohnern/km² am höchsten. In Stadtstaaten ist sie hingegen erwartungsgemäß sehr hoch, wobei hier Berlin mit 3807 Einwohnern/km² an der Spitze steht (Statistisches Bundesamt 2007a: 34).

Wir werden in diesem Band noch ausführlich auf weitere Bereiche der Bevölkerungsstruktur eingehen. So wird im Kapitel 4.5 die Gliederung der Bevölkerung nach unterschiedlichen Aspekten der Lebensform vorgestellt und im Kapitel 6.1 die Erwerbsstatistik detaillierter erläutert.

Räumliche Bevölkerungsverteilung

Lernkontrollfragen

1 Beschreiben Sie die verschiedenen Grundtypen des Alteraufbaus einer Bevölkerung.
2 Wie hängen Altersstruktur und Bevölkerungsentwicklung zusammen?
3 Worin unterscheiden sich Jugend- und Altenquotient?
4 Nennen Sie weitere demografische Merkmale zu Charakterisierung der Bevölkerungsstruktur.

Infoteil

Für Informationen über die Bevölkerungsstruktur sind das Statistische Bundesamt Deutschland (www.destatis.de) und die Statischen Ämter der Länder und Gemeinden wichtige Anlaufstellen. Mittlerweile gibt es eine ganze Reihe leicht zugänglicher Informations- und Datenquellen – darunter auch Berichte der Bundesregierung zu verschiedenen Themenbereichen, aus denen sich statistisches Material zur Demografie und Sozialstruktur gewinnen lässt. Eine Zusammenstellung dazu findet sich im Anhang.

4.3 | Parameter der Bevölkerungsbewegung

Aussagen zur *Bevölkerungsbewegung* beschäftigen sich mit dem Wandel der Bevölkerungsgröße und Bevölkerungsstruktur und mit den entsprechenden demografischen Ereignissen: *Geburten*, *Sterbefälle* und *Wanderungen*. Aus sozialstruktureller Sicht sind die Entwicklung der Geburtenraten und der Sterblichkeitsrisiken sowie das Migrationsgeschehen in Deutschland für eine Vielzahl von Fragestellungen von großem Interesse. Alle drei Dimensionen der Bevölkerungsbewegung hängen mehr oder weniger eng mit anderen sozialstrukturellen Merkmalen zusammen. So gilt zum Beispiel, dass unterschiedliche Bildungsgruppen der Bevölkerung diesbezüglich sehr unterschiedliche Befunde aufweisen: Mit dem Bildungsniveau geht die Zahl der Kinder zurück, sinken die Sterberisiken und erhöht sich die räumliche Mobilität.

Die gleiche Relevanz haben andere demografischen Ereignisse, die wir schon erwähnt haben und die zum Teil die drei Komponenten der Bevölkerungsbewegung mehr oder weniger direkt beeinflussen. Dazu gehören die Entwicklung der individuellen Lebensformen und der Erwerbsbeteiligung (→ Kapitel 4.5 und → Kapitel 6.1).

Bestimmung der Bevölkerungsentwicklung

| 4.3.1

Die jährliche Zahl der Geburten, der Sterbefälle und die Wanderungen (Migrationen) bestimmen die Veränderung der Größe und der Altersstruktur einer Bevölkerung. Die Bevölkerungsgröße zum Stichtag 31.12. eines Kalenderjahres J berechnet sich wie folgt:

Demografische Grundgleichung

$$P(31.12.J) = P(31.12.J-1) + G(J) - S(J) + I(J) - E(J)$$

Dabei bezeichnet $P(31.12.J)$ die Größe der Bevölkerung am Ende des Jahres J, während $P(31.12.J-1)$ für die Größe der Bevölkerung am Ende des Vorjahres steht. $G(J)$ ist die Zahl der Geburten und $S(J)$ die Anzahl der im Jahr J Gestorbenen. Hinzu kommt mit $I(J)$ die Zahl der Personen, die im Jahre J eingewandert sind, und $E(J)$ die Zahl der Emigranten im Jahr J.

Entsprechende Gleichungen lassen sich auch für jede einzelne Altersgruppe aufstellen. Beispielsweise berechnet sich die Zahl der 0- bis 1-Jährigen als Zahl der bis zum Jahresende überlebenden Geburten zuzüglich der Differenz der bis zum Jahresende zu- und fortgezogenen 0- bis 1-jährigen Kinder.

Die durchschnittliche Bevölkerungsgröße im Jahr $P(J)$ wird vereinfacht geschätzt durch die folgende Gleichung:

Durchschnittliche Bevölkerungsgröße

$$P(J) = (P(31.12.J) + P(31.12.J - 1))/2$$

So lebten im Jahr 2006 schätzungsweise im Mittel 82 376 950,5 Menschen in Deutschland. Das ist der Durchschnittswert des Bevölkerungsbestands zum 31.12.2005 und 31.12.2006 (berechnet als (82 437 995 + 82 315 906)/2)).

Die in Kapitel 4.2 vorgestellten Grundtypen des Altersaufbaus haben gezeigt, dass der Altersaufbau einer Bevölkerung stark von den Geburtenzahlen abhängt. Bei einer hohen Geburtenrate nimmt – soweit die Sterblichkeit in den Altersjahren, in denen die Menschen ihre Kinder bekommen, begrenzt bleibt – die Basis des zukünftigen Bevölkerungswachstums zu. Mit einer geringen Geburtenrate sinkt dagegen das Potenzial für zukünftiges Bevölkerungswachstum *(demografisches Momentum)*. Selbst eine sprunghaft steigende Geburtenrate hätte bei einem geringen Bestand an 15- bis 45-Jährigen in einer Bevölkerung kurz- und mittel-

Demografisches Momentum

fristig nur geringe Auswirkungen auf den Bevölkerungszuwachs – eine Situation, die wir in Deutschland schon vorfinden.

Abbildung 4.4 zeigt, wie sich die Bevölkerungsgröße verschiedener Kontinente auch bei Annahme zurückgehender Geburtenraten bis 2150 entwickeln könnte. Laut einer Vorausberechnung der UNO bis zum Jahr 2150 ist die Dynamik des Wachstums in den verschiedenen Kontinenten unterschiedlich. Das ist zum einen auf die kontinentspezifisch sehr unterschiedlichen Reproduktionszahlen zurückzuführen; während die Gesellschaften Asiens und Afrikas stark wachsen, stagniert die Entwicklung in Europa und Amerika – hier werden in vielen Ländern pro Frau weniger als 2,1 Kinder geboren. Ein großer Teil des Wachstums zwischen dem Jahr 2000 und dem Jahr 2050 ist aber durch die Tatsache begründet, dass es in Afrika, Asien und Südamerika sehr junge Bevölkerungen gibt, in denen der Anteil der Menschen, die Kinder bekommen können, langfristig noch sehr hoch ist. Die Bevölkerung wird hier aufgrund des demografischen Momentums noch stark zunehmen, obwohl die durchschnittliche Kinderzahl pro Frau (oder Mann) sinkt.

Weltbevölkerungsentwicklung

Abb. 4.4 |

Weltbevölkerungsentwicklung

Quelle: Dokumentation des Bundesinstituts für Bevölkerungsforschung 2008; Datenquelle: UN-Population-Division.

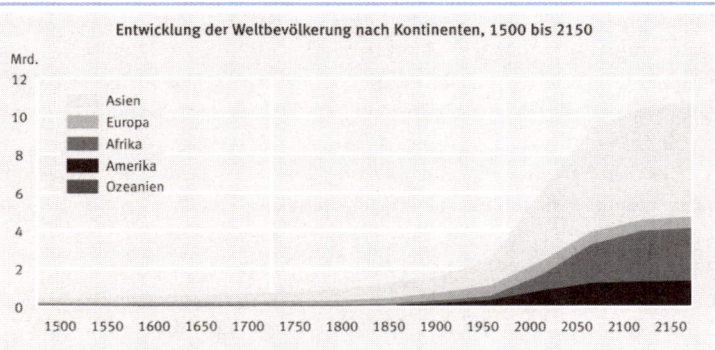

Entwicklung der Weltbevölkerung nach Kontinenten, 1500 bis 2150

In Abbildung 4.5 zeigen wir, wie sich die Einwohnerzahl in Deutschland insgesamt (vor 1990 BRD und DDR; Balken) und zusätzlich für die DDR bzw. die neuen Bundesländer (NBL) getrennt (Linie) in der Zeit von 1950 bis 2005 entwickelt hat.

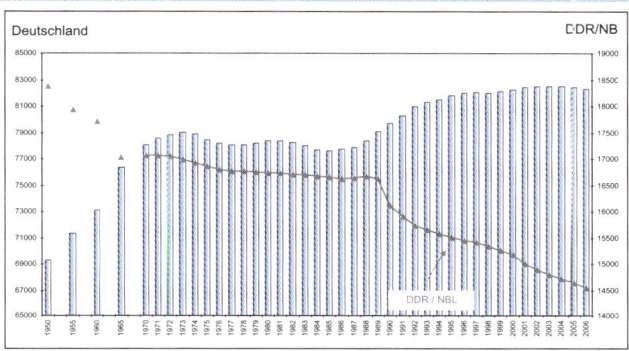

| Abb. 4.5

Bevölkerung in Deutschland und den neuen Bundesländern* (1950–2006)

*NBL: ohne ehemaliges West-Berlin

Quelle: Statistische Jahrbücher des Statistischen Bundesamts; div. Jahrgänge.

Die Bevölkerungszahl in Deutschland insgesamt (Balken und linke Größenachse) ist bis 1970 stark angestiegen, um dann in eine Phase der Stagnation überzugehen. Ab 1990 ist ein erneuter Anstieg der Bevölkerungszahl zu erkennen. Seit Mitte der 1990er Jahre ist die Bevölkerungsgröße mit etwas mehr als 82 Millionen Menschen relativ stabil. In der der DDR hat sich die Einwohnerzahl (Linie und rechte Größenachse) von etwa 18,3 Millionen auf 16,6 Millionen verringert. Verantwortlich dafür waren in erster Linie die Abwanderungen vor dem Bau der Mauer 1961. Nach der Wende ist die Bevölkerungszahl in den neuen Bundesländern (ohne ehemaliges West-Berlin) auf weniger als 15 Millionen gesunken. Das ist mit den sehr niedrigen Geburtenzahlen, vor allem aber der hohen Nettoabwanderung nach Westdeutschland seit der Wiedervereinigung Deutschlands zu erklären.

Die Quer- und Längsschnittanalyse demografischer Prozesse | 4.3.2

Wenn von Trends der Bevölkerungsentwicklung die Rede ist, so betrachten wir – neben der Bevölkerungsgröße selbst – vor allem jene Faktoren, die diese Entwicklung begründen, also die Geburten, Sterbefälle sowie die Zu- und Abwanderungen. Hinzu kommen weitere Ereignisse wie Heirat, Scheidung und der Wechsel des Bildungs- und Erwerbsstatus, die zumindest mittelbar zu einer Veränderung der Bevölkerungsstruktur beitragen. Sie verweisen auf soziale Prozesse, die Bestandteil der Lebensläufe von Individuen sind und sich daher gleichzeitig in einem bestimmten historischen Zeitraum und in bestimmten Altersphasen der zu dieser Zeit lebenden und handelnden Akteure abspielen.

Strategien für
die Analyse sozialer
Prozesse

Bevor wir Trends der Bevölkerungsentwicklung in Deutschland differenzierter vorstellen, wollen wir am Beispiel der Bevölkerungsbewegung noch einmal auf die Unterscheidung zwischen der Querschnitts- und Längsschnittsbetrachtung von Strukturveränderungen und sozialen Prozessen zurückkommen, die im Kapitel 2 schon angesprochen wurde.

Demografische Ereignisse und damit der Wandel demografischer Strukturen können grundsätzlich aus zwei zeitlichen Perspektiven betrachtet werden. Dem liegt die Tatsache zugrunde, dass demografische Ereignisse (etwa eine Heirat oder die Geburt eines Kindes), wie alle Veränderungen sozialstruktureller Positionen von Individuen, einerseits zu einem bestimmten *historischen Zeitpunkt t*, also an einem bestimmten Tag in einem bestimmten Monat eines bestimmten Jahres J (»Periode«) stattfinden. Andererseits ereignen sie sich aber auch zu einem bestimmten *Zeitpunkt im Lebenslauf* eines Individuums, also in einem bestimmten Alter x dieser Person. Demografische Ereignisse haben demnach immer zwei Zeitbezüge: den exakten Zeitpunkt t in einem Jahr J und das exakte Lebensalter x. Ist das Individuum dann zum exakten Zeitpunkt k geboren worden, gilt die einfache Gleichung: $x = t - k$. Das heißt nichts anderes, als dass das Alter eines Individuums gleich der Differenz zwischen dem aktuellen Zeitpunkt und dem Zeitpunkt seiner Geburt ist.

Werden demografische Ereignisse oder ihre Verteilung nach dem Alter der Betroffenen in einer Bevölkerung bezogen auf Kalenderjahre J erfasst und analysiert, spricht man von der *Querschnitts- oder Perioden-betrachtungsweise*. Dafür werden die interessierenden Ereignisse – etwa die Lebendgeburten von Frauen – in einem bestimmen Kalenderjahr gezählt. Die Frauen, die in diesem Jahr in unterschiedlichem Alter ein Kind bekommen haben, gehören dann natürlich unterschiedlichen Geburtsjahrgängen an. Ereignishäufigkeiten, ihre Verteilung nach dem Alter oder ereignisbezogene Kennziffern werden in diesem Fall bezogen auf Kalenderjahre (Perioden) berechnet und zwischen Kalenderjahren miteinander verglichen. So werden etwa die rohe Geburtenrate (jährliche Zahl der Geburten dividiert durch die mittlere Bevölkerungsgröße eines Jahres) oder die altersspezifischen Geburtenziffern (jährliche Zahl der Geburten von Frauen eines bestimmten Alters dividiert durch die mittlere Zahl der Frauen dieses Alters in dem Jahr) über die letzten 20 Jahre vergleichend analysiert.

Dieselben demografischen Ereignisse können auch bei den Mitgliedern eines Geburtsjahrgangs (einer Geburtskohorte) erfasst werden, wie etwa die Zahl der Lebendgeburten von Frauen, die im Jahr 1960 geboren wurden. Man spricht dann von der *Längsschnitt- oder Kohortenbetrachtungs-*

Querschnitts-
betrachtungsweise

Längsschnitt-
betrachtungsweise

weise. Die Registrierung der Ereignisse erstreckt sich nun über mehrere Kalenderjahre, weil man den Individuen in ihrem Lebenslauf über die Zeit hin folgen muss. Ereignishäufigkeiten, ihre altersbezogenen Verteilungen und andere Ereignismaße können nun zwischen verschiedenen Geburtskohorten miteinander verglichen werden. Um kohortenspezifische Veränderungen von weiblichen Lebensläufen darzustellen, wird man unter anderem die Zahl aller Lebendgeburten, die Frauen eines Geburtsjahrgangs bis zum vollendeten 45. Lebensjahr hatten, summieren oder die durchschnittliche endgültige Kinderzahl der Frauen berechnen und diese Größen zwischen verschiedenen Kohorten miteinander vergleichen. Erst dann kann beurteilt werden, ob Frauen aus jüngeren Geburtskohorten durchschnittlich weniger Kinder bekommen als Frauen älterer Geburtskohorten und wie gut sich einzelne Geburtsjahrgänge ›reproduzieren‹. Querschnittsgrößen der Geburtenhäufigkeit sind dafür in der Regel nicht geeignet.

Um den Zusammenhang zwischen beiden Betrachtungsweisen zu illustrieren, hat der deutsche Nationalökonom und Statistiker Wilhelm Lexis (1837–1914) das nach ihm benannte Lexis-Diagramm entwickelt (vgl. Abb. 4.6). Darin werden die Kalenderzeit auf der horizontalen Achse und das Lebensalter auf der vertikalen Achse abgetragen. Der Lebenslauf eines Individuums lässt sich dann als eine 45°-Diagonale in dem Diagramm darstellen, die auf der horizontalen Achse bei dessen Geburtszeitpunkt beginnt. Jeder Punkt auf der Diagonalen entspricht genau einem Zeitpunkt t und dem dazugehörigen exakten Alter x.

Lexis-Diagramm

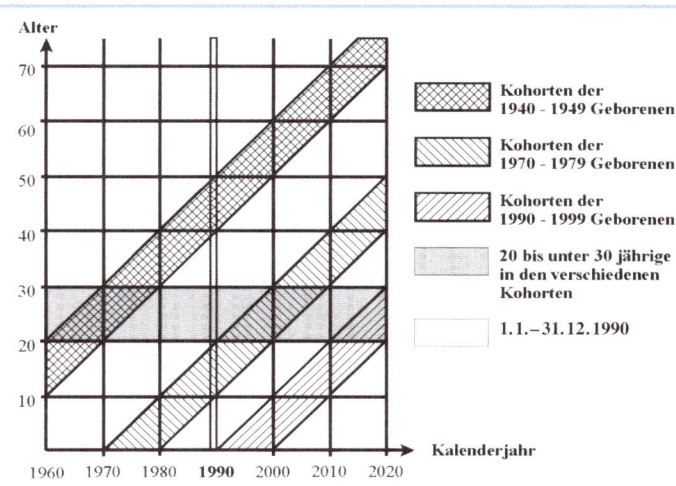

| Abb. 4.6

Kohorten vor und nach der deutschen Wiedervereinigung im Lexis-Diagramm

Ereignisse, die sich unter den Angehörigen einer Geburtskohorte zutragen, die in einem oder mehreren Kalenderjahren geboren sind – etwa zwischen dem 01.01.1940 und dem 31.12.1949 –, erscheinen in einem Schlauch, der diagonal von links unten nach rechts oben im Diagramm erscheint (Längsschnittbetrachtung). Ereignisse, die sich in einem bestimmten Kalenderjahr, etwa dem Jahr 1990 zutragen, werden in einem vertikalen Schlauch verortet (Querschnittbetrachtung), der durch zwei senkrechte Linien begrenzt wird, die dem 01.01.1990 und dem 31.12.1990 entsprechen – bei einem größeren Zeitintervall von mehreren Jahren ist der Schlauch entsprechend breiter. Analog entspricht schließlich der horizontale Schlauch einem bestimmten Altersintervall. Er wird durch die horizontalen Linien begrenzt, die zum Beginn und zum Ende des Altersintervalls gehören; hier etwa die 20- bis 30-jährigen Personen. Das Lexis-Diagramm veranschaulicht also die zeitlichen Bezüge von Ereignissen im Lebenslauf von Individuen.

Am Beispiel der Wiedervereinigung Deutschlands im Jahr 1990 verdeutlichen wir das Prinzip der verschiedenen zeitlichen Bezüge nun noch einmal:

- *Querschnittbetrachtung* (vertikaler Schlauch im Lexis-Diagramm): Sie erfasst, wie verschiedene Geburtskohorten und damit unterschiedliche Altersgruppen von Wende und Wiedervereinigung betroffen sind. Demografische Veränderungen, die im Jahr 1990, aber auch in der Zeit danach in der Bevölkerung zu beobachten waren, dürften zum Teil auf die gleichzeitige Betroffenheit verschiedener Geburtskohorten *(Periodeneffekte)* durch die Transformation in Ostdeutschland und ihre Folgen zurückzuführen sein. Kalenderjahrbezogene statistische Trends, wie etwa der drastische Rückgang der Kinderzahlen nach 1990, sind für die endgültige Kinderzahl in den einzelnen Kohorten aber nur bedingt aussagekräftig, da jüngere Paare eine vielleicht in den frühen 1990er Jahren aufgeschobene Elternschaft in den nächsten Jahren, d.h. in einem höheren Alter, nachholen könnten. Eine *typische Fragestellung* dieser querschnittlichen Betrachtungsweise ist: Welche Auswirkungen hatte die Wende im Jahr 1990 auf die aktuelle Elternschaftsentscheidung von Frauen und Männern in Ostdeutschland?

Querschnitt-, Alters- und Kohortenbetrachtung

- *Längsschnitt- oder Kohortenbetrachtung* (diagonale Schläuche im Lexis-Diagramm): Sie erfasst Entwicklungen in ein und denselben Geburtskohorten über deren gesamten Altersbereich im Verlauf der Kalenderzeit. Da hier Informationen über mehrere Kalenderjahre gesammelt werden müssen, können jüngere Geburtskohorten oft zunächst nur unvollständig berücksichtigt werden. Kohortenspezifische Auswirkungen der Wende sind nicht unmittelbar feststellbar, sondern können sich unter Umständen erst Jahre später nachweisen lassen *(Kohorteneffekte)*. Eine *typische Fragestellung* dieser Betrachtungsweise ist: Hat sich die endgültige Kinderzahl von ostdeutschen Frauen unterschiedlicher Geburtsjahrgänge – auch infolge der Wende – verändert?

- *Altersbetrachtung* (horizontaler Schlauch im Lexis-Diagramm): Sie erfasst, was in einer bestimmten Altersgruppe (etwa die 20- bis unter 30-Jährigen) in verschiedenen Geburtskohorten und unterschiedlichen Kalenderjahren geschieht, was also in dieser im Vergleich zu anderen Altersgruppen typischerweise auftritt – zunächst einmal unabgängig davon, in welchem Jahr und in welcher Kohorte dies geschieht (Alterseffekte). Eine *typische Fragestellung* dieser Betrachtungsweise wäre: Wie waren die 20- bis unter 30-Jährigen im Wendejahr, verglichen mit derselben Altersgruppe in anderen Kalenderjahren, vom Risiko betroffen, arbeitslos zu werden?

Mit der Quer- und Längsschnittbetrachtung sind auch spezielle Maßzahlen verbunden. Diese werden am Beispiel der Geburtenhäufigkeit in Übersicht 4.4 dargestellt.

Übersicht

Querschnitts- und Längsschnittsmessung der Geburtenhäufigkeit

| 4.4

Aussagen über die Geburtenentwicklung in Deutschland weichen oft stark voneinander ab. Ursache dafür ist, dass verschiedene Kennziffern zur Geburtenhäufigkeit verwendet werden.

1. Das *Querschnittmaß* der *zusammengefassten Geburtenziffer eines Kalenderjahres J (total fertility rate: TFR)*. Die TFR ist die Summe der *altersspezifischen Geburtenziffern* des Jahres J. Diese werden als das Verhältnis der Zahl der Lebendgeburten von Frauen eines bestimmten Alters x im Jahr J zur durchschnittlichen Zahl der Frauen dieses Alters x im Jahr J (zumeist für x = 15, 16, ..., 45) berechnet. Die altersspezifischen Geburtsziffern geben also an, wie viele Kinder Frauen eines bestimmten Alters im Jahr J durchschnittlich geboren haben. Da bei der zusammengefassten Geburtenziffer eines Jahres J die altersspezifischen Geburtenziffern von Frauen verschiedener Alterskohorten summiert werden, erhält man damit ein Maß für die durchschnittliche Kinderzahl einer *fiktiven* Frauenkohorte, für die die altersspezifischen Geburtenziffern des Jahres J zuträfen. Diese Größe entspricht im Allgemeinen *nicht* der durchschnittlichen Zahl der Kinder, die Frauen realer Geburtsjahrgänge im Verlaufe ihres Lebens gebo-

ren haben, da Geburten oftmals aufgeschoben oder auch vorgezogen werden (→ Kapitel 4.4.1). Veränderungen im durchschnittlichen Alter der Menschen bei der Geburt von Kindern haben aber zwangsläufig Auswirkungen auf die zusammengefasste Geburtenziffer eines Jahres: Werden Geburten aufgeschoben, sinkt die TFR; sinkt das mittlere Alter bei der Geburt von Kindern, steigt sie an (Preston/Heuveline/Guillot 2001).

2. Das *Längsschnittmaß* der *endgültigen Kinderzahl der Frauen einer Geburtsjahrgangskohorte K (auch zusammengefasste Geburtenziffer einer Kohorte K oder completed fertiltiy rate: CFR)* berücksichtigt nur die Geburten dieser bestimmten Kohorte. Man ermittelt die Größe durch Summierung der altersspezifischen Geburtenziffern der Frauen dieser Kohorte K. Man kann sie erst dann exakt berechnen, wenn die Mitglieder dieser Kohorte das Alter erreicht haben, in dem sie keine Kinder mehr bekommen. In der Demografie wählt man dazu in der Regel das Alter 45 oder 49. Aufschub- oder Nachholeffekte haben nicht notwendigerweise eine Auswirkung auf die endgültige Kinderzahl, da die gesamte Fertilitätsphase einer Kohorte betrachtet wird.

Lernkontrollfragen

1 Aus welchen Komponenten setzt sich die Bevölkerungsbewegung zusammen?
2 Was ist mit der Quer- und der Längsschnittsbetrachtung des Bevölkerungswandels gemeint?

Infoteil

Informationen über die Bevölkerungsentwicklung erhält man aus den Quellen, die auch über die Bevölkerungsstruktur informieren. Eine detaillierte Zusammenstellung dazu findet sich im Anhang.

Aktuelle Trends der Bevölkerungsentwicklung in der Bundesrepublik Deutschland

| 4.4

Die demografischen Ursachen für die Veränderung der Bevölkerungsgröße sind in der demografischen Grundgleichung identifiziert worden. Sie werden deutlich, wenn man den Verlauf der Geburtenzahlen, der Zahl der Sterbefälle und der Zu- und Abwanderungen getrennt ausweist. In Abbildung 4.7 zeigen wir für Deutschland bezogen auf den Zeitraum von 1955 bis 2005 die Differenz zwischen Geburten- und Sterbefallzahlen und die Differenz zwischen Zu- und Abwanderungen sowie die daraus resultierende Zu- oder Abnahme der Bevölkerung.

Zusammenwirken von Geburten, Sterbefällen und Wanderung

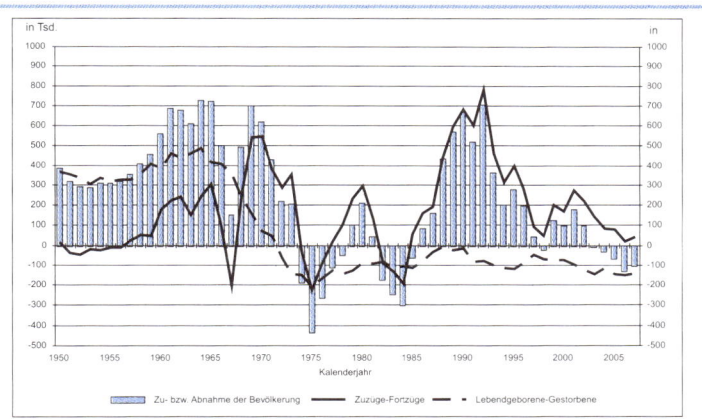

| Abb 4.7

Komponenten der Bevölkerungsentwicklung, 1955–2005*

*Quelle:
Div. statistische
Jahrbücher des
Statistischen
Bundesamts.*

* *bis 1990 Westdeutschland ohne innerdeutsche Wanderung;
ab 1990 Angaben für Deutschland*

Der starke Anstieg der Bevölkerungszahl in Deutschland war in den 1950er und 1960er Jahren auf den Geburtenüberschuss des »Baby-Booms« und Zuwanderung aus dem Ausland (Arbeitsmigration) zurückzuführen. Für Westdeutschland kam bis 1961 die in der Abbildung nicht ausgewiesene innerdeutsche Wanderung hinzu. Die Bevölkerungsentwicklung Westdeutschlands wird nach 1970 fast allein von Zu- bzw. Abwanderung über die Grenzen bestimmt. Das Bevölkerungswachstum der 1990er Jahre ist ausschließlich einer starken Nettozuwanderung zuzuschreiben. Darauf und auf die anderen Komponenten der Bevölkerungsentwicklung gehen wir im Folgenden detaillierter ein.

4.4.1 | Geburtenentwicklung

Lebendgeburten

Eine zentrale Rolle für die Reproduktion der Bevölkerung und ihre Altersstruktur spielen die *Lebendgeburten* in einer Bevölkerung. Als lebendgeboren gelten Kinder, bei denen nach der Scheidung vom Mutterleib entweder das Herz geschlagen oder die Nabelschnur pulsiert oder die natürliche Lungenatmung eingesetzt hat. Die Zahl der Lebendgeburten hängt von mehreren Faktoren ab:

1. Die Zahl der Frauen und Männer in einer Bevölkerung, die Kinder bekommen können. Dieses ist eine rein demografische Bestimmungsgröße. Geburtenstarke Jahrgänge produzieren eher wieder geburtenstarke Jahrgänge.
2. Die Höhe der Kinderlosigkeitsraten bzw. die realisierte Kinderzahl von Frauen und Männern.
3. Das Alter der Frauen und Männer bei der Geburt ihrer Kinder

Der zweite und dritte Faktor sind wesentlich durch die Verhaltensmuster von Frauen und Männern im Hinblick auf eine Familiengründung und -erweiterung bestimmt. Diese hängen wiederum stark von individuellen Interessen und gesellschaftlichen Rahmen- bzw. Strukturbedingungen ab (→ Kapitel 4.5).

Abb. 4.8 |

Zusammengefasste Geburtenziffern in Deutschland, 1871–2006

Quelle: BIB 2008: 36.

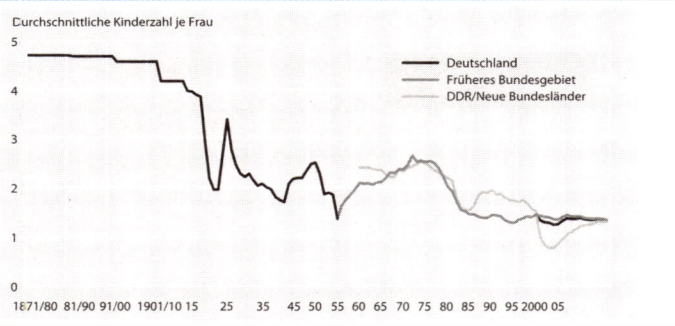

Zusammengefasste Geburtenziffer für einzelne Kalenderjahre (TFR)

Abbildung 4.8 zeigt die jeweils im Querschnitt gemessene zusammengefasste Geburtenziffer für Kalenderjahre zwischen 1871 und 2005. Wir erkennen einen starken Rückgang der Geburtenhäufigkeit zu Beginn des 20. Jahrhunderts (»erster demografischer Übergang«) und eine Reihe von historisch bedingten Einbrüchen (schwarze Linie). Im sogenannten Golden Age of Marriage der 1950er und 1960er Jahre steigt die zusammengefasste Geburtenziffer noch einmal an (»Baby-Boom«), um dann seit Ende der 1960er Jahre in Westdeutschland rapide abzunehmen (»Pillenknick«) und bis heute auf einem niedrigen Niveau zu verharren (dunkelgraue Linie). Die hellgraue Linie zeigt den Verlauf der zusammengefassten Geburtenziffer in Ostdeutschland an. Hier ist der als »demografischer Schock« bezeichnete drastische Rückgang der Geburtsziffer im Zuge der Wende, also nach 1990, zu erkennen. Die kalenderjahrspezifische zusammengefasste Geburtenziffer des Jahres 2006 liegt in Deutschland bei 1,34 in West- und 1,30 in Ostdeutschland.

Der »Baby-Boom« geht demografisch auf drei Faktoren zurück:

Ursachen des Baby-Booms

1. Nach den Wirren der Nachkriegszeit und mit dem zunehmenden Wohlstand wurden in den 1950er Jahren zuvor aufgeschobene Geburten nachgeholt.
2. Die nachfolgenden Kohorten begannen in einem immer jüngeren Alter zu heiraten und eine Familie zu gründen.
3. Die endgültige Kinderzahl der Frauen stieg geringfügig an.

Der anschließende starke Rückgang der periodenspezifischen Geburtenhäufigkeit war durch gegenläufige Phänomene bedingt:

1. Seit Ende der 1960er Jahre wurde die Familiengründung deutlich im Alter aufgeschoben. Ursächlich dafür war, dass in dieser Zeit die Frauen verstärkt begannen, zugunsten einer beruflichen Ausbildung und einer Erwerbstätigkeit eine frühe Mutterschaft zu vermeiden. Nach Einführung neuer Verhütungsmethoden (»Pille«) war es zudem möglich geworden, die Familiengründung genauer zu planen, ohne dass dieses auf Kosten einer befriedigenden Sexualität gehen musste.
2. Im Zuge damit fiel die endgültige Kinderzahl in den Familien unter das Reproduktions- oder Ersatzniveau. Dies zeigt Abbildung 4.9.

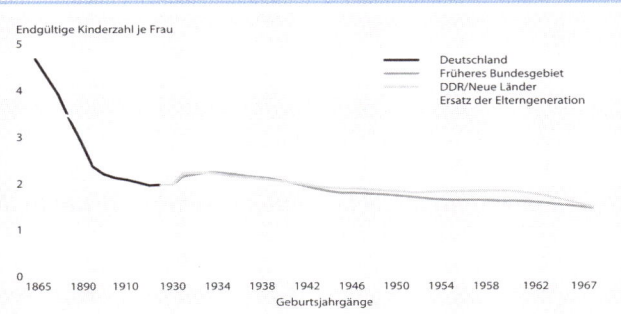

| Abb. 4.9

Endgültige Kinderzahlen der Geburtsjahrgänge 1865–1966 in Deutschland (CFR) und die für den Ersatz der Elterngeneration notwendige Kinderzahl

Quelle: BIB 2008: 38.

Endgültige
Kinderzahl

In Abbildung 4.9 ist zunächst ein deutlicher Rückgang der endgültigen Kinderzahlen bei Frauen zu erkennen, die bis ca. 1910 geboren wurden (schwarze Linie). Seitdem haben sich die endgültigen Kinderzahlen nur noch moderat verändert. Der »Baby-Boom« äußert sich in einem kleinen Anstieg von durchschnittlich zwei auf 2,3 Kinder (bei den ca. 1930 geborenen Frauen). Es folgt dann ein ebenfalls deutlicher kontinuierlicher Rückgang auf ca. 1,6 Kinder pro Frau. Gleichzeitig hat sich aufgrund der steigenden Lebenserwartung das Ersatzniveau von 3,5 auf etwa 2,1 Kinder verringert (weiße Linie). Tabelle 4.2 informiert noch etwas detaillierter über die Veränderung der Kinderzahl von Frauen verschiedener Geburtsjahrgänge in Deutschland. Die Zahlen basieren auf einer Befragung zur Kinderlosigkeit, die das Statistische Bundesamt im Jahr 2006 durchgeführt hat.

Tab. 4.2 | *Frauen nach Alter und Kinderzahl.*
Ergebnisse der Sondererhebung »Geburten in Deutschland« 2006

Geburtsjahr[1]	Alter im Jahr 2006	Anteil der Frauen				
		ohne Kinder	mit Kindern		davon mit	
			insgesamt	1 Kind	2 Kinder	3 und mehr Kindern
		Hochgerechnete Ergebnisse in %				
Alte Länder[2]						
1962–1971	35–44	25	75	29	49	49
1952–1961	45–54	21	79	31	49	49
1942–1951	55–64	14	86	31	47	47
1931–1941	65–75	14	86	28	40	40
Neue Länder[2]						
1962–1971	35–44	11	89	40	46	14
1952–1961	45–54	7	93	28	56	16
1942–1951	55–64	8	92	25	48	27
1931–1941	65–75	11	89	29	39	32

[1] *Angaben für die Geburtsjahrgänge 1962 bis 1971 beziehen sich auf den Stand im Jahr 2006. Veränderungen sind noch möglich.*
[2] *Ohne Berlin.*   *Quelle: Statistisches Bundesamt 2007b.*

Wie erwartet ist die Zahl der kinderlosen Frauen in den jüngeren Geburtsjahrgängen angestiegen. In Westdeutschland ist der Anteil wesentlich
höher als in Ostdeutschland. Auch wenn im Osten die Kinderlosigkeit
zunimmt, kann man erwarten, dass sie dort in Zukunft geringer bleiben
wird als in Westdeutschland (Huinink 2005). Andererseits hatten die
Frauen in Ostdeutschland bzw. der DDR seit langem weniger dritte und
weitere Kinder als im Westen. Es gab und gibt im Einzelnen also einige deutliche Unterschiede zwischen Ost- und Westdeutschland, die sich
auf historische und aktuelle Unterschiede in den Rahmenbedingungen
zurückführen lassen, die die Entscheidung für oder gegen eine Elternschaft beeinflussen. Beispielsweise sind die Betreuungsmöglichkeiten
für Kinder (und damit die Vereinbarkeit von Beruf und Familie) in Ostdeutschland deutlich günstiger als in Westdeutschland (Huinink 2005,
Kreyenfeld 2004).

Kinderlosigkeit
in Ost und West

Es sei auf einen weiteren wichtigen individuellen Faktor verwiesen,
der für die Kinderzahl und die Wahrscheinlichkeit, kinderlos zu bleiben,
bedeutsam ist: das Bildungs- oder Ausbildungsniveau der Frauen. Es ist
seit der Nachkriegszeit stark angestiegen. Wenn die Möglichkeiten, Familie und Beruf zu vereinbaren, schlecht sind, schieben besonders gut aus-
gebildete Frauen, die gute Einkommensmöglichkeiten haben, eine Familiengründung stärker auf als andere Frauen und bleiben eher kinderlos.
Die Ergebnisse der Befragung des Statistischen Bundesamts zur Kinderlosigkeit in Deutschland bestätigen das, allerdings – und das ist wegen der
unterschiedlichen Vereinbarkeitsmöglichkeiten in Ost und West nicht
unerwartet – nur für Westdeutschland. Während bei den 35 bis 75 Jahre
alten Befragten von denjenigen, die einen Hochschulabschluss haben,
32 Prozent kinderlos waren, hatten bei den Frauen ohne Hochschulabschluss nur 18 Prozent keine Kinder (Statistisches Bundesamt 2007b).
Bei Männern dagegen ist die Kinderlosigkeit unter denjenigen, die weniger gut ausgebildet sind, hoch. Ihnen wird eher nicht zugestanden, »eine
Familie ernähren zu können« (vgl. Huinink/Konietzka 2007: 173 ff).

Bildung
und Kinderlosigkeit

Da sich die endgültige Kinderzahl von Frauen der Geburtskohorten
bis 1965 nur mäßig verringert hat (vgl. Abb. 4.9), kann angenommen
werden, dass das niedrige Niveau der kalenderjahrspezifischen Geburtenziffern (vgl. Abb. 4.8) nicht nur auf den Rückgang der endgültigen
Kinderzahl zurückzuführen ist, sondern auch darauf, dass die Familiengründung und die Geburt weiterer Kinder auf einen immer späteren
Zeitpunkt im Leben aufgeschoben worden ist. Dieser Trend hält gegenwärtig noch an. Abbildung 4.10 zeigt für die Jahre nach der Wende das
durchschnittliche Alter ost- und westdeutscher Frauen bei der Geburt
ihrer Kinder.

Das Alter bei
der Familiengründung

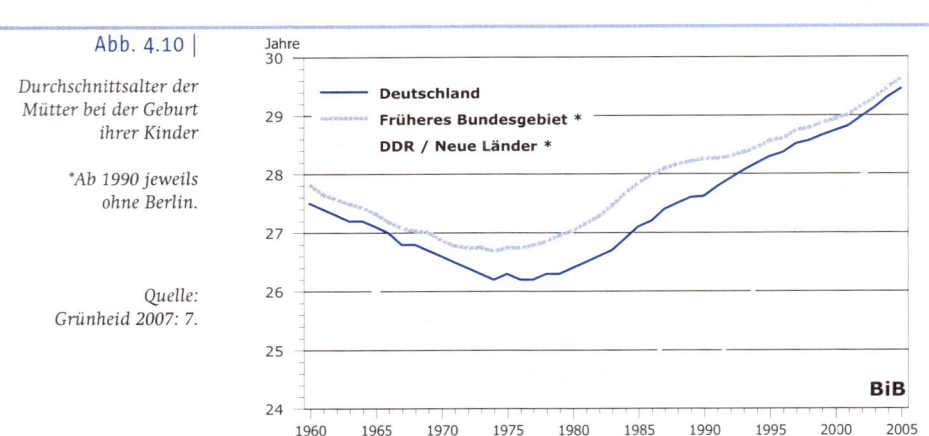

Abb. 4.10 |

Durchschnittsalter der Mütter bei der Geburt ihrer Kinder

*Ab 1990 jeweils ohne Berlin.

Quelle: Grünheid 2007: 7.

Das Alter der Mütter bei der Geburt ihrer Kinder ist stark angestiegen, obwohl die Zahl der dritten und weiteren Kinder, die ja in einem höheren Alter geboren werden, gesunken ist. Waren die westdeutschen Mütter bei der Geburt eines Kindes im Jahre 1975 noch unter 27 Jahre alt, so lag das durchschnittliche Alter 2005 zwischen 29 und 30 Jahre. In der DDR bekamen die Frauen ihre Kinder noch früher: im Jahr 1975 im Alter von weniger als 25 Jahren, kurz vor der Wende, also im Jahr 1989 immer noch im jungen Alter von etwas mehr als 25 Jahren. Nach der Wende stieg das Durchschnittsalter ostdeutscher Frauen deutlich stärker als bei den westdeutschen Frauen an; es bleibt aber bis heute unter dem westdeutschen Niveau.

Die hier nicht ausgewiesenen Altersverschiebungen bei der Familiengründung, also der Geburt des ersten Kindes, waren noch stärker. Die Frauen in den Neuen Bundesländern bekommen auch heute das erste Kind immer noch etwas früher als die Frauen in Westdeutschland (Huinink/Kreyenfeld 2007).

Das späte Alter bei der Geburt von Kindern ist kein vorübergehendes Phänomen, sondern spiegelt eine dauerhafte Verhaltensänderung wider. Ein hohes Gebäralter ist historisch aber nicht neu.

4.4.2 | Sterblichkeitsentwicklung (Mortalität)

Neben den Geburten beeinflusst die Sterblichkeit die Bevölkerungsbewegung. Wichtige Bestimmungsfaktoren für die Zahl der Sterbefälle sind:

1. Die Säuglingssterblichkeit: Sie bezieht sich auf das Sterberisiko in den ersten zwölf Lebensmonaten.
2. Die Morbidität bzw. das altersspezifische Sterberisiko im höheren Alter.

Beide Phänomene hängen von vielen Risikofaktoren ab, die wiederum in Abhängigkeit von Lebensbedingungen und Verhaltensgewohnheiten variieren können, zudem werden sie unter anderem vom Lebensstandard und dem Niveau der medizinischen Versorgung bestimmt.

Bestimmungsfaktoren für die Zahl der Sterbefälle

Die Säuglingssterblichkeit geht auch nach dem zweiten Weltkrieg noch deutlich zurück. Im Jahr 1946 sind es noch 99,1 Promille gewesen. Lag sie 1960 bei 35 Promille, betrug sie 2005 in Deutschland nur noch knapp vier Promille. Allerdings war die Säuglingssterblichkeit 2005 unter den Jungen (4,4 Promille) deutlich höher als unter den Mädchen (3,4 Promille).

Die Lebenserwartung Neugeborener steigt in Deutschland beständig an. Dies zeigt Abbildung 4.11, die die Entwicklung – getrennt für Jungen und Mädchen – seit 1871 ausweist. 1901 lag die durchschnittliche Lebenserwartung der Jungen bei lediglich 44,8 Jahren (1871/81 sogar nur bei 35,6 Jahren), bei den Mädchen war sie vier Jahre höher. Heute hat sie bei den Frauen die 80-Jahre-Altersgrenze überstiegen und sie werden auch heute im Durchschnitt deutlich älter als Männer.

Durchschnittliche fernere Lebenserwartung Neugeborener

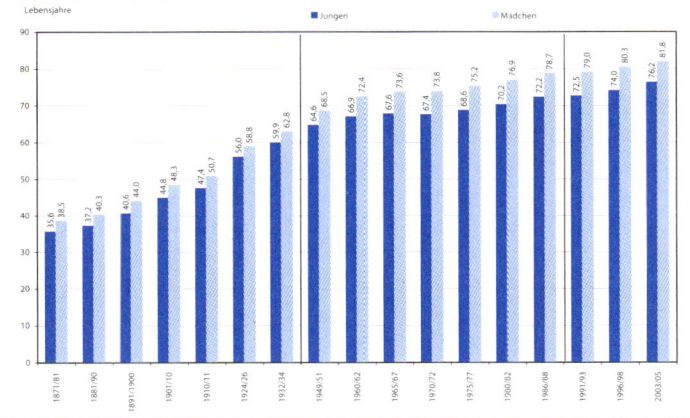

| Abb. 4.11

Entwicklung der Lebenserwartung Neugeborener, 1871/81–2003/05

Quelle: Statistisches Bundesamt 2008.

Die mittlere oder durchschnittliche fernere Lebenserwartung im Alter x gibt die durchschnittliche Anzahl an Jahren an, die eine Person, die das Alter x erreicht hat, noch zu leben hat. Wie viele Lebensjahre haben Men-

Fernere Lebenserwartung

schen in Deutschland noch vor sich, wenn sie bis zum 60. Lebensjahr überlebt haben? Es ist zu erwarten, dass ihre Lebenserwartung höher ist als bei ihrer Geburt, da sie die Risiken bis zu ihrem aktuellen Lebensjahr bzw. als Säugling zu sterben bereits überstanden haben. Die fernere Lebenserwartung der 60-Jährigen ist zudem kontinuierlich angestiegen, für die Männer allerdings in geringerem Ausmaß als für die Frauen (vgl. Abb. 4.12). Dabei ist der Anstieg im Osten (ab 1991) im Vergleich zum Westen stärker.

Abb. 4.12 |

Fernere Lebenserwartung der 60-Jährigen in Deutschland, 1871/81–2003/05

Quelle: Statistisches Bundesamt 2008.

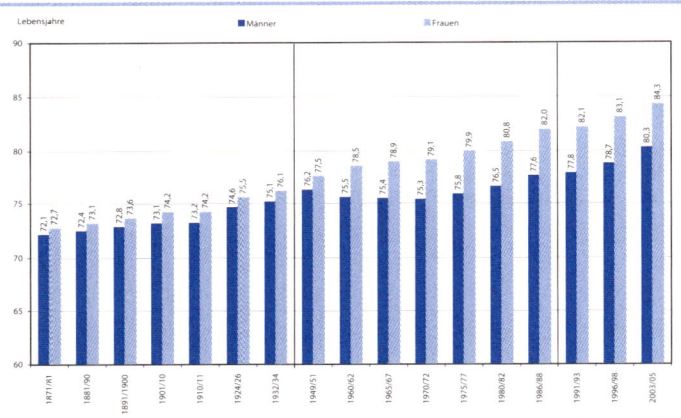

Sowohl der deutliche Anstieg der Lebenserwartung als auch die sich verringernde Säuglingssterblichkeit sind auf die stark verbesserten Lebensbedingungen zurückzuführen: Steigender Wohlstand und der technisch-medizinische Fortschritt haben seit Mitte des 19. Jahrhunderts die Säuglingssterblichkeit und das Sterberisiko in höherem Alter deutlich reduziert.

4.4.3 | Wanderungen (Migration)

Neben den Geburten und den Sterbefällen haben auch *Wanderungen* einen bedeutsamen Einfluss auf die Bevölkerungsentwicklung eines Landes. »Von Migration spricht man«, so der Migrationsbericht der Bundesregierung des Jahres 2006, »wenn eine Person ihren Lebensmittelpunkt räumlich verlegt.« (BMI 2007: 12)

Grundbegriffe der Migration

Man unterscheidet zwischen

- internationaler Migration bzw. *Außenwanderung*, die Zu- und Fortzüge über die Grenzen eines Landes beinhaltet und der
- *Binnenwanderung* zwischen Regionen innerhalb eines Landes oder einer Region.

Die Differenz zwischen den Zu- und Fortzügen einer Region nennt man *Wanderungssaldo*, die Summe von Zu- und Fortzügen das *Wanderungsvolumen*.

Wanderungen führen zu Veränderungen der Bevölkerungsgröße und -struktur in der Ziel- und in der Herkunftsregion. Wesentlich sind dafür alters- oder merkmalspezifische Unterschiede zwischen Zu- und Abgewanderten und den sesshaften Bevölkerungsteilen. Migranten sind zum Beispiel eher jung (Altersgruppe 15 bis 40; BMI 2007: 29). In jungem Alter migrieren Frauen häufiger als Männer, in höherem Alter kehrt sich das Verhältnis um. Das gilt auch für die Ost-West-Migration (BiB 2008: 55). Zwar werden vor allem wirtschaftliche Gründe für die Wanderungsentscheidung genannt, die Bestimmungsfaktoren für Migrationsprozesse sind allerdings sehr vielfältig und nicht auf eine einfache Formel zu bringen. Dabei geht es letztlich darum, zu untersuchen, was genau die Migrationsbereitschaft von Individuen fördert oder behindert (Kalter 2000).

Im Jahr 2006 sind 780 175 Personen in die Bundesrepublik Deutschland zugezogen und 697 632 Menschen haben das Land verlassen. Das ergibt einen positiven Wanderungssaldo von 82 543 Personen. Zum Ausmaß der Außenmigration der letzten Jahrzehnte hat schon Abbildung 4.7 Auskunft gegeben. Wie wir gezeigt haben, ist das Bevölkerungswachstum in Deutschland seit den 1990er Jahren ausschließlich auf eine Nettozuwanderung aus dem Ausland zurückzuführen. Sie war in der ersten Hälfte der 1990er Jahre besonders hoch. Dazu trugen vor allem Spätaussiedler bei, von denen etwa vier Millionen nach Deutschland zugewandert sind. Im Jahr 1990 war ihre Zahl mit 397 000 Personen am höchsten, seit dem Beginn des 21. Jahrhunderts liegt sie jeweils unter 100 000 Personen pro Jahr.

Auch die Zahl der Asylsuchenden war in den ersten Jahren nach der Wiedervereinigung sehr hoch. Das führte im Jahr 1992 zu einem Nettogewinn von 782 071 Personen. Danach ging der Wanderungssaldo unter

Außenwanderung

anderem auch wegen einer verschärften Asylgesetzgebung deutlich zurück und er unterlag deutlichen Schwankungen. Nach einem Saldo von weniger als 100 000 im Jahr 1998 stieg er im Jahr 2002 wieder auf fast 300 000; seitdem ist er wieder rückläufig.

Binnenmigration

Im Vergleich zum Volumen der Außenwanderung – die Summe aus Zu- und Fortzügen lag bei etwa 1,5 Millionen – ist das Volumen der Binnenwanderung deutlich geringer. Darüber informiert Tabelle 4.3, in der die Wanderungsvolumina (Summe der Zahl der Zuzüge und Fortzüge) für Migrationen über Gemeinde-, Kreis und Landesgrenzen angegeben sind. Diese sind in den letzten Jahren nicht nennenswert angewachsen; die räumliche Mobilität innerhalb Deutschlands hat sich also nur wenig verändert.

Tab. 4.3 | *Wanderungen über die Gemeinde-, Kreis- und Landesgrenzen seit 1970*

Jahr	Wanderungen über die					
	Gemeindegrenzen		Kreisgrenzen		Landesgrenzen	
	Anzahl in 1000	Je 1000 Einwohner[1]	Anzahl in 1000	Je 1000 Einwohner[1]	Anzahl in 1000	Je 1000 Einwohner[1]
Früheres Bundesgebiet						
1970	3662	59,8	2942	48,1	1118	18,5
1980	3024	49,2	2304	37,5	820	13,4
1985	2572	42,1	1850	30,3	640	10,5
1990	2970	47,4	2185	34,9	841	13,4
Deutschland						
1991	3402	42,8	2494	31,4	1127	14,2
1995	3951	48,5	2722	33,4	1069	13,1
2000	3892	47,4	2700	32,8	1137	13,8
2004	3737	45,3	2595	31,5	1095	13,3

[1] *Jeweils am 31. Dezember des Vorjahres.*   *Quelle: Statistisches Bundesamt 2006c: 46.*

Tabelle 4.3 weist innerhalb der Gemeinde-, Kreis-, und Landesgrenzen sogar eine von 1970 bis 1990 leicht rückläufige Binnenwanderung aus. Nach 1990 stiegen die Wanderungszahlen zunächst an, um dann wieder zurückzugehen. Dies lässt vermuten, dass die Maueröffnung (1989) und die Wiedervereinigung zu der vorübergehenden Zunahme der Binnenwanderung zwischen Ost- und Westdeutschland geführt haben.

Tabelle 4.4 zeigt, wie sich die Zahl der Zu- und Fortzüge zwischen dem früheren Bundesgebiet und den neuen Bundesländern bzw. der DDR zwischen 1950 und 2004 verändert hat.

Jahr	Zuzüge aus den neuen Ländern und Berlin-Ost	Fortzüge nach den neuen Ländern und Berlin-Ost	Wanderungssaldo gegenüber den neuen Ländern und Berlin-Ost
1950	302 808	39 986	+ 262 822
1960	247 751	25 429	+ 222 322
1970	20 664	2 082	+ 18 582
1980	15 774	1 560	+ 14 214
1989	388 396	5 135	+ 383 261
1990	395 343	36 217	+ 359 126
1991	249 743	80 287	+ 169 456
2000	204 283	135 517	+ 68 766
2001[1]	230 202	138 748	+ 91 454
2002[1]	216 165	139 412	+ 76 753
2003[1]	195 216	137 517	+ 57 699
2004[1]	185 878	133 349	+ 52 529

| Tab. 4.4

Wanderungen zwischen dem früheren Bundesgebiet und den neuen Ländern und Berlin-Ost seit 1950

Quelle: Statistisches Bundesamt 2006c: 47.

[1] *Früheres Bundesgebiet (ohne Berlin-West), neue Länder einschl. Berlin.*

Immer schon sind mehr Menschen von den neuen in die alten Länder gezogen – der Wanderungssaldo ist im gesamten Beobachtungszeitraum positiv. Vor dem Mauerbau im Jahre 1961 verließ eine große Zahl überwiegend gut qualifizierter Menschen die DDR in Richtung Bundesrepublik. Zwischen 1950 und 1959 kehrten 302 808 Menschen der DDR den Rücken, während nur 39 986 Menschen in die DDR zogen. Nach dem Mauerbau sank die Zahl der »Flüchtlinge«, wie sie offiziell genannt wurden, drastisch. Mit der Maueröffnung im Jahr 1989 nahm die Abwanderung aus Ostdeutschland wieder stark zu. Fast 400 000 Menschen kamen jeweils in den Jahren 1989 und 1990 in den Westen. Zwischen 1991 und 2005 sind insgesamt noch einmal 949 000 mehr Einwohner der neuen Bundesländer Richtung Westdeutschland gezogen als umgekehrt. Dennoch darf man nicht vergessen, dass es seit dem Mauerfall einen beträchtlichen Migrationsstrom von West nach Ost gibt. In der Zwischenzeit dürften auch viele, ehemals in Ostdeutschland lebende Menschen aus dem Westen dorthin zurückgewandert sein. Eine neuere Studie

Ursachen der Binnenmigration zwischen Ost- und Westdeutschland behauptet gar auf der Basis von Auswertungen des *Sozio-ökonomischen Panels*, dass die Hälfte der West-Ost-Migranten Rückwanderer sind (Beck 2004).

Lernkontrollfragen

1 Beschreiben Sie die wichtigsten Trends der Bevölkerungsbewegung in Deutschland.
2 Was sind die wesentlichen demografischen Faktoren, die Geburtenzahl und die Sterbehäufigkeit in einem Land bestimmen?
3 Womit mögen die starken Schwankungen im Ausmaß der Außenmigration in Deutschland zusammenhängen?

Infoteil

Ausführliche Informationen zur Bevölkerungsentwicklung in Deutschland kann man in Veröffentlichungen des Bundesinstituts für Bevölkerungsforschung gewinnen, aus denen auch wir einige Statistiken entnommen haben. Eine der Broschüren dieses Instituts, die einen umfassenden Einblick gibt, wurde 2004 veröffentlicht und trägt den Titel: »Bevölkerung. Fakten – Trends – Ursachen – Erwartungen. Die wichtigsten Fragen«. Auf der Homepage des BiB (www.bib-demographie.de) erhält man auch aktuelle Informationen. Einen großen Raum nimmt die demografische Entwicklung auch in dem Band »Sozialstrukturanalyse« ein, den der Sozialstrukturforscher Thomas Klein 2005 veröffentlicht hat.

4.5 | Lebensformen, Haushalte und Familien

Lebensform

Zur Bevölkerungsstruktur gehören auch Informationen über demografisch erfassbare Aspekte der privaten Lebensverhältnisse der Menschen. Weil dieser Aspekt der sozialen Beziehungsstruktur einer Gesellschaft von herausragender Bedeutung ist, wollen wir uns ihm im Folgenden eingehender widmen. Für die unterschiedlichen Formen der *Struktur der privaten sozialen Beziehungen* von Individuen ist der Begriff der *Lebensform* eingeführt worden. In der Literatur finden sich verschiedene Definitionsangebote, die den Lebensformbegriff unterschiedlich weit fassen. Die Definition des Statistischen Bundesamts lautet so: »Unter Lebensformen werden hier relativ stabile Beziehungsmuster der Bevölkerung im privaten Bereich verstanden, die allgemein mit Formen des Alleinlebens oder Zusammenlebens (mit oder ohne Kinder) beschrieben werden können« (Niemeyer/Volt 1995: 437). Huinink und Konietzka (2007: 29 ff) versuchen eine systematische Differenzierung des Begriffs, die uns als Grundlage für die hier gegebene Definition dient.

Definition

Lebensform

Kennzeichnet einen sozialen Beziehungszusammenhang, der durch Muster der Organisation des alltäglichen Zusammenlebens repräsentiert wird. Diese Muster spezifizieren unter anderem den Institutionalisierungsgrad der Lebensgemeinschaft (ehelich, nichtehelich), die Haushaltsform und die Generationenzusammensetzung des Haushalts. Je nach Verwendung können auch weitere Merkmale (etwa zur Erwerbsbeteiligung) aufgenommen werden.

Zu den Charakterisierungs- bzw. Unterscheidungsmerkmalen von Lebensformen zählen (Zapf et al. 1987; Huinink/Konietzka 2007: 39):
- Haushaltsform und Zusammensetzung des Haushalts, Haushaltsgröße und Kinderzahl;
- Familienstand und Beziehungsform;
- Zahl der Generationen im Haushalt;
- sozialrechtliche Stellung bzw. Erwerbsstatus der Personen im Haushalt.

Der Begriff des *privaten Haushalts* spielt für die Definition des Zusammenlebens eine wichtige Rolle. Alleinlebende oder Personen, die zusammenleben und gemeinsam wirtschaften, bilden einen privaten Haushalt. Bei allein lebenden Personen spricht man von einem *Ein-Personen-Haushalt*, ansonsten von einem *Mehr-Personen-Haushalt*. Grundlegende Merkmale von privaten Haushalten sind die Haushaltsgröße und die Struktur der sozialen Beziehungen der Haushaltmitglieder untereinander. Aus wirtschaftlicher Sicht gehört auch das Haushaltseinkommen dazu (→ Kapitel 5.2). Es gibt auch nicht private Haushalte. Das sind Anstalten, wie Gemeinschaftsunterkünfte, Altersheime, Gefängnisse u. a. *(Privater Haushalt)*

Einen besonderen Stellenwert unter den Lebensformen hat die *Paarbeziehung*. Damit wird eine intime persönliche Beziehung zwischen zwei Individuen bezeichnet. Typischerweise zeichnet sich eine Paarbeziehung durch Liebe, persönliches Vertrauen und sexuelle Interaktion aus. Die *(Paarbeziehung als besondere Lebensform)*

Individuen in einer Paarbeziehung werden *Lebenspartner* genannt. Diese müssen nicht in einem Haushalt zusammenleben. Tun sie das, konstituieren sie eine *Lebensgemeinschaft (Paargemeinschaft)*. Andernfalls wird ihre Beziehung als *LAT-Beziehung* (living apart together) oder *bilokale Paarbeziehung* bezeichnet. Je nachdem, ob die Lebenspartner verheiratet sind oder nicht, sprechen wir von einer *ehelichen oder nichtehelichen Lebens- oder Paargemeinschaft*.

Familie als besondere Lebensform

Besondere Bedeutung hat auch der Begriff der Familie. Wir verstehen sie als Lebensgemeinschaft von Eltern mit »ihren« Kindern, in welcher die Eltern rechtlich und materiell für die Kinder verantwortlich sind. Die *Elternschaftsbeziehung* wird als die soziale Beziehung zwischen einer erwachsenen Person (einem Elternteil) und »ihrem« Kind bezeichnet, die in der Regel auf biologischer Abstammung beruht, aber nicht dadurch begründet sein muss (Adoption; Pflegekindschaft). Dabei ist unerheblich, ob beide Eltern der Lebensgemeinschaft angehören und ob die Eltern verheiratet sind. Das Familienverständnis hat sich in unserer Gesellschaft durchaus verändert.

Exkurs

Exkurs zum Familienbegriff

Die Definitionen von Familie sind in der Literatur sehr unterschiedlich (vgl. Huinink/Konietzka 2007). Das Statistische Bundesamt versteht seit 2005 unter einer Familie »alle Eltern-Kind-Gemeinschaften, d.h. Ehepaare, nichteheliche und gleichgeschlechtliche Lebensgemeinschaften sowie alleinerziehende Mütter und Väter mit ledigen Kindern im befragten Haushalt« (Statistisches Bundesamt 2006d: 5). Neben leiblichen werden Adoptiv-, Stief- und Pflegekinder, die im elterlichen Haushalt leben, zur Familie gerechnet. Bis 2004 benutzte das Statistische Bundesamt eine davon abweichende Definition von Familie, die nur Ehepaare und Alleinerziehende mit ledigen Kindern, aber auch zusammenlebende Ehepaare ohne Kinder einbezog (Definition der Vereinten Nationen).

Diese Definitionen sind relativ formal. Familie lässt sich inhaltlich gehaltvoller bestimmen, wenn auch funktionale und soziale Aspekte berücksichtigt werden. Nach der folgenden Definition von Nave-Herz sind Familien gekennzeichnet:

1. durch ihre ,biologisch-soziale Doppelnatur' [...], d.h. durch die Übernahme der Reproduktions- und der Sozialisationsfunktion neben anderen gesellschaftlichen Funktionen, die kulturell variabel sind,
2. durch die Generationendifferenzierung (Urgroßeltern/Großeltern/ Eltern/Kind(er)) und dadurch dass

3. zwischen ihren Mitgliedern ein spezifisches Kooperations- und Solidaritätsverhältnis besteht, aus dem heraus die Rollendefinitionen festgelegt sind.‹ (Nave-Herz 2004: 30).

Familienmitglieder müssen nicht in einem Haushalt zusammenleben. Ist das der Fall, spricht man auch von einer Haushaltsfamilie oder Eltern-Kind-Gemeinschaft. Familiensoziologen gehen davon aus, dass die »mulitlokale Mehrgenerationenfamilie« zukünftig stark an Bedeutung gewinnen wird (Bertram 2002); sie setzt sich aus Familienmitgliedern zusammen, die in relativ enger Beziehung zueinander stehen.

Es können hier nicht alle Dimensionen von Familien- und Lebensformen ausführlich behandelt werden. Im Folgenden werden exemplarisch einige Entwicklungen gezeigt, die für den Wandel der Lebensformen in unserer Gesellschaft von besonderer Bedeutung sind. Am Ende werden wir dann in einem historischen Exkurs ein Interpretationsangebot zur Erklärung dieser Veränderungen anbieten.

Eheschließungen und Scheidungen | 4.5.1

Familienstandsänderungen – als zentraler Aspekt der Lebensformwahl – gehören zum Kernbereich der Demografie. Aus soziologischer Sicht geht es dabei allgemeiner um die Beziehungsform und um den Grad der Institutionalisierung von Paarbeziehungen und Familien. Leben Menschen in Paarbeziehungen oder allein, leben sie gegebenenfalls mit ihrem Partner zusammen oder nicht? Leben sie unverheiratet zusammen (in einer nichtehelichen Lebensgemeinschaft) oder besiegeln sie ihre Paarbeziehung durch den institutionellen Akt einer Eheschließung und gehen damit einen Vertrag miteinander ein, in dem Rechte und Pflichten der Partner bestimmt sind?

Die Art der vertraglichen Bindung hat umfassende Auswirkungen auf das rechtliche Verhältnis der Partner untereinander und gegenüber einem Kind – und damit auch direkt auf die Elternschaftsentscheidung. Die Auflösung dieses Vertrages erfolgt durch die Scheidung oder den Tod eines der Ehepartner (Verwitwung).

Die Bereitschaft, sich institutionell in einer Ehe zu binden, ist in den letzten Jahrzehnten deutlich zurückgegangen. Im Fall einer Elternschaft wird dieser Schritt in Westdeutschland allerdings immer noch relativ häufig gewählt. Für Ostdeutschland gilt das jedoch nicht mehr; der

Entwicklung der Eheschließungen

Anteil nichtehelicher Kinder macht dieses deutlich: In Westdeutschland lag er im Jahr 2006 bei etwa 23 Prozent, in Ostdeutschland bei etwa 60 Prozent. Die Entwicklungen bei Eheschließungen und Ehescheidungen in Deutschland zeigt Tabelle 4.5.

Tab. 4.5 |

Eheschließungen und Ehescheidungen in Deutschland

Quelle: Statistisches Bundesamt 2006c: 40.

Jahr	Eheschließungen		Ehescheidungen	
	in 1000	je 1000 Einw.	in 1000	je 1000 Einw.
1950	750	11	135	2
1960	689	9,5	73	1
1970	575	7,4	104	1,3
1980	497	6,3	141	1,8
1990	516	6,5	155	2
1995	431	5,3	169	2,1
1998	417	5,1	192	2,4
1999	431	5,2	191	2,3
2000	419	5,1	194	2,4
2004	396	4,8	214	2,6
2005	388	4,7	202	2,5
2006	374	4,5	191	2,3

Veränderung des Alters bei der Eheschließung

Mit dem deutlichen Rückgang der Eheschließungen von 11,0 pro 1000 Einwohner (1950) auf 4,5 im Jahre 2006 ging eine kurvilineare Veränderung des Alters bei der Eheschließung einher: In den alten Bundesländern sank das durchschnittliche Heiratsalter lediger Frauen bzw. Männer zunächst bis Anfang der 1970er Jahre auf Werte knapp unter 23 bzw. 25,5 Jahren. Danach stieg es wieder an. Heute heiraten westdeutsche Frauen im Durchschnitt im Alter von 29 Jahren und westdeutsche Männer im Alter von fast 32 Jahren. In der DDR war das Heiratsalter deutlich niedriger, stieg aber schon während der 1980er Jahre stark an. Nach der Wende nahm es in den neuen Bundesländern weiter stark zu. Es liegt heute über dem westdeutschen Niveau (Huinink/Konietzka 2007: 78).

Darüber hinaus steigt der Anteil dauerhaft unverheirateter Frauen und Männer in Ost- und Westdeutschland. Zwischen den Geburtsjahrgängen 1930 und 1960 hat sich dieser Anteil bei den westdeutschen Frauen von ca. zehn auf fast 20 Prozent, bei den westdeutschen Männern von 10 auf über 25 Prozent erhöht. In der DDR bzw. Ostdeutsch-

land liegen die Werte für den Geburtsjahrgang 1930 bei ca. 12 bei
den Frauen und 5 Prozent bei den Männern. In dem Geburtsjahrgang
1960 finden wir für Frauen 10 und für die Männer knapp 20 Prozent
(Engstler/ Menning 2003: 68).

Nicht nur die Zahl der Eheschließungen hat sich verringert, auch die
Zahl der Ehescheidungen ist deutlich angestiegen. Während noch etwa   Scheidungen
92 Prozent aller 1950 geschlossen Ehen nach 15 Jahren Bestand hatten,   nach Heiratskohorte
betrug dieser Anteil bei den 1990 geschlossenen Ehen in Ost- und Westdeutschland nur noch etwa 70 Prozent. Insgesamt werden mittlerweile
mehr als ein Drittel aller in Deutschland bestehenden Ehen wieder
geschieden. Der Trend weist auf 40 Prozent geschiedener Ehen eines
Ehejahrgangs (BIB 2004).

Familienstand | 4.5.2

Diese Entwicklung drückt sich auch darin aus, welchen Familienstand die   Familienstand
Angehörigen verschiedener Altersgruppen gegenwärtig haben. Es wird   nach Altersgruppen
zwischen ledigen und verheirateten sowie verwitweten und geschiedenen
Personen unterschieden.

Alters- gruppe	ledig		verheiratet		verwitwet		geschieden	
	Männer	**Frauen**	**Männer**	**Frauen**	**Männer**	**Frauen**	**Männer**	**Frauen**
20–25 J.	96,3	89,4	3,6	10,1	0	0	0,1	0,5
45–50 J.	27,1	17,2	60,2	67	0,5	1,6	14,2	15
75–80 J.	3,9	7,1	75,9	38,3	16,5	49,1	3,6	5,5

| Tab. 4.6

*Die Bevölkerung der
Bundesrepublik am
31.12.2005 nach
Altersgruppen und
Familienstand
(jeweils in %)*

*Quelle: Statistisches
Bundesamt 2007a: 43.*

Tabelle 4.6 zeigt, dass Ende des Jahres 2005 fast alle Männer und Frauen
der jüngsten Altersgruppe noch ledig waren. Nur 4 Prozent der Männer
und 10 Prozent der Frauen waren schon verheiratet. In der Gruppe der
45- bis 50-Jährigen waren die Verheirateten in der Mehrheit. Hier betrug
dieser Anteil immerhin schon 60 Prozent bei den Männern bzw. 67 Prozent bei den Frauen. In dieser Altersgruppe war aber auch der Anteil der
Geschiedenen mit 14 bzw. 15 Prozent am höchsten. In der ältesten Gruppe der 75- bis 80-Jährigen fällt auf, dass der Anteil der verheirateten Männer mit 76 Prozent deutlich höher war als bei den Frauen (nur 38 Pro-

zent). Dies ist durch die Übersterblichkeit der Männer bedingt, weshalb auch der Anteil verwitweter Frauen mit 49 Prozent sehr hoch war.

4.5.3 | Haushalts- und Familiengröße

Haushaltsgröße   Die durchschnittliche Größe der Haushalte in Deutschland lag im Jahr 2005 bei 2,11 Personen; 1971 hatte sie im früheren Bundesgebiet noch 2,74 Personen und 1991 noch 2,27 Personen betragen (Statistisches Bundesamt 2007a: 46). Zugleich stieg die Zahl der Haushalte stetig an: Nach der Vereinigung nahm sie von gut 35 Millionen auf etwas mehr als 39 Millionen zu.

Im Jahr 2005 waren 38 Prozent der Haushalte Ein-Personen-Haushalte. In gut einem Drittel der Haushalte lebten zwei Personen, 15 Prozent waren Haushalte mit drei, und knapp 15 Prozent mit vier und mehr Personen (vgl. Tab. 4.7). Der Trend zu kleineren Haushalten wird auch hier deutlich. Diese Entwicklung ist durch den Wandel der Lebensformen, aber auch durch beständig sinkende Kinderzahlen in den Familien und die zunehmende Lebenserwartung bedingt. Der Aufschub von Heirat und Familiengründung trägt ebenfalls zu dieser Entwicklung bei.

Tab. 4.7 | *Privathaushalte nach der Zahl der Personen in den Jahren 1971 (früheres Bundesgebiet), 1991 und 2005 (Deutschland)*

Jahr	Zahl der Hausalte insgesamt (in 1000)	Davon mit ... Personen (in %)				
		1	2	3	4	5 und mehr
1971	21.991	25,1	27,1	19,6	15,2	12,9
1991	35.256	33,6	30,8	17,1	13,5	5,0
2005	39.178	37,5	33,9	14,0	10,8	3,9

Quelle: Statistisches Bundesamt 2007a: 46; eigene Berechnungen.

Rückläufiger Anteil   Nicht nur die Zahl der Eheschließungen hat sich verringert, sondern
kinderreicher Familien   auch der Anteil von Familien mit einer großen Kinderzahl ist zurückgegangen (vgl. Tab. 4.8). Während in den alten Bundesländern 1972 noch in 21,8 Prozent der Familien drei oder mehr Kinder lebten, lag dieser Anteil 2005 bei nur noch 14,2 Prozent (nur für Ehepaare). Der Anteil der Familien mit einem Kind hat sich in Westdeutschland nicht vergrößert, aber die Zahl der Zwei-Kind-Familien hat sich leicht erhöht.

In den neuen Bundesländern ist der Anteil von Familien mit drei und mehr Kindern deutlich niedriger. Gleichzeitig ist hier der Anteil der Einkindfamilien angestiegen, d. h. auch verheiratete Paare verzichten deutlich häufiger auf ein zweites Kind. Die Unterschiede zwischen Ost- und Westdeutschland sind deutlich, die Ursachen sind bislang jedoch nicht endgültig geklärt (Huinink 2005).

Landesteil, Jahr und Familienform	1 Kind	2 Kinder	3 u. mehr Kinder
Alte Bundesländer 1972 Ehepaare	43,3	34,9	21,8
Alte Bundesländer 2005 Ehepaare	43,0	41,9	14,1
nichtehel. Lebensgem.	65,2	26,4	8,4
Alleinerziehende	67,2	25,4	7,4
Neue Bundesländer 1991 Ehepaare	46,1	45,0	8,9
nichtehel. Lebensgem.	65,3	27,1	7,6
Alleinerziehende	70,4	24,7	4,9
Neue Bundesländer 2005 Ehepaare	56,1	36,0	7,9
nichtehel. Lebensgem.	66,9	27,3	5,8
Alleinerziehende	72,8	22,4	4,8

| Tab. 4.8

Familien mit Kindern unter 18 Jahren nach der Zahl der minderjährigen Kinder 1972 bzw. 1991 und 2005 und der Familienform (in %)

Quelle: Engstler/ Mennig 2003: 218; Mikrozensus 2005, eigene Berechnung.

Fazit: Wandel der Verteilung der Bevölkerung nach der Lebens- und Familienformen

| 4.5.4

Die skizzierten Befunde schlagen sich heute insgesamt in einer veränderten Verteilung der verschiedenen Lebensformen im Vergleich zu früheren Zeiten nieder. Dies wird zunächst mit einer Tabelle dokumentiert, bevor wir abschließend in einem historischen Exkurs versuchen, einige Erklärungen dafür zu geben. Tabelle 4.9 zeigt, wie sich die Anteile der Bevölkerung in West- und Ostdeutschland im Alter von 18 bis unter 35

Jahren und von 35 bis unter 55 Jahren in ausgewählten Lebensformen im zeitlichen Verlauf geändert haben. Sie stellt die Verteilungen nach der privaten Lebensform (Konzept des Statistischen Bundesamts) für die Jahre 1972 (früheres Bundesgebiet), 1996 (neue Länder) und 2003 einander gegenüber. Für das Jahr 2003 wird nach den neuen Bundesländern und Berlin-Ost und dem früheren Bundesgebiet unterschieden.

Tab. 4.9 | *Verteilung der Bevölkerung West- und Ostdeutschlands im Alter von 18 bis 55 Jahren nach der Lebensform in den Jahren 1972/1996 und 2003*

					davon:					
Alter der Person (in Jahren)	Bev. im Alter von 18 u. mehr J.	Ledige Kinder bei Eltern(teil)	Alleinlebende		mit Partner, ohne Kinder		mit Partner und Kind(ern)		Allein-erzie-hende[1]	Sonstige Per-sonen[2]
			ledig	nicht mehr ledig	verheir. zus.-lebend	unverh. zus.-lebend[3]	verheir. zus.-lebend	unverh. zus.-lebend[3]		
	in 1000				in %					
Früheres Bundesgebiet 1972										
18–35	14418	–	8,1		13,7	–	39,7	–	1,6	–
36–55	15123	–	6,3		15,0	–	70,6	–	3,8	–
Früheres Bundesgebiet 2003										
18–35	13472	31,9	18,2	1,5	8,3	9,8	22,5	2,5	2,6	2,9
36–55	20357	2,3	8,9	5,7	17,4	4,1	52,1	2,7	5,4	1,4
Neue Länder und Berlin-Ost 1996										
18–35	3431	31,0	11,5	1,2	4,0	7,9	31,0	7,8	4,7	0,9
36–55	4258	1,8	3,6	5,0	19,2	2,0	57,9	3,8	5,8	0,9
Neue Länder und Berlin-Ost 2003										
18–35	3023	36,6	19,7	0,9	3,0	9,6	14,6	8,7	4,5	2,6
36–55	4636	2,4	6,5	6,5	18,3	3,4	49,0	5,9	6,9	1,7

[1] *Ohne Partner im Haushalt.*
[2] *Personen, die in sonstiger Gemeinschaft mit nicht verwandten Personen leben.*
[3] *Für 1972 Schätzungen aus dem Mikrozensus, in späteren Jahren Ergebnisse des Mikrozensus.*

Quelle: Engster/Menning 2003: 212; Statistisches Bundesamt 2004; eigene Berechnungen.

Der Anteil der verheiratet mit Kindern zusammenlebenden Personen lag danach in der westdeutschen Bevölkerung des Jahres 1972 noch bei 40 bzw. 71 Prozent in der jüngeren bzw. älteren Altergruppe. Im Jahr 2003 sind es dagegen nur noch etwa 22 bzw. 52 Prozent. Im Gegenzug hat sich der Anteil der ledigen allein lebenden 18- bis unter 35-Jährigen im Westdeutschland zwischen 1972 und 2003 von 8 auf 18 Prozent mehr als verdoppelt. Auch in der höheren Altersgruppe ist dieser Anteil angestiegen. Die nichtehelichen Lebensgemeinschaften mit und ohne Kinder wurden 1972 noch nicht erfasst. 2003 machen sie einen recht bedeutsamen Anteil der Lebensformen aus. Unter den 18- bis unter 35-Jährigen sind es im Westen immerhin 12 Prozent, unter den Älteren immerhin 7 Prozent. Auch der Anteil der Alleinerziehenden hat in diesen Altersgruppen zugenommen.

In Ostdeutschland erkennen wir ebenfalls den Trend weg von der traditionellen Kernfamilie. Der Anteil der unverheiratet zusammenlebenden Personen ohne Kinder ist stark angestiegen und liegt im Jahr 2003 in beiden Altersgruppen auf westdeutschem Niveau. Deutlich höher als in Westdeutschland ist der Anteil von nichtehelichen Eltern-Kind-Gemeinschaften. Die unverheiratet mit Kindern zusammenlebenden Personen machen in Ostdeutschland 9 bzw. 6 Prozent in der jüngeren bzw. der älteren Altersgruppe aus. Schließlich ist der Anteil der Alleinerziehenden in Ostdeutschland etwas höher als in Westdeutschland.

Die statistischen Trends sind also eindeutig, auch wenn sie nicht so drastisch ausfallen, wie man es manchmal angesichts der Verlautbarungen in der öffentlichen Diskussion, aber auch in mancher familienwissenschaftlichen Darstellung, meinen könnte. In einem historischen Exkurs wird dieser Wandel von Lebensformen und Familie abschließend nachgezeichnet.

Exkurs

Historischer Exkurs zum Wandel der Lebensformen

Die dominante Struktur und die Bedeutung der Familie für Individuum und Gesellschaft hat sich in Deutschland und in Europa im Laufe der Industrialisierung stark verändert. Im Allgemeinen geht man von zwei Veränderungsphasen aus.

Zwei Phasen der Familienentwicklung

Die erste begann in der Neuzeit und begleitete die Industrialisierung. Sie kam in Deutschland in der Mitte des 20. Jahrhunderts zum Abschluss. An ihrem Ende stand die Dominanz einer bestimmten Familienform für etwa zwei Jahrzehnte, die als *bürgerliche Familie* bezeichnet wird und auch heute noch die Idealvorstellungen von Familie prägt.

Phase der bürgerlichen Familie

Diese Phase ist knapp durch folgende Merkmale zu charakterisieren (Huinink/Konietzka 2007: 66 ff):

- die *Trennung von Produktion und Familienhaushalt*: Diese Trennung gab es in der vormodernen Familie nicht. Die Folge war, dass der Mann nun außerhalb des Familienhaushalts erwerbstätig war, um die materielle Grundlage zur Reproduktion der Familie zu sichern;
- das *Prinzip gegenseitiger persönlicher Zuneigung und Liebe als Basis einer Partnerschaft*: Auch das war in der vorindustriellen Familie im Allgemeinen nicht so. Instrumentelle Interessen und Standesregeln dominierten die Kriterien der Partnerwahl;
- eine auf Dauer angelegte *eheliche Lebensgemeinschaft* mit Kindern: Die Ehe ist die wesentliche institutionelle Grundlage der Partnerschaftsbeziehung der Eltern;
- die Akzeptanz der *Kinder als Persönlichkeiten* mit individuellen Entwicklungspotentialen und die Entdeckung der Kindheit als eigenständige Lebensphase: Dieses entspricht dem Trend, wonach die Individuen als Persönlichkeiten erst zu ihrem Recht kamen, nachdem die Familie als Produktionseinheit aufgelöst worden war. Vor der Zeit der Industrialisierung und auch in ihrer ersten Phase waren die Kinder vor allem als (mithelfende) Arbeitskräfte interessant: Sie hatten einen materiellen Nutzen für ihre Eltern und garantierten ihnen die existentielle Sicherung im Alter;
- eine mit der Entdeckung der Kindheit einhergehende, *geschlechtsspezifische Rollenteilung* in der Paarbeziehung: Die Frau arbeitete als Hausfrau und Mutter im Haushalt und der Mann als Arbeitskraft außerhalb des Haushalts;
- der Rückgang der durchschnittlichen *Kinderzahl auf eine Größenordnung etwas über dem Reproduktionsniveau*: Die Kinder verloren ihre vormalige Rolle als Arbeitskraft und als »Altersversicherung« für die Eltern. Sie verursachten nun zunehmend direkte und indirekte materielle Kosten. Ihre Bedeutung in psychologischer, emotionaler und sozial-normativer Hinsicht erhöhte sich dagegen. Zur Befriedigung dieser psychischen und sozial-normativ begründeten Bedürfnisse reichte eine begrenzte Kinderzahl.

Die »Hochzeit« der bürgerlichen Familie herrschte in Westdeutschland in den 1950er und 1960er Jahren. In Ostdeutschland konnte man seit den 1960er Jahren wohl nur deshalb nicht mehr uneingeschränkt von einer Dominanz der bürgerlichen Familie sprechen, weil die klare geschlechtsspezifische Arbeitsteilung zwischen inner- und außerhäuslicher Arbeit wegen der Erwerbsarbeit der Frauen aufgehoben war. Alle anderen Kriterien waren aber weitgehend erfüllt; inklusive der anhaltenden innerfamiliären geschlechtsspezifischen Arbeitsteilung, die zu einer Mehrfachbelastung der Frauen führte.

In den 1960er Jahren setzte ein neuer Wandlungsschub in Bezug auf die Lebensformen in unserer Gesellschaft ein, die wir als zweite Veränderungsphase bezeichnen wollen. Das Modell der bürgerlichen Familie und seine institutionelle Basis verloren zunehmend an Relevanz, was nicht heißt, dass damit die Familie als solche ad acta gelegt worden wäre. Die Bedeutung von Partnerschaft und Elternschaft für die Menschen nahm sogar eher zu – allerdings kam es zu umfangreichen Veränderungen bei der inhaltlichen Ausgestaltung dieser Beziehungen.

Das Modell der bürgerlichen Familie ist mit einer Reihe klarer normativer Regeln verbunden, welche in Deutschland ab den 1970er Jahren zunehmend hinterfragt wurden und an Relevanz verloren. Ein Teil dieser Wandlungsprozesse wurde bereits in den obigen empirischen Schaubildern aufgezeigt. Die wichtigsten Indizien für diese Veränderungen waren:

- Abkopplung von Sexualität und Ehe und die tendenzielle Abkopplung von Elternschaft und Ehe;
- Rückgang der Zahl der Eheschließungen;
- Zunahme der Zahl der Personen, die in nichtehelichen Lebensgemeinschaften und in Einpersonenhaushalten leben;
- Destabilisierung von paarbezogenen Lebensgemeinschaften, Anstieg der Zahl der Ehescheidungen und Rückgang der Zahl der Wiederverheiratungen;
- fortschreitender Anstieg des Alters bei der Heirat und der Familiengründung;
- Rückgang der Kinderzahlen auf eine Größenordnung unter dem Reproduktionsniveau und Anstieg der Kinderlosigkeit;
- Rückgang der traditionellen Geschlechtsrollendifferenzierung. Dieser steht in Wechselwirkung mit einer fortschreitenden Egalisierung der Bildungs- und Erwerbschancen von Frauen und einer Zunahme ihrer Partizipationschancen in anderen Bereichen des öffentlichen Lebens.

Doch auch heute noch sind partnerschaftliche und familiale Lebensformen *zentrale Lebensziele* für die überwiegende Mehrheit der Frauen und Männer in der Bevölkerung. Aus familiensoziologischer Sicht konstituieren Paarbeziehung, Ehe und Elternschaft einen sehr persönlichen, intimen Lebenszusammenhang, den man in anderen gesellschaftlichen Bereichen grundsätzlich so nicht herstellen kann (Huinink 1995, Kaufmann 1995). In ihnen kann sich, wie nirgendwo sonst, eine den anderen als »Gesamtperson« meinende und ernst nehmende, authentische, »dialogische« Interaktion und Kommunikation entfalten.

Phase
des Dominanzverlusts
der bürgerlichen Familie

Familie
und Partnerschaft
als erstrebenswerte
Lebensziele

Empirische Untersuchungen belegen die Attraktivität partnerschaftlicher und familialer Lebensformen. Laut einer im Jahr 2003 vom Bundesinstitut für Bevölkerungsforschung durchgeführten Studie über die Einstellung zu Ehe und Familie (Population Policy Acceptance Study) ist eine harmonische Partnerschaft immer noch einer der am höchsten gewichteten Werte. 64 Prozent der Befragten nennen sie »sehr wichtig«. Über 84 Prozent der 30- bis 50-Jährigen unter ihnen wünschen sich eine partnerschaftliche Lebensform, 61 Prozent eine Ehe mit oder ohne vorheriges nichteheliches Zusammenleben (Dorbritz et al. 2005). Die Zahl derjenigen, die sich bewusst für Kinderlosigkeit entschieden haben, ist in beiden deutschen Staaten sehr gering gewesen und dürfte bis vor kurzem bei unter zehn Prozent der Bevölkerung gelegen haben, wie die Familiensurveys des DJI belegen. Neuere Schätzungen gehen, insbesondere bei den Männern, von höheren Anteilen aus. Vor allem die Zahl derjenigen, die sich unsicher sind, ob sie Kinder haben möchten oder nicht, scheint zugenommen zu haben (Ruckdeschel 2007).

Die besondere Qualität der sozialen Beziehungen in Partnerschaft und Familie macht sie also auch heute noch zu erstrebenswerten Zielen. Zugleich aber stellen sie mögliche Hindernisse einer befriedigenden Lebensführung dar, in der berufliche Karriere und Freizeit eine immer wichtigere Rolle spielen. Die mit der engen und intimen Beziehung zum Partner und besonders zu Kindern einhergehende starke soziale Bindung kann zu einem potentiellen Ärgernis werden, da sie Handlungsautonomie und Handlungsfreiheit einschränkt. Der sich damit auftuende Widerspruch ist prekär, da die Motivation zur Bindung in Ehe und Familie individualisiert ist und nicht (mehr) nach einer institutionellen oder religiös begründeten Absicherung verlangt oder ihrer bedarf. Andere, mit dem familialen Bereich konkurrierende, Lebensbereiche haben für immer größere Teile der Bevölkerung immer mehr an Bedeutung gewonnen. Die Möglichkeiten von Bildungs- und Erwerbsbeteiligung auch der Frauen stehen dabei an erster Stelle. Die Infrastruktur und die sozialpolitische Lage westlicher Prägung stellt aber nicht die Mittel bereit, die daraus erwachsenen schwerwiegenden Vereinbarkeitsprobleme der individuellen Akteure zu lösen. In diesem Zusammenhang sind die folgenden Entwicklungen zu nennen:

Familie und Partnerschaft als ärgerliche Hindernisse

Zukünftige Entwicklungen und Probleme

- Männer *und* Frauen wollen das mittlerweile selbstverständliche Ziel einer vom Partner unabhängigen ökonomischen Basis ihrer Lebensführung nicht gefährden. Die damit einhergehende Parallelisierung der Lebensläufe von Frauen und Männern kollidiert mit den geschlechtsspezifisch immer noch unterschiedlichen Vorstellungen zur Lebenslaufplanung und dessen Organisation.

- Die Probleme der Vereinbarkeit von Familie und der Partizipation am öffentlichen gesellschaftlichen Leben, insbesondere die Probleme der Vereinbarkeit der Erwerbstätigkeit von Frauen mit der Kindererziehung sind immer noch groß. Ihre Lösung erweist sich als sehr kostspielig. Kinderbetreuung muss häufig über private Arrangements gewährleistet werden.
- Für die Frauen ist eine Ehe unattraktiv, solange sie annehmen müssen, dass sie damit in traditionelle Partnerschaftsbeziehungen mit einer sie besonders belastenden Arbeitsverteilung im Haushalt gedrängt werden. Für die Männer wird die Ehe gerade in dem Maße unattraktiver, wie sie nicht mehr die entlastenden Vorteile einer innerpartnerschaftlichen Arbeitsteilung in Anspruch nehmen können, wie es in den traditionellen Regimes noch fraglos der Fall war.
- Die Ansprüche an die Partnerschaft haben sich gleichzeitig vergrößert. Eine scheinbar paradoxe Folge ist, dass sowohl die Bereitschaft zu langfristigen Bindungen als auch die Stabilität von Partnerschaften abnimmt, da die (gestiegenen) Ansprüche an eine Partnerschaft – bzw. die Voraussetzungen für eine Familiengründung – immer schwieriger zu erfüllen sind. Das gilt umso mehr, als die Trennungs- bzw. Scheidungskosten hoch sind.
- Die Offenheit des eigenen Lebenslaufs und des Lebenslaufs der möglichen Partner lässt eine frühzeitige Festlegung in einer Ehe oder Elternschaft nicht mehr sinnvoll bzw. unnötig risikoreich erscheinen. Zusätzlich wird die Einigung auf ein gemeinsames Zeitfenster für die Elternschaft erschwert.
- Bei vielen Menschen hat angesichts unsicherer beruflicher Perspektiven und steigender Ansprüche an die individuelle Lebensführung die Bereitschaft abgenommen, die langfristige Verantwortung einer Elternschaft zu übernehmen.
- Auch durch die neu entstandene ökonomische Unabhängigkeit der Partner voneinander werden die familialen- oder partnerschaftlichen Beziehungen instabiler, was wiederum den Zwang zur eigenständigen Absicherung der Lebensgrundlagen erhöht.

Die Situation von Ehe und Familie in unserer Gesellschaft weist also eine Reihe von Widersprüchen im Hinblick darauf auf, wie sie in der Bevölkerung wahrgenommen und gelebt wird. Die gestiegenen Ansprüche an Elternschaft tragen zu einer Steigerung der materiellen und immateriellen Kosten der Familie bei. Gleichzeitig steigen die Bindungskosten, eine Folge der Enge der Beziehungen, ohne die sich ihr Wert für die Menschen nicht entfalten könnte. Nimmt man die Kosten hinzu, die durch die private Lösung der Vereinbarkeitsprobleme entstehen, kann

Elternschaft als Luxusgut

man behaupten, dass sich die Familie in unserer Gesellschaft immer mehr als ein Luxusgut erweist, welches man sich erst erlauben kann, wenn weitgehende finanzielle Sicherheit erreicht wurde.

Lernkontrollfragen

1 Welche Veränderungen haben dazu geführt, dass das bürgerliche Familienideal zunehmend infrage gestellt wird?
2 Nennen Sie die wichtigsten Trends des Wandels der Lebensformen im Deutschland der Nachkriegszeit.
3 In welchen größeren historischen Rahmen ist der aktuelle Wandel eingebettet?

Infoteil

Die Familienentwicklung und der Wandel der Lebensformen in Deutschland sind Gegenstand zahlreicher Überblicksbände. Einen umfassenden Einblick gibt Rüdiger Peuckert in seinem Buch über »Familienformen im sozialen Wandel«, dessen letzte Auflage im Jahr 2008 erschienen ist. Sehr informativ ist auch der Statistikband von Heribert Engstler und Sonja Mennig mit dem Titel »Die Familie im Spiegel der amtlichen Statistik. Lebensformen, Familienstrukturen, wirtschaftliche Situation der Familien und familiendemografischen Entwicklung in Deutschland« (2003).

Literatur

Beck, Grit (2004): Wandern gegen den Strom. West-Ost-Migration in Deutschland, in: Swiaczny, Frank/Haug, Sonja: Bevölkerungs-geographische Forschung zur Migration und Integration. Materialien zur Bevölkerungs-wissenschaft Heft 112, S. 95–111.

Bertram, Hans (2002): Die multilokale Mehr-generationenfamilie – Von der neolokalen Gattenfamilie zur multilokalen Mehr-generationenfamilie, in: Berliner Journal für Soziologie, Jg. 12, S. 517–529.

BiB (2004): Bevölkerung. Fakten – Trends – Ursachen – Erwartungen. Die wichtigsten Fragen, Wiesbaden.

BIB (2008): Bevölkerung – Daten, Fakten, Trends zum demographischen Wandel in Deutschland. Wiesbaden.

BMI (Hg.) (2007): Migrationsbericht 2006, Nürnberg.

Dorbritz, Jürgen/Lengerer, Andrea/Ruckdeschel, Kerstin (2005), Einstellungen zu demogra-phischen Trends und zu bevölkerungsrele-vanten Politiken. Ergebnisse der Population Policy Acceptance Study in Deutschland, Wiesbaden.

Engstler, Heribert/Menning Sonja (2003): Die Familie im Spiegel der amtlichen Stati-stik. Lebensformen, Familienstrukturen, wirtschaftliche Situation der Familien und familiendemographische Entwicklung in Deutschland, Berlin: BMFSFJ.

Esenwein-Rothe, Ingeborg (1982): Einführung in die Demographie. Bevölkerungsstruktur und Bevölkerungsprozess aus Sicht der Statistik, Wiesbaden.

Grünheid, Evelin (2007): Die demographische Lage in Deutschland 2006, Wiesbaden.

Höpflinger, François (1997): Bevölkerungssoziologie. Eine Einführung in bevölkerungssoziologische Ansätze und demographische Prozesse, München.

Huinink, Johannes (1995): Warum noch Familie? Zur Attraktivität von Partnerschaft und Elternschaft in unserer Gesellschaft, Frankfurt/M.

Huinink, Johannes (2005): Ostdeutschland auf dem Weg zur Ein-Kind-Familie?, in: Dienel, Christiane (Hg.), Abwanderung, Geburtenrückgang und regionale Entwicklung, Wiesbaden, S. 231–246.

Huinink, Johannes/ Konietzka, Dirk (2007): Familiensoziologie. Ein Lehrbuch, Frankfurt/M.

Huinink, Johannes/Kreyenfeld, Michaela (2007): Family Formation in Times of Abrupt Social and Economic Change, in: Diewald, Martin/ Goedicke, Anne, Mayer, Karl-Ulrich (Hg.), After the Fall of the Wall. Life Courses in the Transformation of East Germany, Palo Alto, S. 170–190.

Kalter, Frank (2000): Theorien der Migration, in: Müller, Ulrich/Nauck, Bernhard/Diekmann, Andreas (Hg.), Handbuch der Demographie, 2 Bände, Berlin, S. 438–475.

Kaufmann, Franz-X. (1995): Zukunft der Familie im vereinten Deutschland, München.

Klein, Thomas (2005): Sozialstrukturanalyse. Eine Einführung. Reinbek.

Kreyenfeld, Michaela (2004): Fertility Decisions in the FGR and GDR – An Analysis with Data from the German Fertility and Family Survey, in: Demographic Research, Special Collections, Jg. 3, S. 276–318.

Mueller, Ulrich (2000): Die Maßzahlen der Bevölkerungsstatistik, in: Müller, Ulrich/ Nauck, Bernhard/ Diekmann, Andreas (Hg.), Handbuch der Demographie, 2 Bände, Berlin, S. 1–91.

Mueller, Ulrich/Nauck, Bernhard/ Diekmann, Andreas (Hg.) (2000): Handbuch der Demographie, 2 Bände, Berlin.

Nave-Herz, Rosemarie (2004), Ehe- und Familiensoziologie – Eine Einführung in Geschichte, theoretische Ansätze und empirische Befunde, München.

Niemeyer, Frank/Volt Hermann. (1995): Lebensformen der Bevölkerung 1993, in: Wirtschaft und Statistik, Heft 6, S. 437–445.

Peuckert, Rüdiger (2008): Familienformen im sozialen Wandel, 7., vollständig bearbeitete Auflage, Wiesbaden.

Preston, Samuel H./Heuveline, Patrick/Guillot, Michel (2001): Demography: Measuring and. Modeling Population Processes, London.

Ruckdeschel, Kerstin (2007), Der Kinderwunsch von Kinderlosen, in: Zeitschrift für Familienforschung, Jg. 19, Heft 2, S. 210–230.

Statistisches Bundesamt (Hg.) (2004): Aktualisierte Tabellen zum Datenreport »Die Familie im Spiegel der amtlichen Statistik«, Bonn.

Statistisches Bundesamt (Hg.) (2006a): 11. koordinierte Bevölkerungsvorausberechnung. Annahmen und Berichte, Wiesbaden.

Statistisches Bundesamt (Hg.) (2006b): Bevölkerung und Erwerbstätigkeit – Bevölkerungsfortschreibung 2005, Fachserie 1, Reihe 1.3, Wiesbaden.

Statistisches Bundesamt (Hg.) (2006c): Datenreport 2006. Zahlen und Fakten über die Bundesrepublik Deutschland, Bonn.

Statistisches Bundesamt (Hg.) (2006d): Familien und Lebensformen – Ergebnisse des Mikrozensus 1996-2004, in: Statistisches Bundesamt, Leben und Arbeiten in Deutschland, Sonderheft 1, Reutlingen.

Statistisches Bundesamt (Hg.) (2006e): Bevölkerung und Erwerbstätigkeit – Bevölkerungsfortschreibung 2005, Fachserie 1, Reihe 1.3, Wiesbaden.

Statistisches Bundesamt (2007a): Statistisches Jahrbuch 2007, Wiesbaden.

Statistisches Bundesamt (2007b): Geburten und Kinderlosigkeit in Deutschland. Ergebnisse der Sondererhebung 2006, Wiesbaden.

Statistisches Bundesamt (Hg.) (2008): Bevölkerung und Erwerbstätigkeit – Natürliche Bevölkerungsbewegung 2005, Fachserie 1, Reihe 1.1, Wiesbaden.

Zapf, Wolfgang u. a. (1987): Individualisierung und Sicherheit, München.

5 | Soziale Ungleichheit

5.1 | Der Begriff der sozialen Ungleichheit

Formale Definition sozialer Ungleichheit nach Blau

Mit Peter M. Blau können wir formal von *sozialer* Ungleichheit in einer Gesellschaft sprechen, wenn Gruppen von Mitgliedern dieser Gesellschaft in Bezug auf ein oder mehrere Merkmale, die ein Mehr oder Weniger von etwas ausdrücken, ungleich sind (→ Kapitel 2.2). Im Kapitel 2.2.2 haben wir solche Merkmale als *Ungleichheitmerkmale* bezeichnet. Beispiele dafür sind der Bildungsabschluss, das Einkommen oder das Ausmaß an sozialem Prestige, das man in einer Gesellschaft genießt. Die sozialstrukturelle Position bezüglich eines Ungleichheitmerkmals haben wir den *Status* oder die *Statusposition* eines Individuums bezogen auf dieses Merkmal genannt. Wir sagen also, dass Individuen einen unterschiedlichen Bildungs- oder Einkommensstatus haben. Statt vom Status kann man bei vielen Merkmalen auch von Niveau sprechen (z. B. Bildungsniveau).

Diese formale Definition sozialer Ungleichheit ist zwar einfach, erweist sich inhaltlich aber nicht als hinreichend spezifisch:

Defizite der
formalen Definition

1. Es ist unklar, ob alle denkbaren Ungleichheitsmerkmale auch tatsächlich für soziale Ungleichheit in einer Gesellschaft bedeutsam sind oder ob das nur für eine bestimmte Auswahl zutrifft. Insbesondere wird nichts darüber ausgesagt, anhand welcher Kriterien entschieden werden kann, ob ein bestimmtes Merkmal für soziale Ungleichheit relevant ist. Einkommensungleichheit als solche wäre zum Beispiel in einer Gesellschaft völlig belanglos, in der alles kostenlos zu erwerben ist. Es wird also zu wenig über die in einer Gesellschaft herrschende soziale Bedeutung von Statusdifferenzen bezüglich ungleichheitsrelevanter Merkmale ausgesagt.

2. Zweitens bleibt in dieser Definition offen, ob nur relativ dauerhaft in einer Gesellschaft verankerte Strukturen von sozialer Ungleichheit betrachtet werden oder auch vorübergehende Ungleichheitsphänomene. Letzteres dürfte wenig zweckmäßig sein, da es in der Sozialstruturforschung um die Beschreibung und Erklärung gesellschaftlicher Ungleichheitsverhältnisse als soziologische Tatbestände geht, denen eine theoretisch begründete Stabilität und Systematik anhaftet.

In der Literatur werden daher soziologisch begründete Zusatzkriterien genannt, wenn man den Begriff der sozialen Ungleichheit definiert.

Einen bedenkenswerten Vorschlag zu einer Definition sozialer Ungleichheit macht der deutsche Sozialstrukturforscher Reinhard Kreckel (1997: 15 ff.). Er unterscheidet zunächst soziale Ungleichheit von bloß physisch bedingter Verschiedenartigkeit der Menschen (z. B. in Bezug auf Geschlecht) einerseits und von sozialer Differenzierung andererseits. Letztere versteht er, wie in der Soziologie üblich, als Ausdruck sozial verankerter Verschiedenartigkeit der Menschen, die sich aus der beruflichen Arbeitsteilung, aus kulturellen, religiösen, parteipolitischen, regionalen oder nationalen Unterschieden, aber auch aus alters- und geschlechtsspezifischen Besonderheiten ergeben. Diese Vorgehensweise entspricht unserer formalen Unterscheidung zwischen Klassifikations- und Ungleichheitsmerkmalen. Reinhard Kreckel bestimmt dann einen Begriff der sozialen Ungleichheit im weiteren Sinne:

Inhaltliche Definition
von Kreckel

>*Soziale Ungleichheit im weiteren Sinne liegt überall dort vor, wo die Möglichkeiten des Zugangs zu allgemein verfügbaren und erstrebenswerten sozialen Gütern und/oder zu sozialen Positionen, die mit unterschiedlichen Macht- und/oder Interaktionsmöglichkeiten ausgestattet sind, dauerhafte Einschränkungen*

erfahren und dadurch die Lebenschancen der betroffenen Individuen, Gruppen und Gesellschaften beeinträchtigt bzw. begünstigt werden« (Kreckel 1997: 17). Soziale Ungleichheit wird also allgemein als der Ausdruck strukturell angelegter Unterschiede in den Möglichkeiten von Akteuren, Zugang zu erstrebenswerten Gütern und sozialen Positionen zu erhalten, verstanden. Diese Unterschiede können durch die Zugehörigkeit von Akteuren zu sozialstrukturellen Gruppen verschiedenster Art bedingt sein. Kreckel zählt dazu klassische Ungleichheitsmerkmale, wie Macht, Bildung und Einkommen und spricht diesbezüglich von »vertikaler Ungleichheit« bzw. »sozialer Ungleichheit im engeren Sinne«. Gleichzeitig aber und im gewissen Widerspruch zu seiner oben skizzierten Abgrenzung berücksichtigt er auch *Klassifikationsmerkmale* wie das Geschlecht, die Nationalität, die Wohnregion oder die Zugehörigkeit zu armen oder reichen, mächtigen oder ohnmächtigen Ländern. Er spricht diesbezüglich von »neuen, nicht vertikalen Ungleichheiten«. In der Literatur findet man auch den Begriff der »horizontalen Ungleichheit« (Hradil 1987).

Ein so breites Verständnis sozialer Ungleichheit ist problematisch. Es vermischt Ungleichheits- und Klassifikationsmerkmale miteinander, die für die Analyse sozialer *Ungleichheit* eine unterschiedliche theoretische Bedeutung haben. Wir halten es für zweckmäßiger, soziale Ungleichheit enger zu fassen und *ausschließlich* für Merkmale zu verwenden, die ein Mehr oder Weniger von etwas messen, das die unmittelbaren Bedingungen für das Erreichen erstrebenswerter sozialer Güter betrifft. Wir werden sie als die *Dimensionen sozialer Ungleichheit* einführen (→ Kapitel 5.2). Soziale Ungleichheit ist danach für uns immer vertikale Ungleichheit, um mit Kreckels Begriff zu sprechen.

Dimensionen sozialer Ungleichheit

Wir leugnen damit nicht, dass Klassifikationsmerkmale wie das Geschlecht, die Nationalität oder die Wohnregion für Strukturen sozialer Ungleichheit in hohem Maße relevant sind. Sie selbst drücken jedoch für sich betrachtet noch keine Ungleichheit aus: Männer sind nicht »mehr« (in welchem Sinne?) als Frauen oder umgekehrt. Mit Merkmalen dieser Art gehen aber unterschiedliche Möglichkeiten einher, bestimmte Statuspositionen in Bezug auf Ungleichheitsmerkmale, wie Bildung oder Einkommen, zu erwerben. Sie sind daher immer nur als *Ursachen* für soziale Ungleichheit anzusehen. Wir werden sie als *Determinanten sozialer Ungleichheit* (→ Kapitel 5.3) bezeichnen. Die Differenzierung zwischen Merkmalen, die Ungleichheit ausdrücken, und solchen, die sie (mit-)verursachen, ist wichtig, wäre aber mit Kreckels Konzept sozialer Ungleichheit im weiteren Sinne nicht möglich. Wir folgen daher diesem, in der jüngeren Sozialstrukturforschung zwar durchaus üblichen, aus

Trennung zwischen Dimensionen und Determinanten sozialer Ungleichheit

unserer Sicht jedoch wenig schlüssigen Ansatz eines sehr weiten Begriffs von (vertikaler und horizontaler) sozialer Ungleichheit nicht.

Soziale Ungleichheit und allgemein anerkannte Lebensziele | 5.1.1

Man könnte der oben zitierten Definition eine zwar schwache, aber vermeidbare wertende Dimension vorwerfen, da von Begünstigung bzw. Benachteiligung von Akteuren und Bevölkerungsgruppen gesprochen wird und Kriterien dafür, was als Begünstigung oder Benachteiligung zu gelten hat, allenfalls indirekt angedeutet werden. So ist von »den Möglichkeiten des Zugangs zu allgemein verfügbaren und erstrebenswerten sozialen Gütern und/oder zu sozialen Positionen« die Rede. Hinzu kommt, dass sich diese Zugangsmöglichkeiten gesellschaftsspezifisch oder im zeitlichen Wandel verändern. Hier sollte eine Definition sozialer Ungleichheit expliziter und theoretisch gehaltvoller sein.

Recht klar und theoretisch anschlussfähig scheint uns eine Definition sozialer Ungleichheit zu sein, die der deutsche Sozialstrukturforscher Stefan Hradil in einer früheren Arbeit vorgelegt hat. Diese wollen wir uns hier im Wesentlichen eigen machen. Nach Hradil sind unter sozialer Ungleichheit »gesellschaftlich hervorgebrachte und relativ dauerhafte Lebens- und Handlungsbedingungen zu verstehen, die bestimmten Gesellschaftsmitgliedern die Befriedigung allgemein akzeptierter Lebensziele besser als anderen erlauben« (Hradil 1987: 144).

Definition

Soziale Ungleichheit
Gesellschaftlich bedingte, strukturell verankerte Ungleichheit der Lebens- und Handlungsbedingungen von Menschen, die ihnen in unterschiedlichem Ausmaß erlauben, in der Gesellschaft allgemein anerkannte Lebensziele zu verwirklichen.

Mit dem Verweis auf die allgemein akzeptierten Lebensziele will Hradil eine subjektivistische wie eine rein objektivistische Definition von Lebenszielen oder Begehrtem vermeiden. Die subjektivistische Variante höbe allein auf die persönlichen Ziele der Lebensplanung und -gestaltung einzelner Akteure ab. Die objektivistische Variante ließe nur allgemein geltende, abstrakte Lebensziele oder Zielhierarchien für alle Menschen gelten.

In »gesellschaftlich hervorgebrachten und relativ dauerhaften Lebens- und Handlungsbedingungen« äußert sich die Relevanz von Ungleichheitsmerkmalen, die es für eine bestimmte Gesellschaft im Einzelnen zu begründen gilt. Bevor wir das inhaltlich näher ausfüllen, wollen wir zunächst die Definition sozialer Ungleichheit theoretisch etwas stärker untermauern.

Der Begriff der allgemein anerkannten Lebensziele erfährt in dem Esserschen Konzept der institutionellen Struktur einer Gesellschaft unter Bezug auf Robert K. Merton eine umfassendere Rechtfertigung (Esser 1993: 438; Merton 1995; vgl. Kapitel 2). Wir skizzieren nur die wichtigsten Argumentationsschritte dieses Ansatzes: Esser geht von der Existenz *allgemeiner menschlicher Grundbedürfnisse* aus und nennt unter Bezug auf den schottischen Moralphilosophen Adam Smith und Mitbegründer der Soziologie, das physisch-psychische Wohlbefinden und die soziale Anerkennung. Allem Handeln liegt letztlich die Befriedigung dieser Ziele zugrunde. Sie stehen als allgemeine Motivationsbasis hinter allem Streben der Akteure in einer Gesellschaft.

> Allgemeine
> Grundbedürfnisse
> und instrumentelle
> Ziele

Allerdings sind diese Grundbedürfnisse nicht unmittelbar zu befriedigen. Die Menschen müssen dafür die geeigneten Lebensbedingungen herstellen und über die dafür notwendigen Mittel und Ressourcen verfügen. Geeignete Lebensbedingungen und Ressourcen stellen daher selbst (Zwischen-)Ziele menschlichen Strebens dar. Diese Zwischenziele ermöglichen bzw. fördern die Befriedigung der Grundbedürfnisse oder, wie man auch sagen kann: sie sind für die Befriedigung der Grundbedürfnisse instrumentell; daher sprechen wir von *instrumentellen Zielen*. Güter, Leistungen und Handlungsmöglichkeiten, die diesen Zielen dienen, werden in einer Gesellschaft als erstrebenswert betrachtet, als etwas, wofür es sich einzusetzen lohnt.

Ein solches Zwischenziel ist etwa der Einkommenserwerb durch Berufstätigkeit, der es erlaubt, einen bestimmten Lebensstandard zu realisieren, der wiederum dem physischen Wohlbefinden dienlich, oft aber auch dem Ausmaß sozialer Anerkennung förderlich ist. Materiellem Wohlstand wird in unserer Gesellschaft ein hoher Wert zugemessen, auch wenn er nicht an erster Stelle rangiert. Laut Umfragen, wie dem *Sozio-ökonomischen Panel*, zählen Gesundheit, eine glückliche Partnerschaft sowie für andere da zu sein, zu den mit Abstand wichtigsten Zielen im Leben (Statistisches Bundesamt 2006c: 454).

Wie der Bhutan National Development Report zeigt, gibt es Länder die explizit andere Ziele zur Maxime individuellen Handelns proklamieren und gar zum Staatsziel machen (vgl. den Exkurs).

Exkurs: Gross National Happiness (GNH)

Aus dem Bhutan National Development Report 2005:

- »GNH is being pursued through the four broad platforms of sustainable and equitable socioeconomic development; conservation of environment; preservation and promotion of culture; and enhancement of good governance.« (S. 15)
- »Whether the ultimate objective is GNH or human development, however, the practical strategic focus is on creating an enabling environment for a flourishing of human potential at its fullest. These enabling conditions basically share the same space. At the same time, more detailed elaboration and further exploration of the conceptual framework. substantive content and intellectual structures of GNH would greatly help in the development of practical guidelines for policy creation, implementation and evaluation to achieve the overall goal. Questions that were once asked about human development are being posed to GNH as it gains increased attention around the world and generates lively debate in the country. Is GNH operational, and can it be operationalised? Does it lend itself to measurement? Can it be planned for and monitored? Can specific policies and programmes be implemented to achieve it?« (S. 18)
- »Gross National Happiness is more important than Gross National Product. The ultimate purpose of government is to promote the happiness of its people« (His Majesty the King, Jigme Singye Wangchuch) (S. 4)

Die Regierung von Bhutan sieht sich mit diesem Konzept in der Tradition des »Human-Development«-Ansatzes, der auf das *capability*-Modell des indischen Ökonomen und Nobelpreisträgers Amartya Sen zurückgeht und ein vieldimensionales Verständnis von Entwicklung vertritt, das über den wirtschaftlichen Aspekt weit hinausgeht (Sen 1999).

Es gibt also von Gesellschaft zu Gesellschaft und innerhalb einer Gesellschaft in verschiedenen historischen Phasen unterschiedliche Vorstellungen darüber, welche Zwischenziele oder instrumentelle Ziele zur mittelbaren Befriedigung der Grundbedürfnisse angestrebt werden (sollen) (vgl. Übersicht 5.1). Der amerikanische Soziologe Robert K. Merton spricht von den *kulturellen Zielen* (1995). Es hängt von den gesellschaftlichen Verhältnissen ab, was konkret als erstrebenswert angesehen wird, auch wenn die dahinter stehenden Grundbedürfnisse als allgemein gültig

Kulturelle Ziele

angesehen werden. Da aber in einer Gesellschaft über den Wert dieser akzeptierten oder *erstrebenswerten (Zwischen-)Ziele* weitgehende Einigkeit herrscht und sie als legitim anerkannt sind, beruhen sie nicht auf rein subjektiven Einzelauffassungen.

Legitime Mittel   Das Gleiche gilt für die Frage, wie, d.h. mit welchen *legitimen Mitteln* und Handlungsweisen diese Ziele zu erreichen sind. Die Antwort ist von Gesellschaft zu Gesellschaft und historischer Epoche zu historischer Epoche verschieden. So war es etwa in der DDR ein legitimes und sehr probates, ja bisweilen unverzichtbares Mittel, durch Parteizugehörigkeit und Systemloyalität seine Chancen für eine bestimmte berufliche Position zu steigern (Solga 1995: 197 f.). Nach der Wende hat dieses hingegen stark an Bedeutung verloren. Die Förderung der individuellen Karriere durch politische Gefälligkeit wird in der Öffentlichkeit sogar eher als illegitimes Mittel beruflichen Fortkommens betrachtet, auch wenn es in der Realität natürlich in der Bundesrepublik ebenfalls nicht bedeutungslos ist.

Übersicht

5.1 | Kulturelle Ziele und institutionalisierte Mittel

- *Kulturelle Ziele einer Gesellschaft* sind Objekte, Ressourcen und Zustände, die für alle Mitglieder einer Gesellschaft von hohem Wert sind. Dazu gehört etwa wirtschaftlicher Wohlstand oder eine gute Gesundheit.
- *Institutionalisierte Mittel* sind erlaubte Ressourcen zur legitimen Erlangung der kulturellen Ziele. Auf legitime Weise kann man Wohlstand durch selbstständige bzw. nicht selbstständige Arbeit, Börsenspekulation oder auch die Teilnahme an einer Lotterie erlangen, nicht jedoch durch einen Banküberfall.

»Die Definition der *kulturellen Ziele* legt die *Interessen* der Menschen fest: Sie gibt an, was alle Menschen in einer Gesellschaft tun *müssen*, um an soziale Anerkennung und physisches Wohlbefinden zu gelangen. Die Art der *Institutionalisierung der Mittel* regelt die Verteilung der erlaubten und unerlaubten Ressourcen zur Erlangung dieser Ziele und damit: die Verteilung unterschiedlicher Grade von *Kontrolle* über die Mittel, die nötig sind, um an die kulturellen Ziele heranzukommen« (Esser 1993: 440).

Anders als die allgemeinen Lebensziele sind die Zwischenziele, also die Wege, auf denen man versucht, allgemein akzeptierte Lebensziele zu

Akteursspezifische   verwirklichen, für verschiedene Akteure durchaus unterschiedlich. Sie
Interessenstruktur   hängen von den sozialen und sozialstrukturellen Positionen der Akteure

ab. Ein Unternehmer etwa verfolgt ein anderes Zwischenziel, nämlich einen möglichst hohen Profit mit seiner Firma zu erzielen, als seine Mitarbeiter, die daran interessiert sind, eine möglichst hohe Entlohnung zu erreichen. Ein Sportler wird besonders an dem interessiert sein, was seinem sportlichen Erfolg dient, der ihm soziale Anerkennung verschafft. Diese Unterschiede in den konkreten Handlungsinteressen von Akteuren in verschiedenen sozialen bzw. sozialstrukturellen Positionen drücken sich nach Esser in einer mehr oder weniger heterogenen *Interessenstruktur* in einer Gesellschaft aus (Esser 1993: 441 f.). Menschen verfolgen unterschiedliche Interessen, um die durch die kulturellen Ziele bestimmten Wohlfahrtsbedürfnisse zu befriedigen.

Die prinzipielle Knappheit verfügbarer Ressourcen verlangt, dass die Verfolgung von Zielen und die Wahl der Mittel institutionell reguliert wird. Damit geht einher, dass Menschen in einer Gesellschaft ein unterschiedliches Ausmaß an Kontrolle über legitime Mittel und Ressourcen zur Verfolgung ihrer Ziele besitzen – nicht nur die Interessen, auch die Mittel, sie zu realisieren, variieren akteursspezifisch. Auch wenn der Unternehmer, wie seine Mitarbeiter, nur Geld verdienen kann, so ist er doch in einer Position, die es ihm erlaubt, bei hinreichendem unternehmerischen Geschick und Durchsetzungsvermögen größere Mengen von diesem erstrebenswerten Gut in seinen Besitz zu bringen als es seine Angestellten können. Mehr noch: Er hat Macht und Kontrolle über die Einkommensmöglichkeiten seiner Mitarbeiter und kann – zumindest bis zu einem gewissen Grad – seinen Gewinn auf deren Kosten steigern. Esser spricht bezüglich der Mittel von einer *Kontrollstruktur*; sie beinhaltet, über welche Mittel man in welchen sozialstrukturellen Positionen in einer Gesellschaft verfügt.

[Randnotiz: Gesellschaftliche Kontrollstruktur]

Die in Hradils Definition genannten »allgemein akzeptierten Lebensziele« verweisen auf die »kulturellen Ziele« von Merton. Sie werden auf der einen Seite auf allgemeine menschliche Bedürfnisse zurückgeführt, sind andererseits immer historisch und gesellschaftlich spezifisch ausgeprägt. Soziale Ungleichheit verweist dann darauf, wo man sich innerhalb der Interessen- und Kontrollstruktur einer Gesellschaft befindet. Davon ist abhängig, wie viel Kontrolle man über den Einsatz von Ressourcen bei der individuellen Interessenverfolgung hat und über welche Mittel man verfügt, um allgemein anerkannte Lebens- oder Wohlfahrtsziele zu erreichen. Die Kontrolle über institutionalisierte Mittel, die für die Zielverfolgung notwendig ist, verweist auf die *Dimensionen sozialer Ungleichheit* und die mehr oder minder vorteilhaften Handlungs- und Lebensbedingungen der Menschen. Sie werden durch bestimmte Ungleichheitsmerkmale von Akteuren repräsentiert.

[Randnotiz: Kontrollstruktur und soziale Ungleichheit]

5.1.2 | Soziale Ungleichheit und Lebenslage

Nach diesen Vorüberlegungen können wir ein genaueres Verständnis davon entwickeln, welche Ziele in einer Gesellschaft als allgemein akzeptiert und erstrebenswert gelten und mit welchen Mitteln sie zu erreichen sind. Einkommen und soziale Sicherheit sind in unseren modernen Wohlfahrtsstaaten zum Beispiel nach wie vor Ziele von hohem Wert. Sie erlauben uns, einen Lebensstandard zu realisieren, der unserem Bedürfnis nach Komfort und physischem Wohlbefinden förderlich ist. Legitime Mittel, diese Ziele zu erreichen, sind Investitionen in eine gute Schul- und Berufsausbildung und Erwerbsarbeit.

Aber auch befriedigende soziale Beziehungen in Paargemeinschaften, Familien und Freundschaftsnetzwerken sind zentrale gesellschaftlich geteilte Lebensziele. Sie verschaffen den Menschen persönliche Anerkennung, die für ihre individuelle Entwicklung so wichtig ist und wiederum gewährleistet, dass sie sich unter den Bedingungen einer fortgeschrittenen industriellen Gesellschaft in ihrem Streben nach Wohlfahrt behaupten können – hier existiert eine Vielzahl von Regeln zum Aufbau und zur Pflege von Freundschaften bzw. Partnerschaften (Huinink 1995).

Lebenslage
Hradil fasst die »Gesamtheit ungleicher Lebensbedingungen eines Menschen, die durch das Zusammenwirken von Vor- und Nachteilen in unterschiedlichen Dimensionen sozialer Ungleichheit zustande kommen«, mit dem Begriff der Lebenslage zusammen (Hradil 2001: 44). Auch dem wollen wir folgen. Die Lebenslage beinhaltet damit den Teil des sozialstrukturellen Profils von Individuen, in den die gesellschaftlich relevanten Ungleichheitsmerkmale (Dimensionen sozialer Ungleichheit) von Akteuren eingehen.

Definition

Lebenslage

Gesamtheit der Handlungs- und Lebensbedingungen, die es den Menschen mehr oder weniger gut erlauben, allgemein anerkannte Lebensziele zu verwirklichen (Dimensionen sozialer Ungleichheit). Diese Bedingungen können kulturell bzw. gesellschaftsspezifisch variieren.

Der Lebenslagenbegriff hat eine lange Geschichte. Er wurde von dem österreichischen Philosophen und Ökonomen Otto Neurath eingeführt, der über aussagekräftige, quantitative Indikatoren möglichst präzise die Lebenssituation und das Versorgungsniveau von Individuen erfassen wollte. In der weiteren Diskussion um den Begriff verstärkte sich die inhaltliche Fokussierung auf den Aspekt des vorhanden Spielraums, »den die äußeren Umstände dem Menschen für die Erfüllung der Grundanliegen bieten, die er bei unbehinderter und gründlicher Selbstbesinnung als bestimmend für den Sinn seines Lebens ansieht«, wie es Gerhard Weißer 1957 formuliert hat (zit. nach Leßmann 2006: 33).

Hier fühlt man sich an den *capability*-Ansatz von Amartya Sen erinnert (vgl. den Exkurs weiter oben). Die Sozialforscherin Ortrud Leßmann sieht daher auch eine enge Beziehung zwischen dem Begriff der Lebenslage und Sens Konzept des *capabilitiy sets* oder der Verwirklichungschancen (Leßmann 2006). In den Worten des indischen Ökonomen und Nobelpreisträgers Armatya Sen selbst:

Lebenslage und die capability sets von Ser

> »*Attention is thus paid particularly to the expansion of the ›capabilities‹ of persons to lead the kind of lives they value – and have reason to value.«*
> (Sen 1999: 18).

Diesen Zusammenhang haben auch die Verfasser des zweiten Armuts- und Reichtumsbericht der Bundesregierung mit dem Titel *Lebenslage der Menschen in Deutschland* erfasst (BMAS 2005). Sie schlagen ein breites Konzept zur Analyse der Privilegierung und Deprivation von Menschen in der Bundesrepublik vor, das sich nicht allein auf die finanzielle Dimension beschränkt. In diesem Sinne stellt der Bericht eine umfassende Übersicht über soziale Ungleichheit in Deutschland dar. Die folgenden Dimensionen der Lebenslage werden im Bericht explizit behandelt:

Armuts- und Reichtumsbericht

- Einkommen, Vermögen, Überschuldung, Armutsrisiken und Sozialhilfebezug,
- Bildung,
- Erwerbstätigkeit und Arbeitslosigkeit,
- Versorgung mit Wohnraum,
- gesundheitliche Situation und Pflegebedürftigkeit,
- politische und gesellschaftliche Partizipation.

Der deutsche Sozialstruktur- und Armutsforscher Wolfgang Voges fasst den »übereinstimmenden Kern« unterschiedlicher Lebenslagenkonzepte in der Literatur in den folgenden vier Punkten zusammen:

Kernpunkte des Lebenslagenansatzes

> »*a) Lebenslagenansätze sind bezogen auf die verschiedenen strukturellen Ebenen der Gesellschaft als Mehrebenenmodelle angelegt. b) Entgegen rein ökonomischen Ansätzen erheben sie den Anspruch der Multidimensionalität. c) Lebenslagen stehen damit auch quer zu den Auseinandersetzungen um objektive versus subjektive oder materielle versus immaterielle Dimensionen von Unter- oder Überversorgung. d) Schließlich können Lebenslagen nicht einfach in Ursache-*

Wirkungs-Relationen beschrieben werden. Vielmehr sind Lebenslagen sowohl die Ursache eines bestimmten Ausmaßes an gesellschaftlicher Teilhabe, als auch die Wirkung [...]« (Voges 2002: 263)

Während Voges jedoch auch *subjektive* Dimensionen in den Lebenslagenbegriff einbezieht, wollen wir nur die *objektiven* Aspekte der Lebens- und Handlungsbedingungen berücksichtigen, wie sie durch die Dimensionen sozialer Ungleichheit kennzeichnend sind, die wir im Kapitel 5.2 im Einzelnen einführen. Die subjektive Dimension wird häufig in anderer Weise berücksichtigt und eingeführt. Darauf gehen wir später noch ein (→ Kapitel 5.4).

Sozialstrukturelle Klassifikationsmerkmale von Individuen haben vielfach einen Einfluss darauf, wie gut der Zugang zu den institutionalisierten Mitteln gelingt. In diesem Sinne verursachen Merkmale wie das Geschlecht, die Nationalität, die Religionszugehörigkeit soziale Ungleichheit, indem sie den Erfolg bei der Herstellung einer bestimmten Lebenslage beeinflussen. Sie sind daher potenzielle *Determinanten sozialer Ungleichheit*, aber kein direkter Ausdruck davon, wie es bei Krekel nahegelegt war. Das gilt auch, obwohl in allen Gesellschaften institutionelle Regeln bestehen, nach denen Menschen allein aufgrund ihrer Zugehörigkeit zu einer sozialstrukturellen Gruppe der Zugang zu legitimen Mittel der Lebensführung erschwert oder erleichtert wird.

Determinanten sozialer Ungleichheit

Erinnert sei noch einmal an das Beispiel der DDR, in der bestimmte gesellschaftliche Positionen nur dann erreicht werden konnten, wenn die politische Loyalität durch Parteimitgliedschaft demonstriert wurde. Andere Beispiele sind fundamentalistische Gesellschaften, in denen etwa die Religionszugehörigkeit oder das Geschlecht für Berufserfolg und soziales Ansehen bedeutsam sind. Näheres dazu und zum Zusammenhang von Determinanten und Dimensionen sozialer Ungleichheit findet sich im Kapitel 5.3.

Lernkontrollfragen

1 Was ist mit der Kontroll- und Interessenstruktur gemeint?
2 Wie hängen allgemeine Lebensziele und instrumentelle Zwischenziele zusammen?
3 Was ist die Kernidee des Lebenslagenkonzepts?

Esser ergänzt die Interessen- und Kontrollstruktur um die Ebene der kulturellen Struktur. Sie schlägt sich als Korrelat sozialer Ungleichheit in gruppenspezifischen kulturellen Praktiken, Orientierungen und Verhaltensmustern nieder, ohne selbst eine klare Rangordnung zwischen entsprechenden sozialstrukturellen Gruppen zu bestimmen. Erst die sogenannte Prestige-Struktur begründet wieder eine eigene Dimension sozialer Ungleichheit, da sich in ihr die unterschiedliche Bewertung sozialstruktureller Positionen in der Interessen- und Kontrollstruktur ausdrückt, soweit sie in unterschiedlichem Ausmaß mit der Kontrolle über knappe Ressourcen ausgestattet sind. Diese Positionen sind daher in der Gesellschaft auch unterschiedlich stark begehrt. Die Interessen- und Kontrollstruktur, die kulturelle Struktur und die Prestigestruktur bilden dann bei Esser das System der sozialen Ungleichheit (Esser 1993: 458).

Sowohl Hradil als auch Esser haben in späteren Veröffentlichungen ihre Darstellungen modifiziert, was aus unserer Sicht nicht immer zu Verbesserungen und Klärungen beigetragen hat und auch nicht immer widerspruchsfrei zu den hier vorgestellt Ideen geschehen ist (siehe dazu Hradil 2001, Esser 2000).

Eine hoch interessante, über den Tellerrand unserer Industriegesellschaften hinaus schauende Analyse der Lebenslage von Menschen und Vorschläge zu ihrer Charakterisierung bietet Amartya Sen in seinem Buch »Development as Freedom« (1999).

Dimensionen sozialer Ungleichheit | 5.2

Ausgehend von der allgemeinen Definition sozialer Ungleichheit und der Lebenslage nach Hradil schauen wir uns nun an, in welchen Erscheinungsformen uns Erstere begegnet. Wir stellen uns eine Systematik von Dimensionen sozialer Ungleichheit vor, in denen sich ungleiche Lebens- und Handlungsbedingungen der Menschen äußern und die in ihrer Summe ihre Lebenslage kennzeichnen. Gleichzeitig geben wir Informationen zur sozialen Ungleichheit in der Bevölkerung der Bundesrepublik Deutschland und erläutern dabei, wie verschiedene Dimensionen sozialer Ungleichheit empirisch erfasst werden können.

Definition

Dimensionen sozialer Ungleichheit
Persönliche oder strukturbedingte Merkmale, welche die Erscheinungsformen ungleicher Lebens- und Handlungsbedingungen (Lebenslage)
der Menschen charakterisieren (etwa das Einkommen oder das soziale
Prestige einer Person).

5.2.1 | Eine Systematik von Dimensionen sozialer Ungleichheit

In einer instruktiven Übersicht gliedert Stefan Hradil die Dimensionen
sozialer Ungleichheit in drei Gruppen, indem er sie unterschiedlichen
Bedürfnisgruppen zuordnet, die den Verweis auf allgemein akzeptierte Lebensziele erlauben (Hradil 1987: 147). Wir folgen diesem Modell in
weiten Teilen, nehmen aber einige Änderungen und Ergänzungen vor,
um die Systematik des Ansatzes zu erhöhen. Unser Vorschlag umfasst
mehr Ungleichheitsmerkmale als es die gängigen Lebenslagenmodelle
tun (→ Kapitel 5.1.2). Gleichwohl steht dieses erweiterte Konzept voll und
ganz mit der Idee der Lebenslage im Einklang, die durch die Möglichkeiten, individuell zu handeln und die eigenen Ziele zu verwirklichen,
gekennzeichnet ist.

Übersicht

5.2 | Dimensionen sozialer Ungleichheit

Bedürfnisse/Lebensziele	Dimensionengruppen	Dimensionen sozialer Ungleichheit (Ungleichheitsmerkmale)
Wohlstand	ökonomische Dimensionen	(Aus-)Bildung und Wissen
		Einkommen, Vermögen und materieller Besitz
Sicherheit Gesundheit	wohlfahrtsstaatliche Dimensionen	Soziale Absicherung
		Erwerbschancen
		Arbeitsbedingungen
		Freizeitbedingungen
		Wohn(umwelt)bedingungen

Dimensionen sozialer Ungleichheit | noch 5.2

Bedürfnisse/Lebensziele	Dimensionengruppen	Dimensionen sozialer Ungleichheit (Ungleichheitsmerkmale)
Integration Soziale Anerkennung	soziale Dimensionen	Soziale Beziehungen
		Machtstellung und sozialer Einfluss
		Diskriminierungen und soziale Privilegien
		Soziales Prestige
Autonomie Selbstverwirklichung	emanzipatorische Dimensionen	Soziale Rollen
		Selbstbestimmungschancen
		Gesellschaftliche Partizipation

Unsere Gliederung unterscheidet vier Gruppen von Dimensionen sozialer Ungleichheit:

- die sogenannten *ökonomischen* Dimensionen: Sie beinhalten das Ausmaß, in dem Akteure über materielle und wissensbezogene Ressourcen verfügen;
- die sogenannten *wohlfahrtsstaatlichen* Dimensionen: Sie verweisen auf unterschiedlich starke erwerbsbezogene und andere soziale Risiken im Lebenslauf sowie mehr oder weniger vorteilhafte infrastrukturelle Lebensbedingen;
- die sogenannten *sozialen* Dimensionen: Sie heben auf soziale Aspekte individueller Handlungsbedingungen ab, wie die Einbettung in soziale Beziehungsstrukturen, Macht und sozialer Einfluss von Akteuren in sozialen Beziehungsstrukturen sowie das Ausmaß sozialer Anerkennung;
- schließlich die sogenannten *emanzipatorischen* Dimensionen: Sie betonen Ungleichheit bezüglich der Möglichkeiten, persönliche Emanzipation und individuelle Autonomie zu gewinnen und am gesellschaftlichen Willensbildungsprozess teilzuhaben.

Diese vier Gruppen sind nicht vollkommen trennscharf zu konstruieren. Sie verweisen aber auf Aspekte sozialer Ungleichheit und damit verbundene Bedürfnisse bzw. Lebensziele, die sich analytisch klar unterscheiden lassen. Es ist nicht ganz zufällig, dass sie mit Bedürfnisklassen korrespondieren, die in der Theorie des Psychologen Abraham Maslow

Vier Gruppen von Dimensionen sozialer Ungleichheit

Maslows Bedürfnishierarchie

(1954) gemäß ihrer Bedeutung in Form einer Pyramide hierarchisch geordnet sind: beginnend mit physiologischen- und Sicherheitsbedürfnissen (Hunger, Durst und Schutz), die er als Defizit-Bedürfnisse bezeichnet. Erst nach deren Befriedigung werden weitere Bedürfnisse, etwa nach sozialen Beziehungen und sozialer Anerkennung, relevant. Zu diesen nachgeordneten oder Wachstums-Bedürfnissen zählt Maslow das Ansehen oder die persönliche Selbstverwirklichung. Wie man schnell erkennt, lässt sich jedoch keine einfache Analogie herstellen, da insbesondere die ökonomischen Dimensionen schon weit über die Mittel für rein physisches Überleben hinausgehen.

Hradil geht aber durchaus nicht zu Unrecht davon aus, dass sich das Spektrum allgemein anerkannter Lebensziele in unserer Gesellschaft während der letzten Jahrzehnte über die »klassischen« ökonomischen Dimensionen hinaus vergrößert hat, ohne dass diese ihre Bedeutung einbüßten (Hradil 1987: 146). Viele der anderen Dimensionen sind erst in »fortgeschrittenen« Industrieländern virulent geworden (→ Kapitel 5.4). Allerdings kann man argumentieren, dass immer schon alle hier genannten Dimensionen für die Lebens- und Handlungsbedingungen der Menschen eine Rolle gespielt haben. Sie sind nur unterschiedlich stark im gesellschaftlichen Bewusstsein verankert gewesen.

Spätestens jetzt stellt sich grundsätzlich die Frage, in welcher Beziehung die verschiedenen Dimensionen zueinander stehen. Ist die ökonomische Dimension immer die entscheidende Dimension für die Lebenslage insgesamt? Wie unabhängig sind die einzelnen Dimensionen voneinander? Kann man Nachteile bezogen auf eine Dimension durch Vorteile in anderen Dimensionen ausgleichen? Antworten auf diese Fragen sind für das Verständnis und die Erklärung sozialer Ungleichheit von zentraler Bedeutung. Wir werden daher darauf noch ausführlicher zurückkommen (→ Kapitel 5.3 und 5.4). An dieser Stelle wollen wir nur noch zwei Begriffspaare einführen, die in den folgenden Betrachtungen wichtig sind.

Es liegt durchaus nahe, anzunehmen, dass einige oder gar alle der Dimensionen sozialer Ungleichheit miteinander positiv korrelieren, d.h. dass ein Akteur oder eine Gruppe von Akteuren, die bezogen auf eine Dimension eine hohe Statusposition besitzen, auch bezogen auf allen anderen Dimensionen privilegiert sind. Ist das der Fall, sprechen

Statuskonsistenz   wir von einer *Statuskonsistenz*. Machtfülle ginge dann mit einem hohen Einkommen und dieses wiederum mit hohem Bildungsniveau, hohem Sozialprestige, sehr guten Arbeitsbedingungen und schließlich auch mit hohen Chancen, am politischen Willensbildungsprozess zu partizipieren, einher. Kurz: die Handlungs- und Lebensbedingungen wären in jeder Hinsicht für das Erreichen allgemein anerkannter Lebensziele förderlich.

Trifft dieser Sachverhalt nicht zu und gehen hohe Statuspositionen bezogen auf eine Dimension mit niedrigen Statuspositionen in anderen Dimensionen einher, spricht man von *Statusinkonsistenz*. Die Lebenslage von Menschen ist dann durch Widersprüche gekennzeichnet. Vorteilhaften Lebensbedingungen auf der einen Seite stehen nachteilige Bedingungen, Risiken und Gefährdungen auf der anderen Seite gegenüber. Der Trainer eines Bundesligavereins etwa mag ein hohes Einkommen haben, muss aber immer den Verlust seines Jobs fürchten, ganz zu schweigen von den Arbeitsbedingungen. Man kann davon ausgehen, dass er einen langen Arbeitstag hat.

Die Statuspositionen in einzelnen Dimensionen, also die Kontrolle oder Verfügbarkeit über individuelle Fähigkeiten, Einkommen und Vermögen, soziale Beziehungen, Macht und Prestige kann man auf verschiedene Weise erlangen. Man kann sie gleichsam in den Schoß gelegt bekommen, ohne dafür viel tun zu müssen, d. h. durch *Zuschreibung* erlangen *(Statuszuschreibung)*. Kompetenzen und Talente mögen angeboren sein, materielle Güter kann man von seinen Eltern erben, institutionelle Vorschriften und Normen mögen die Vergabe von und den Zugang zu Statuspositionen regeln. Andererseits können Statuspositionen von den Akteuren durch eigene Anstrengung erworben werden *(Statuserwerb)*. Die Ausbildung oder die berufliche Karriere sind heute in deutlich stärkerem Maße Ausdruck individueller Leistung, als das noch vor 100 Jahren der Fall war.

In den Statuszuweisungsprozessen sind häufig beide Prinzipien virulent. Statuszuschreibung, die vor der Industrialisierung die Regel war, ist auch in unserer Gesellschaft immer noch von Bedeutung und an vielen Stellen wirksam. Die schon zitierten Determinanten sozialer Ungleichheit spielen dabei eine große Rolle. Die Möglichkeiten, die individuelle Lebenslage eigenständig zu gestalten, nehmen zwar zu, doch von einer rein meritokratischen, also der individuellen Leistung gemäßen Verteilung oder Zuweisung von Statuspositionen ist unsere Gesellschaft noch weit entfernt (→ Kapitel 5.3 und 5.5).

Die Sachverhalte der Statuskonsistenz und Statusinkonsistenz sowie die Logik der Statuszuweisung verweisen darauf, dass es Wechselwirkungen verschiedener Art zwischen den ungleichheitsrelevanten Handlungsbedingungen von Akteuren gibt. Die Dimensionen der Lebenslage können eine wechselseitig angeregte »Eigendynamik« entfalten, die für gesellschaftliche Strukturen sozialer Ungleichheit bestimmend ist. Welchen Prinzipien diese Wechselwirkungen unterworfen sind und welche

Statusinkonsistenz

Zuweisungsmodi von Statuspositionen

Schlussfolgerungen man daraus ziehen muss, wird in den Kapiteln 5.3 und 5.4 genauer erläutert.

Statuskonsistenz, Statusinkonsistenz und Statuszuweisung

Statuskonsistenz: Akteure besitzen, bezogen auf alle Dimensionen sozialer Ungleichheit, eine ähnlich vorteilhafte oder unvorteilhafte Statusposition.

Statusinkonsistenz: Akteure besitzen, bezogen auf manche Dimensionen sozialer Ungleichheit eine vorteilhafte und bezogen auf andere Dimensionen eine unvorteilhafte Statusposition.

Modi der Statuszuweisung:

- *Statuszuschreibung:* Statuspositionen sind durch zugeschriebene Ungleichheitsmerkmale bestimmt, kommen Akteuren also ohne deren Zutun zu.
- *Statuserwerb:* Statuspositionen sind durch erworbene Ungleichheitsmerkmale bestimmt, werden von den Akteuren durch eigene Anstrengung und Leistung erreicht (erworben).

Im Folgenden werden zentrale Merkmale der oben genannten vier Dimensionengruppen sozialer Ungleichheit vorgestellt und aktuelle statistische Informationen für die Bundesrepublik Deutschland dazu präsentiert.

5.2.2 | Ökonomische Dimensionen sozialer Ungleichheit

Die erste Gruppe von Dimensionen sozialer Ungleichheit bezieht sich auf Aspekte, denen vorrangig Bedürfnisse nach materiellem Wohlstand zugrunde liegen und die Ressourcen für die Verfolgung auch anderer allgemein akzeptierter Lebensziele beinhalten. Hier finden sich die Dimensionen sozialer Ungleichheit, in denen die ökonomischen und bildungsbezogenen Bedingungen einer erfolgreichen Lebensführung besonders erfasst werden: (Aus-)Bildung und Wissen, Geld und Besitz von Gütern (Einkommen und Vermögen).

(Aus-)Bildung und Wissen | 5.2.2.1

Bildung und Ausbildung ist in modernen Gesellschaften eine außerordentlich wichtige, für Wohlstand und beruflichen Erfolg zentrale Ressource von Frauen und Männern. Dazu gehören die kumulierten Bildungs-, Ausbildungs- und Berufserfahrungen, die man unter Anleihe bei der Ökonomie auch unter dem Begriff des *Humankapitals* zusammenfasst (Becker 1964). Der französische Soziologe Pierre Bourdieu (1983) spricht auch vom *institutionalisierten kulturellen Kapital*, wenn es darum geht, (marktrelevantes) Wissen in Form von Zertifikaten oder Zeugnissen auszuweisen.

Humankapital

Wir beziehen hier auch alle weiteren Formen von vermitteltem oder erworbenem Wissen im weiteren Sinne sowie Kompetenzen, angeborene Talente und Fähigkeiten ein. Damit gehen wir über die klassische Definition dieser Dimension sozialer Ungleichheit hinaus, die auf beruflich verwertbare Kompetenzen abhebt. Wir berücksichtigen also die Gesamtheit der individuellen Fähig- und Fertigkeiten zur Problemlösung und Informationsverarbeitung, sei es im Kontext einer beruflichen Tätigkeit zum Zweck des Einkommenserwerbs oder sei es im Kontext anderer Aktivitäten. Dazu gehören auch Fähigkeiten und Wissensbestände, die nicht in erster Linie dem wirtschaftlichen Erfolg zuträglich sind, sondern ebenso psychisches Wohlergehen und Lebensfreude befördern können. Beispielsweise wird die Fußball-Bundesliga erst interessant, wenn man über ein entsprechendes Hintergrundwissen zu den verschiedenen Vereinen und Spielern verfügt. Diese umfassenden Wissensbestände bezeichnet Bourdieu als »inkorporiertes kulturelles Kapital« (1983).

Wissen und Kompetenz

Wir stellen nun für den kleinen, aber für die soziale Ungleichheit zentralen Bereich zertifizierter Bildungsabschlüsse einige statistische Befunde für die Bundesrepublik Deutschland vor.

Die Bildungsbeteiligung (Schulbesuch) als Weg, über den ein bestimmter, zertifizierter Bildungsstatus – aber auch Wissen im weiteren Sinne (»Allgemeinwissen«) – erworben wird, hat sich in Deutschland in den letzten Jahrzehnten deutlich verändert. Im Zuge der sogenannten Bildungsexpansion in Westdeutschland wurde in den 1960er und 1970er Jahren der Zugang zu höheren Schul- und Ausbildungsgängen stark ausgeweitet, ohne das dreigliedrige Schulsystem mit Hauptschule, Realschule und Gymnasium grundlegend zu verändern (Hradil 2001: 157 f.; 176 ff.). Die Forderung, dass damit nicht nur die Begabungsreserven des Landes besser ausgeschöpft werden sollten, sondern auch die Chancengleichheit in der Bildungsbeteiligung erhöht werden sollte, erfüllte sich denn auch nur begrenzt (→ Kapitel 5.5). In der DDR gab es im

Schulbesuch

Rahmen des »einheitlichen sozialistischen Bildungssystems« die für alle grundsätzlich obligatorische zehnjährige »polytechnische Oberschule« (POS) und die »erweiterte Oberschule« (EOS), die in weiteren zwei Jahren zum Abitur führte. Der Zugang zur EOS wurde nach einer kurzen Expansionsphase Ende der 1960er Jahre im Jahr 1971 auf 12 Prozent eines Jahrgang zurückgefahren und auf diesem Niveau eingefroren (Huinink/Mayer/Trappe 1995: 100).

Tab. 5.1 |

Schulbesuch 13-Jähriger an ausgewählten Schultypen in den Jahren 1960 (alte Bundesrepublik) und 2004 (Deutschland) (in %)

Jahr	Haupt-schule	Real-schule	Gesamt-schule	Gymnasium	Sonstige
1960	70	11	–	15	4
2004	23	27	9	34	7,5

Quelle: Statistisches Bundesamt 2002: 60; Statistisches Bundesamt 2006c: 54.

Die westdeutsche Bildungsexpansion spiegelt sich in der Verteilung der Schüler nach dem Schultyp nieder, wie Tabelle 5.1 zeigt. Die Hauptschule hat ihre dominierende Stellung verloren. Der Anteil der Schüler, die das Gymnasium besuchen ist auf ein Drittel angewachsen.

Schulabschluss   Entsprechend hat sich die Verteilung der Schulabschlüsse in der Bevölkerung verändert, wie man an einem Vergleich zwischen verschiedenen Altersgruppen erkennen kann. Auch sie geben Auskunft über die Ausweitung der Bildungsbeteiligung. Dazu seien ebenfalls nur wenige Zahlen aus dem Datenreport 2006 genannt (Statistisches Bundesamt 2006c: 77). Etwa 37 Prozent der 20- bis 29-Jährigen verfügten im Jahr 2004 über eine Fachhochschul- oder Hochschulreife. Ein knappes Drittel hatte die Realschule oder – noch in der DDR – die Polytechnische Oberschule (POS) absolviert. Etwa 3 Prozent hatten keinen allgemeinbildenden Schulabschluss. Bei den 30 Jahre Älteren verfügte nur ein Fünftel über die Hochschul- oder Fachhochschulreife und noch fast die Hälfte hatte die Hauptschule abgeschlossen. 26 Prozent hatten einen Realschulabschluss oder einen POS-Abschluss.

Beruflicher Bildungsabschluss der Bevölkerung 2004 | Tab. 5.2

Alter von ... bis ... Jahren	Zusammen	Darunter mit Angaben zum beruflichen Bildungsabschluss[1]						
		mit beruflichen Bildungsabschluss						
		Lehr-/ Anlernausbildung	Fachschulabschluss	Fachschulabschluss in der ehem. DDR	Fachhochschulabschluss	Hochschulabschluss	ohne Angabe zur Art des Abschlusses	ohne beruflichen Bildungsabschluss
		in %[2]						
20–29	100	48,4	4,1	0,1	2,9	4,1	1,5	38,9
30–39	100	56,8	8,0	1,4	6,7	10,8	1,8	14,6
40–49	100	57,4	8,4	2,1	6,4	10,0	1,7	14,0
50–59	100	56,8	7,3	2,2	5,9	9,8	1,7	16,3
60 und älter	100	50,9	5,7	1,8	3,5	5,2	1,3	31,6

[1] *Beantwortung für Personen im Alter von 51 Jahren und mehr freiwillig.*
[2] *Anteil an allen Personen in der jeweiligen Altersgruppe, die Angaben zum beruflichen Bildungsabschluss gemacht haben.*

Quelle: Statistisches Bundesamt 2006c: 78.

Wie Tabelle 5.2 zeigt, spiegeln sich die Veränderungen im Schulabschluss nur zum Teil in der Entwicklung bei der beruflichen Ausbildung wider. Die Lehrausbildung im dualen System ist nach wie vor mit fast 50 Prozent die am stärksten genutzte Ausbildungsform. Der Anteil derjenigen, die einen Hochschulabschluss erreicht haben, übersteigt kaum die Zehn-Prozent-Marke. Das zeigt, dass nur ein Teil der Absolventen von Gymnasium und Fachoberschule – unter den 29- bis 39-Jährigen waren es immerhin 30 Prozent – auch tatsächlich erfolgreich ein Studium absolvieren. Immer weniger beginnen ein Studium und die Zahl der Abbrecher ist offensichtlich hoch. Die Bildungsexpansion hat also nur zum Teil zu einer höheren beruflichen Ausbildung geführt (Geißler 2006: 276). Immerhin hatten 2006 knapp 15 Prozent der 30- bis 39-Jährigen keinen Abschluss, in der jüngeren Altersgruppe war der Anteil höher, weil viele ihre Ausbildung noch nicht abgeschlossen hatten.

Ausbildungsabschluss

5.2.2.2 | **Einkommen und Vermögen**

Einkommen sowie Vermögen bilden die wesentliche Grundlage für einen materiellen Wohlstand und haben in vielfältiger Weise Einfluss auf die Möglichkeiten, auch nicht-materielle Lebensziele zu befriedigen. Man mag darüber streiten, wie weitgehend sich die Chancen von Akteuren, ihre Ziele zu verwirklichen, auf die materielle Ausstattung zurückführen lassen. Dass sie eine zentrale Bedeutung hat, dürfte aber unbestritten sein. Man kann das daran erkennen, dass die Tatsache, über wie viele materielle Ressourcen jemand verfügt, direkte oder indirekte Auswirkungen auf zahlreiche andere Dimensionen sozialer Ungleichheit hat. Einkommen und Vermögen verbessern die soziale Absicherung und mildern die Folgen vorübergehender Arbeitslosigkeit ab, sie vergrößern die Chancen zu sozialer Teilhabe, fördern die Bemühungen um soziales Ansehen und erhöhen die Möglichkeiten zu gesellschaftlicher Partizipation (→ Kapitel 5.4).

Einkommensarten

Die wichtigsten Einkommensarten bzw. Einkommensquellen sind:
* Einkommen aus unselbstständiger Arbeit *(Erwerbseinkommen)*,
* Einkommen aus Unternehmertätigkeit,
* Einkommen aus Vermögen, also Einnahmen aus Vermietung, Zinsen und Dividenden *(Besitzeinkommen)*,
* Einkommen aus öffentlichen Einkommensübertragungen oder öffentliche *Transfereinkommen* (Kindergeld, Wohngeld, Arbeitslosengeld, Sozialhilfe, Renten, Pensionen) und
* Einkommen aus nicht öffentlichen Transferzahlungen (Werks- und Betriebsrenten, privaten Transfers, Unterhaltszahlungen u. a.).

Man unterscheidet zwischen dem *persönlichen Einkommen* einzelner Individuen und dem *Haushaltseinkommen*, das sich aus der Summe aller persönlichen Einkommen der Haushaltsmitglieder ergibt. *Nettoeinkommen* berechnen sich aus den erwirtschafteten *Bruttoeinkommen* durch Abzug von Steuern und Pflichtbeiträgen zur Sozialversicherung.

Im Folgenden stellen wir einige Befunde zur Einkommens- und Vermögensverteilung vor. Je nach Datenquelle (Einkommens- und Verbrauchsstichprobe, Mikrozensus, Sozio-ökonomisches Panel, Volkswirtschaftliche Gesamtrechnung) kann es durchaus Unterschiede in den Ergebnissen geben.

Einkommensniveau

Bezogen auf das Einkommensniveau kann man seit den 1950er Jahren einen enormen Zuwachs des durchschnittlichen materiellen Wohlstandsniveaus und damit auch des Lebensstandards in der alten Bundesrepublik und – in deutlich geringerem Ausmaß – auch in der DDR beobachten. Gleichzeitig nahm zwischen den beiden deutschen Staaten das

Wohlstandsgefälle kontinuierlich zu (Geißler 2006: 72). In Ostdeutschland ist auch heute das Einkommensniveau immer noch deutlich niedriger als in Westdeutschland.

Haushalte nach sozialer Stellung der Bezugsperson	Euro je Haushalt	Euro je Haushaltsmitglied
Privathaushalte insgesamt	32 100	15 000
Haushalte von ...		
– Selbstständigen	88 400	32 900
– Arbeitnehmern	34 800	14 100
– Beamten	41 500	16 200
– Angestellten	37 000	16 000
– Arbeitern	30 000	11 200
Nichterwerbstätigen darunter:	21 300	12 200
– Arbeitslosengeld-/-hilfeempfänger	19 000	8 600
– Rentnern	21 600	13 100
– Pensionäre	29 000	17 400
– Sozialhilfeempfänger	13 900	6 100

| Tab. 5.3

Netto-Jahreseinkommen im Jahr 2002 in Deutschland

Quelle: Volkswirtschaftliche Gesamtrechnung; Statistisches Bundesamt 2006c: 114.

Das jährliche Haushaltsnettoeinkommen lag laut Tabelle 5.3, die auf Angaben der Volkswirtschaftlichen Gesamtrechnung beruht, im Jahr 2002 durchschnittlich bei 32 100 Euro. Das waren pro Kopf 15 000 Euro. Im Jahr 1950 hatte das Durchschnittseinkommen noch bei umgerechnet 4 4000 Euro gelegen (Geißler 2006: 69). Die Tabelle zeigt, dass sich die Einkommen nach der beruflichen Stellung und dem Erwerbstatus erheblich unterscheiden. Die genannten Gruppen weisen auch sehr verschiedene Bezugsquellen für ihr Einkommen auf.

Mit der Relevanz des Einkommens für die Lebensführung der Menschen korrespondiert die Bedeutung der Einkommensungleichheit für das gesamte Gefüge der sozialen Ungleichheit. Wie sich diese statistisch darstellen lässt, zeigt Übersicht 5.3.

Einkommensungleichheit

5.3 | Messung der Einkommensungleichheit

Einkommensungleichheit lässt sich auf unterschiedliche Weise darstellen. Wir nennen drei Verfahren und beziehen uns auf das persönliche oder haushaltsbezogene *Nettoeinkommen* bzw. das *(Netto-)Äquivalenzeinkommen* (siehe dazu Übersicht 5.4):

1. Die *Verteilung des Einkommens* in der Bevölkerung nach Einkommensgrößenklassen
2. *Einkommensanteile* in der Bevölkerung
   Einkommens*quintile*: Einkommensanteile des ersten (ärmsten), zweiten, dritten, vierten und fünften (reichsten) Fünftels der nach dem Einkommen geordneten Bevölkerungsmitglieder
   Einkommens*dezile*: Einkommensanteile des ersten (ärmsten), zweiten, ..., zehnten (reichsten) Zehntels der nach dem Einkommen geordneten Bevölkerungsmitglieder
3. *Gini-Koeffizient*
   Der Gini-Koeffizient liegt zwischen 0 (keine Ungleichheit) und 1 (maximale Ungleichheit). Je größer der Koeffizient ist, umso ungleicher sind die Einkommen verteilt

Einkommensverteilung   Abbildung 5.1 verdeutlicht auf der Datenbasis des Mikrozensus den Unterschied zwischen den alten und den neuen Bundesländern. Aus ihr geht hervor, dass in Ostdeutschland nur ein kleiner Anteil der Bevölkerung über ein monatliches Haushaltsnettoeinkommen verfügt, das 3.200 Euro überschreitet. In Westdeutschland ist dieser Anteil bedeutend höher. Umgekehrt sind die niedrigeren Einkommenspositionen im Osten häufiger vertreten.

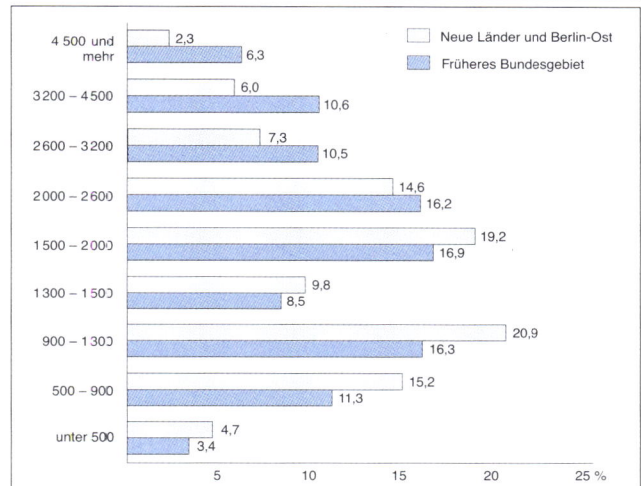

| Abb. 5.1

Verteilung des monatlichen Haushaltsnetto-einkommens 2004

©*Bundeszentrale für politische Bildung Quelle: Mikrozensus 2004; Statistisches Bundes-amt 2006: 111.*

In Westdeutschland sind die Einkommen zwischen 900 und 1 300 Euro sowie zwischen 1 500 und 2 500 Euro mit mehr als 16 Prozent besonders stark vertreten. In Ostdeutschland ist die Einkommenskategorie 900 bis 1 300 mit mehr als 20 Prozent die am häufigsten genannte.

Bei der Analyse der Einkommensungleichheit ist die Frage, ob man persönliche Einkommen oder Haushaltseinkommen betrachtet, von großer Bedeutung. Da man davon ausgeht, dass Personen, die in einem Haushalt zusammenleben, gemeinsam wirtschaften, liegt es nahe, das Haushaltsnettoeinkommen zu betrachten. Augenscheinlich ist es aber nicht sinnvoll, einen Singlehaushalt und eine 5-köpfige Familie, die über dasselbe Einkommen verfügen, als gleichgestellt zu betrachten. Zur Charakterisierung der Einkommenssituation der Haushaltsmitglieder muss deshalb eine Normierung durch die Haushaltsgröße vorgenommen werden. Dieses geschieht mit der Berechnung des Äquivalenzeinkommens, das auch bedarfsgewichtetes Haushaltsnettoeinkommen genannt wird und vielen Analysen von Einkommensungleichheit zugrunde liegt (vgl. Übersicht 5.4).

Äquivalenzeinkommen

5.4 | Äquivalenzeinkommen, bedarfsgewichtetes Haushaltsnettoeinkommen

Das (Netto-)Äquivalenzeinkommen oder bedarfsgewichtete Haushaltsnettoeinkommen stellt eine Form des Pro-Kopf-Einkommens von Haushalten dar. Das Haushaltsnettoeinkommen wird dabei nicht durch die Zahl der Haushaltsmitglieder geteilt, weil Einspareffekte in Mehrpersonenhaushalten und der unterschiedliche Bedarf von Kindern und Erwachsenen berücksichtigt werden sollen. Die Haushaltsmitglieder erhalten ein Bedarfsgewicht, das auf unterschiedliche Weise festgelegt wird:

- *Alte OECD-Skala:* Die erste erwachsene Person im Haushalt geht mit dem Gewicht 1, weitere Erwachsene mit dem Gewicht 0,7 und Kinder unter 16 Jahren dem Gewicht von 0,5 in die gewichtete Haushaltsgröße ein.
- *Neue (modifizierte) OECD-Skala:* Die erste erwachsene Person im Haushalt geht mit dem Gewicht 1, weitere Erwachsene mit dem Gewicht 0,5 und Kinder unter 16 Jahren mit dem Gewicht von 0,3 in die gewichtete Haushaltsgröße ein.

Betrachten wir das Beispiel eines Haushalts mit zwei Erwachsenen und drei Kindern im Alter von drei, sieben und elf Jahren, der insgesamt über ein Haushaltsnettoeinkommen von 3 000 Euro verfügt. Das (Netto) Äquivalenzeinkommen wird dann wie folgt berechnet.

Berechnung nach der alten OECD-Skala:

$$\frac{3\,000 \text{ Euro}}{1 + 0,7 + 3 \cdot 0,5} = \frac{3\,000 \text{ Euro}}{3,2} = 937,50 \text{ Euro}$$

Berechnung nach der neuen OECD-Skala:

$$\frac{3\,000 \text{ Euro}}{1 + 0,5 + 3 \cdot 0,3} = \frac{3\,000 \text{ Euro}}{2,4} = 1\,250 \text{ Euro}$$

Man kann diese Werte so interpretieren: Wenn ein Ein-Personen-Haushalt über 937,50 bzw. 1 250 Euro verfügt, erreicht er einen vergleichbaren Lebensstandard, wie der 5-Personen-Haushalt bei einem Haushaltsnettoeinkommen von 3 000 Euro. Das zu einem Ein-Personen-Haushalt äquivalente Pro-Kopf-Einkommen ohne Berücksichtigung von Bedarfsgewichten betrüge nur 600 Euro.

Laut Tabelle 5.4, deren Angaben auf Daten des Sozio-ökonomischen Panels beruhen, betrug der Anteil des Äquivalenzeinkommens des einkommensschwächsten Fünftels (20 Prozent) der Bevölkerung im Jahr 2005 nur 9,4 Prozent des gesamten Einkommens der Bevölkerung in

Deutschland. Dieser Anteil ist seit einigen Jahren rückläufig. Im Gegenzug ist der Einkommensanteil des einkommensstärksten Fünftels der Bevölkerung angestiegen. Die Einkommensungleichheit in Deutschland hat sich also in den letzten Jahren vergrößert. Die Zunahme des Gini-Koeffizienten (siehe weiter unten) bestätigt diesen Trend.

	1991	1994	1997	2000	2003	2004	2005
Äquivalenzeinkommen im Monat (real)¹							
Einkommensanteile in der Bevölkerung:							
Ärmste 20%	9,7	9,9	10,1	10,0	9,4	9,5	9,4
Reichste 20%	35,2	35,2	34,4	34,7	36,1	35,8	35,9
Gini-Koeffizient	0,256	0,252	0,241	0,245	0,264	0,262	0,263

¹ *Vorläufige Berechnungen für 2005.*

| Tab. 5.4

Einkommens-ungleichheit in Deutschland

Quelle: Sozio-ökonomisches Panel; Statistisches Bundesamt 2006c: 509.

Für das Jahr 2003 können wir in Abbildung 5.2 eine differenziertere Darstellung zur Einkommensungleichheit betrachten (Lorenzkurve), die mit den Daten der Einkommens- und Verbrauchsstichprobe 2003 erstellt wurde. Auf der horizontalen Achse ist der kumulierte Anteil von (nach dem Einkommen aufsteigend geordneten) Personen an der Gesamtbevölkerung abgetragen. Auf der vertikalen Achse werden kumulierte Anteile am Nettoäquivalenzeinkommen abgetragen. Die Lorenzkurve stellt dar, wie viel Prozent des gesamten Nettoäquivalenzeinkommens der Bevölkerung das aufaddierte Nettoäquivalenzeinkommen verschiedener Anteile der jeweils einkommensschwächeren Personen in der Bevölkerung ausmacht. Beispielsweise beträgt in Westdeutschland (durchgezogene Linie) das Nettoäquivalenzeinkommen der einkommensschwächeren Hälfte der Bevölkerung (50 Prozent der Personen) nur etwas mehr als 30 Prozent des gesamten Nettoäquivalenzeinkommens. In den neuen Bundesländern (gestrichelt Linie) ist der Betrag etwas höher. Das bedeutet nicht, dass die ersten 50 Prozent der Ostdeutschen im Durchschnitt mehr verdienen, sondern dass die Einkommensverteilung weniger ungleich ist, als in der westdeutschen Bevölkerung. Würden alle Personen dasselbe Nettoäquivalenzeinkommen haben, wäre die Lorenzkurve mit der Winkelhalbierenden identisch, die hier als »Gleichverteilungsdiagonale« bezeichnet ist.

Lorenzkurve

Abb. 5.2 |

*Lorenzkurve zur
Verteilung der Ein-
kommen in Deutsch-
land (Nettoäquivalen-
zeinkommen in 2003)*

*Quelle: Einkommens-
und Verbrauchsstich-
probe 2003;
Deckl 2006: 1182.*

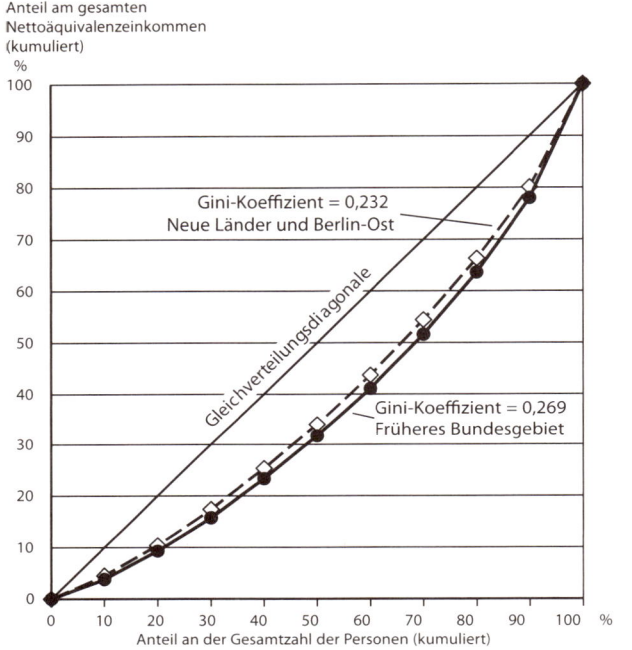

Anteil am gesamten
Nettoäquivalenzeinkommen
(kumuliert)

Gini-Koeffizient = 0,232
Neue Länder und Berlin-Ost

Gleichverteilungsdiagonale

Gini-Koeffizient = 0,269
Früheres Bundesgebiet

Anteil an der Gesamtzahl der Personen (kumuliert)

Gini-Koeffizient   Der Gini-Koeffizient für die alten Bundesländer ist gleich dem Verhältnis der Fläche zwischen der Lorenzkurve (durchgezogene Linie) und der
»Gleichverteilungsdiagonalen« zu der Fläche des gesamten Dreiecks
unterhalb der »Gleichverteilungsdiagonalen«. Würde nur ein Bevölke-
rungsmitglied alles und würden alle anderen Personen nichts verdienen,
läge die Lorenzkurve auf der horizontalen Achse. Der Gini-Koeffizient
wäre maximal und gleich 1. Wäre eine perfekte Gleichverteilung gegeben, hätten also alle Personen dasselbe Nettoäquivalenzeinkommen,
wäre der Gini-Koeffizient gleich 0.

Die Verteilungen für Ost- und Westdeutschland ähneln sich, sind
aber nicht identisch. Die Verteilung des monatlichen Nettoäquivalenzeinkommens liegt in Ostdeutschland etwas näher an der »Gleichverteilungsdiagonalen«, die Einkommensungleichheit ist weniger groß. Der
Gini-Koeffizient des Jahres 2003 für die neuen Länder beträgt 0,232, für
die alten Bundesländer liegt er bei 0,269. In der DDR war die Einkommensungleichheit erheblich geringer als heute in Deutschland. Im Jahr
1990 lag der Gini-Koeffizient dort noch bei 0,185 (Geißler 2006: 88).

Die ungleiche Verteilung des Einkommens in der Bevölkerung wird auch an Hand eines anderen Sachverhalts deutlich, nämlich der Betroffenheit von materieller Armut bzw. Einkommensarmut. Es gibt unterschiedliche Definitionen von Armut, die in Übersicht 5.5 zusammengefasst sind.

Einkommensarmut

Übersicht

Armutsdefinitionen | 5.5

Nach dem Lebenslagenkonzept wird Armut umfassender verstanden, als es ein allein am Einkommen festgemachtes Kriterium ausdrücken kann. Dennoch wird – wie auch im Armuts- und Reichtumsbericht der Bundesregierung – in der Regel auf einkommensbasierte Maße zurückgegriffen.

1. *Absolute Armut:* »Personen gelten als ›absolut arm‹, wenn sie nicht genügend Mittel zum physischen Überleben haben. Die Grenze zur Armut wird hier dann überschritten, wenn die Versorgung unterhalb einer vorgegebenen Schwelle liegt (physisches Existenzminimum), d. h. wenn die Mittel zur Bestreitung des Lebensunterhalts nicht ausreichen.« (BMAS 2005: 6)

2. *Bekämpfte Armut:* Arm ist, wer über ein Einkommen verfügt, das den Mindestbedarf, der einer Person laut Bemessungsgrundlage für das Arbeitslosengeld II und Sozialgeld zusteht (»soziokulturelles Existenzminimum«), unterschreitet.

3. *Relative Armut:* Arm ist, dessen Nettoäquivalenzeinkommen einen bestimmten Anteil des durchschnittlichen Nettoäquivalenzeinkommens in der Bevölkerung unterschreitet. Es gibt verschiedene Spezifikationen:
   - Das Einkommen beträgt weniger als 60 Prozent des Medians der Verteilung des Nettoäquivalenzeinkommens in der Bevölkerung *(Armutsrisikogrenze).* Der Median bezeichnet den Wert des Nettoäquivalenzeinkommens, den 50 Prozent der Bevölkerung unter- bzw. überschreiten.
   - Das Einkommen beträgt weniger als 50 Prozent des Durchschnitts des Nettoäquivalenzeinkommens in der Bevölkerung *(Armut).*
   - Das Einkommen beträgt weniger als 40 Prozent des Durchschnitts des Nettoäquivalenzeinkommens in der Bevölkerung *(strenge Armut).*

Die *(normierte) Armutslücke* ist der durchschnittliche Einkommensabstand, der zur Überwindung der Armutsgrenze fehlt. Eine Normierung erfolgt durch den Bezug auf die Höhe der Armutsgrenze (Prozentangabe).

Zugunsten des Konzepts relativer Armut wird im Armuts- und Reichtumsbericht argumentiert:

»In Gesellschaften wie der unseren liegt das durchschnittliche Wohlstandsniveau wesentlich über dem physischen Existenzminimum. Hier ist ein relativer Armutsbegriff sinnvoll, um Problemlagen angemessen zu erkennen. Armut wird als auf einen mittleren Lebensstandard bezogene Benachteiligung aufgefasst.« (BMAS 2005: 6)

Wie Tabelle 5.5 zeigt, ist der Anteil derjenigen, die von relativer Armut betroffen sind, nach der Jahrhundertwende in Deutschland angestiegen. Je nach Armutskonzept sind die Quoten unterschiedlich hoch. Die 60-Prozent-Median-Version hat sich heute durchgesetzt und wird auch auf EU-Ebene verwendet. Danach lag die, mit den Daten des Sozio-ökonomischen Panels berechnete, sogenannte Armutsrisikoquote im Jahr 2005 bei 13,2 Prozent.

Tab. 5.5 |

Armut und Niedrigeinkommen in Deutschland

Quelle: Sozio-ökonomisches Panel; Statistisches Bundesamt 2006c: 612.

	Niedrigeinkommen und Armut (Haushaltsnettoeinkommen, äquivalenzgewichtet)						
	1991	**1994**	**1997**	**2000**	**2003**	**2004**	**2005**[1]
Äquivalenzeinkommen im Monat (real)							
75 %-Mittelwert (Niedrigeinkommen)	34,8	32,9	31,8	31,5	34,6	34,4	34,4
50 %-Mittelwert (Armut)	9,3	8,3	7,9	8,8	10,8	10,6	10,6
60 %-Median (Armutsrisikoquote)	11,3	11,4	10,9	11,3	13,7	12,7	13,2

[1] *Vorläufige Berechnungen.*

Verschiedene Bevölkerungsgruppen sind unterschiedlich stark von Armut betroffen (vgl. Tab. 5.6). Armutsquoten unterscheiden sich vor allem nach Alter, Nationalität oder Lebensform. Auch Bildungsniveau und Erwerbsstatus spielen eine große Rolle.

Am stärksten sind, wie Tabelle 5.6 zeigt, Alleinerziehende von Armut bedroht. Desgleichen sind große Haushalte, d.h. in der Regel große Familien, besonders stark von Armut bedroht. Kinder im Haushalt erhöhen das Armutsrisiko generell. Daher weisen umgekehrt minderjährige Kinder besonders hohe Armutsquoten auf. Zudem sind in Ostdeutschland die Armutsquoten für viele Bevölkerungsgruppen höher als in Westdeutschland. Das war kurz nach der Wende genau umgekehrt. In der Tabelle sind auch die normierten Armutslücken angegeben. Sie bewegen sich durchweg im Bereich von 20 bis 25 Prozent des Einkommens, bei dem die Armutsrisikogrenze liegt.

Armutsschwelle 60 % Median	Bevölkerung insgesamt			
	1997		2004	
	Armuts-quote	Armuts-lücke	Armuts-quote	Armuts-lücke
	in %			
Bevölkerung insgesamt	10,9	20,1	12,7	21,9
Geschlecht				
Männlich	10,2	20,4	11,8	21,9
Weiblich	11,6	19,8	13,4	21,9
Alter				
Bis 10 Jahre	12,9	19,2	14,8	22,5
11–20 Jahre	16,2	19,7	18,4	21,4
21–30 Jahre	11,2	23,4	18,9	22,4
31–40 Jahre	8,7	18,6	10,7	22,1
41–50 Jahre	9,4	19,1	11,8	22,3
51–60 Jahre	10,8	20,5	9,8	23,2
61–70 Jahre	10,2	20,5	8,2	21,7
71 Jahre und älter	9,2	19,1	11,1	18,9
Nationalität				
Deutsch	9,8	19,3	12,0	22,0
Nicht deutsch	24,2	23,5	23,8	20,7
Region				
Nord-West	8,8	19,7	11,2	20,3
Süd-West	11,0	21,6	10,5	25,2
Stadtstaaten	13,7	17,3	(18,3)	21,2
Ost	14,7	19,4	18,4	20,3
Haushaltstypen				
Singlehaushalt	16,0	22,0	16,6	22,2
Paarhaushalt ohne Kinder	4,8	19,9	6,6	18,5
Paarhaushalt mit minderjährigen Kindern	10,0	18,3	12,8	20,6
Einelternhaushalt	37,2	19,2	35,8	24,7
4-Pers.-Haushalt	9,2	18,6	9,9	24,6
5- u. m. Pers.-Haushalt	18,1	19,9	22,2	18,4

| Tab. 5.6

Armut in verschiedenen Bevölkerungsgruppen

Quelle: Sozio-ökonomisches Panel; Statistisches Bundesamt 2006c: 612.

Betrachten wir nun einige Befunde zur Vermögensungleichheit in unserer Gesellschaft. Das Vermögen von Personen setzt sich grundsätzlich aus drei Komponenten zusammen: *Geldvermögen* (Spar- und Bausparguthaben, Wertpapiere, Termingeld und angesammeltes Kapital bei Lebensversicherungen), Immobilien (Verkehrswert) und Betriebsvermögen. Letzteres spielt hier keine Rolle; es werden nur Privatvermögen betrachtet.

Vermögensarten

Tab. 5.7 |

Mittelwert und Median des Gesamtvermögens (in 1 000 Euro je Haushalt)

Quelle: Einkommens- und Verbrauchs- stichprobe; BMAS 2005: 32.

	1993		1998		2003	
	Mittel- wert	Median	Mittel- wert	Median	Mittel- wert	Median
Deutschland						
Bruttovermögen	121,1	35,6	133,7	45,6	161,3	67,0
Schulden	15,0	0,0	20,0	0,0	27,9	0,0
Nettovermögen	106,2	32,4	113,7	38,5	133,4	49,8
Früheres Bundesgebiet						
Bruttovermögen	143,3	79,4	151,3	74,8	179,0	93,5
Schulden	17,9	0,0	22,2	0,0	30,2	0,0
Nettovermögen	125,4	60,0	129,2	56,1	148,8	63,6
Neue Länder						
Bruttovermögen	40,1	10,6	56,3	16,8	76,1	25,2
Schulden	3,7	0,0	10,6	0,0	16,6	0,0
Nettovermögen	36,4	10,1	45,6	15,4	59,6	21,8

Das Nettovermögen (Geld und Grund) ergibt sich aus dem Bruttovermögen abzüglich der Bau- und Konsumschulden (BMAS 2005: 32). Wie aus Tabelle 5.7 zu ersehen, lag es in den alten Bundesländern im Jahr 2003 bei durchschnittlich 148 000 Euro, in Ostdeutschland betrug es nur 59 000 Euro. In der Zeit von 1993 bis 2003 nahmen die Vermögen stark zu. Schon zuvor, in der Nachkriegszeit, war ein enormes Wachstum der Vermögenswerte zu beobachten gewesen (Geißler 2006: 72).

Vermögensungleichheit

In Deutschland gibt es aber auch eine sehr starke Vermögenskonzentration, wie der zweite Armuts- und Reichtumsbericht eindrucksvoll ausweist. Im früheren Bundesgebiet betrug im Jahr 2003 der Anteil des vermögensstärksten Dezils der Haushalte (vermögensstärkste 10 Prozent) am Gesamtnettovermögen fast 50 Prozent, während er für das vermögensschwächste Dezil negativ war und bei −0,5 Prozent lag. Das bedeutet, dass diese Haushalte zum großen Teil nicht nur über kein Nettovermögen verfügen, sondern verschuldet sind. In den neuen Ländern besitzt das obere Dezil 46,4 Prozent und das untere Dezil liegt bei −1,3 Prozent. Hier ist die Vermögensungleichheit also größer als in Westdeutschland.

Fassen wir zusammen: In einem ungleichen Bildungsniveau sowie in der ungleichen Verteilung materieller Einkommen und Vermögen drückt sich soziale Ungleichheit insofern aus, als Menschen mehr oder weniger bildungs- bzw. wissensspezifische und materielle Ressourcen für die Realisierung ihrer Lebensziele zur Verfügung haben. Man spricht diesbezüglich von einem ungleichen *sozioökonomischen Status* einer Person. Dieser hängt in unserer Gesellschaft eng mit der beruflichen Position und der beruflichen Qualifikation eines Akteurs zusammen.

Es sind Skalen entwickelt worden, mit denen der sozioökonomische Status summarisch gemessen werden soll. Dazu gehören zum Beispiel die Skala von Handl (1977), die SES-Skala des US-amerikanischen Bureau of Census oder die internationale Skala des sozioökonomischen Status (ISEI) von Ganzeboom u.a. (1992).

Sozioökonomischer Status

Wohlfahrtsstaatliche Dimensionen sozialer Ungleichheit | 5.2.3

Die zweite Gruppe der Dimensionen sozialer Ungleichheit bezieht sich auf Bedürfnisse bzw. Lebensziele, die, wie Hradil es ausdrückt, den Übergang von der Wohlstands- zur Wohlfahrtsgesellschaft markieren (Hradil 1987: 47). Sie fokussieren auf Lebensbedingungen, die nachhaltig Lebenskomfort und soziale Sicherheit garantieren. Dabei wird eine zunehmende Bedeutung von Leistungen wohlfahrtsstaatlicher Institutionen und Regelungen offenkundig.

Soziale Sicherung und Erwerbschancen | 5.2.3.1

Der Grad der sozialen Absicherung ist unter anderem durch die Erwerbschancen, die Sicherheit des Arbeitsplatzes, Schutz gegen Armutsrisiken, die materielle Absicherung im Fall von Krankheit und sowie die Qualität der Alterssicherung von Individuen bestimmt. Auf diese Aspekte werden wir im Kapitel 6 noch eingehen, wo die Bedeutung des Arbeitsmarkts und der wohlfahrtsstaatlichen Institutionen für die Strukturen sozialer Ungleichheit in unserer Gesellschaft behandelt wird. Zur Betroffenheit unterschiedlicher Bevölkerungsgruppen durch Armutsrisiken haben wir schon im vorangegangenen Abschnitt Informationen vorgestellt.

5.2.3.2   Gesundheitsrisiken

Auch die Gesundheits- und Mortalitätsrisiken sind in der Bevölkerung ungleich verteilt, dies ist in zahlreichen Studien belegt worden. Menschen haben ungleiche Chancen, ein gesundes Leben zu führen (Richter/Hurrelmann 2007). Damit verbindet sich auch eine unterschiedliche hohe Lebenserwartung (Lamper/Kroll/Dunkelberg 2007). Wir verzichten hier auf eine umfangreichere Dokumentation dieses Sachverhalts (vgl. Richter/Hurrelmann 2006, Statistisches Bundesamt 2006c), für den Richter und Hurrelmann die wichtigsten Ursachen diskutieren (Richter/Hurrelmann 2007). Sie streichen zunächst einmal die gesicherte Erkenntnis heraus, dass das Ausmaß der Gesundheitsrisiken, denen jemand ausgesetzt ist, eng mit ökonomischen Dimensionen sozialer Ungleichheit verbunden ist. Je höher der sozioökonomische Status eines Individuums ist, desto besser ist sein Gesundheitszustand.

(Randtext: Zusammenhang zwischen Gesundheitsrisiken und sozioökonomischem Status)

Warum dies so ist, ist nicht bis ins Detail geklärt, weil der Zusammenhang kompliziert ist. So kann man annehmen, dass Akteuren mit steigendem sozioökonomischen Status eine zunehmend aufwändigere Lebensführung ermöglicht wird bzw. dass sie eine solche realisieren. Sie gewährleistet geringere Krankheits- und Sterberisiken und erlaubt es, im Krankheitsfall eine bessere Gesundheitsversorgung in Anspruch zu nehmen *(Verursachung besserer Gesundheit)*. Doch kann umgekehrt eine höhere Morbidität, d.h. größere Krankheitsrisiken oder krankheitsbedingte Behinderungen, die Chancen auf den Erwerb eines höheren sozioökonomischen Status einschränken *(Selektion)*. Diesen Zusammenhang dürfte man, so meinen auch Richter und Hurrelmann, nur adäquat aufklären können, wenn man der Lebenslaufperspektive folgend ganze Status- und Gesundheitsverläufe untersucht. In Bezug auf beide Bereiche existieren zahlreiche Möglichkeiten der Kumulation oder Kompensation von Risiken und Gefährdungen (vgl. auch Dragano 2007).

5.2.3.3 │ Arbeits-, Freizeit- und Wohn(umwelt)bedingungen

Sie stellen verschiedene Aspekte eines umfangreichen Bereichs von Bedingungen individueller Lebensführung dar, die nicht so stark wie die ökonomischen Dimensionen den Ressourcenaspekt betonen. Als Teil der Opportunitätsstruktur (→ Kapitel 3.1) individuellen Handelns umfassen sie die Gelegenheiten und Beschränkungen bei der Verfolgung individueller Ziele.

(Randtext: Arbeitsbedingungen)

Arbeitsbedingungen kann man im Hinblick auf Arbeitszeiten, Arbeitsbelastungen und Sicherheit am Arbeitsplatz, Einseitigkeit der Tätigkeit,

Kreativitätsanforderungen usw. unterscheiden. Diese können durchaus quer zu anderen Dimensionen sozialer Ungleichheit liegen. Typisches Beispiel wäre die schon angesprochene lange Arbeitszeit des Bundesliga-trainers oder eines Top-Managers, die eher wenig Raum für andere Aktivitäten lässt. Allerdings: Diese Belastungen sind immer dahingehend zu relativieren, ob sie auch subjektiv als unangenehm wahrgenommen werden und wie unzufrieden jemand damit ist. Wenn man mit »seinem Beruf verheiratet« ist, wird man die zeitliche Inanspruchnahme durch die Arbeit nicht als störend empfinden, weil man darin aufgeht und damit sein Lebensziel erreicht hat.

In Tabelle 5.8, deren Angaben dem Bericht über »Sicherheit und Gesundheit bei der Arbeit 2005« der Bundesregierung entnommen worden sind, wird für einige konkrete Belastungsfaktoren angegeben, wie stark sich Erwerbstätige in unterschiedlichen beruflichen Positionen (berufliche Stellung; → Kapitel 5.2.3) von diesen betroffen und wie sehr sie sich durch sie belastet fühlen. Die Angaben beruhen auf einer Befragung von Beschäftigten, die von Bundesinstitut für Berufsbildung und der Bundesanstalt für Arbeitsschutz und Arbeitsmedizin 2005/2006 durchgeführt wurde.

Arbeitsbedingungen und Belastungen durch		Arbeiter	Angestellte	Beamte	Selbst-ständige	Gesamt
Arbeiten	1)	82,7	42,6	53,1	53,9	56,4
im Stehen	2)	28,9	24,8	20,5	20,1	25,7
Arbeiten im Sitzen	1)	24,0	66,4	71,7	59,7	53,3
	2)	17,4	20,1	22,0	18,3	19,6
Arbeit unter Lärm	1)	45,2	14,1	23,2	13,8	24,0
	2)	51,4	56,7	76,8	39,7	54,0
Rauch, Gase,	1)	28,4	7,5	3,8	12,0	13,9
Staub, Dämpfe	2)	61,3	53,6	*	44,1	57,3
Kälte, Hitze, Nässe, Feuchtig-	1)	39,4	12,2	13,1	20,5	21,2
keit, Zugluft	2)	55,9	51,0	48,7	47,2	53,1
Stückzahl, Leistung oder Zeit vorgeben	1)	41,5	26,5	27,3	27,6	31,1
	2)	42,4	47,0	57,5	41,6	45,1
Starker Termin-	1)	49,6	55,2	57,5	58,4	53,5
u. Leistungsdruck	2)	57,6	59,5	72,5	55,5	59,5

| Tab. 5.8

Arbeitsbedingungen und Belastungen nach Wirtschaftszweigen

Arbeitsbedingungen und Belastungen durch		Arbeiter	Angestellte	Beamte	Selbst-ständige	Gesamt
Verschiedenartige Arbeiten gleichzeitig betreuen	1)	44,9	65,2	70,9	60,5	58,6
	2)	24,6	26,1	40,5	21,2	26,5
Bei der Arbeit gestört, unterbrochen	1)	34,5	54,4	49,9	38,7	46,0
	2)	56,3	59,9	67,8	59,4	59,8
Konfrontation mit neuen Aufgaben	1)	29,1	41,4	54,1	46,5	39,1
	2)	15,4	15,2	26,6	10,6	15,8
Verfahren verbessern, Neues ausprobieren	1)	17,8	30,2	40,1	38,3	27,8
	2)	–	–	–	–	–
Stichprobengröße		**5969**	**10300**	**1465**	**1476**	**20000**

1) von der Arbeitsbedingung sind ...% betroffen
2) davon fühlen sich ...% belastet
) Häufigkeit zu klein

Die Ergebnisse zeigen, dass Menschen in verschiedenen beruflichen Statuspositionen in unterschiedlichem Maße von Belastungen betroffen sind. Arbeiter sind überdurchschnittlich stark mit unvorteilhaften Arbeitsbedingungen konfrontiert. Das Gleiche gilt für unterschiedliche Berufsgruppen (z. B. Bauberufe im Vergleich zu Verwaltungsberufen).

Neben den Arbeitsbedingungen sind die Freizeit, Wohn- und Umweltbedingungen für die Realisierung der Lebensziele relevant, sie sollen im Folgenden nur kurz und zusammenfassend diskutiert werden (vgl. Hradil 2001: 300 ff.).

Wohn- und Umweltbedingungen

Laut dem zweiten Armuts- und Reichtumsbericht der Bundesregierung lag die Eigentümerquote für Wohnungen im Jahr 2002 in Westdeutschland bei 45 Prozent, unter den Haushalten mit vier und mehr Personen sogar bei 60 Prozent. In Ostdeutschland betrug sie ca. 35 Prozent. Sie steigt dort aber an. Im Jahr 2002 lag die durchschnittliche Wohnfläche pro Person bei 41,6 qm, in den neuen Ländern bei 36,2 qm und im früheren Bundesgebiet bei 42,8 qm. Bei Eigentümerhaushalten betrug die durchschnittliche Wohnungsgröße in Deutschland 116,0 qm bei und 70,3 qm bei Mieterhaushalten (BMAS 2005: 119 f.).

Weitere wichtige Faktoren zur Beurteilung der Wohn- und Umweltbedingungen sind die Art, der bauliche Zustand und die Ausstattung
von Wohnungen sowie die Wohnlage (infrastrukturelle Verhältnisse am
Wohnort und Umweltsituation). Zu den Wohnverhältnissen und den
Umweltbedingungen in Deutschland werden regelmäßig Indikatoren
erhoben und sozialstrukturell differenzierte Auswertungen vorgestellt,
so zum Beispiel auf der Basis des Sozio-ökonomischen Panels des Deutschen Instituts für Wirtschaftsforschung (vgl. auch Statistisches Bundesamt 2006c). Mittlerweile werden auch in den Medien verschiedenartige
Darstellungen zu Indikatoren regional unterschiedlicher Lebensqualität
veröffentlicht *(Lebensqualitätatlas, Wohnatlas)*. Befunde des zweiten Reich-
tums- und Armutsberichts zufolge haben sozioökonomisch benachtei-
ligte Bevölkerungsgruppen kaum noch unter einer schlechteren Wohn-
raumversorgung und Wohnungsausstattung zu leiden, doch leben sie
typischerweise in unattraktiveren Wohngebieten mit einer schlechteren
Bausubstanz (BMAS 2005: 119).

Freizeit ist attraktive Zeit. Hier ist eher die Möglichkeit zu selbstbe- **Freizeitbedingungen**
stimmten Handeln gegeben, als es für viele im beruflichen Bereich der
Fall ist – auch wenn in Gesellschaften wie der unsrigen die Freizeit als
Zeit, die frei von beruflichen Tätigkeiten und Arbeiten in und um den
Haushalt herum angesehen werden kann, stark von den Angeboten der
Konsumgesellschaft abhängt. Da die Verfügbarkeit über Freizeit zuge-
nommen hat, ist sie für die Lebensführung immer wichtiger geworden.
Aber auch hier gibt es Unterschiede in den Möglichkeiten, die eigenen
Interessen befriedigend zu verwirklichen. Sie sind eine Quelle sozialer
Ungleichheit.

Zum Abschluss dieses Abschnitts zeigen wir in Abbildung 5.3, wie
zufrieden im Jahr 2004 die Menschen durchschnittlich mit ihrer Freizeit
und mit anderen schon diskutierten Lebensbereichen laut den Daten des
Sozio-ökonomischen Panels waren (gemessen auf einer Skala von 1 bis 10).
Man erkennt, dass offensichtlich viele ihre Vorstellungen, wie sie ihre
Freizeit verbringen möchten, bzw. ihre Ansprüche an ihre Freizeitgestaltung, nicht verwirklichen können – so wie es bei anderen Bereichen
auch offenkundig wird.

Abb. 5.3 |

Zufriedenheit in
Lebensbereichen und
allgemeine Lebenszu-
friedenheit

©Bundeszentrale für
politische Bildung
Quelle:
Sozio-ökonomisches
Panel; Statistisches
Bundesamt 2006c: 442.

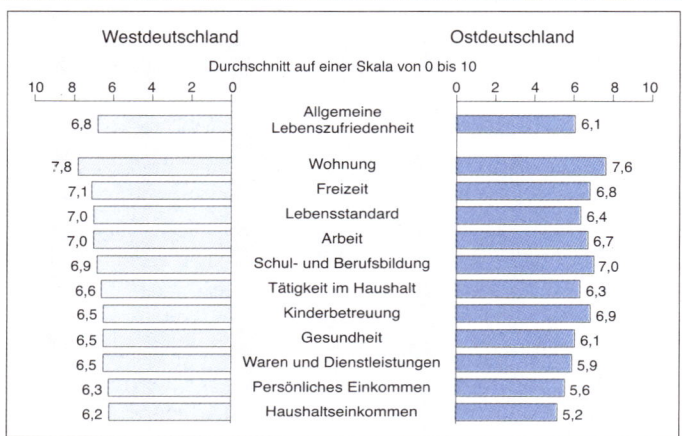

Zufriedenheit mit der Arbeit und Zufriedenheit mit dem persönlichen Einkommen:
nur Erwerbstätige;
Zufriedenheit mit der Kinderbetreuung: nur Befragte mit Kindern bis 6 Jahren im
Haushalt.

5.2.4. | Soziale Dimensionen sozialer Ungleichheit

Als dritte Gruppe allgemeiner Lebensziele hatten wir Bedürfnisse nach
Integration und sozialer Teilhabe, sozialem Einfluss und sozialer Anerkennung genannt. Hier rückt die Verfügbarkeit und persönlich befriedigende Gestaltung sozialer Beziehungen in den Fokus der Betrachtung.

5.2.4.1 | Soziale Beziehungen

Die mehr oder weniger gelungene Integration in Primärbeziehungen
und soziale Netzwerke anstelle von sozialer Isolation und die Qualität
dieser Beziehungen bilden eine wichtige Rahmenbedingung für eine
befriedigende Lebensgestaltung. Wir verstehen diesen Aspekt hier in
einem umfassenderen Sinne als Hradil, der nur auf die Integration von
sozialstrukturellen Gruppen (insbesondere Migranten) in die soziale

Die Bedeutung sozialer Beziehungsnetze der Bevölkerung abhebt (Hradil 1987: 147). Soziale
Beziehungen

Beziehungen sind eine wichtige Quelle von instrumentellen Unterstüt-
zungsleistungen und persönlicher Anerkennung. Sie begleiten den Menschen durch sein ganzes Leben und stehen insbesondere in der spezifischen Form der Eltern-Kind-Beziehung an dessen Anfang, um wesentlich

das persönliche und soziale Werden des Menschen zu ermöglichen und zu begleiten.

Wenn es darum geht, als junger Mensch in das soziale Positionengefüge der Gesellschaft einzutreten, ist man auf Ressourcen anderer Personen, also Ressourcen, die man *nicht* durch eigene Anstrengungen gewonnen hat, angewiesen. Ihr Ausmaß hängt vor allem von den *wirtschaftlichen, kulturellen und sozialen Bedingungen des Aufwachsens im Elternhaus, also von den Statuspositionen der Eltern* ab. Man kann abkürzend von der *sozialen Herkunft* einer Person sprechen, wenn man sich auf die Relevanz des sozioökonomischen Status und anderer relevanter Statuspositionen der Eltern bezieht.

Soziale Herkunft

Das Elternhaus wird, je nach sozioökonomischen Status der Eltern, Kindern den Zugang zu mehr oder weniger attraktiven sozialen Positionen erleichtern können. Es ist somit eine wichtige Quelle für die Lebenschancen junger Menschen. Die Zusammenhänge zwischen Statuspositionen der Eltern und den Lebens- und Statuserwerbschancen der Kinder, vor allem im Hinblick auf Ausbildung und Beruf, werden als soziale Vererbung bezeichnet, und sind Gegenstand der Forschung zur (intergenerationalen) *sozialen Mobilität*, auf die wir in Kapitel 5.5 eingehen.

Das Unterstützungspotenzial im Elternhaus gehört zu dem, was Bourdieu (1983) oder Coleman (1991) als *soziales Kapital* bezeichnen. Man erkennt den Bezug zum sprichwörtlichen »Vitamin B« oder »Beziehungen« im alltagssprachlichen Sinn. Es steckt sozusagen in den sozialen Beziehungen zu anderen Menschen, die über Güter, Informationen oder Handlungsmöglichkeiten verfügen, welche bei Bedarf »abgerufen« werden können, um sie für eigene Interessen einzusetzen. Soziale Beziehungen (Verwandtschaftsbeziehungen, Freundschaften, Bekanntschaften, persönliche Bindungen) ermöglichen so einen Zugang zu Ressourcen, Gütern und Leistungen materieller und nicht materieller Art, die man selbst nicht hat.

Soziales Kapital

Das soziale Kapital als Quelle für potenziell aktivierbare Ressourcen ist daher ein bedeutsamer Bestandteil der Lebensbedingungen von Akteuren. Die Voraussetzung dafür ist, dass die Beziehungspartner bereit und in der Lage sind, Unterstützung zu gewähren. Verpflichtungen und soziale Normen, ein erwartetes Gleichgewicht des Gebens und Nehmens (Reziprozität), Autoritätsverhältnisse oder die Bereitschaft zu altruistischem Verhalten spielen dabei eine wichtige Rolle (Coleman 1991: 395 ff.). Ebenso generieren informelle Beziehungen und die Mitgliedschaft in sozialen Organisationen oder organisierte Kooperation soziales Kapital.

Zusammenfassung

Soziales Kapital

Soziale Ungleichheit bezogen auf soziale Beziehungen bedeutet, über ein unterschiedliches Ausmaß an sozialem Kapital zu verfügen. Das heißt unter anderem:

- unter unterschiedlich vorteilhaften wirtschaftlichen, kulturellen und sozialen Bedingungen im Elternhaus aufzuwachsen (»soziale Herkunft«);
- in unterschiedlich hohem Maße durch soziale Beziehungen Zugang zu Ressourcen, Gütern und Leistungen materieller und nicht materieller Art zu bekommen, über die man selbst nicht verfügt;
- in seinem Beziehungsleben ein unterschiedlich hohes Maß an persönlicher Anerkennung zu erfahren.

5.2.4.2 | Macht und sozialer Einfluss

Soziale Beziehungen zwischen Akteuren können »asymmetrisch« sein. Ein Akteur mit sozialem Einfluss oder sozialer Macht genießt Handlungsbedingungen, die ihn in verschiedener Hinsicht privilegieren können, da er Möglichkeiten besitzt, eigene Interessen gegenüber seinen Beziehungspartnern durchzusetzen bzw. diese für seine Interessen zu instrumentalisieren. Max Weber hat den Machtbegriff wie folgt definiert:

Macht bei Max Weber

> »Macht bedeutet jede Chance, innerhalb einer sozialen Beziehung den eigenen Willen auch gegen Widerstreben durchzusetzen, gleichviel worauf diese Chance beruht« (Weber 1972: 28).

Macht kann sehr unterschiedlich begründet sein, sie ist soziologisch amorph, wie Weber sagt. Soziologisch relevanter sind daher die Begriffe der Herrschaft und der Autorität.

Herrschaft und Autorität

> «Herrschaft soll heißen die Chance, für einen Befehl bestimmten Inhalts bei gegebenen Personen Gehorsam zu finden« (Weber 1972: 28).

Den Begriff der Autorität benutzt Weber synonym dazu. Andere sehen im Herrschaftsbegriff eher den institutionellen Aspekt einer asymmetrischen sozialen Beziehung und im Autoritätsbegriff den personalen Aspekt thematisiert (Büschges et al. 1995: 32). Herrschaft bedarf einer institutionellen Regelung, die sie auf einen bestimmten Bereich bezogen legitimiert oder zumindest durchsetzt. Gehorsam ist gewährleistet, wenn die Untergebenen Herrschaft als legitim anerkennen: Diese Legitimität kann nach Weber auf einer legal gesatzten Ordnung (legale Herrschaft), auf Tradition (traditionale Herrschaft) und auf Hingabe an eine charismatische Führerpersönlichkeit (charismatische Herrschaft) beruhen (Weber 1972: 124).

Büschges u. a. definieren Autorität »als durch freiwilligen Gehorsam gerechtfertigte Macht, die auf dem als legitim geglaubten oder verstandenen Verhältnis von Befehl und Gehorsam beruht.« Autorität kann in besonderen persönlichen Eigenschaften, zuerkannter oder zugewiesener Kompetenz oder Expertenschaft, in der Position oder dem Amt begründet liegen (Büschges u. a. 1995: 32; → Kapitel 5.3.2).

Soziale Ungleichheit heißt bezogen auf diese Dimension, in sozialen Beziehungsstrukturen mehr oder weniger Macht oder Autorität zu haben und eine bestimmte Position im Herrschaftsgefüge einer Gesellschaft zu bekleiden. Soziale Ungleichheit bedeutet hier Ungleichheit im Hinblick auf sozialen Einfluss sowie Kontroll- und Entscheidungsbefugnisse.

Akteure, die aufgrund der mit ihren sozialen bzw. beruflichen Positionen verbunden formalen Befugnisse und Einflussmöglichkeiten über ein besonders hohes Maß an Macht verfügen (Positionsansatz), werden zur gesellschaftlichen *Elite* gezählt (Macht- und Funktionseliten). Sie bekleiden in der Regel Spitzenpositionen innerhalb korporativer Akteure verschiedenster Art. Sie besitzen daher weitreichende Entscheidungsbefugnisse in den Bereichen der funktional differenzierten Gesellschaft, wie Politik, Verwaltung, Justiz, Militär, Wirtschaft, Öffentlichkeit (ausführlich dazu Geißler 2006: 121 ff; Hartmann 2004).

Eliten

Bezieht man diesen Aspekt sozialer Ungleichheit auf die Position, die man über den Beruf in einer Hierarchie beruflicher Positionen in einer Arbeitsorganisation bekleidet, spricht man vom *Berufsstatus* oder *beruflichen Status* eines Akteurs. Dieser wird häufig mit einer seit 1971 erstmalig im Mikrozensus verwendeten Klassifikation der beruflichen Stellung gemessen, die nach Arbeitern, Angestellten, Beamten, Selbstständigen, freien Berufen, Landwirten und mithelfenden Familienangehörigen unterscheidet und innerhalb der Teilgruppen noch einmal eine hierarchische Gruppierung vornimmt.

Berufsstatus

Zusammenfassung

Macht und soziale Ungleichheit

Soziale Ungleichheit heißt bezogen auf die Machtdimension, in sozialen Strukturen mehr oder weniger Einscheidungsbefugnisse und sozialen Einfluss zu haben und eine mehr oder weniger hohe Position im Herrschaftsgefüge einer Gesellschaft zu bekleiden. Sie wird insofern als eine

Ungleichheitsdimension betrachtet, als sich soziale oder sozialstrukturelle Positionen nach dem Grad des ihren Inhabern gegebenen Einflusses auf andere Akteure »ordnen« lassen.

5.2.4.3 | Diskriminierungen und Privilegierungen

In sozialen Beziehungen erleben wir die Ungleichbehandlung von Mitgliedern bestimmter Bevölkerungsgruppen aufgrund von Vorurteilen, Stigmatisierungen und Diskriminierungen, die sich oft an askriptiven, also zugeschriebenen Merkmalen festmachen. Dazu gehören das Geschlecht, der Ausländerstatus, eine körperliche oder geistige Behinderung. Wir kommen auf diesen Sachverhalt zurück, wenn wir uns mit den Ursachen und Determinanten sozialer Ungleichheit beschäftigen (→ Kapitel 5.3). Allgemein verweist er auf gesellschaftliche Randgruppen, die von der Mehrheit der Bevölkerung an der gleichberechtigten Teilhabe am gesellschaftlichen Wohlstand gehindert werden oder zu denen der soziale Kontakt gemieden wird.

5.2.4.4 | Soziales Prestige

Das *soziale Prestige* ist die *soziale Wertschätzung*, die jemand durch andere Menschen in einer Gesellschaft erfährt. In der Bevölkerung werden sozialstrukturelle Positionen (und darüber ihre Inhaber) somit vergleichend gewertet, gewissermaßen in eine bestimmte Rangordnung gebracht, die den Grad der sozialen Wertschätzung, die man mit einer solchen Position verbindet, ausdrückt. Im Allgemeinen bezieht sich die Prestige-Analyse auf den Beruf.

Symbolische Dimension sozialer Ungleichheit　　Das soziale Prestige stellt eine symbolische Dimension sozialer Ungleichheit dar (Hradil 2001: 275). Es basiert auf Zuschreibungen und Bewertungen, die Akteure sozialstrukturellen Positionen (bzw. deren Träger) aufgrund damit verbundener Merkmale oder Verhaltensmustern zuweisen. Es ist in der Regel nicht an konkrete Personen gebunden, sondern haftet sozialstrukturellen Positionen, wie einem bestimmten Beruf, an.

Es gibt zahlreiche Faktoren, die die soziale Wertschätzung einer sozialstrukturellen Position in einer Gesellschaft beeinflussen. Sie ist unter anderem dadurch bestimmt, über wie viel und über welche wirtschaftlich relevanten Kapitalien jemand verfügt, also durch seinen sozioökonomischen Status. Dazu gehören die mit einer Position verbundenen Einkommensmöglichkeiten und die dafür erforderlichen Qualifikationen.

Auch spielt eine Rolle, für wie wichtig diese Position mit Blick auf das Funktionieren einer Gesellschaft gehalten wird und welcher Einfluss Inhabern dieser Position zugemessen wird. Weitere Faktoren sind mit der kulturellen Vorstellung von wünschenswerten Zielen (»kulturelle Ziele«, (→ Kapitel 5.1) verbunden, die in verschiedenen sozialen Positionen unterschiedlich gut zu erreichen sind. In modernen Gesellschaften gehört dazu insbesondere der Grad an Autonomie, der mit einer sozialen Position verbunden ist. Schließlich kann bedeutsam sein, wie nützlich eine soziale Beziehung zu einer Person in einer bestimmten sozialen Position sein könnte. Gute Beziehungen zu Personen, die über knappe Güter und sozialen Einfluss verfügen, sind den eigenen Handlungsinteressen dienlich. Deshalb wird solchen Personen eine besondere Wertschätzung zuteil. Prestige-Vorstellungen werden weitgehend von den Mitgliedern einer Gesellschaft geteilt. Sie sind zudem über die Zeit hin relativ stabil.

> *Was beeinflusst das soziale Prestige?*

In der Praxis der Sozialstrukturforschung wird das soziale Prestige von Individuen häufig an seinem Beruf festgemacht. Man spricht dann auch vom *Berufsprestige*. In der Soziologie sind eine Vielzahl unterschiedlicher Skalen zur Messung des Berufsprestiges entwickelt worden. Zu den wichtigsten gehört in der internationalen Forschung die Treiman-Skala (Treiman 1977) und im deutschen Sprachraum die Skala von Scheuch und Daheim (1961) und die Magnitude-Skala von Wegener (Wegener 1985).

> *Berufsprestige*

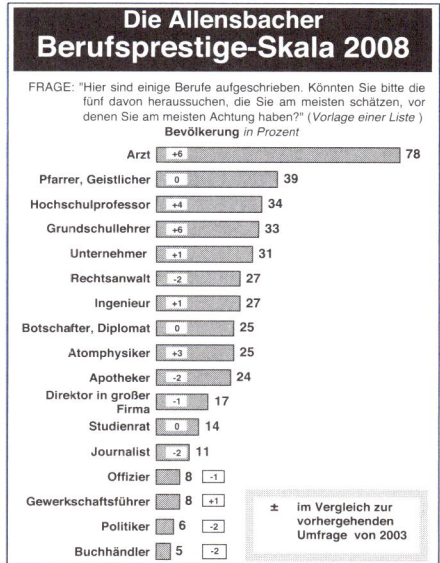

Abb. 5.4 |

Die Allensbacher Berufsprestige-Skala 2008

Quelle: Allensbacher Bericht 2008/ Nr. 2.

Eine einfache Version einer Prestigeskala wird vom Allensbacher Sozialforschungsinstitut in regelmäßigen Abständen erstellt (vgl. Abb. 5.4). Die dafür Befragten werden gebeten, sich aus einer vorgegebenen Liste von Berufen die fünf herauszusuchen, vor denen sie »am meisten Achtung haben«. Der Arzt steht hier weit vorne, erst mit großem Abstand folgen Geistliche und Professoren.

Soziale Distinktion

Soziales Prestige ist eng mit dem Phänomen der *sozialen Distinktion* verbunden; sie äußert sich in einer auf gegenseitiger sozialer Wertschätzung und Anerkennung beruhenden Ab- und Ausgrenzung sozialer Gruppen in der Gesellschaft. Wir sprechen von *Prestigegruppen*. (vgl. die sozialen Stände bei Weber im Kapitel 5.4). Ihre Mitglieder zeichnen sich durch eine vergleichsweise hohe Ähnlichkeit in ihrem Denken, ihren Einstellungen und ihren kulturellen Vorlieben und Praktiken aus. Eine vertikale Ordnung von Prestigegruppen ist dabei nicht von Belang, die Abgrenzung ist das Entscheidende.

Statussymbole

Distinktion verlangt *Statussymbole*. Hradil definiert sie als »äußerlich erkennbare Gegebenheiten, die den Prestigestatus eines Menschen anzeigen« (Hradil 2001: 292 f.). Sie haben einen Exklusivcharakter für bestimmte Statusgruppen, sollen also nur für sie erreichbar sein, sei es aus ökonomischen, institutionellen oder anderen Gründen. Hradil nennt als Beispiele für Statussymbole: Rangabzeichen, Wohngegenden, Haustypen und Wohnungseinrichtungen, Konsumgüter, Ernährungsstile, Lokalitäten (Restaurants u. Ä.), Sprachstile, Kleidung, Sportarten, Gesten, Rituale, Titel. Sie können offiziell eingeführt und damit institutionalisiert sein oder sich informell eingebürgert haben. Sie sind nicht immer unmittelbar und allen in gleicher Weise zugänglich und bekannt.

Statussymbole geben Orientierung und vermitteln das Gefühl der Zugehörigkeit. Wie kulturelle Symbole generell, so können auch sie als Mittel individueller Identitätssicherung oder -stabilisierung dienen und Handlungssicherheit bieten. Sie demonstrieren gleichzeitig soziale Zugehörigkeit und soziale Differenz und dienen der sozialen Distinktion zwischen gesellschaftlichen Subgruppen. Dabei kann dasselbe Symbol auch eine subgruppenspezifisch unterschiedliche Bedeutung haben. Während beispielsweise der Mercedes einerseits als Symbol für individuellen Erfolg und Reichtum stand, wurde ein abgebrochener Mercedesstern andererseits als Ausdruck der Ablehnung des Establishments verstanden.

Statussymbole signalisieren Ungleichheit. Damit können sie auch als Machtsymbole verwendet und zur Durchsetzung von Machtinteressen benutzt werden. Sie können ihre Bedeutung verändern oder ihre Distinktionsfunktion mit der Zeit verlieren. Der Mercedes als solcher ist heute sicher nicht mehr ein Statussymbol der Reichen, da muss es schon ein besonders exklusives Modell sein. Den Tennissport hat das gleiche Schicksal ereilt, der Golfsport ist auch dabei, seinen Exklusivstatus zu verlieren.

Statussymbole hoch angesehener Prestigegruppen sind begehrte Güter, auch für andere Bevölkerungsgruppen – so erfreuen sich exakte Kopien prestigeträchtiger und teurer Modemarken einer konstant hohen Beliebtheit. Sobald ihre Exklusivität für eine Prestigegruppe nicht mehr gesichert ist, verlieren sie ihre distinguierende Wirkung. So werden Prestigegruppen immer wieder gezwungen, nach neuen Statussymbolen Ausschau zu halten, wenn sie erkennbar und exklusiv bleiben wollen.

> **Zusammenfassung**
>
> ### Prestige und soziale Ungleichheit
>
> Soziale Ungleichheit ist gemäß der Dimension des sozialen Prestiges durch mehr oder weniger *soziale Wertschätzung* seitens der anderen Mitglieder der Gesellschaft gekennzeichnet. Sie wird insofern als eine Ungleichheitsdimension betrachtet, als sich soziale oder sozialstrukturelle Positionen nach dem Grad des ihren Inhabern gewährten sozialen Ansehens »ordnen« lassen.
>
> Soziales Prestige ist mit *sozialer Distinktion* verbunden; diese äußert sich in einer auf gegenseitiger sozialer Wertschätzung und Anerkennung beruhenden Ab- und Ausgrenzung sozialer Gruppen in der Gesellschaft und wird durch Statussymbole signalisiert.

Selbstbestimmung und Partizipation | 5.2.5

Die vierte und letzte Gruppe von Dimensionen sozialer Ungleichheit steht für die unterschiedlichen Chancen zu individueller Selbstverwirklichung, Emanzipation, Entfaltung von Autonomie sowie Partizipation an gesellschaftlichen Willensbildungs- und Entscheidungsprozessen.

Menschen unterliegen in ihrem privaten und beruflichen Umfeld grundsätzlich einer mehr oder minder starken Verhaltenskontrolle. Der Verweis auf soziale Rollen und Selbstbestimmungschancen zielt auf das unterschiedliche Ausmaß, in dem man von sozialen Rollenvorgaben (Verhaltens- und Handlungserwartungen) und Einschränkungen selbstbestimmten Handelns im Alltag betroffen ist. Ein besonderes Bei-

Soziale Rollen und Selbstbestimmungschancen

spiel dafür sind Berufe, in denen Menschen dazu angehalten sind, ganz bestimmten Verhaltensnormen zu folgen (Arbeitsbedingungen) oder in denen sogar ihre emotionalen Regungen Vorgaben unterworfen sind. Besonders gilt das für Berufe, die ein hohes Maß an persönlicher Interaktion – wie etwa bei Stewardessen – erfordern (Hochschild 1990). Sie erfordern ein erhebliches Maß an Selbstkontrolle und »Gefühlsarbeit«.

Ein anderes Beispiel ist das unterschiedliche Maß an Verantwortung, das Individuen im Zusammenhang mit familialen Verpflichtungen übertragen ist. Auch wenn die Familie in der modernen Gesellschaft als ein höchst privater und intimer Interaktionsraum verstanden wird, so ist die interne Organisation und Verteilung von Zuständigkeiten von gesellschaftlichen Institutionen in einer Gesellschaft abhängig. Deutlich wird das etwa an dem gesellschaftlichen Verständnis der Mutterrolle, das weitreichende Auswirkungen auf die Möglichkeiten der Lebensgestaltung von Frauen mit Kindern hat. Im privaten Lebensbereich scheint die Relevanz sozialer Rollenerwartungen zwar an Bedeutung zu verlieren. Untersuchungen etwa zur innerfamilialen Arbeitsteilung belegen aber, dass die traditionellen Muster der geschlechtsspezifischen Aufteilung von Tätigkeiten im Haushalt und die höhere zeitliche Belastung der Frauen mit Hausarbeit und Kinderbetreuung immer noch der Normalfall ist. Spätestens dann, wenn ein Kind geboren wird, ist die innerfamiliale Arbeitsteilung nahezu unweigerlich auf dem Weg in die traditionellen Strukturen – mit nur kleinen Unterschieden zwischen West- und Ostdeutschland (Huinink/Röhler 2005).

Gesellschaftliche Partizipation
Die Beteiligung an gesellschaftlichen und insbesondere politischen Willensbildungs- und Entscheidungsprozesse ist in der Bevölkerung ebenfalls sehr unterschiedlich verteilt. Darauf gehen wir im Kapitel 6.2 ein.

Lernkontrollfragen

1 Begründen Sie die Relevanz der vier Gruppen von Dimensionen sozialer Ungleichheit.
2 Diskutieren Sie verschiedene Formen der Messung sozioökonomischer Deprivation (Armut).
3 Worin begründen sich Macht und soziales Prestige?
4 Welche Sachverhalte drücken soziale Ungleichheit im Hinblick auf Selbstbestimmung und Partizipation aus?

Die empirischen Befunde zu allen hier genannten Dimensionen sozialer Ungleichheit bzw. zur Lebenslage der Menschen sind außerordentlich umfangreich und vielfältig. Einführende Übersichten mit etwas ausführlicheren Informationen, als wir hier präsentieren konnten, findet man in den auch schon im Text zitierten Bänden von Hradil (2001) und Geißler (2006). Der Datenreport 2006, aus dem wir mehrfach zitiert haben (Statistisches Bundesamt 2006c), bietet zu allen Bereichen statistische Informationen. Nicht zu vergessen sind die zahlreichen Berichte der Bundesregierung. Außer dem schon erwähnten Armuts- und Reichtumsbericht und dem Bericht zur Sicherheit und Gesundheit bei der Arbeit seien die Kinder- und Jugendberichte, die Familienberichte, die Gesundheitsberichte und die Bildungsberichte genannt. Zu den im Text genannten Datenquellen verweisen wir auf den Anhang.

Ursachen und Theorien sozialer Ungleichheit | 5.3

Erinnern wir uns: Wir haben soziale Ungleichheit als Ausweis gesellschaftlich hervorgebrachter Unterschiede in den Chancen, allgemein anerkannte Lebensziele zu realisieren, definiert. Die Lebensziele wurden ausgehend von allgemeinen Grundbedürfnissen, die alle Menschen in unserer Gesellschaft teilen, in vier Gruppen zusammengefasst (vgl. Übersicht 5.2). Die ungleichen Handlungsbedingungen, welche die Realisierung dieser Ziele erschweren oder erleichtern, haben wir als *Dimensionen sozialer Ungleichheit* eingeführt und in ihrer Gesamtheit als die *Lebenslage* eines Individuums bezeichnet. Beispielsweise steigen mit dem Einkommen, der Arbeitsplatzsicherheit oder der sozialen Anerkennung auch die Möglichkeiten, ein behagliches und finanziell abgesichertes Leben zu führen.

Während wir im vorangegangenen Kapitel Aspekte der Lebenslage beschrieben und erläutert haben, werden wir im Folgenden darlegen, wodurch diese Aspekte beeinflusst werden und welche sozialstrukturellen Faktoren man als Determinanten der Lebenslage von Individuen ansehen kann.

Determinanten sozialer Ungleichheit | 5.3.1

Um Unterschiede zwischen den Lebenslagen von Individuen zu erklären, gilt es, die Bedingungen und Ursachen für die Zuweisung von Statuspositionen in den Dimensionen sozialer Ungleichheit zu identifizieren. Beispielsweise hängen das Einkommen oder das soziale Ansehen eines Akteurs stark davon ab, welchen Beruf er ausübt. Der Beruf kann daher als »Determinante« des Einkommens oder des sozialen Prestiges angesehen werden. *Determinanten sozialer Ungleichheit* müssen in ihren Wirkungen natürlich theoretisch begründet werden. Man muss zum Beispiel die Frage beantworten, auf welche Weise der Beruf das soziale Ansehen einer Person beeinflusst. Nur dann kann auch erklärt werden, warum sich das Ansehen von Berufsgruppen verändert, warum etwa das Ansehen von Politikern in der Bevölkerung in den letzen Jahren vermutlich stark abgenommen hat.

Bestimmungsfaktoren sozialer Ungleichheit

Bevor wir uns Theorien sozialer Ungleichheit zuwenden, wollen wir den Begriff der Determinante sozialer Ungleichheit erläutern und vom Begriff der Dimensionen sozialer Ungleichheit abgrenzen.

Definition

Determinanten sozialer Ungleichheit

Individuell zurechenbare Umstände und sozialstrukturelle Merkmale, welche die Chancen beeinflussen, bestimmte Statuspositionen in den Dimensionen sozialer Ungleichheit zu erreichen, die selbst aber keine Statusposition darstellen.

Determinanten sozialer Ungleichheit sind Merkmale, die ursächlich auf die Erreichbarkeit von Statuspositionen in einzelnen Dimensionen sozialer Ungleichheit Einfluss haben, ohne dass sie jedoch selbst schon Ungleichheitsmerkmale sind. Wir haben im Kapitel 5.1 erläutert, dass sie von einigen Autoren auch als Faktoren sozialer Ungleichheit angesehen werden und als Merkmale nicht *vertikaler* oder *horizontaler Ungleichheit* (vgl. zum Beispiel Kreckel 1997; Hradil 1987) begriffen werden. Bezogen auf die Dimensionen sozialer Ungleichheit wird dann von *vertikaler sozialer Ungleichheit* gesprochen. Da sich Determinanten und Dimensionen theoretisch aber auf unterschiedliche Wirkungszusammenhänge beziehen, schließen wir uns dieser Terminologie nicht an und empfehlen die Unterscheidung zwischen Dimensionen und Determinanten sozialer Ungleichheit, wie sie Hradil später auch vorsieht (Hradil 2001: 34 f.).

Unterschied zwischen Dimensionen und Determinanten sozialer Ungleichheit

Determinanten sozialer Ungleichheit unterscheiden sich von den Dimensionen sozialer Ungleichheit darin, dass sie *keinen direkten Einfluss* auf die Chancen haben, allgemein akzeptierte Lebensziele zu realisieren.

Sie sind nicht Ausdruck eines Mehr oder Weniger von etwas, sondern sie *haben einen Einfluss darauf, ob jemand Mehr oder Weniger von etwas hat*. Berufe sind beispielsweise selbst noch kein Ausdruck von Ungleichheit; denn der Beruf ist ein Klassifikationsmerkmal. Er ist aber Ursache oder eben »Determinante« ungleich hoher Einkommen, ungleich hoher Einflussmöglichkeiten oder ungleich guter Arbeitsbedingungen.

Wie für Dimensionen sozialer Ungleichheit gilt aber auch für die Determinanten, dass sie *erworben* oder *zugeschrieben (askriptiv)* sein können. So gehören der Beruf oder die Lebensform heute – im Gegensatz zu vormodernen Zeiten – eher zu den erworbenen sozialstrukturellen Merkmalen. Das Geschlecht oder die ethnische Zugehörigkeit sind zugeschriebene Merkmale, an denen man nichts oder nur in seltenen Fällen etwas ändern kann.

Im Kapitel 5.2. wurde gezeigt, wie unterschiedlich in Deutschland die Lebenslage in den zentralen Dimensionen ausgeprägt ist. Bei den empirischen Beispielen wurden bereits auch sozialstrukturelle Merkmale, wie das Geschlecht, die Lebensform oder die Wohnregion (Ost-West-Unterschiede) erwähnt, die in der hier eingeführten Terminologie als Determinanten sozialer Ungleichheit anzusehen sind. Übersicht 5.6 fasst zentrale Determinanten sozialer Ungleichheit zusammen.

Zugeschriebene und erworbene Determinanten

Übersicht

Zentrale Determinanten sozialer Ungleichheit | 5.6

Als zentrale Determinanten sozialer Ungleichheit bezeichnen wir jene sozialstrukturellen Merkmale, die auf vielfältige Weise einen theoretisch begründbaren Einfluss auf Dimensionen sozialer Ungleichheit haben. Hierzu gehören:

- der Beruf,
- das Geschlecht,
- das Alter (auch als Geburtsjahrgang oder Kohorte bezeichnet),
- die Wohnregion (insbesondere Unterscheidungen wie Stadt/Land oder speziell in Deutschland die Ost-/West-Unterschiede),
- die Familienverhältnisse oder die Lebensform,
- die ethnische Zugehörigkeit, Staatsangehörigkeit und »Migrationshintergrund«.

Im Folgenden stellen wir Beispiele für die Einflüsse der Determinanten Beruf, Geschlecht, Alter, Wohnregion, Lebensform und Migrationshintergrund auf Dimensionen sozialer Ungleichheit vor. Wir illustrieren

Effekte der Determinanten exemplarisch an den ökonomischen Dimensionen sozialer Ungleichheit (insbesondere dem Einkommen) mit empirischem Material (zu weiteren Befunden → Kapitel 5.2, 6.1 und 6.2).

5.3.1.1 | Beruf

Als wichtigste Determinante sozialer Ungleichheit wird der *Beruf* eines Individuums angesehen (vgl. Geiger 1963). Er ist ein wesentlicher Bestimmungsfaktor für zahlreiche Aspekte der Lebenslage von Menschen:

Beruf als Bestimmungsfaktor der Lebenslage

• Berufe verschaffen Individuen unterschiedlich gute Erwerbschancen und Einkommen und verlangen eine Ausbildung, die zu unterschiedlich hohen, in Deutschland oft zertifizierten Qualifikationsniveaus führt. Der Beruf hat also nicht nur einen wesentlichen Anteil an der wirtschaftlichen Situation von Akteuren, sondern er hängt auch eng mit dem Niveau ihres über die Zeit hin angesammelten, »marktverwertbaren« Humankapitals zusammen.

• Die Struktur der berufsbezogenen Tätigkeitsfelder hat einen massiven Einfluss auf wohlfahrtsstaatliche Dimensionen sozialer Ungleichheit, wie Erwerbschancen, Arbeitsbedingungen, Arbeitsplatzsicherheit oder Regelungen zur Alterssicherung.

• Aspekte der sozialen Dimensionen sozialer Ungleichheit hängen ebenfalls stark mit dem Beruf zusammen. Über ihn lassen sich soziale Beziehungen, persönliche Macht und sozialer Einfluss aufbauen und mehr oder weniger soziales Prestige genießen – dem Arzt bieten sich hier mehr Möglichkeiten als der Arzthelferin, dem Handwerksmeister mehr als seinem Gesellen.

• Ähnlich verhält es sich mit emanzipatorischen Dimensionen sozialer Ungleichheit. Auch die Partizipation am gesellschaftlichen Leben sowie die Möglichkeiten zur Selbstbestimmung können durch die Art der beruflichen Tätigkeit beeinflusst werden.

Beruf und Einkommen

Als Beispiel zur Bedeutung des Berufs für Einkommen wird in Tabelle 5.9 gezeigt, wie sich im Jahr 2005 die Bruttomonatsverdienste von Arbeitnehmern im produzierenden Gewerbe nach Wirtschaftszweigen in Deutschland verteilt haben. Zusätzlich ist der Frauenanteil unter den Arbeitnehmern ausgewiesen.

Wirtschaftszweig	Bruttoverdienst Euro	Anteil der Frauen an allen Arbeitnehmern %
Kokerei, Mineralölverarb., H. v. Spalt- und Brutstoffen	4045	15,2
Fahrzeugbau	3484	11,0
Energie- und Wasserversorgung	3442	17,2
Chemische Industrie	3381	26,7
Herstellung von Büromaschinen, DV-Geräten und -einrichtungen; Elektrotechnik usw.	3260	27,0
Maschinenbau	3213	13,0
Papier-, Verlags- und Druckgewerbe	3029	26,7
Bergbau und Gewinnung von Steinen und Erde	2896	5,9
Metallerzeugung und -bearbeitung, Herstellung von Metallerzeugnissen	2804	13,7
Glasgewerbe, Keramik, Verarb. von Steinen und Erde	2639	15,7
Herstellung von Gummi- und Kunststoffen	2640	21,6
Ernährungsgewerbe und Tabakverarbeitung	2627	29,5
Hoch- und Tiefbau	2566	5,6
Herstellung von Möbeln, Schmuck, Musikinstrumenten usw., Recycling	2453	24,2
Holzgewerbe	2400	11,2
Bekleidungsgewerbe	2364	70,3
Ledergewerbe	2363	47,6
Textilgewerbe	2274	37,2
Produzierendes Gewerbe insgesamt	**3029**	**18,0**

| Tab. 5.9

Brutto-monatsverdienste der Arbeitnehme- in Deutschland im Produzierenden Gewerbe nach Wirtschaftszweigen 2005

Quelle: Volkswirtschaftliche Gesamtrechnung; Statistisches Bundesamt 2006c: 339.

Der durchschnittliche Bruttomonatsverdienst schwankt je nach Wirtschaftszweig erheblich. Insgesamt wurden im produzierenden Gewerbe durchschnittlich 3029 Euro verdient. Im Textilgewerbe war das Verdienstniveau mit 2274 Euro am niedrigsten, in der Mineralölverarbeitung mit 4045 Euro am höchsten. Ähnliche Schwankungen findet man auch im Vergleich verschiedener Wirtschaftsbereiche (vgl. Tab. 5.11).

Auch wenn der Trend nicht durchgängig ist, so belegt diese Tabelle, dass die Verdienste in einigen Wirtschaftszweigen besonders niedrig sind, in denen der Anteil der Frauen an den Arbeitnehmern besonders hoch ist.

5.3.1.2 | Geschlecht

Soziale Ungleichheit zwischen Männern und Frauen ist in Gesellschaften, in denen die Gleichstellung der Geschlechter ein gesellschaftspolitisches Ziel darstellt, zu einem zentralen Thema sozialer Gerechtigkeit geworden. Seit Anfang der 1970er Jahre gelangte es – nicht zuletzt mit Erstarken der »neuen« Frauenbewegung – in der alten Bundesrepublik in die Öffentlichkeit und innerhalb der sozialstrukturellen Forschung zunehmend stärker auf die Tagesordnung. Zwar ist die Gleichstellung von Mann und Frau im Grundgesetz der Bundesrepublik Deutschland (Art. 3 Abs. 2) festgeschrieben, die rechtlich-formale Umsetzung dieses Grundrechts ist jedoch trotz großer Forschritte in vielen Bereichen der Gesellschaft bis heute nicht erreicht (Geißler 2006: 302 ff.). Insbesondere die unterschiedlichen Berufschancen von Frauen und Männern und die ungleiche Aufteilung der Zuständigkeit für Kinder und Haushalt zwischen den Geschlechtern sind für die Realisierung gesellschaftlich geteilter Lebenschancen weiterhin von großer Bedeutung.

Gleichstellung von Mann und Frau

In der DDR war die Gleichstellung der Geschlechter in Politik, Recht und Alltag sehr viel weiter vorangeschritten, ohne dass sie auch hier jemals in Gesetz und Praxis vollständig realisiert wurde (Trappe 1995).

Bis vor einiger Zeit waren Mädchen schon im Hinblick auf die schulische und berufliche Ausbildung gegenüber den Jungen benachteiligt. Mittlerweile sind geschlechtsspezifische Unterschiede im allgemeinbildenden Schulwesen nicht mehr vorhanden. Inzwischen erreichen Mädchen im Durchschnitt bessere Bildungsabschlüsse als Jungen. Sie sind beim Realschulabschluss (52 Prozent) und beim Abitur (56 Prozent) überrepräsentiert (Geißler 2006: 303).

Geschlecht und Schulabschluss

Eine Gleichstellung von Frauen und Männern in der Berufsausbildung ist dagegen nicht ereicht. Zum einen gibt es noch einen geschlechtsspezifisch segregierten Ausbildungs- und Arbeitsmarkt (→ Kapitel 6.1). Bei der Ausbildung im dualen System (gewerbliche und handwerkliche Lehre) sind Frauen unterrepräsentiert bzw. vornehmlich in traditionell weiblichen dominierten Berufen vertreten (Beispiel: Friseurin). In Ausbildungsberufen, die in einer schulischen Vollzeitausbildung erlernt werden (z.B. Erzieher(in), Pfleger(in)), sind sie deutlich in der Mehrheit. Frauen sind zum anderen auch bei den erreichten Qualifikationsniveaus noch benachteiligt. Das sei an einem Beispiel dokumentiert (vgl. Tab. 5.10).

Geschlecht und Ausbildung

	Frauenanteil (in %)		
	2004	2005	2006
Studienanfänger	48,8	48,8	49,4
Studierende	47,7	47,8	47,8
Absolventen	49,2	49,5	50,5
Promotionen	39,0	39,6	41,1
Habilitationen	22,7	23,0	22,2
Hochschulpersonal insgesamt	51,2	51,2	51,3
Hauptberufliches wissenschaftliches und künstlerisches Personal	29,2	30,2	31,4
Wissenschaftliche und künstlerische Mitarbeiter	34,0	34,9	36,0
Professoren	13,6	14,3	15,2

| Tab. 5.10

Frauenanteile in verschiedenen Stadien der akademischen Laufbahn

Quelle: Statistisches Bundesamt; Zahlen zusammengestellt von Center of Excellence Women and Science (CEWS); http://www.cews.org/ statistik.

Wie Tabelle 5.10 zeigt, gibt es in der universitären Ausbildung starke geschlechtsspezifische Unterschiede. Je höher der erreichte Abschluss ist, desto weniger sind die Frauen vertreten. Während bei den Studienabschlüssen der Anteil der Frauen in etwa der Geschlechterproportion in der Bevölkerung der jeweiligen Altersgruppe entspricht, geht er bei den Promotionen auf 41 und bei den Habilitationen auf 22 Prozent zurück. Unter den Professoren sind sie dann nur noch zu 15 Prozent vertreten.

Geschlecht und beruflicher Status

Frauen sind aber auch in anderen Berufssparten im Hinblick auf ihre Karrierechancen nach wie vor gegenüber den Männern im Nachteil. In einflussreichen beruflichen Positionen sind sie deutlich unterrepräsentiert und sie haben im Durchschnitt ein geringeres Einkommen als ihre männlichen Kollegen. Weitere Unterschiede finden sich in der sozialen Anerkennung der typischerweise von Frauen gewählten Berufe bzw. Tätigkeiten (etwa: Haushaltsführung, Pflege-Berufe). Ähnlich verhält es sich mit wohlfahrtsstaatlichen Dimensionen sozialer Ungleichheit. Da die Kinderbetreuung in der Regel immer noch den Frauen obliegt, werden diese aufgrund der oft schwierigen Vereinbarkeit von Beruf und Familie gezwungen, auf Vollzeittätigkeiten zu verzichten, sich mit einfacheren Tätigkeiten und schlechten Arbeitsbedingungen zufriedenzugeben und bei der sozialen (Alters-)Absicherung Abstriche hinzunehmen.

Sie erfahren aufgrund der Mehrfachbelastung durch Beruf, Kind und Haushalt auch vergleichsweise hohe Einbußen in der Freizeit.

Geschlecht und Einkommen

Die Unterschiede zwischen den Bruttomonatsverdiensten von Arbeitnehmerinnen und Arbeitnehmern sind beträchtlich, wie Tabelle 5.11 zeigt. Neben dem in Tabelle 5.9 bereits aufgeschlüsselten produzierenden Gewerbe werden nun auch Berufsgruppen anderer Wirtschaftsbereiche ausgewiesen; dabei ist auch angegeben, wie hoch der Verdienstanteil der Frauen bezogen auf den Verdienst der Männer im jeweiligen Wirtschaftsbereich ist.

Tab. 5.11 |

Bruttomonatsverdienste von Arbeitnehmern verschiedener Wirtschaftszweige nach Geschlecht 2005 in Deutschland und Verdienstanteil der Frauen

Quelle: Volkswirtschaftliche Gesamtrechnung; Statistisches Bundesamt 2006c: 336 und eigene Berechnungen.

Wirtschaftsbereich/ Arbeitnehmergruppe	Insgesamt	Männer	Frauen
		Euro	
Produzierendes Gewerbe, Handel, Kredit- und Versicherungsgewerbe	3024	3182	2539 (79 %)*
Produzierendes Gewerbe: Arbeitnehmer insgesamt	3029	3139	2525 (80 %)*
Arbeiter	2542	2630	1952 (74 %)*
Angestellte	3884	4201	3015 (72 %)*
Handel, Kredit- und Versicherungsgewerbe: Angestellte	3011	3353	2555 (76 %)*

* *Durchschnittlicher Verdienstanteil der Frauen bezogen auf den Verdienst der Männer in Prozent.*

Männer verdienten im Jahr 2005 in allen beruflichen Bereichen deutlich mehr als Frauen, allerdings variieren diese Unterschiede: Während die Frauen im produzierenden Gewerbe anteilsmäßig etwa 80 Prozent des Verdienstes der Männern erhalten, beträgt dieser Anteil unter den Angestellten lediglich 72 Prozent.

Ursachen der Einkommensunterschiede

Die Einkommensunterschiede sind erstens dadurch bedingt, dass erwerbstätige Frauen im Vergleich zu Männern zu einem höheren Anteil in geringer qualifizierten Tätigkeiten arbeiten, die schlechter bezahlt werden. Die Verdienstunterschiede sind zweitens auf die unterschiedliche Berufswahl von Frauen und Männern innerhalb der einzelnen Wirtschaftsbereiche zurückzuführen: In von Frauen dominierten Berufszweigen wird generell weniger verdient. So werden beispielsweise im Handel Kassierer und Kassiererinnen relativ schlecht bezahlt und 79 Prozent der diese Tätigkeit ausübenden Arbeitnehmer sind Frauen (vgl. Statistisches Bundesamt 2006c: 341; Tabelle 5.10)

Diese Gründe allein sind jedoch nicht automatisch als Ausdruck einer Lohndiskriminierung von Frauen zu bewerten, solange der Grundsatz »Gleicher Lohn für gleiche Arbeit« eingehalten wird. Einkommensunterschiede wären dann auf (frühere) Benachteiligungen der Frauen im Ausbildungssystem, ein höheres Risiko, unterqualifiziert arbeiten zu müssen und auf einkommensrelevante Auswirkungen eines geschlechtsspezifisch segregierten Arbeitsmarktes zurückzuführen, auch die schlechte Vereinbarkeit von Beruf und Elternschaft spielen hierbei eine Rolle. Studien zeigen aber, dass Frauen auch heute noch in vergleichbaren Tätigkeiten im Durchschnitt weniger verdienen als Männer (Hinz/Gartner 2005; Weber-Menges 2004).

Alter

5.3.1.3

Mit dem Alter ändert sich die Lebenslage von Individuen. Während typischerweise zunächst Bildung, Berufserfahrung und finanzielle Möglichkeiten mit zunehmendem Alter steigen, verringert sich das Einkommen mit dem Übergang ins Rentenalter wieder und das akkumulierte Humankapital wird häufig entwertet. Mit zunehmendem Alter nimmt in der Tendenz die Abhängigkeit von wohlfahrtsstaatlichen Sicherungssystemen zu, gleichzeitig steigen die gesundheitlichen Risiken. Allerdings sind Veränderungen im Alter bezogen auf alle Dimensionen sozialer Ungleichheit äußerst vielfältig und hängen stark vom bisherigen Lebenslauf des Individuums ab. Dass mit zunehmendem Alter das Risiko von Benachteiligungen steigt, kann pauschal jedoch nicht bestätigt werden (Kohli/Kühnemund 2000, Tesch-Römer/Engstler/Wurm 2006).

Alter und Einkommen

Es ist belegt, dass das Armutsrisiko mit dem Alter variiert. Kinder und junge Erwachsene sind stärker von Armut betroffen als Personen in mittlerem und hohem Alter (Statistisches Bundesamt 2006c: 617 und Tab. 5.6). Laut Tabelle 5.12 stieg im Jahr 2005 das monatliche Haushaltsbrutto- und Haushaltsnettoeinkommen mit zunehmendem Alter zunächst an, um dann wieder – hauptsächlich aufgrund des Ruhestands – zu sinken. Das durchschnittliche Nettoeinkommen im Rentenalter liegt dann bei knapp zwei Drittel des Einkommens in der Erwerbsphase. Da die Haushalte alter Menschen im Durchschnitt klein sind, ging das bisher nicht mit einer steigenden Armut alter Menschen einher.

Altersgruppen	Haushaltsbruttoeinkommen	Haushaltsnettoeinkommen*
	Euro	
Unter 25	2222	1707
25–35	3126	2328
35–45	4227	3163
45–55	4335	3256
55–65	3503	2820
65–70	2421	2229
70–89	2240	2067
80 und älter	2093	1940

** Bruttoeinkommen abzüglich Einkommen-, Kirchensteuer und Solidaritätszuschlag
sowie der Pflichtbeiträge zur Sozialversicherung.*

Der alleinige Blick auf die Einkommenssituation liefert nur ein unvollständiges Bild der altersspezifischen Ungleichheit auf dem Arbeitsmarkt. So steigt das Risiko der Langzeitarbeitslosigkeit mit dem Alter deutlich an. Zwar ist der Anteil der Arbeitslosen ab dem 45. Lebensjahr leicht rückläufig – er lag 2005 bei 13,9 Prozent unter den 40- bis unter 45-Jährigen und bei 10,6 Prozent bei den 55- bis unter 60-Jährigen. Allerdings zeigen die Zahlen der Bundesagentur für Arbeit (2005), dass der Anteil der Langzeitarbeitslosen in höherem Alter vergleichsweise hoch ist.

Während im Jahr 2005 bei 50 Prozent aller 20- bis unter 25-Jährigen die Arbeitslosigkeit weniger als drei Monate betrug, bekamen lediglich knapp 14 Prozent der 50- bis unter 55jährigen in diesem Zeitraum eine Neuanstellung. Allerdings sinkt der Anteil derjenigen, denen eine kurzfristige Neuanstellung gelingt, bereits in der Gruppe der 25- bis unter 30-Jährigen Arbeitslosen deutlich. Ihnen gelingt zu drei Vierteln eine Neuanstellung innerhalb eines Jahres, während bei den 50- bis unter 55-Jährigen der Anteil der längerfristig Arbeitslosen (ein Jahr und länger) bei fast 52 Prozent liegt und in den nachfolgenden Altersgruppen weiter ansteigt.

**Alter
und Arbeitslosigkeit**

5.3.1.4 | Wohnregion

Spätestens seit der Wiedervereinigung stößt die regional bedingte Ungleichheit wieder auf ein verstärktes Interesse in der Sozialstrukturforschung. Neben Ost-West-Unterschieden findet sich soziale Ungleichheit auch zwischen der Stadt- und der Landbevölkerung, im Vergleich der Bundesländer und im internationalen Vergleich (BBR 2005, IfL 2006, Statistisches Bundesamt 2006c, Mau 2004). Regional bedingte soziale Ungleichheit reflektiert unter anderem Standortvorteile bzw. -nachteile von Regionen; diese können sich in einer unterschiedlichen Infrastruktur im Bildungs-, Erwerbs- und Freizeitbereich oder unterschiedlich vorteilhaften Lebensbedingungen für Familien mit Kindern äußern. Die regionalspezifischen Disparitäten schlagen sich vor allem in den ökonomischen und wohlfahrtstaatlichen, aber auch in den sozialen Dimensionen sozialer Ungleichheit nieder.

Regional bedingte Ungleichheit

Soziale Ungleichheit zwischen Ost- und Westdeutschland zeichnet sich dadurch aus, dass Ungleichheitsstrukturen – wie im Falle der Infrastruktur oder der Erwerbsmöglichkeiten – durch die Nachwirkungen des strukturellen Wandel in der Zeit nach der Vereinigung Deutschlands bedingt sind. Andererseits sind sie auch institutionell begründet, etwa beim Verdienst, der in vielen Fällen tariflich festgeschrieben ist (vgl. Geißler 2006: 76 f., 359 f.).

Tabelle 5.13 vergleicht für das Jahr 2005 den Bruttomonatsverdienst von Arbeitnehmern und Arbeitnehmerinnen aus Ost- und Westdeutschland. Dabei wird zusätzlich nach denselben Wirtschafts- bzw. Berufsbereichen differenziert wie in Tabelle 5.11. Ergänzend wurde der Anteil des durchschnittlichen Verdienstes in den neuen Bundesländern bezogen auf den Verdienst im früheren Bundesgebiet berechnet. Im Ergebnis zeigt sich, dass der Verdienst in den ostdeutschen Bundesländern (und Berlin-Ost) in allen Wirtschaftszweigen nur etwa 75 Prozent des westdeutschen Niveaus erreichte. Noch deutlicher sind die regionalen Unterschiede in der Arbeitslosenquote, die 2005 in Ostdeutschland bei 20,6 Prozent lag, in Westdeutschland hingegen nur bei 11,0 Prozent (vgl. Statistisches Bundesamt 2006c: 106).

Einkommen in Ost- und Westdeutschland

Wirtschaftsbereich/ Arbeitnehmergruppe	Deutschland Insgesamt	Früheres Bundesgebiet	Neue Länder und Berlin-Ost
		Euro	
Produzierendes Gewerbe, Handel, Kredit- und Versicherungsgewerbe	3024	3118	2263 (72 %)*
Produzierendes Gewerbe Arbeitnehmer insgesamt	3029	3129	2243 (72 %)*
Arbeiter	2542	2626	1960 (75 %)*
Angestellte	3884	3972	2965 (75 %)*
Handel, Kredit- und Versicherungsgewerbe Angestellte	3011	3088	2324 (75 %)*

* *Durchschnittlicher Verdienstanteil in Ostdeutschland bezogen auf den Verdienst
in Westdeutschland.*

5.3.1.5 | Lebensform

Die Lebensform eines Individuums hat zweifellos einen gewichtigen Einfluss auf seine Lebens- und Handlungsbedingungen. Dabei sind typischerweise Vor- und Nachteile im Hinblick auf verschiedene Wohlfahrtsdimensionen miteinander verbunden (Huinink/Konietzka 2007: 138 ff.). Eine enge Partnerschaft bietet einen besonderen Raum für Intimität und emotionale Befriedigung, persönliche Anerkennung und Möglichkeiten der gemeinsamen Freizeitgestaltung. Sie bringt aber auch soziale Kontrolle bzw. Hindernisse für eine autonome Lebensgestaltung mit sich.

Partnerschaft

Stärker noch sind die widersprüchlichen Effekte von Elternschaft in unserer Gesellschaft. Die Familie bietet Eltern und Kindern den Raum, in dem sie sozialen Zusammenhalt und persönliche emotionale Zuwendung erfahren können. Sie impliziert aber gleichzeitig hohe zeitliche und psychische Anforderungen und steht zum Engagement in anderen Lebensbereichen in harter Konkurrenz. Wie schon erwähnt, ist Mutterschaft in Deutschland immer noch ein gravierendes Hemmnis für die beruflichen Chancen von Frauen. Wirtschaftliche Unabhängigkeit, die vormals am ehesten die Männer beanspruchen konnten und nun auch von den Frauen angestrebt wird, ist durch Mutterschaft und den damit zumeist verbundenen, zumindest zeitweiligen oder teilweisen Erwerbsverzicht gefährdet.

Familie

Wirtschaftliche Konsequenzen einzelner familialer Lebensformen haben wir schon kennengelernt (vgl. Tab. 5.6). Familien mit vielen Kindern und Alleinerziehende erfahren in Deutschland ein vergleichsweise hohes materielles Armutsrisiko. Aber auch Single-Haushalte liegen über dem Durchschnitt bei den Armutsrisikoquoten. Hier sind vor allem alleinstehende Männer hervorzuheben. Dass sie höhere Armutsquoten aufweisen, ist allerdings eher nicht eine Folge ihres Single-Daseins, sondern dessen Ursache.

Staatsangehörigkeit und Migrationshintergrund | 5.3.1.6

Schließlich ist die Staatsangehörigkeit, die ethnische Zugehörigkeit bzw. das, was man den Migrationshintergrund von Personen nennt, eine hoch relevante Determinante der Lebenslage von Individuen in Deutschland. Dabei muss man zwischen Personen, die selbst nach Deutschland zugewandert sind (»erste Generation«), und den Kindern oder Kindeskindern von Zuwanderern (»zweite« und »dritte Generation«) unterscheiden. Auch ist zu beachten, dass der Zuwandererstatus oder die Tatsache, dass jemand Kind von Zuwanderern ist, und die Staatsangehörigkeit von Personen zweierlei Dinge sind. Spätaussiedler aus Osteuropa bekommen unmittelbar nach der Zuwanderung die deutsche Staatsbürgerschaft und Zugewanderte sowie deren Kinder können die deutsche Staatsbürgerschaft erwerben. Im Jahr 2006 haben immerhin fast 125 000 Personen davon Gebrauch gemacht, wie das Statistische Bundesamt angibt.

Es lässt sich nachweisen, dass die Zugehörigkeit zu der Gruppe der Zugewanderten oder der Personen mit Migrationshintergrund Effekte auf alle Dimensionen sozialer Ungleichheit hat, ohne dass wir sie hier sämtlich vorstellen können (vgl. Geißler 2006: 242 ff.). Dabei sind die ungleichheitsrelevanten Effekte immer auch davon abhängig, aus welchem Herkunftsland die Zugewanderten stammen.

Zahlreiche Studien belegen zum Beispiel die Benachteiligung ausländischer Kinder im Bildungssystem. In Tabelle 5.14 ist die Verteilung der Schulabschlüsse unter Migrantenkindern, die nicht die deutsche Staatsangehörigkeit haben, für verschiedene Jahre dargestellt. Dabei ist zu berücksichtigen, dass hier auch Kinder aus den europäischen Nachbarländern oder den USA erfasst sind, die über gute Bildungschancen verfügen.

Bildungsbenachteiligung

		ohne Hauptschulabschluss	Hauptschulabschluss	Realschulabschluss	Fachhochschulreife	allg. Hochschulreife
Ausländer	1993	19	39	29	4	9
	2003	17	36	32	7	9
Deutsche	2003	7	20	40	10	23

| Tab. 5.14

Schulabschlüsse von Migrantenkindern 1993-2003 (in %)

Quelle: Geißler 2006: 244.

Obwohl sich die Quoten verschiedener Schulabschlüsse für Kinder aus Migrantenfamilien denjenigen der deutschen Kinder ein wenig angenähert haben, bleiben erhebliche Unterschiede bestehen. Migrantenkinder haben zu einem größeren Anteil ohne oder mit einem niedrigeren Abschluss die Schule verlassen.

Erwerbsstatus In Abbildung 5.5 ist dargestellt, wie sich Deutsche und Ausländer ausgewählter Staatsangehörigkeiten im Hinblick auf ihre Erwerbsbeteiligung unterscheiden. Eine eingehende Erklärung dieser Sachverhalte ist an dieser Stelle nicht möglich (vgl. Esser 2000, Granato/Kalter 2001, Kley 2004).

Abb. 5.5 |

Erwerbsstatus von Deutschen und in Deutschland lebenden Ausländern

©*Bundeszentrale für politische Bildung Quelle: Sozio-ökonomisches Panel; Statistisches Bundesamt 2006c: 569.*

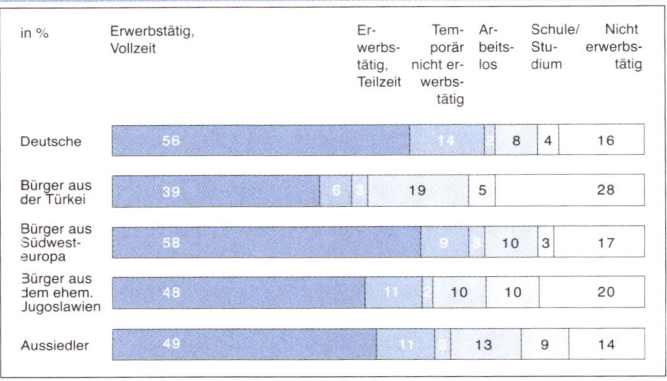

Ausländer und Aussiedler sind danach deutlich häufiger nicht erwerbstätig oder von Arbeitslosigkeit betroffen als Deutsche ohne Migrationshintergrund; so beträgt bei der anteilsmäßig größten Gruppe, der Bürger aus der Türkei, der Anteil der Vollzeiterwerbstätigen lediglich 39 Prozent – im Unterschied zu 56 Prozent bei den Deutschen.

5.3.1.7 | Weitere Determinanten sozialer Ungleichheit

Während nach der klassischen Sozialstrukturforschung soziale Ungleichheiten vor allem durch Chancen und Einschränkungen bestimmt werden, die auf die berufliche Position zurückzuführen sind, scheinen sich gegenwärtig strukturelle Ursachen sozialer Ungleichheit zu verändern und vielfältiger zu werden. So gewinnen nach Hradil die *Institutionen des Wohlfahrtsstaates in modernen Wohlstandsgesellschaften* an Gewicht (Hradil 1987: 47 f.). Wir werden darauf im Kapitel 6.2 sowie im Schlusskapitel noch eingehen.

Ein anderer Komplex von Ursachen, der zunehmend in den Fokus gerät, steht mit der fortschreitenden Globalisierung im Zusammenhang. Deren Folgen verändern die Gewichtung bzw. Bedeutung einzelner Determinanten sozialer Ungleichheit und tragen, so die verbreitete These, zu einer Vergrößerung von Unsicherheiten in der Lebensplanung, höheren Risiken zu diskontinuierlichen Erwerbsverläufen und erhöhten Flexibilitätsanforderungen bei (Blossfeld et al 2005). Erwänt sei auch, dass sich *Lebensrisiken* selbst »globalisieren«. Solchen Risiken ausgesetzt zu sein, ist kaum mehr, so die These, eine Frage der Zugehörigkeit zu bestimmten, beruflich geprägten sozialen Statusgruppen (Beck 1986).

Die Eigendynamik sozialer Ungleichheit

| 5.3.2

Wenn wir die Dynamik sozialer Ungleichheit betrachten, sind nicht nur Determinanten sozialer Ungleichheit als Bestimmungsfaktoren zu beachten. Ein einmal erreichtes Niveau bezüglich verschiedener Dimensionen der Lebenslage kann auf die weitere Entwicklung dieser oder anderer Dimensionen sozialer Ungleichheit – wir werden diesbezüglich im Kapitel 5.5 von *sozialer Mobilität* sprechen – einen gewichtigen Einfluss haben.

Bezug nehmend darauf haben wir bereits in Kapitel 5.1 angemerkt, dass die Ungleichheitsmerkmale der einzelnen Dimensionen mehr oder weniger stark miteinander korrelieren können: Während im Fall einer Statuskonsistenz die Statuspositionen in den Dimensionen sozialer Ungleichheit ähnlich hoch sind, korrelieren sie im Fall der Statusinkonsistenz nicht oder nur teilweise miteinander.

Wechselwirkungen zwischen den Dimensionen

Im Folgenden werden die genannten Wirkungszusammenhänge zwischen den verschiedenen Dimensionen eingehend dargestellt (vgl. Hradil 1987: 148 ff.).

1. Nach dem *Komplementaritäts- oder Matthäus-Prinzip*, bewirken Vorteile in Bezug auf eine Ungleichheitsdimension, dass man auch im Hinblick auf andere Ungleichheitsdimensionen bessere Statuspositionen erreichen kann und umgekehrt. Die entsprechenden Ungleichheitsdimensionen sind komplementär zueinander, wie es im Matthäus-Evangelium, Kapitel 25, Vers 29 (im Gleichnis vom anvertrauten Geld) steht: »Denn wer hat, dem wird gegeben, und er wird im Überfluss haben; wer aber nicht hat, dem wird auch noch weggenommen, was er hat.« Gilt dieses Prinzip, verstärken sich privilegierte Chancenstrukturen für Akteure kumulativ. Dort, wo das Komplementaritäts-

Komplementaritäts- oder Matthäus-Prinzip

oder Matthäus-Prinzip gilt, werden die Reichen immer reicher und auch in Bezug auf andere Dimensionen sozialer Ungleichheit privilegierter. Die Armen werden immer ärmer und bezogen auf andere Dimensionen sozialer Ungleichheit zunehmend deprivierter – man kann also Statuskonsistenz erwarten.

Sonderfall: Dominanzprinzip

2. Beim Sonderfall des *Dominanzprinzips* wird angenommen, dass die Statuspositionen aller Dimensionen sozialer Ungleichheit durch den Status in einer Dimension bestimmt werden. So kann man etwa annehmen, dass Wissen heute immer entscheidender dafür ist, welche Handlungschancen man bezogen auf die wohlfahrtsstaatlichen, sozialen und emanzipatorischen Lebensziele erreichen kann.

Kompensations- oder Substitutions-Prinzip

3. Nach dem *Kompensations- oder Substitutionsprinzip* können Beschränkungen der Lebensführung im Hinblick auf eine Ungleichheitsdimension durch Vorteile in einer anderen Dimension kompensiert werden. Fehlende Mittel, die für die Realisierung bestimmter Lebensziele notwendig sind, können durch andere Mittel ersetzt werden. Eine hohe Arbeitsplatzunsicherheit oder schlechte Arbeitsbedingungen können zum Beispiel durch eine gute Bezahlung erträglich gemacht werden. Das hohe Einkommen würde dann die gesundheitsbedrohlichen Folgen der Arbeitssituation in gewissem Sinne kompensieren oder die Folgen eines Arbeitsplatzverlustes abfedern.

Gerade in modernen Gesellschaften können die kulturellen Ziele auf sehr unterschiedliche Weise realisiert werden; so kann soziale Anerkennung beispielsweise durch hohes Einkommen, Wissen und Kompetenz, Hilfsbereitschaft oder soziales Engagement erreicht werden. Individuen können also – wenn sie schon nicht in allen Dimensionen erfolgreich sein können – gezielt versuchen, dies bei bestimmten Zielen zu sein und dafür Nachteile bei der Realisierung anderer Ziele in Kauf nehmen. Dort, wo dieses Prinzip gilt, ist Statusinkonsistenz durchaus normal und dem Erfolg im Hinblick darauf, sich Lebensziele zu erfüllen, nicht unbedingt abträglich.

Zusammenfassung

Wirkungszusammenhänge zwischen den Dimensionen sozialer Ungleichheit

Die verschiedenen Handlungsbedingungen sozialer Ungleichheit beeinflussen sich gegenseitig auf unterschiedliche Weise:

- Die verschiedenen Ungleichheitsdimensionen verstärken sich gegenseitig (Komplementaritätprinzip).

- Eine Ungleichheitsdimension beeinflusst alle anderen Dimensionen (Dominanzprinzip).
- Nachteile in einer Ungleichheitsdimension werden durch Vorteile in anderen Dimensionen ausgeglichen (Kompensationprinzip).

Innerhalb der Dimensionen sozialer Ungleichheit kann sich also aufgrund von Wechselwirkungen gleichsam eine Eigendynamik entwickeln, die Ungleichheit verstärken oder Kompensationseffekte zeitigen kann. Im Folgenden soll die Komplexität dieser Wechselwirkungen am Beispiel einiger Dimensionen sozialer Ungleichheit veranschaulicht werden.

Ein hohes Ausbildungsniveau fördert nicht nur die Realisierung erstrebenswerter Lebensziele, sondern bestimmt entscheidend mit, welche beruflichen Karrierenchancen man hat. Bildung und Weiterbildung sind auch Bestimmungsfaktoren für die Entwicklung anderer Dimensionen sozialer Ungleichheit, etwa der Möglichkeiten der Freizeitgestaltung, der Gestaltung sozialer Beziehungen und der Wahrnehmung von Partizipationsrechten. Sie stellen also eine wichtige Ressource dar, die über die im Lebenslauf erreichbaren sozialen Statuspositionen mitentscheidet. *(Bildung als zentrale Ressource)*

Man könnte die These formulieren, dass Bildung in der heutigen Wissensgesellschaft sogar eine Dominanzfunktion für die Entwicklung der Lebenslage von Menschen insgesamt zukommt. Bildung schafft Einkommen sowie – vermittelt über den Beruf – weitere Bildungs- bzw. Weiterbildungschancen. Sie verbessert die Möglichkeiten der sozialen Sicherung, geht mit sozialer Anerkennung einher und fördert soziale Kontakte und Chancen zu gesellschaftlicher Teilhabe und Mitbestimmung.

Die Lebenslage des Elternhauses, wir sprechen abkürzend von der »sozialen Herkunft«, ist ebenfalls von besonderer Bedeutung. Das Elternhaus erleichtert und fördert, je nach Ressourcenlage der Eltern, den Zugang zu mehr oder weniger attraktiven sozialen Positionen. Der Zusammenhang zwischen der Lebenslage der Eltern und den Chancen der Kinder, vor allem im Hinblick auf deren Ausbildungs- und Berufstatus, ist Gegenstand der *intergenerationalen Mobilitätsforschung*, auf die wir im Kapitel 5.5 zurückkommen werden. *(Soziale Herkunft)*

In vormodernen Gesellschaften war der soziale Status einer Person durch die soziale Herkunft weitgehend festgelegt. In modernen Industriegesellschaften wird das Ausmaß der Ungleichheit in Statuspositionen zunehmend durch die erworbene berufliche Position und den zuvor erreichten Ausbildungsstatus bestimmt. In dem Maße, wie in den modernen Gesellschaften der selbst gewählte Beruf das Vehikel ist, eine bestimmten Lebenslage bzw. Statusgruppe zu erreichen, werden die entsprechenden Statuspositionen weniger qua reiner Zuschreibung (durch Herkunft) zugewiesen, sondern immer mehr qua (Eigen-)Leistung und Qualifikation erreicht. Das ist das Kennzeichen eines meritokratisch geprägten Systems der Statuszuweisung bzw. des Statuserwerbs (→ Kapitel 5.1 und 5.4).

Einkommen und weitere Dimensionen

Auch andere Dimensionen sozialer Ungleichheit, wie sozialer Einfluss und Autorität, materielles Vermögen und soziales Kapital sind potenzielle Bestimmungsfaktoren für eine weitere Verbesserung der Lebenslage von Individuen. Darüber sind wichtige Ressourcen und nutzbare Handlungsrechte mobilisierbar. Umgekehrt kann ein niedriger sozialer Status das Risiko eines weiteren sozialen Abstiegs vergrößern, wie das Matthäus-Prinzip besagt. Geld schafft mehr Geld – das ist das Prinzip kapitalistischen Wirtschaftens. Ein großes Vermögen verbessert die Möglichkeiten, sich weitere Quellen des Einkommenserwerbs, etwa in Form von Zinserträgen, zu erschließen. Umgekehrt kann materielle Armut in einen Teufelskreis von Benachteiligung und sozialem Abstieg führen, wie wir ihn bei sozialen Randgruppen erleben.

Erweiterungen und kritische Diskussion

Es ist in der Sozialstrukturforschung umstritten, in welchem Ausmaß sich ungleiche Lebensbedingungen von Menschen reproduzieren oder gegenseitig verstärken. Theoretiker, die eher von kompensatorischen Effekten zwischen den Dimensionen ausgehen, weisen auf die Bedeutung immer vielfältigerer Chancen, Lebensziele zu realisieren, hin (Beck 1986: 121 f.). Andere Autoren argumentieren, dass nach wie vor das Matthäus-Prinzip oder das Dominanzprinzip Gültigkeit besitzen, und wenden ein, dass trotz aller Vielfalt soziale Ungleichheit in wesentlichen Aspekten immer noch durch den Beruf und das davon abhängende Einkommen bestimmt ist (vgl. Geißler 1996).

Die verschiedenen Sichtweisen stützen sich – neben Hinweisen auf eine empirische Evidenz – auf unterschiedliche theoretische Erklärungen sozialer Ungleichheit, mit denen die Determinanten sozialer Ungleichheit und unterschiedliche Annahmen über die Wechselwirkungen zwischen Dimensionen sozialer Ungleichheit begründet werden.

5.3.3 | Theorien sozialer Ungleichheit

Theorien sozialer Ungleichheit versuchen, diese zu erklären, indem sie Mechanismen postulieren, die soziale Ungleichheit hervorbringen und stabilisieren. Die Ansätze variieren dabei durchaus stark. Im Folgenden werden wir einige der Theorietraditionen, die soziale Ungleichheit als universelles Phänomen in Gesellschaften begründen, kurz vorstellen (vgl. Burzan 2004, Groß 2008). Wir unterscheiden:

- marxistische Theorien,
- funktionalistische Theorien,
- markttheoretische Ansätze,
- austausch- und machttheoretische Ansätze,
- milieu- und lebensstiltheoretische Ansätze.

Auch wenn die hier ausgewählten Theorien nur einen kleinen Ausschnitt gegenwärtiger Erklärungskonzepte sozialer Ungleichheit darstellen, so können sie doch als exemplarisch für die wichtigsten derzeit gebräuchlichen Theorievarianten gelten. Bevor wir uns jedoch den verschiedenen Theorien zuwenden, wollen wir uns kurz einige Gedanken dazu machen, warum es notwendig ist, bei der Erklärung sozialer Ungleichheit verschiedene Theorien einzubeziehen, statt sich auf eine »beste« Theorie zu beschränken.

Warum Theorienvielfalt?

| 5.3.3.1

Im Verlauf der wissenschaftlichen Beschäftigung mit dem Strukturphänomen der sozialen Ungleichheit wurden diverse Theorien zur Erklärung vorgeschlagen, die nicht nur unterschiedliche Begründungszusammenhänge postulieren, sondern soziale Ungleichheit auch in unterschiedlicher Weise definieren. Theorien sind immer als modellhafte Vereinfachungen komplexer Realität zu verstehen – daher kann soziale Ungleichheit inhaltlich unter sehr verschieden Aspekten vereinfacht, betrachtet und erklärt werden. So kann der Fokus etwa eher auf (für die Gesellschaft) funktionale Aspekte oder auf mit Ungleichheit einhergehende Konflikte gerichtet werden – es kann um die soziale Vererbung von Bildung oder allgemeine Klassenkonflikte gehen. Mit der jeweiligen Fragestellung variiert auch der Begründungszusammenhang: So lässt sich beispielsweise das Verhältnis von Arbeitgeber- und Arbeitnehmerschaft sowohl aus konflikttheoretischer als auch aus funktionalistischer Perspektive sinnvoll analysieren. Dabei wird ein konflikttheoretisch argumentierender Ansatz allerdings andere Aspekte in den Vordergrund stellen und andere Erklärungen anbieten, als es bei einem funktionalistischen Ansatz der Fall ist.

Theoriespezifisch unterschiedliche Themenschwerpunkte

Unterschiede bestehen auch im Geltungsbereich der einzelnen Theorien: Während einige einen generellen Geltungsanspruch erheben (also alle Arten sozialer Ungleichheit zu allen Zeiten für alle Gesellschaften

Theoriespezifisch unterschiedliche Geltungsbereiche

erklären wollen), betrachten andere lediglich einen bestimmten Zeitraum oder beschäftigen sich nur mit bestimmten Arten sozialer Ungleichheit oder einen bestimmten Gesellschaftstyp. Die Theorie kann hierbei das Schwergewicht eher auf eine Erklärung makroanalytischer Prozesse legen oder aber sich mit den subjektiv wahrgenommenen Aspekten sozialer Ungleichheit und deren ständiger Reproduktion beschäftigen.

Wir können also festhalten, dass die Brauchbarkeit einer Theorie immer vor dem Hintergrund der jeweils interessierenden Fragestellung beurteilt werden muss. Stellt man die makro- und mikrotheoretischen Fragestellungen zur sozialen Ungleichheit in Form aufeinander aufbauender Halbkreise dar, bei welchen der äußere die Makroebene und der innere die Mikroebene sozialen Handelns repräsentiert, lassen sich die theoriespezifischen »Antworten« – man spricht auch vom *Objektbereich* einer Theorie – als Tortenstücke veranschaulichen, die sich zum Teil überschneiden und unterschiedlich »tief« in Kreise hinein- bzw. aus ihnen herausreichen. Die Systematik der entsprechenden Zusammenhänge ist für die eben genannten Theorien in Abbildung 5.6 graphisch veranschaulicht, dabei ist die Reichweite der einzelnen Theorien und die bestehenden Überschneidungen zum Zwecke der Illustration vereinfacht wiedergegeben.

Theoriespezifischer Objektbereich

Abb. 5.6 |

Reichweite und Überschneidungen von Theorien sozialer Ungleichheit

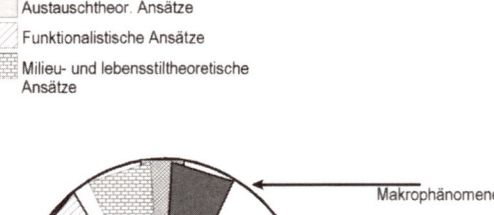

- Konflikttheoretische Ansätze
- Markttheoretische Ansätze
- Austauschtheor. Ansätze
- Funktionalistische Ansätze
- Milieu- und lebensstiltheoretische Ansätze

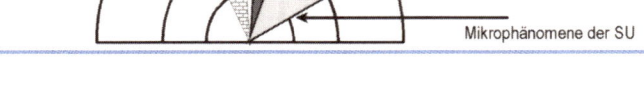

Makrophänomene der SU

Mesophänomene der SU

Mikrophänomene der SU

Aus den Theorien lassen sich unterschiedliche Antworten über akteurs- oder strukturbezogene Aspekte sozialer Ungleichheit ableiten. So thematisieren funktionalistische Ansätze hauptsächlich Phänomene der

Makroebene, während die Aussagen macht- und austauschtheoretische Modelle eher die Mikro- bzw. Meso-Ebene betreffen. Die ebenfalls erkennbaren Überlappungen im Objektbereich deuten an, dass die betroffenen Theorien zum selben Thema ähnliche, ergänzende oder auch einander widersprechende Aussagen machen können. Während konflikttheoretische Ansätze soziale Ungleichheit auf die Besitzverhältnisse (insbesondere bezogen auf die Produktionsmittel) zurückführen, machen austauschtheoretische Modelle die asymmetrische Verteilung von Macht dafür verantwortlich.

Die Theorien unterscheiden sich also in ihrem Anwendungs- und in ihrem Geltungsbereich – gerade die Einzigartigkeit in der inhaltlichen Schwerpunktsetzung macht dabei die verschiedenen Theorien für die jeweils »passenden« Fragestellungen wertvoll.

Marxistische Theorie

| 5.3.3.2

Karl Marx und Friedrich Engels haben das Faktum der Ausbeutung des Menschen (Proletariat) durch Menschen (Bourgeoisie) zur Grundlage der Erklärung sozialer Ungleichheit in einer Gesellschaft gemacht. Sie sehen die historischen gesellschaftlichen Verhältnisse und damit auch das menschliche Dasein als Ausdruck der materiellen und ökonomischen Verhältnisse, unter denen die Menschen arbeiten und leben. In der Auseinandersetzung mit der Natur und durch deren Bearbeitung, also durch Arbeit, produzieren die Menschen Güter und Leistungen, um ihre Bedürfnisse zu befriedigen. Der Umgang mit der Natur verändert sich mit dem ständig steigenden Entwicklungsstand der *Produktivkräfte*. Hierzu zählen die (menschlichen) Arbeitskräfte und die *Produktionsmittel* (Ressourcen und Produktionstechnologie).

Die Entwicklung der Produktivkräfte prägt die *Produktionsverhältnisse*, welche die Arbeitsteilung bei der Herstellung sowie die Verteilung und Aneignung der produzierten Güter und Leistungen in einer Gesellschaft bestimmen. Die Produktionsverhältnisse sind durch die *Eigentumsverhältnisse* an den Produktionsmitteln und die Art und Weise des arbeitsteiligen Wirtschaftens charakterisiert. Sie prägen die Sozialstruktur der Gesellschaft in all ihren Dimensionen, darunter die Macht- und Herrschaftsverhältnisse und die geltenden Ideen und ihre kulturellen Manifestationen. Auch das Bewusstsein der Menschen ist durch ihre ökonomisch bestimmte Position in dieser sozialen Struktur geformt.

Es wird also ein Dominanzprinzip (→ Kapitel 5.3.2) sozialer Ungleichheit unterstellt, bei dem in der kapitalistischen Produktionsweise der Besitz

Eigentumsverhältnisse als Ursache sozialer Ungleichheit

an Produktionsmitteln als die dominierende Dimension betrachtet wird, aus der allen anderen Aspekte sozialer Ungleichheit abgeleitet sind.

In der kapitalistischen Gesellschaft stehen sich die *Bourgeoisie* oder Klasse der Kapitalisten, die im Besitz der Produktionsmittel sind, und die *Arbeiterklasse*, als Gruppe derjenigen, die nicht im Besitz von Produktionsmitteln sind, einander gegenüber.

Die Arbeiterklasse produziert durch die »Veredelung« von Gütern und Leistungen einen *Mehrwert*, welcher jedoch einseitig durch den privilegierten Teil der Bevölkerung, in dessen Privatbesitz sich das notwendige Kapital und die technischen Mittel für die wirtschaftliche Produktion befinden, einbehalten wird *(Grundwiderspruch)*. Die Kapitalisten können ihren Vorteil des Produktionsmittelbesitzes und die damit einhergehende Macht zur *Ausbeutung* der Arbeitskraft, die die Arbeiter als Ware in einem Arbeitsmarkt verkaufen müssen, nutzen; d. h., sie geben nur einen Teil der von den Arbeitern mit Hilfe der Produktionsmittel produzierten Werte an diese zurück. Die wahren Produzenten werden ihres unmittelbaren Verhältnisses zu ihren Produkten beraubt, die ihnen später in Warenform als Fremdes gegenübertreten.

Dieser grundsätzliche Interessenwiderspruch beherrscht die gesamte gesellschaftliche Struktur und Entwicklung *(Klassenantagonismus)*. Das Kapital kontrolliert zur Sicherung seiner privilegierten Stellung alle Schaltstellen in der Gesellschaft, darunter das Recht, den Staat und die Kultur, und unterwirft sie ihren Verwertungsinteressen. Die soziale Ungleichheit endet demnach, wenn die ungleiche Verteilung privaten Eigentums beseitigt wird.

Grundwiderspruch der kapitalistischen Gesellschaft (Randnotiz)

Zusammenfassung

Argumentation der Theorie von Marx und Engels

- Soziale Ungleichheit beruht auf ungleichen Eigentumsverhältnissen, die mit ungleichen Machtverhältnissen einhergehen (Produktionsverhältnisse).
- Entsprechend stehen sich zwei Klassen gegenüber. Die Besitzer der Produktionsmittel (Kapitalisten oder Bourgeoisie) und die Besitzlosen (Arbeiterklasse, Proletarier), die gezwungen sind, ihre Arbeitskraft an die Kapitalisten zu verkaufen.
- Zwischen beiden Klassen besteht ein grundlegender Interessenswiderspruch (Klassenantagonismus), da die Kapitalisten den Arbeitern einen Teil der von ihnen durch Güterveredelung produzierten Werte, den sogenannten Mehrwert, vorenthalten (Ausbeutung).

- Die Klasse der Kapitalisten kontrolliert alle Schaltstellen in der Gesellschaft, darunter das Recht, den Staat und die Kultur und unterwirft sie ihren Verwertungsinteressen.

Schon früh zeigte sich, dass die Unterscheidung nach Besitz bzw. Nicht-Besitz von Produktionsmittel zu grob war, um die im Zuge der Industrialisierung entstandenen Klassenverhältnisse hinreichend gut zu beschreiben. Beispielsweise ließ Marx die sich entwickelnde »Klasse« der Angestellten ebenso unberücksichtigt wie eine qualifikationsabhängige innere Strukturierung innerhalb der Arbeiterklasse.

Kritische Diskussion

Alle neueren marxistischen Theorien ersetzen daher das einfache Zwei-Klassen-Schema durch eine differenziertere Klassenstruktur, ohne die grundlegende Idee des klassenspezifischen Grundkonflikts in einer Gesellschaft – also die durch die bestehenden Besitzverhältnisse verursachte Ausbeutung – aufzugeben. Solche differenzierteren Klassenkonzepte werden in der zeitgenössischen Sozialstrukturanalyse noch genutzt, um die Ursachen sozialer Ungleichheit in der Gesellschaft herauszuarbeiten (→ Kapitel 5.4).

Funktionalistische Theorien

5.3.3.3

Funktionalistische Ansätze versuchen Strukturen sozialer Ungleichheit dadurch zu erklären, dass diese Strukturen eine unverzichtbare Funktion für den Erhalt der Gesellschaft erfüllen. Sie stehen in der Tradition des *Strukturfunktionalismus*, der von dem amerikanischen Soziologen Talcott Parsons als umfassende Theorie der Gesellschaft und ihrer Anpassungs- wie Stabilitätsgrundlagen ausformuliert wurde. Kingsley Davis und Wilbert Moore (1973: 396 ff.) versuchen daran anknüpfend die funktionale Notwendigkeit sozialer Ungleichheit (sozialer Schichtung) in einer arbeitsteiligen Gesellschaft zu belegen. Dazu ein längeres Zitat der beiden Autoren, in dem die Idee sehr gut zusammengefasst ist:

Soziale Ungleichheit als funktionale Notwendigkeit

> »Seltsamerweise liegt die funktionale Erklärung für die Allgegenwart der sozialen Schichtung genau darin, daß jede Gesellschaft die Individuen in ihre Sozialstruktur einordnen und sie mit Motivationen versorgen muß. Als funktionierender Mechanismus muß eine Gesellschaft ihre Mitglieder irgendwie auf soziale Positionen verteilen und sie veranlassen, die damit verbundenen Pflichten zu erfüllen. Sie muß sich also auf zwei verschiedenen Ebenen um Motivierung kümmern. [...] In Wirklichkeit ist es natürlich nicht einerlei, wer welche Position erhält; nicht nur weil manche Positionen an sich ange-

nehmer sind als andere, sondern auch, weil einige spezielle Begabung und Ausbildung erfordern und einige größere funktionale Bedeutung als andere haben. [...] So erweist es sich als unumgänglich, daß eine Gesellschaft erstens eine Art von Belohnung haben muß, die sie als Anreiz verwenden kann, zweitens einen Modus braucht, um die Belohnungen unterschiedlich nach Positionen zu verteilen. Belohnungen und ihre Verteilung werden Bestandteil der sozialen Ordnung und verursachen so eine Schichtung." (Davis/Moore 1973: 397)

Belohnungen können Einkommen und soziales Ansehen sein. Sie entsprechen gemäß dem Leistungsprinzip dem Beitrag, der in einer sozialen Position für die Gesellschaft erbracht wird, und dem Ausmaß der dafür erforderlichen Qualifikationen. Der funktionalistische Ansatz folgt im Prinzip einem meritokratischen Prinzip. Wie die Belohnungshöhe genau zustande kommt, bleibt aber unklar.

Zusammenfassung

Argumentation der funktionalistischen Ansätze

- Soziale Schichtung bzw. Ungleichheit ist ein funktional notwendiges Strukturmerkmal für die Stabilität eines sozialen Systems.
- Soziale Ungleichheit schafft eine Anreizstruktur, die sicherstellt, dass alle Positionen mit den dafür geeigneten Personen besetzt sind.
- In der Gesellschaft ist eine Rangordnung sozialer Positionen und Aufgaben danach festgelegt, wie zentral sie für die arbeitsteilig organisierte Wohlfahrtsproduktion und -reproduktion in der Gesellschaft sind und welche Aufwendungen mit dem Erwerb der positionsspezifischen Qualifikation verbunden sind.
- Am Rang einer sozialen Position orientiert sich die Höhe der Belohnung für den Inhaber. Das Verteilungsprinzip von Belohnungen ist also durch die Leistungen bestimmt, die in verschiedenen sozialen Positionen für die Gesellschaft erbracht werden.

Kritik

Die funktionalistische Betrachtung sozialer Ungleichheit ist in verschiedener Hinsicht kritisiert worden. Wichtige Stichpunkte der Kritik seien genannt:

- Rein methodologisch ließe sich einwenden, dass eine »funktionale Erklärung« gar keine Erklärung ist (Esser 1993: 371 ff.). Man kann nicht von der möglichen Funktionalität sozialer Ungleichheit für die gesellschaftliche Arbeitsteilung darauf schließen, dass das sie erzeugende System unterschiedlicher Belohnung für unterschiedlich wichtige Positionen die einzige Lösung des Allokationsproblems darstellt.

- Die Annahme der meritokratischen Struktur des Entlohnungssystems ist problematisch und kann signifikante Abweichungen vom Prinzip leistungsbezogener Statuszuweisung in unserer Gesellschaft nicht erklären. Es besteht daher die Gefahr, soziale Ungleichheit in einer Gesellschaft »unbesehen« zu legitimieren.
- Es ist auch nicht richtig anzunehmen, dass in einer Gesellschaft in der Regel Einigkeit über die gesellschaftliche Bedeutung sozialer Positionen und die damit verbundene Entlohnung herrscht.
- Die These, dass die funktional bedeutsamsten Positionen mit den höchsten Privilegien einhergehen, ist ebenfalls widerlegbar.

Die Annahme, dass im Allgemeinen eine Knappheit an Talenten und geeigneten Personen herrscht, kann nicht bestätigt werden und unterstellt, wie Hradil in seiner Kritik hervorhebt, dass es gleichsam eine fixe Verteilung von Fähigkeiten gibt, die sich durch geeignetes Training oder Erziehung nur begrenzt verändern lässt (Hradil 2001: 63).

Eine Theorie, die soziale Ungleichheit als notwendigen – funktionalen – Bestandteil für eine stabile Gesellschaft betrachtet, hat auch Schwierigkeiten, die sich im historischen Verlauf stark wandelnden Ausdrucksformen sozialer Ungleichheit zu erklären.

Markttheoretische Ansätze

5.3.3.4

Eine weitere Gruppe von Ansätzen geht davon aus, dass soziale Ungleichheit das Ergebnis von Marktprozessen ist. Die soziale Positionierung in einer arbeitsteiligen Gesellschaft unterliegt dabei dem Prinzip von Angebot und Nachfrage nach den verschiedenen Leistungen bzw. Tätigkeiten: Je größer die Nachfrage nach einer Tätigkeit und je geringer das Angebot für diese Tätigkeit ist, desto höher ist die dafür gebotene Belohnung. Je höher aber die Belohnung, desto attraktiver wird diese Position und desto mehr Bewerber könnte es (zukünftig) geben. Dabei muss jedoch bedacht werden, dass mit den Anforderungen, die mit einer Tätigkeit verbunden sind, auch die Kosten der dafür notwendigen Qualifikation steigen (vgl. den ökonomischen Humankapitalansatz; Becker 1964).

Angebot von und Nachfrage nach sozialer Positionen

Nach diesen Überlegungen richtet sich die Belohnung seitens der Arbeitgeber für eine bestimmte Tätigkeit also nach der dafür notwendigen Qualifikation *und* nach dem Angebot qualifizierter Bewerber. Auch für Tätigkeiten die nur geringe Qualifikation erfordern, werden hohe

Belohnungen gezahlt, wenn die Zahl der Bewerber entsprechend niedrig ist – umgekehrt sind auch niedrige Belohnungen für hoch qualifizierte Tätigkeiten möglich, wenn das Angebot an Bewerbern die Nachfrage übersteigt.

Diese Ansätze gehen auf frühe wohlfahrtstaatliche Theorien zurück, insbesondere auf die Arbeiten des schottischen Moralphilosophen Adam Smith, dessen Hauptwerk *Der Wohlstand der Nationen* 1776 erschien. Zentral ist seine These von den Mechanismen der ordnenden »unsichtbaren Hand« eines freien Marktes: Dadurch, das jeder Akteur seinen persönlichen Vorteil verfolgt, trägt er letztlich zur Maximierung des Gemeinwohls bei.

Soziale Ungleichheit aus Akteursperspektive

Die Besonderheit des markttheoretischen Ansatzes im Vergleich zu den anderen Theorien liegt in der starken Betonung der individuellen – bzw. mikrotheoretischen – Komponente: Sozialstrukturelle Phänomene stellen die beschränkenden Rahmenbedingungen individuellen Handelns dar, werden aber gleichzeitig durch die Summe der individuell-eigennützigen Entscheidungen reproduziert (→ Kapitel 3.1). Die ausgehandelte Belohnung – und damit die soziale Positionierung eines Akteurs richtet sich nach seiner Leistungsbereitschaft bzw. nach seinen Ausbildungsentscheidungen und danach, wie wertvoll seine Fähigkeiten auf dem Arbeitsmarkt sind – wie groß also etwa die Zahl der konkurrierenden Akteure ist.

Exkurs

Exkurs zu Belohnung

Die Belohnung einer Tätigkeit in einer sozialen Position kann materieller und immaterieller oder symbolischer Art sein. Die Zusammensetzung der Belohnung nach materiellen und symbolischen Anteilen ist von weiteren, durch die gesellschaftlichen Rahmenbedingungen strukturierten Bedingungen abhängig. Ist eine materielle Entlohnung nicht angemessen möglich, kann das Defizit durch symbolische Entlohnungen, wie sozialer Einfluss oder soziales Prestige, kompensiert werden (Adam Smith's Theorem des Ausgleichs der Nettovorteile; vgl. Preisendörfer 2002). Da neben materiellen Vorteilen soziales Ansehen ein wichtiges Ziel im eigennützigen Streben individueller Akteure ist, stellen solche immateriellen Belohungen auch tatsächlich erstrebenswerte Nutzengrößen dar. Adam Smith verglich zum Beispiel Bergarbeiter und Soldaten seiner Zeit miteinander. Er nahm an, dass sie bezüglich der Risiken und der qualifikatorischen Anforderungen relativ gleichgestellt waren. Während Soldaten aber nicht nur materiell, sondern auch symbolisch (Ruhm, Ehre) entlohnt wurden, wurden die Bergarbeiter eher nur materiell entlohnt: Ihr Lohn sollte daher höher sein als jener der Soldaten.

Während der funktionalistische Ansatz die Höhe der Belohnung vornehmlich über den »funktionalen Nutzen« einer Tätigkeit für die Gesellschaft definiert, berücksichtigen markttheoretische Modelle hierbei auch das Verhältnis von Angebot und Nachfrage für diese Tätigkeit. Aus Sicht einer empirisch zutreffenden Erklärung sozialer Ungleichheit ist er damit dem funktionalistischen Ansatz überlegen, da eine Bewertung von Tätigkeiten nicht vorgegeben wird, sondern als Ergebnis eines gesellschaftlichen Aushandlungsprozesses erklärbar wird.

Unterschiede zum funktionalistischen Ansatz

Zusammenfassung

Argumentation der markttheoretischen Ansätze

- Soziale Schichtung bzw. Ungleichheit ergibt sich (neben den bestehenden Besitzverhältnissen) aus dem »Marktwert« einer Tätigkeit bzw. der Belohnung, die auf der Basis dieses Marktwerts ausgehandelt wird.
- Die Belohnung richtet sich nach der tätigkeitsspezifischen Qualifikation sowie dem Verhältnis von Angebot an und der Nachfrage nach entsprechenden Bewerbern.
- Die Belohnung kann materieller, immaterieller oder symbolischer Natur sein.
- Institutionelle Regelungen und Festlegungen sozialer Ungleichheitsverhältnisse strukturieren zwar die Aushandlungs- bzw. Marktbedingungen, spielen gegenüber den geschilderten Marktmechanismen aber eine eher untergeordnete Rolle.

Seitens der Sozialwissenschaften wird kritisiert, dass bei den markttheoretischen Modellen wegen der starken Fokussierung auf die individuellen Aushandlungsprozesse die auf der Makroebene ablaufenden Strukturprozesse und deren funktionalen Aspekte aus dem Blick geraten. Problematisch ist auch die theoretische Einbindung nicht intendierter Handlungsfolgen, wie etwa Wettbewerbsverzerrungen. Obwohl oft ein anderer Eindruck vermittelt wird, sind die empirischen Belege für die

Kritik

aus den markttheoretischen Modellen abgeleiteten Aussagen oftmals nicht sehr überzeugend oder beziehen sich auf triviale Sachverhalte (vgl. Green/Shapiro 1994). Schwierig ist auch die Einbindung nicht monetärer Aspekte – d. h. neben soziokulturellen Aspekten auch Macht und Prestige –, da sie sich nicht im Sinne einer exakten Aufrechnung mit finanziellen oder zeitlichen Anreizen vergleichen lassen.

Klassische Ursachen sozialer Ungleichheit, wie etwa die soziale Vererbung ungleichheitsrelevanter Merkmale von Eltern auf die Kinder, werden ebenso unterbewertet wie andere den Wettbewerb verzerrende Effekte, etwa Monopolbildung und eine ungleich verteilte Marktmacht. Insgesamt werden schließlich Auswirkungen ungleich verteilter persönlicher bzw. sozialer Ressourcen (etwa soziale Beziehungen oder persönlicher Charme) zu wenig berücksichtigt.

5.3.3.5 | Austausch- und machttheoretische Ansätze

Macht ist eine wichtige und eigenständige Dimension sozialer Ungleichheit. Einige Theoretiker behaupten, dass Macht die entscheidende – also dominierende – Dimension sozialer Ungleichheit sei, von der sich alles andere ableite (Lenski 1973). Der 1939 in die USA emigrierte Soziologe Peter M. Blau legt eine umfassendere Erklärung der Genese von Machtbeziehungen vor (Blau 1964; Blau 1994), in dem er sie als Asymmetrien in sozialen (Austausch-)Beziehungen begreift. Macht – und damit soziale Ungleichheit – entsteht nach Blau in den Austauschprozessen zwischen Individuen und kann im Laufe ihrer Entwicklung institutionell verankert und festgeschrieben werden.

Macht als Ursache sozialer Ungleichheit

Die Genese von Machtbeziehungen erklärt Blau folgendermaßen: Die arbeitsteilige Reproduktion der gesellschaftlichen Strukturen, ob es sich um die Wirksamkeit von Institutionen oder die Relevanz von Ungleichheitsmerkmalen handelt, basiert auf sozialer Interaktion zwischen den Akteuren einer Gesellschaft. Sie kann als Austausch von materiellen und nicht materiellen Gütern, Leistungen und Belohnungen verstanden werden. Man unterscheidet zwischen zwei Formen des Tausches:

Sozialer und ökonomischer Tausch

- Im *sozialen Tausch* lassen sich Individuen gegenseitig nicht materielle Belohnungen wie Informationen, Zuneigung, soziale Anerkennung oder andere immaterielle Hilfen etc. zukommen. Die wichtigste Belohnungsart bei dieser Art der sozialen Interaktionen ist nach Blau soziale Anerkennung.
- Im *ökonomischen Tausch* geht es um den meist klar geregelten, unmittelbar zu vollziehenden Tausch von materiellen Äquivalenten in einer Marktsituation. Das Ziel ist hier die effiziente Beschaffung von Gütern.

Es wird angenommen, dass Akteure dann Tauschbeziehungen aufnehmen, wenn *beide* Tauschpartner erwarten, durch den Tausch in den Genuss erstrebenswerter Güter und Leistungen kommen, die sie auf andere Weise nicht oder nur unter Inkaufnahme höherer Kosten erreichen könnten. Während beim ökonomischen Tausch unmittelbar eine Leistung und eine wertäquivalente Gegenleistung – meist auf Grundlage eines expliziten Vertrags – getauscht werden, existieren beim sozialen Tausch keine entsprechenden Regelungen. Im Allgemeinen wird aber auch hier eine *symmetrische* Tauschbeziehung geführt, die dem Prinzip der Gegenseitigkeit folgt – man spricht auch vom *Reziprozitätprinzip*. Hiernach wiegen sich die Leistungen, die die Beteiligten sich gegenseitig gewährleisten, im Zeitverlauf auf. Das Reziprozitätprinzip dient vor allem der Etablierung und Aufrechterhaltung dauerhafter Beziehung des sozialen Tauschs; im Unterschied zum ökonomischen ist beim sozialen Tausch aber weder ein direkter Austausch von äquivalenten Belohnungen zwingend noch gibt es klare formale Regelungen.

Reziprozität von Austauschbeziehungen

In Tauschbeziehungen kann es zeitweilig zu Ungleichgewichten kommen. Liegt eine Tauschbeziehung vor, in der, aus welchen Gründen auch immer, regelmäßig ein Tauschpartner Leistungen eines anderen Tauschpartners in Anspruch nimmt, ohne entsprechend »zurückzuzahlen«, spricht Blau von einem *einseitigen Tausch*. Vor dem Hintergrund einer geltenden Reziprozitätsnorm erwächst den Gebenden aus dieser Situation eine relative Machtposition: Es entsteht eine Asymmetrie an sozialem Einfluss, da sich der Nehmende zur »Rückzahlung« der empfangenden Leistungen verpflichtet sieht. Solche »Rückzahlungen« können in der Gewährung sozialer Anerkennung bestehen oder auch darin, dass sich der Nehmende bestimmten Anforderungen oder gar Befehlen des Gebers beugt.

Einseitiger Tausch

Blau zeigt am Beispiel bürokratischer Organisationen, wie aus dauerhaft einseitigen Tauschbeziehungen institutionell abgesicherte Positionen entstehen und sich verfestigen. Eine auf diese Weise legitimierte und privilegierte Stellung kann dann zur Umsetzung und Durchsetzung eigener Interessen genutzt werden (vgl. auch Müller 1993: 87 f.). Die Machtbeziehungen in sozialen Interaktion können sich also durch die Genese entsprechender institutioneller Strukturen als stabile Machtkonstellationen – Blau belegt sie mit dem Begriff der *impersonal power* (Blau 1994: 163) – etablieren und so als Hintergrund einer Ungleichheitsstruktur in einer Gesellschaft dienen. Ihnen liegt ein Konzept des *indirekten Tauschs* zugrunde, der sich nicht mehr in face-to-face-Interaktionen vollzieht, sondern über institutionelle oder rechtliche Regelungen vermittelt ist.

Die Genese von Machtbeziehungen

Zusammenfassung

Argumentation der macht- und austauschtheoretischen Ansätze

- Soziale Ungleichheit entsteht durch ungleich verteilte Machtverhältnisse, welche aus dauerhaften nicht-symmetrischen Tauschbeziehungen resultieren.
- Die Machtausübung wird vom »Unterworfenen« im Tausch für die vom Mächtigen erhaltenen Leistungen zugelassen, d. h. legitimiert.
- Dauerhaft nicht-symmetrische Tauschbeziehungen werden durch Institutionalisierung in stabile Machtkonstellationen überführt, die auf indirekten Tauschbeziehungen beruhen.

Kritische Diskussion

Das Verhältnis von Besitz (bzw. Einkommen) und Macht– auch in Auswirkungen auf soziale Ungleichheit – bleibt in diesem Ansatz unklar. Generell werden die über den Austausch hinausgehenden Einflüsse unterschiedlicher Ressourcenausstattungen in ihren Effekten auf die Ausstattung mit oder Zuschreibung von Macht bzw. sozialer Ungleichheit zu wenig berücksichtigt. Auch sind die Wechselwirkungen zwischen Macht und anderen Handlungsbedingungen (bzw. Dimensionen) sozialer Ungleichheit nicht ausreichend integriert; so kann sich beispielsweise das Ansehen einer Person auch unabhängig von der Macht – etwa in Abhängigkeit vom Besitz – verändern. Ähnlich den klassentheoretischen Modellen ist ein einseitig auf die Machtverteilung abhebendes Verständnis sozialer Ungleichheit zu undifferenziert.

5.3.3.6 | Milieu- und lebensstiltheoretische Erklärungen

Kapitalienausstattung als Ursache sozialer Ungleichheit

Eine als Weiterentwicklung des klassentheoretischen Konzepts sozialer Ungleichheit eigener Art angelegte Theorie geht auf den französischen Soziologen Pierre Bourdieu zurück (Bourdieu 1982; vgl. Überblick bei Müller 1993). Er ergänzt die ausschließlich ökonomische Ungleichheitsdimension der Klassentheorien marxistischer Provenienz um die ebenfalls ungleich verteilten kulturellen und sozialen Ressourcen *(kulturelles und soziales Kapital)* als wesentliche Elemente zur Bestimmung einer zeitlich relativ stabilen, klassenspezifischen Gliederung der Bevölkerung. Im Unterschied zu marxistisch geprägten Modellen geht Bourdieu damit wohl eher von einer kompensatorischen Wechselwirkung zwischen den verschiedenen Dimensionen aus.

Raum sozialer Positionen

Bourdieu nimmt an, dass die von ihm ergänzten Ressourcenarten zwar unabhängig vom ökonomischen Kapital sind, dass sie sich aber grundsätzlich ineinander konvertieren lassen. Beispielsweise kann ökonomisches Kapital (Geld) in den Ausbau des kulturellen Kapitals (etwa durch Opernbesuche oder Bucherwerb) investiert werden. Ebenso können Kenntnisse der Opernszene über eine journalistische Tätigkeit in ökonomisches Kapital umgewandelt werden (vgl. Bourdieu 1983: 185). Der Autor greift also auf das klassentheoretische Kalkül als Grundlage sozialer Distinktion zurück.

Er erweitert aber das einseitig auf das ökonomische Kapital fokussierende eindimensionale Klassenkonzept durch die Einbeziehung der kulturellen Kapitalien zum Konzept des *Raums sozialer Positionen*. Jede »Konfiguration« der Kapitalsorten (Kapitalstruktur) und ihres Umfangs (Kapitalvolumen) geht dabei mit einer individuellen Lebenslage einher, die sich in spezifische Grenzen und Möglichkeiten der Lebensgestaltung niederschlägt und typische Klassenlagen kennzeichnet. Dieser Ansatz geht somit inhaltlich über die klassentheoretischen Annahmen marxistischer Modellvarianten hinaus,

Bourdieu verbindet das so erweitert verstandene Klassenkonzept mit seinem Begriff des *Habitus*. Der Habitus korrespondiert mit der sich aus der Kapitalienausstattung ergebenden sozialen Position (Klassenzugehörigkeit) und besteht aus sozial vorkonstruierten, die Handlungsmöglichkeiten und Grenzen strukturierenden Dispositionen: Er ist also einerseits die Grundlage der individuellen Handlungspraxis, steuert andererseits aber auch die Wahrnehmung und Bewertung der Umwelt (Müller 1993: 255). Einzelne Lebensstile – etwa eine umweltbewusste Lebensweise – können in diesem Zusammenhang als Produkt des Habitus gesehen werden (vgl. Bourdieu 1982).

Habitus

Obschon Pierre Bourdieu weiterhin von Klassen spricht, ist seine Theorie doch zu einer wichtigen Grundlage *milieu- und lebensstiltheoretischer Ansätze* geworden. Sie greifen die von ihm eingeführten neuen Dimensionen sozialer Ungleichheit auf und versuchen, die Existenz verschiedener Lebensstile empirisch zu belegen (Vester et al. 2001). Mit seinen Arbeiten hat Bourdieu das Verständnis sozialer Ungleichheit substanziell erweitert und einen wichtigen Beitrag für die moderne Milieu- und Lebensstilforschung geleistet. Sie wird in verschiedenartiger Weise von ungleichheitstheoretischen Modellen angewendet, die von einer mehrdimensionalen Gliederung sozialer Ungleichheit ausgehen (vgl. etwa Beck 1986).

Argumentation der milieu- und lebensstiltheoretischen Ansätze

- Soziale Ungleichheit ergibt sich aus der ungleichen Ausstattung nicht nur mit ökonomischem, sondern auch mit kulturellem und sozialem Kapital.
- Das bestehende – aber einseitig auf Besitzklassen ausgerichtete – Klassenkonzept wird um weitere soziokulturelle Kapitalien und Distinktionsmerkmale zum Konzept des »Raums sozialer Positionen« erweitert.
- Darin lassen sich typische Klassenlagen identifizieren, die sich beispielsweise in ihrer ökonomischen Position ähneln, aber gravierend in Werthaltung und Lebensstil voneinander unterscheiden können.
- Korrespondierend dazu besteht der Habitus aus sozial vorkonstruierten Dispositionen und Denkmustern der Mitglieder einer Klasse, welche die Handlungsmöglichkeiten und -grenzen strukturieren.

Kritische Diskussion In der Kritik an Bourdieus Theorie wird hervorgehoben, dass sie einen eher beschreibenden Charakter habe und die theoretische Herleitung der konkret verwendeten (nicht ökonomischen) Klassifizierungsmerkmale (bzw. der verwendeten Kapitalien) letztlich zu kurz komme. Dabei bleibe oftmals unklar, inwieweit die verwendeten Merkmale tatsächlich für soziale Ungleichheit relevant sind oder ob sie lediglich – letztlich austauschbare – Unterschiede zwischen verschiedenen Gruppen bezeichnen (vgl. Geißler 1996).

5.3.3.7 | Fazit

Die knappe Diskussion der beschriebenen Ansätze hat gezeigt, dass diese bestimmte Aspekte sozialer Ungleichheit besonders hervorheben, während sie bei anderen Aspekten Defizite aufweisen. Die französischen Soziologen Boudon und Bourricaud (1992) postulieren daher, dass es keine allgemein gültige Theorie sozialer Ungleichheit oder Schichtung geben kann. Die Prinzipien der Genese und Reproduktion sozialer Ungleichheit können unterschiedlich sein und von Gesellschaft zu Gesellschaft variieren. Zwar halten die Autoren das Marktmodell für den fruchtbarsten Ansatz, da hierbei das soziale Schichtungssystem als nicht beabsichtigtes Ergebnis gezielten Handelns eigeninteressierter, individueller Akteure verstanden wird – und damit auf einen mikrofundierten theoretischen Kern zurückgegriffen werden kann. Allerdings hat auch dieses Modell Grenzen, wenn es um institutionelle Aspekte der sozialen Ungleichheit geht, welche nicht oder nur schwer mit der Marktlogik von Angebot und Nachfrage vereinbar sind.

Lernkontrollfragen

1 Wie unterscheiden sich Determinanten von den Dimensionen sozialer Ungleichheit?
2 Nach welchen Prinzipien können Dimensionen sozialer Ungleichheit aufeinander einwirken?
3 Was sind grundlegende Unterschiede zwischen unterschiedlichen Erklärungsversuchen sozialer Ungleichheit?
4 Was ist der Unterschied zwischen dem sozialen und dem ökonomischen Tausch?

Infoteil

Zu einzelnen Determinanten sozialer Ungleichheit finden sich ausführliche empirische Darstellungen in Geißler (2006) und statistischen Sammlungen wie dem Datenreport 2006 (Statistisches Bundesamt 2006c). Bei beiden Veröffentlichungen haben wir Anleihen gemacht. Zu den im Text genannten Datenquellen verweisen wir auf den Anhang.

Eine weitere Anmerkung zu den Theorien. Es gibt auch makroanalytische Machttheorien sozialer Ungleichheit. Eine dieser Theorien stammt von Gerhard Lenski (1973). Die Machtposition eines Akteurs in der Gesellschaft entscheidet darüber, wie viele von den Gütern, die nicht zur Existenzsicherung erforderlich sind, er sich aneignen kann. Lenski begründet seine These im Wesentlichen damit, dass es in jeder Gesellschaft eine Konkurrenz um die Erträge gibt, in der sich Akteure in Machtpositionen Vorteile verschaffen können. Die Mächtigen eignen sich die Überschüsse der gesellschaftlichen Produktion an. Das würde bedeuten, dass soziale Ungleichheit zunimmt, wenn die Produktivität einer Gesellschaft steigt. Allerdings haben sich diese Thesen empirisch als nicht haltbar erwiesen.

5.4 | Strukturen sozialer Ungleichheit

Strukturen sozialer Ungleichheit lassen sich beschreiben, indem man die Bevölkerung in relativ homogene Teilgruppen gliedert, deren Mitglieder sich ähnlichen Handlungs- und Lebensbedingungen gegenübersehen. Dabei wird zusätzlich angenommen, dass sich die ähnlichen Lebenslagen auf der subjektiven Ebene auch in ähnlichen Orientierungen und Einstellungen (»psycho-soziale Dispositionen« bzw. »Mentalitäten«) äußern, die mit den objektiven Bedingungen der Lebenslage korrespondieren. Auch wird oft davon ausgegangen, dass Akteure eher selten zwischen solchen sozialstrukturellen Gruppen wechseln – nicht nur im Verlauf ihres Lebens, auch im Vergleich mit ihren Eltern. Diese sozialstrukturellen Gruppen haben danach im Sinne Blaus eine hohe »salience« (→ Kapitel 3.1).

Die Teilgruppen der Bevölkerung können in einer hierarchischen Beziehung zueinander stehen, wenn die Mitglieder einer Gruppe jeweils durchgängig höhere oder niedrigere Statuspositionen einnehmen als die Mitglieder einer anderen Gruppe. Wir werden solche Teilgruppen im Folgenden ganz allgemein *soziale Schichten* nennen. Der »Gegenbegriff« zur Schichtung ist das *Milieu*, bei dem nicht mehr eine statuskonsistente Zuordnung von Individuen zu sozialen Schichten unterstellt wird.

5.4.1 | Schichtungskriterien sozialer Ungleichheit

Ausgehend vom Prinzip der Wechselwirkung zwischen den Dimensionen sozialer Ungleichheit haben wir in Übersicht 5.7 eine Systematik verschiedener Konzepte erstellt, nach denen eine ungleichheitsrelevante sozialstrukturelle Gliederung der Bevölkerung erfolgen kann. Hierbei können zum Teil auch Bezüge zu den in Kapitel 5.3.3 erläuterten Theorien hergestellt werden.

Übersicht

5.7 | **Systematik zu Prinzipien der Strukturierung sozialer Ungleichheit**
- **Prinzip der stratifikatorischen Differenzierung:**
  Kennzeichen: begründet eine Schichtung der Bevölkerung mit institutionellen Regeln (z. B. traditionale soziale Normen) bei Geltung des Komplementaritäts- oder Matthäusprinzips;
  Subjektive Orientierung: im institutionell-normativ Vorgegebenen verankert.

- **Prinzip der dominierenden Dimension sozialer Ungleichheit (Schichtungskriterium):**
  Kennzeichen: begründet eine Schichtung der Bevölkerung gemäß dem Status in einer dominanten Dimension sozialer Ungleichheit, also Geltung des Dominanzprinzips;
  Subjektive Orientierung: durch Bedingungen der Lebenslage (Sein) determiniert.
- **Prinzip korrelierender Dimensionen sozialer Ungleichheit (Schichtungskriterien):**
  Kennzeichen: begründet eine Schichtung der Bevölkerung gemäß statuskonsistenter Lebenslagen, also Geltung des Komplementaritäts- oder Matthäus-Prinzips;
  Subjektive Orientierung: durch Handlungsbedingungen der Lebenslage bestimmt.
- **Prinzip korrespondierender Dimensionen sozialer Ungleichheit und Mentalitäten:**
  Kennzeichen: begründet eine Milieudifferenzierung mit korrespondierenden Dimensionen sozialer Ungleichheit im Sinne »typischer Profile« von Statuspositionen, die Statusinkonsistenzen erlauben, und Mentalitäten bei Geltung des Kompensations- bzw. Substitutionsprinzips;
  Subjektive Orientierung: Mentalitäten als Kriteriumsdimensionen, nicht (allein) durch Lebenslage determiniert.

Nach dem *Prinzip der stratifikatorischen Differenzierung* ist die Gesellschaft durch Tradition oder durch religiös begründete, von allen Gesellschaftsmitgliedern akzeptierte, institutionelle Ordnungen in voneinander streng abgeschlossene Teilgruppen gegliedert. Diese stehen in einer hierarchischen Beziehung zueinander und ihre Mitglieder verfügen qua Geburt über ein unterschiedliches Maß an Machtbefugnissen, Ressourcen und sozialem Ansehen. Wechsel zwischen den Teilgruppen sind nahezu ausgeschlossen. Beispiele dafür sind die Ständeordnung der Feudalgesellschaft oder die indische Kastenordnung.

Prinzip der stratifikatorischen Differenzierung

Nach dem *Prinzip des dominierenden Schichtungskriteriums* beruht eine hierarchische Gliederung der Bevölkerung in Schichten auf einer (theoretisch begründeten) dominanten Dimension sozialer Ungleichheit. Soziale Schichtung wird auf ein Ungleichheitsmerkmal zurückgeführt, das die Ungleichheit in Bezug auf alle ungleichheitsrelevanten Merkmale maßgeblich bestimmt.

Prinzip des dominierenden Schichtungskriteriums

Der Marxsche Klassenbegriff ist ein Beispiel für diesen Ansatz. Hier entscheidet ein bestimmtes sozioökonomisches Kriterium über die Lebenslage von Menschen: im Kapitalismus ist das der Besitz oder Nichtbesitz an Produktionsmitteln.

Prinzip korrelierender Schichtungskriterien

In Abschwächung des Dominanzprinzips der sozialen Schichtung einer Gesellschaft begründet das *Prinzip korrelierender Dimensionen sozialer Ungleichheit* soziale Schichtung mit einem hohen Zusammenhang zwischen den Statuspositionen in den Dimensionen. Nach Blau gibt es also eine starke Kongruenz der sozialstrukturellen Gruppen im Hinblick auf die ungleichheitsrelevanten Merkmale. Akteure sind in ähnlicher Weise mit einem bestimmten Niveau an Macht, Ressourcen und sozialem Ansehen oder anderen Dimensionen sozialer Ungleichheit ausgestattet. Soziale Beziehungen über die Grenzen dieser »Blöcke«, wie Bahrdt es ausdrückt (Bahrdt 1994: 133), sind selten anzutreffen, obwohl sie nicht institutionell unterbunden sind.

Soziale Schichten

Die modernen Konzepte der sozialen Schicht folgen in der Regel diesem Prinzip, wenn auch die Abgrenzung zum Dominanzprinzip oft nicht eindeutig vorzunehmen ist; denn häufig wird der beruflichen Position, die mit einem unterschiedlich hohen Ausmaß an Machtbefugnissen, unterschiedlichem Einkommen und verschieden hohen sozialen Ansehen verbunden sein kann, eine besondere Bedeutung bei der Schichtspezifikation zugebilligt. Die starke Zentrierung unserer Gesellschaften und der Lebensläufe auf das Erwerbssystem hin bietet dafür den institutionellen Hintergrund.

Prinzip korrespondierender Dimensionen sozialer Ungleichheit und Mentalitäten

Nach dem *Prinzip korrespondierender Dimensionen sozialer Ungleichheit und Mentalitäten* werden homogene Profile von Lebenslagen und Mentalitäten identifiziert. Lebenslagen müssen jedoch nicht mehr dem Prinzip der Statuskonsistenz gehorchen und einzelne Dimensionen sozialer Ungleichheit können in einer Kompensations- oder Substitutionsbeziehung zueinander stehen. So wird ein niedriger beruflicher Status möglicherweise durch Erfolge oder Anerkennung in anderen Lebensbereichen (etwa der Freizeitgestaltung) kompensiert. Auch sind Lebenslagen und Mentalitäten bzw. persönliche Werteinstellungen nicht eineindeutig miteinander verknüpft. Eine Lebenslage kann durchaus mit unterschiedlichen Wertorientierungen einhergehen.

Milieus

Diese Form der Klassifikation wird in unterschiedlicher Weise in neueren Milieu-Modellen angewandt, die als Alternative zu den bisher dominierenden Schichtungsmodellen angelegt sind. Die Merkmalsprofile einzelner Milieus werden meist explorativ, d.h. durch eine Auswertung empirischer Umfragedaten ermittelt und weniger theoretisch erklärt.

Dieses Klassifikationsprinzip wird aber seit einiger Zeit von vielen Sozialstrukturforschern als das adäquate Konzept zur Charakterisierung der Ungleichheitsstruktur in fortgeschrittenen Industriegesellschaften angesehen (Bolte 1990: 41; Hradil 1987: 158 f., 2001). Bevor wir diesen Standpunkt weiter diskutieren, wollen wir uns zunächst die einzelnen Klassen-, Schicht- und Milieukonzepte genauer ansehen.

Klassen, Stände und Schichten

| 5.4.2

Der klassische Schichtungsbegriff, wie wir ihn heute kennen, ist vor allem von dem deutschen Soziologen Theodor Geiger geprägt worden (Geiger 1932, 1963). Er betrachtet ihn als Oberbegriff zu Gliederungskonzepten der Struktur sozialer Ungleichheit (Klassen, Kasten, soziale Schichten etc.), und lässt ihn in verschiedenen historischen Phasen als Strukturprinzip sozialer Ungleichheit zum Einsatz kommen.

Klassischer Schichtungsbegriff

Definition

Der Schichtungsbegriff von Geiger
Er ist durch drei Aspekte bestimmt:
- *Soziale Lagerung:* Schichtmitglieder befinden sich objektiv in einer ähnlichen »sozialen Lagerung« und unterscheiden sich dadurch von anderen Schichten in der Bevölkerung. Kriterien sind: Lebensstandard, Chancen und Risiken, Glücksmöglichkeiten, Privilegien und Diskriminierung, Rang und öffentliches Ansehen (Geiger 1963: 186).
- *Schichtdeterminanten:* Hier geht es um die Position im Gefüge sozialer Einflussstrukturen sowie um die Verfügbarkeit von Ressourcen, die den Zugang zu bestimmten sozialstrukturellen Positionen erlauben. Kriterien sind: berufliche Stellung, das Verhältnis zu den Produktionsmitteln und die Ausbildung.
- *Schichtmentalitäten:* Dazu zählen schichtspezifische Ausprägungen des Denkens, der Mentalitäten, Werte, Interessen und Handlungsmuster.

Wie man erkennt, entsprechen die ersten beiden Aspekte nur bedingt den in diesem Band eingeführten Dimensionen und Determinanten sozialer Ungleichheit; dies hat seinen Grund darin, dass Geigers Differenzierung weniger systematisch begründet ist.

In Erweiterung des Geiger'schen Schichtungsbegriffs versteht Bahrdt darüber hinaus eine soziale Schicht als einen *sozialen Binnenraum* und begründet das damit, dass unter den Mitgliedern einer Teilgesamtheit, die als soziale Schicht verstanden werden soll, die Dichte der sozialen Beziehungen größer als zwischen Mitgliedern verschiedener sozialer Schichten ist (vgl. auch Blau 1994). Mehr noch:

Schicht als sozialer Binnenraum

»Es entsteht unter den Ranggleichen ein sozialer Binnenraum. In ihre Handlungsmuster geht ein, daß es ein begrenztes Feld gibt, innerhalb dessen das Handeln nach anderen Regeln verläuft als beim Interagieren mit Partnern, die jenseits dieses Feldes angesiedelt sind.« (Bahrdt 1994: 134).

Im Zusammenhang mit den vorgeschlagenen Schichtungskriterien ist sich Geiger dessen bewusst, dass man – je nach Auswahl der Kriterien – unterschiedliche Schichtungsmodelle aufstellen kann, die zu nicht übereinstimmenden Gliederungen der Gesellschaft in Schichten führen können

Mehrdimensionale Schichtungsstruktur oder Dominanzprinzip?

Geiger konzediert damit einerseits eine mehrdimensionale Schichtungsstruktur, andererseits nimmt er selbst jedoch an, dass es immer eine *dominante Schichtungsdimension* gibt; er präferiert also das Dominanzmodell. Die Frage ist dann allerdings, nach welchem inhaltlichen Kriterium eine Schichtungsdimension als dominant angesehen wird.

Nach diesen begrifflichen Vorüberlegungen wollen wir uns nun einigen zentralen, klassischen Schichtungskonzepten und ihrem Umgang mit dem Phänomen der Statusinkonsistenz zuwenden.

5.4.2.1 | Klassen und Klassenlage

Eine erste wichtige Version des allgemeinen Schichtungskonzepts ist das *Klassenmodell*. Die *Klassenlage* ist verschieden bestimmt worden, alle Definitionen gehen aber davon aus, dass soziale Ungleichheit auf einer unterschiedlich starken wirtschaftlichen Macht der Gesellschaftsmitglieder beruht, die diese aufgrund ihres Vermögens oder des Besitzes marktrelevanter ökonomischer Ressourcen innehaben. Bevor wir auf spezifischere Klassenmodelle eingehen, sei eine allgemeine Definition für den Begriff der Klassenlage vorausgeschickt.

Definition

Klassenlage

Die Klassenlage meint die Positionierung in einer Klassengesellschaft. Sie ergibt sich aus dem Ausmaß und der Art der Verfügungsgewalt über wirtschaftliche Güter und Produktionsmittel sowie nach weiteren Kriterien, insbesondere dem Ausmaß und der Art der Berufsqualifikation, sofern diese in der jeweiligen Wirtschaftsordnung für die Erzielung von Einkommen verwertbar ist.

Nach Karl Marx besteht eine Klasse aus Individuen, die eine Beziehung zu den Produktionsmitteln, damit zur politischen Machtstruktur und den herrschenden Ideen, gemeinsam haben (»Klasse an sich«). Wie gesehen (→ Kapitel 5.3.3.2), liefert Marx eine Theorie, welche die Ursachen sozialer Ungleichheit in der Gesellschaft erklären soll. Wesentlich – im Sinne einer dominierenden Schichtungsdimension – ist die Beziehung zu den Produktionsmitteln.

Produktionsmittelbesitz als dominierendes Schichtungskriterium bei Marx

Der Schichtmentalität entspricht das *Klassenbewusstsein*, das sich durch die Erfahrung der gemeinsamen Klassenlage und Ausbeutungssituation entwickelt und womöglich die Klassen zu kollektiven Akteuren gesellschaftlicher Entwicklung werden lässt (»Klasse für sich«). Die Arbeiterklasse wird zu einer revolutionären Kraft, die durch eine Revolution die Transformation der Gesellschaft hin zu einer neuen, gerechteren Ordnung vorantreibt.

Klassenbewusstsein

Wie in Kapitel 5.3.3.2 schon erwähnt, wurde dieses einfache Klassenkonzept in neo-marxistischen Konzepten modifiziert und ausdifferenziert, um den zunehmend komplexer werdenden Strukturen moderner Gesellschaften besser gerecht zu werden. Ein Beispiel ist das Modell des amerikanischen marxistischen Sozialstrukturforschers Erik Olin Wright (1985). Dieser schlägt ein erweitertes 12-stufiges Klassenschema vor. Wright argumentiert, dass die Klassenstruktur neben dem Produktionsmittelbesitz durch weitere Merkmale geprägt wird. Insgesamt nennt er drei Arten von »Ausbeutungsmitteln«:

Klassenkriterien bei Wright

1. Besitz an Produktionsmitteln;
2. Organisationsmacht; sie kann auch als Ausmaß der Verfügungsgewalt über nicht im Eigentum der Betreffenden befindliche Produktionsmittel verstanden werden;
3. Qualifikation der Akteure.

Danach gibt es in modernen Gesellschaften neben den Ausbeuterklassen und den ausgebeuteten Klassen »neue« Klassen, die Merkmale sowohl der ausbeutenden- als auch der ausgebeuteten Klassen tragen. Neben den von Marx beschriebenen Klassen der Bourgeoisie und der Proletarier findet Wright mithilfe seiner drei Differenzierungskriterien zehn weitere Klassen, welche in unterschiedlichem Ausmaß über »Ausbeutungsmittel« verfügen. Nach diesem Schema sind Schlüsselstellungen in der Wirtschaft ebenso wichtig wie der Besitz an Produktionsmitteln. Das leuchtet durchaus ein, wenn wir zum Beispiel an die mächtigen Manager in Konzernen und Aktiengesellschaften denken. Auch sie haben eine große Verfügungsgewalt über Produktionsmittel, gleichwohl ohne sie zu besitzen. Tabelle 5.15 stellt Wrights Klassenmodell im Einzelnen dar.

Tab. 5.15 | *Erik Olin Wrights Klassenmodell*

Besitz an Produktionsmitteln	Nichtbesitz an Produktionsmitteln (Lohnarbeit)			
1) Bürgertum (Bourgeoisie) Diese haben genügend Kapital, um Arbeitnehmer zu beschäftigen und nicht selbst arbeiten zu müssen	4) fachlich qualifizierte Manager	7) fachlich teilweise qualifizierte Manager	10) fachlich nicht qualifizierte Manager	
2) Kleine Arbeitgeber Diese haben genügend Kapital, um Arbeitnehmer zu beschäftigen, müssen selbst mitarbeiten	5) fachlich qualifizierte Aufsichtspersonen	8) fachlich teilweise qualifizierte Aufsichtspersonen	11) fachlich nicht qualifizierte Aufsichtspersonen	Ausstattung mit Organisationsmacht
3) Kleinbürger Diese haben genügend Kapital zur Selbstständigkeit, aber nicht zur Beschäftigung von Arbeitnehmern	6) fachlich qualifizierte Nichtmanager	9) fachlich teilweise qualifizierte Arbeiter	12) »Proletarier« (Arbeiterklassen)	
	Ausstattung mit Qualifikation			

Quelle: Wright 1985; nach Übersetzung in Hradil 2001: 66.

Die Tabelle veranschaulicht, wie das klassentheoretisches Modell von Marx durch entsprechende Erweiterungen genutzt werden kann, um die in modernen ausdifferenzierten Gesellschaften herrschenden Ausbeutungsprozesse – und die daran gekoppelten Konflikte – sichtbar zu machen und zu analysieren. Wrights »mehrdimensionales« Klassifizierungskonzept berücksichtigt neben den Handlungsbedingungen der in Kapitel 5.2. vorgestellten »ökonomischen« Dimension sozialer Ungleichheit (Güterbesitz und Qualifikation) mit der Organisationsmacht auch eine zentrale Handlungsbedingung der »sozialen« Dimension sozialer Ungleichheit.

Werden – wie von Wright vorgeschlagen – neben den Eigentumsverhältnissen weitere Klassifizierungskriterien verwendet, steigt auch die Zahl der möglichen Klassen. Daraus ergeben sich eine Reihe von Problemen: Hradil kritisiert, dass Wright in seiner Theorie die Begründung der zwischen den zwölf Klassen herrschenden »Ausbeutungsprozesse und -verläufe« und die mit diesen Ausbeutungsverhältnissen einhergehenden gesellschaftlichen Konsequenzen nicht mehr ausführt. Er werde damit der theoretischen Tiefe des ursprünglichen Ansatzes von Marx nicht mehr gerecht (Hradil 2001: 67). Hier stellen sich eine Reihe von Fragen: Beispielsweise wäre zu klären, in welchem Verhältnis die verwendeten Klassifizierungskriterien zueinander stehen und inwieweit sie für die Machtverhältnisse zwischen den (durch sie generierten) Klassen relevant sind. Außerdem stellt sich die Frage der Durchlässigkeit zwischen den Klassen (Klassenmobilität) in Abhängigkeit von der verwendeten Klassifizierungstypologie neu. Weiter stellt sich die Frage, ob ein Kriterium (etwa Qualifikation) eines oder alle anderen dominiert oder ob die Kriterien unabhängig voneinander sind.

Max Weber hält in seiner Definition der *Klassenlage* an der grundlegenden Idee und dem ökonomisch begründeten Unterscheidungsprinzip von Marx fest, differenziert es aber aus und relativiert damit die alleinige Relevanz der Eigentumsverhältnisse. Weber geht es um eine Klassifikation von Individuen nach identischen Lebenschancen oder präziser »Marktchancen«, wie sie sich aus Eigentum oder der wirtschaftlichen Verfügungsmacht – die nicht unbedingt über Eigentum vermittelt sein muss – ableiten lassen. Daneben berücksichtigt er auch Privilegien anderer Art. Weber definiert:

> *»Klassenlage soll die typische Chance 1. der Güterversorgung, 2. der äußeren Lebensstellung, 3. des Lebensschicksals heißen, welche aus Maß und Art der Verfügungsgewalt (oder des Fehlens solcher) über Güter oder Leistungsqualifikation und aus der gegebenen Art ihrer Verwertbarkeit für die Erzielung von Einkommen und Einkünften innerhalb einer gegebenen Wirtschaftsordnung folgt. ›Klasse‹ soll jede in einer gleichen Klassenlage befindliche Gruppe von Menschen heißen«* (Weber 1972: 177)

Die Klassenlage kann durch Besitz *(Besitzklassen)* oder die Art der Position im Erwerbssystem und der Chancen zur »Marktverwertung von Gütern

Probleme mehrdimensionaler Klassenmodelle

Klassenlage und Klassen bei Weber

Besitz- und Erwerbsklassen

oder Leistungen« *(Erwerbsklassen)* begründet sein (Weber 1972: 177). Letzteres geht über das Marxsche Klassenkonzept und auch den von Wright vorgelegten, ausschließlich ökonomische Aspekte berücksichtigen Erweiterungsvorschlag hinaus, ohne dabei jedoch die Grundidee einer eindimensionalen Klassenstruktur aufzugeben. Mehr noch gilt das für soziale Klassen, die wir in der Übersicht 5.8 vorstellen

Übersicht

5.8 | Soziale Klassen bei Weber

Als *soziale Klassen* fasst Weber Klassenlagen zusammen, zwischen denen ein Wechsel im Lebenslauf oder in der Generationenfolge leicht möglich ist. Er postuliert vier soziale Klassen:
- Arbeiterschaft,
- Kleinbürgertum,
- besitzlose Intelligenz und Fachgeschultheit,
- Besitzende und durch Bildung Privilegierte.

Zwischen den sozialen Klassen gibt es kaum Mobilität (→ Kapitel 5.5), d.h., dass soziale Klassen sozial relativ stark voneinander abgegrenzt sind.

Mit diesem Konzept kann Weber die Idee einer hierarchisch geordneten Klassenstruktur beibehalten und gleichzeitig Annahmen über soziale Mobilität zwischen Klassenlagen formulieren.

Auf der Grundlage des Weberschen Klassenbegriffs ist ein bekanntes, bis heute viel verwendetes Klassenschema entwickelt worden: das Klassenschema der europäischen Sozialstrukturforscher Robert Erikson, John Goldthorpe und Lucienne Portocarero (1979). Es wird in Übersicht 5.9 dargestellt.

Übersicht

5.9 | Das Klassenschema von Erikson, Goldthorpe und Portocarero (1979)

In diesem Klassenschema werden berufliche Positionen nach der Art des Beschäftigungsverhältnisses differenziert. Das Schema sieht unter anderem eine Dreiteilung zwischen Selbstständigen mit Beschäftigten, Selbstständigen ohne Beschäftigten und abhängig Beschäftigten vor. Letztere werden weiter nach Art der abhängigen Beschäftigung ausdifferenziert. Darin spiegelt sich wider, dass Privatunternehmen gegenüber korporativen Formen von Konzernen, Aktiengesellschaften etc. an Bedeutung verloren haben und zu hierarchisch stratifizierten, großen Arbeitsorganisationen geworden sind. Da es also nur noch wenige Besitzer sehr großer Unternehmen gibt, werden diese unter der Klasse I subsumiert:

	Klasse
I	Professional, administrative and managerial, higher (Obere Dienstklasse)
II	Professional, administrative and managerial, lower (Untere Dienstklasse)
III	Routine nonmanual (Nicht-manuell Ausführende)
IVa	Proprietors and self-employed with employees (Selbstständige mit Beschäftigten)
IVb	Proprietors and self-employed without employees (Selbstständige ohne Beschäftigte)
IVc	Farmers and smallholders (Landwirte)
V	Lower technical and supervisory (Arbeiterelite)
VI	Skilled manual (Facharbeiter)
VIIa	Semi-skilled and unskilled manual (Un- und Angelernte)
VIIb	Agricultural workers (Landarbeiter)

Stände

| 5.4.2.2

Bei Weber bleibt die Klassenlage nicht das einzige wichtige Konstrukt sozialer Gruppierungen. Er führt auch den Begriff des *Standes* ein, der stark mit der Dimension des »Prestige« korrespondiert.

> *»Ständische Lage soll heißen eine typisch wirksam in Anspruch genommene positive oder negative Privilegierung in der sozialen Schätzung begründet auf:*
> a) *Lebensführungsart, [...],*
> b) *formale Erziehungsweise, [...]*
> c) *Abstammungsprestige oder Berufsprestige [...],*
> d) *ständischen Konventionen (Traditionen) anderer Art«*
> (Weber 1972: 179 f.).

Ständ sche Lage

Weber bezeichnet mit der ständischen Lage also die Zugehörigkeit zu einer relativ exklusiven Gruppe, die durch gegenseitige Hochachtung und Wertschätzung, die ständische Ehre der »Mitglieder«, begründet ist.

Durch die Einführung des Ständekonzepts werden die verschiedenen Klassenlagen also in sich noch einmal aufgegliedert und gleichzeitig voneinander abgegrenzt.

Nach Weber kann die ständische Lage auf einer Klassenlage bestimmter oder mehrdeutiger Art beruhen, sie ist aber nicht durch sie alleine bestimmt. Sein Beispiel:

> *»Die Klassenlage eines Offiziers, Beamten, Studenten, bestimmt durch sein Vermögen, kann ungemein verschieden sein, ohne die ständische Lage zu differenzieren, da die Art der durch Erziehung geschaffenen Lebensführung in den ständisch entscheidenden Punkten die gleiche ist.« (Weber 1972: 226)*

Definition

Stand

Soziale Gruppierung, die durch gegenseitige Hochachtung, Wertschätzung und Privilegierung ihrer Mitglieder untereinander gekennzeichnet ist.

Ständische Lebensführung

Stände pflegen nach Weber in der Regel eine eigene ständische Lebensführung, wobei er die Art des Berufs hervorhebt (Berufsstände). Hier denkt man vielleicht an die »Wanderjahre« verschiedener Zimmermannszünfte, die sich bis in die heutige Zeit erhalten haben. Mit ihnen gehen eine bestimmte Kleiderordnung und Lebensweise einher. Stände können aber auch auf erfolgreiche Prestigeansprüche kraft ständischer Abstammung beruhen (Geburtsstände) und auf ständische Aneignung von politischen oder priesterlichen Herrschaftsgewalten (Weber 1972: 180). Weber versteht Stände also als Gruppierungen von Menschen, »die auf Grund gemeinsamer Eigenschaften sowie charakteristischer Gemeinsamkeiten des Denkens und Handelns eine spezifische positive oder negative Einschätzung erfahren« (Bolte/Hradil 1988: 44). Mit der Idee, dass den Mitgliedern eines Standes ein »typischer« Lebensstil gemeinsam ist, nimmt Weber gewissermaßen eine lebensstiltheoretische Ergänzung (→ Kapitel 5.4.3) des Klassenbegriffs vorweg. Diese wird von ihm jedoch nicht explizit ausgeführt und weiterentwickelt.

5.4.2.3 | Soziale Schicht

Der Schichtungsbegriff wurde bislang als Oberbegriff für die vertikale Gliederung einer Bevölkerung in soziale Teilgesamtheiten verwendet.

Als *soziale Schichten* bezeichnen wir im Folgenden Formen vertikaler und hierarchischer Strukturierung, die nicht allein auf ökonomischen Faktoren beruhen. Anders als beim Konzept der Klasse sind die Kriterien also breiter angelegt. Abgehoben wird auf die Lebenslage, in der alle Dimensionen sozialer Ungleichheit berücksichtigt sind. Dabei wird dem Prinzip der korrelierenden Schichtungskriterien gefolgt – auch wenn faktisch (wie beim Klassenkonzept) berufliche Aspekte immer eine besondere Rolle spielen.

Die Rechtfertigung eines Schichtungsmodells ergibt sich aufgrund der Annahme einer hohen Korrelation der Ungleichheitsmerkmale, die erst eine hierarchische Gliederung von Gruppen ermöglicht. Nur wenn ein bestimmter beruflicher Status mit entsprechendem Einkommen, Ansehen und sozialem Einfluss einhergehen, ist eine hierarchische Schichtung möglich. Aufgrund dieser – empirisch oft falschen – Vorannahme eignen sich Schichtungsmodelle eher zur Beschreibung als zur Erklärung sozialer Ungleichheit (Hradil 2001: 42). Die folgende Übersicht 5.10 zeigt die wichtigsten Unterschiede zwischen dem Klassen- und Schichtkonzept auf.

Voraussetzungen für soziale Schichtung

Übersicht

Klasse und Schicht –
Der Vergleich zweier Begriffe bei Stefan Hradil

| 5.10

Mit der zunehmenden Industrialisierung einer Gesellschaft eignete sich das Klassenkonzept immer weniger, um die zunehmende Vielfalt sozialer Ungleichheit zu beschreiben. Innerhalb der arbeitenden Klasse differenzierten sich immer mehr Berufsstellungen heraus, die an bestimmte Qualifikationen gekoppelt und mit einer bestimmten Organisationsmacht, einem bestimmten Einkommen und Prestige verbunden waren; d. h., innerhalb der Arbeiterklasse wurde ein Gliederungskonzept notwendig, um die dort entstandene Ungleichheit adäquat zu erfassen.

Mit dem Schichtkonzept wurde ein Gliederungskonzept verwendet, welches den Status von Menschen entlang einer oder mehrerer berufsnaher Ungleichheitsdimensionen beschreibt, dabei aber gleichzeitig einige charakteristische Unterschiede zum Klassenkonzept aufweist. Einen Vorschlag von Hradil (2001: 42) folgend, lassen sich die Unterschiede zwischen beiden Gliederungskonzepten im Groben wie folgt beschreiben:

Klasse	Schicht
Ist erklärender Bestandteil einer Theorie sozialer Ungleichheit	Beschreibt soziale Ungleichheit und wird durch eine erklärende Theorie ergänzt
Konflikttheoretisch unterlegt; d. h,. verschiedene Klassen haben zumeist gegensätzliche Interessen	Integrationstheoretisch unterlegt; Schichten kommen durch legitime, gesellschaftliche Belohnungsprozesse zustande
Klassenunterschiede sind qualitativer Natur	Schichtunterschiede sind gradueller Natur
Klassengrenzen sind »undurchlässig«; kaum soziale Mobilität	Schichtgrenzen sind »durchlässig«, soziale Mobilität möglich
Relationales, auf Beziehungen zwischen Gruppierungen verweisendes Merkmal	Attributives, sich auf die individuelle Ausstattung beziehendes Merkmal
Bezeichnet potenziell kollektive Akteure mit gemeinsamen Interessen	Bestehen aus individuellen Akteuren, denen bestimmte Lebensbedingungen gemeinsam sind

Geigers Modell der sozialen Lagerung

Theodor Geiger hat ein *Modell sozialer Schichten* vorgelegt, das von der späteren Schichtungsforschung oft als Ausgangspunkt gewählt worden ist (vgl. Abb. 5.7). Im engeren Sinne unterscheidet es sich noch nicht substantiell von einem Klassenschema, erhebt allerdings nicht dessen theoretischen Anspruch. Geiger geht in seiner Rohgliederung von der Marxschen Klassenkonstruktion aus, fügt aber eine mittlere Lage hinzu, in der Teile der Bevölkerung zusammengefasst sind, die Mittel- und Kleinunternehmern und abhängig Beschäftigten in höheren Positionen umfassen. Dies wird aus Abbildung 5.7 auch deutlich.

Abb. 5.7 |

Schema sozialer Lagerungen von Geiger (1932)

Quelle: Geiger 1967 [1932]: 24.

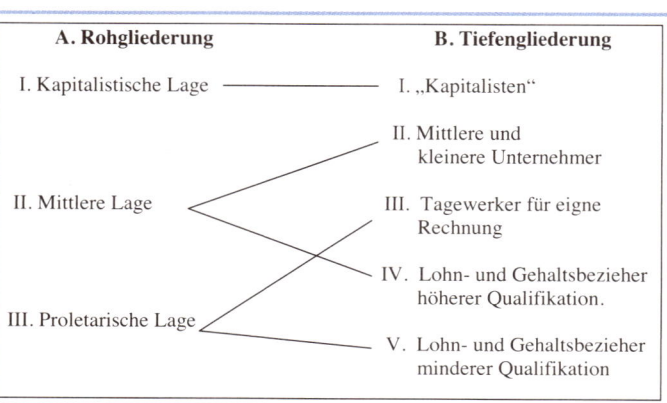

In der Zeit nach dem Zweiten Weltkrieg wurden verschiedene Versuche unternommen, die Schichtstruktur der Bundesrepublik Deutschland zu bestimmen und die Verteilung der Bevölkerung in den Schichten anteilsmäßig zu beschreiben. Die vorgeschlagenen Modelle unterscheiden sich in den Merkmalen, welche zur Beschreibung der sozialen Lage berücksichtigt wurden, sowie in der Zahl der unterschiedlichen Schichten.

Eine bis heute besondere Bedeutung hat das von dem deutschen Soziologen Karl Martin Bolte und seinen Mitarbeitern für die bundesdeutsche Gesellschaft der 1960er Jahre entworfene »Zwiebel-Modell« (vgl. Abb. 5.8). Es belegt, wie groß der Anteil der Mittelschicht an der Gesamtbevölkerung ist und unterstreicht die Notwendigkeit einer differenzierteren Gliederung nach oberer, mittlerer und unterer Mittelschicht. Auch dieser Schichtungsvorschlag orientiert sich an der beruflichen Stellung sowie an daran gekoppelten Ungleichheitsmerkmalen.

Bolte-Zwiebel

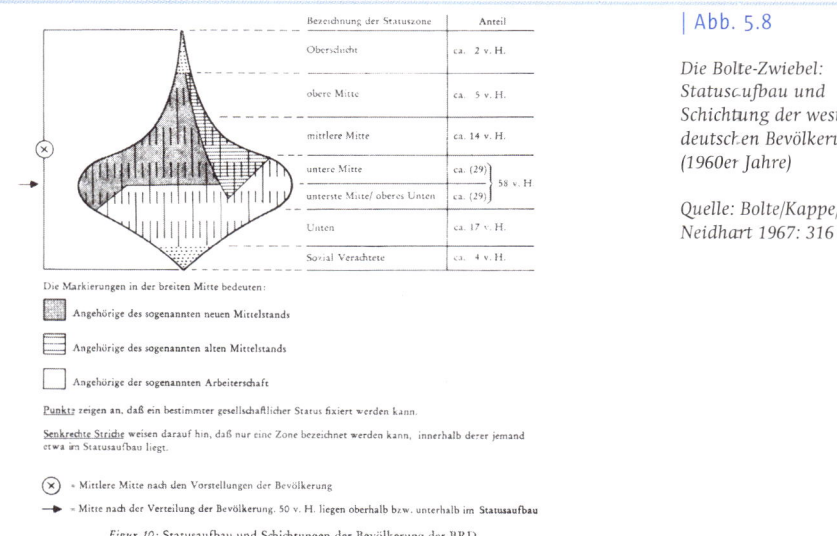

| Abb. 5.8

Die Bolte-Zwiebel: Statusaufbau und Schichtung der westdeutschen Bevölkerung (1960er Jahre)

Quelle: Bolte/Kappe/ Neidhart 1967: 316

Zur Oberschicht gehört die Spitze der politischen und ökonomischen Elite. Zur oberen Mittelschicht gehören die nachrangigen Positionen aus Politik und Wirtschaft etwa Angehörige von Familien, deren Hauptverdiener große und mittlere Selbstständige sind, freiberuflich tätige Akademiker, höhere Beamte und leitende Angestellte und Inhaber landwirtschaftlicher Großbetriebe. Zur mittleren und unteren Mittelschicht

gehören Angehörige aus Familien, deren Hauptverdiener kleine Selbstständige (Handwerksbetrieb), qualifizierte Angestellte, gehobene und
mittlere Beamte oder große und mittlere Landwirte sind. Zur oberen
Unterschicht zählen Angehörige aus Familien, deren Hauptverdiener
ausführende Angestellte, Facharbeiter, einfache Beamte oder kleine
Landwirte sind. Zur unteren Unterschicht zählen Angehörige aus Familien, deren Hauptverdiener un- und angelernte Arbeiter sind.

Das »Hausmodell« sozialer Schichtung von Dahrendorf

Ein anderes bekanntes Modell wurde 1960 von dem deutschen Soziologien Dahrendorf vorgelegt (»Hausmodell«). In Anlehnung an Geiger sieht
das Modell eine Einteilung der Bevölkerung in sieben Schichten vor: die
Elite (oberste Machtpositionen), die Dienstklasse (Verwaltungsangestellte),
der alte Mittelstand (Selbstständige), die Arbeiterelite (Meister etc.), die
Arbeiterschicht, der falsche Mittelstand (einfache Dienstleistungsberufe)
und die Unterschicht.

Die »Geißler-Residenz«

Als Anpassung an die gegenwärtigen Verhältnisse hat Rainer Geißler (2006: 100) ein modifiziertes Modell (vgl. Abb. 5.9) entwickelt, dessen
Einteilung folgende Kriterien zugrunde liegen (Geißler 2006: 101):
- der Beruf; er bündelt verschiedene Faktoren wie Funktion in der
  gesellschaftlichen Arbeitsteilung, Qualifikation, Einkommen, Prestige und Einfluss;
- materielle Lage und ethnische Zugehörigkeit;
- die Position im schichtspezifischen Herrschaftsgefüge bei der
  Abgrenzung der Eliten »typische« Mentalitäten, Subkulturen und
  Lebenschancen.

Abb. 5.9 |

*Die »Geißler-
Residenz« – Soziale
Schichtung der west-
deutschen Bevölkerung
im Jahr 2000*

*Quelle:
Geißler 2006: 100.*

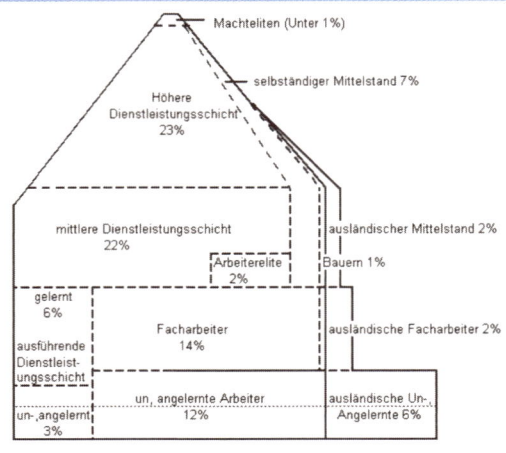

Soziale Lage, Milieus und Lebensstile | 5.4.3

Kritik der klassischen Schichtungsmodelle | 5.4.3.1

Es gibt einen bereits seit Langem andauernden Streit darüber, ob das Klassen- und Schichtkonzept die fortgeschrittene industrielle Gesellschaft noch angemessen beschreibt. Kritiker betonen, dass die klassischen Schichtmodelle einer vertikalen Gliederung der Sozialstruktur generell die Strukturen sozialer Ungleichheit in unserer Gesellschaft nicht hinreichend gut abbilden könnten. Sie seien zu grob und undifferenziert, betonten die falschen Ungleichheitskriterien und entsprächen nicht mehr den aktuell bestehenden Unterschieden in den Mentalitäten von Individuen (Beck 1986, Hradil 1987, 2001; Geißler 2006: 103 f.). Soziale Ungleichheit habe sich zwar nicht verringert, doch ihre Strukturen seien vielfältiger geworden. Klassenzugehörigkeit und Klassenbewusstsein fielen nicht mehr zusammen, einfache Korrespondenzen von Schichtzugehörigkeiten und Schichtmentalitäten seien nicht mehr vorhanden.

Ist das Schichtkonzept noch argemessen?

Es wird weiterhin argumentiert, dass die klassischen Dimensionen sozialer Ungleichheit (Bildung, Geld, Macht, Prestige) relativ an Bedeutung verlören, daher Klassen- und Schichtmodelle zur Charakterisierung der Chancenstrukturen in Gesellschaften hinfällig würden und durch differenziertere Konzepte ersetzt werden müssten. Dabei wird nicht abgestritten, dass die auf ökonomischen und beruflichen Aspekten beruhenden Ungleichheitsstrukturen weiterhin existieren. Sie bilden aber, so Stefan Hradil, nicht mehr die dominanten, geschweige denn die einzigen Strukturdeterminanten für soziale Ungleichheit in unserer Gesellschaft (Hradil 1987: 39).

Als populärer Beleg für den Bedeutungsverlust klassischer Ungleichheitsdimensionen wird oft auf den von Ulrich Beck als »Fahrstuhleffekt« bezeichneten zunehmenden allgemeinen Wohlstand in modernen Gesellschaften verwiesen, welcher die alten Klassenunterschiede relativiere. Ulrich Beck meint:

Fahrstuhleffekt

> »Wir leben trotz fortbestehender und neu entstehender Ungleichheiten heute in der Bundesrepublik bereits in Verhältnissen jenseits der Klassengesellschaft, in denen das Bild der Klassengesellschaft nur noch mangels einer besseren Alternative am Leben erhalten wird. Auflösbar wird dieser Gegensatz, wenn man der Frage nachgeht, inwieweit sich in den vergangenen drei Jahrzehnten unterhalb der Aufmerksamkeitsschwelle der Ungleichheitsforschung die soziale Bedeutung von Ungleichheit gewandelt hat. Dies ist meine These: Auf der einen Seite sind die Relationen sozialer Ungleichheit in der Nachkriegs-*

entwicklung weitgehend konstant geblieben. Auf der anderen Seite haben sich die Lebensbedingungen der Bevölkerung radikal verändert. Die Besonderheit der sozialstrukturellen Entwicklung in der Bundesrepublik ist der Fahrstuhleffekt: die Klassengesellschaft wird insgesamt eine Etage höher gefahren. Es gibt – bei allen sich neu einpendelnden oder durchgehaltenen Ungleichheiten – ein kollektives Mehr an Einkommen, Bildung, Mobilität, Recht, Wissenschaft, Massenkonsum. In der Konsequenz werden subkulturelle Klassenidentitäten und -bindungen aufgelöst. Gleichzeitig wird ein Prozeß der Individualisierung und Diversifizierung von Lebenslagen und Lebensstilen in Gang gesetzt, der das Hierarchiemodell sozialer Klassen und Schichten unterläuft und in seinem Wirklichkeitsgehalt in Frage stellt.« (Beck 1986: 121 f.).

Mit dem zunehmenden Wohlstand gehen auch nach Beck zunächst einmal keine Nivellierungs- oder Verschärfungstendenzen sozialer Ungleichheit einher, das Ausmaß ökonomischer sozialer Ungleichheit ist am ehesten durch Stabilität gekennzeichnet. Der allgemeine Ein-

Bedeutungsverlust sozialer Ungleichheitsstrukturen

kommenszuwachs hat aber zu einem Bedeutungsverlust ökonomischer Schichtungskriterien geführt, da die grundlegenden materiellen Bedürfnisse befriedigt werden können. Gleichzeitig spielen »neue« Ungleichheitsstrukturen eine Rolle, die geeignet sind, die sich innerhalb einzelner Einkommens- oder Berufsklassen ausdifferenzierenden Lebensstile zu beschreiben (vgl. auch Hradil 1987: 55). Es wird also auf neue Verknüpfungs- und Erlebnisformen verwiesen, wobei Letztere verstärkt die *subjektive Dimension* sozialer Ungleichheit thematisieren; so gewinnen beispielsweise die Freizeitmöglichkeiten oder das Wohnumfeld für die subjektive Ungleichheitswahrnehmung an Bedeutung.

Neue sozialstrukturelle Gruppierungen

Die Dimensionen sozialer Ungleichheit korrelieren nach dieser Auffassung nicht mehr so stark wie früher. Wohlfahrtsstaatliche, soziale und emanzipatorische Dimensionen sozialer Ungleichheit beinhalteten weniger erworbene Ressourcen zur Sicherung der Handlungsfähigkeit des Einzelnen, sondern spiegelten vielfach auch vorteil- oder unvorteilhafte Lebensverhältnisse wider, denen man sich weniger gut entziehen könne. Die im Zusammenhang mit den genannten Trends entstandenen neuen sozialstrukturellen Gruppierungen ließen sich daher nun nicht mehr adäquat mit einem eindimensionalen Schichtungsmodell beschreiben, welches von einer relativ hohen Korrelation der berücksichtigten Merkmale ausgehe.

Fazit

Fasst man diese Überlegungen zusammen, lassen sich also eine Reihe von Argumenten anführen, die gegen die alleinige Verwendung eines ausschließlich vertikalen Schichtungsmodells sprechen. Ungleichheitsmerkmerkmale, wie etwa das Einkommen und die Bildung, sind danach zwar immer noch bedeutsam. Sie spielen aber für die Realisierung allgemein geteilter Lebensziele eine weniger entscheidende Rolle, Kompensationseffekte durch vorteilhafte Lebensbedingungen anderer Art sind möglich. Daher, so die Befürworter weiter, müsse man das klassische Schichtkonzept aufgeben.

Soziale Lage

| 5.4.3.2

Mit der *Lebenslage* wurde die Gesamtheit der ungleichen Handlungs- und Lebensbedingungen bezeichnet, in welchen sich Dimensionen sozialer Ungleichheit manifestieren. Der Begriff der *sozialen* Lage soll auf die Determinanten der sozialen Ungleichheit verweisen – also jenem Teil des sozialstrukturellen Profils (→ Kapitel 2.1), der für das individuelle Ausmaß sozialer Ungleichheit ursächlich verantwortlich ist (vgl. Hradil 2001: 43).

Leider werden beide Begriffe in unterschiedlichen Beiträgen bzw. von unterschiedlichen Autoren verschieden definiert. Beispielsweise greift Schwenk (1999) in seiner Systematik über »typische« soziale Lagen in der Bundesrepublik Deutschland hauptsächlich auf Handlungsbedingungen sozialer Ungleichheit zurück – also auf Merkmale, die eigentlich der Lebenslage zugerechnet werden. Da wir bereits in der Diskussion um den Schichtungsbegriff gesehen hatten, dass Strukturmerkmale der sozialen Ungleichheit (also Handlungsbedingungen) gemeinsam mit deren Ursachen – insbesondere dem Beruf – betrachtet wurden, um »moderne« bzw. vielfältige Ungleichheitsstrukturen zu beschreiben, wollen wir einfach den Begriff der sozialen Lage als Oberbegriff für die Gesamtheit der Dimensionen und Determinanten sozialer Ungleichheit verwenden. Die Lebenslage – als sich allein auf die Dimensionen sozialer Ungleichheit beziehender Begriff – ist demnach ein Teilaspekt der sozialen Lage.

Unterschiedliche
Definitionen des Begriffs

Definition

Soziale Lage
Gesamtheit der sozialstrukturellen Merkmale der Lebenslage (z. B. Bildung, Einkommen, Macht und Prestige) und der sie determinierenden Faktoren (z. B. Beruf, Geschlecht oder Nationalität).

Im Sinne unserer Terminologie könnte man den Lagenbegriff auch weiter differenzieren, indem man damit typische Konstellationen sozialstruktureller Profile von Personen oder Personengruppen bezeichnet, die für die Erklärung und Beschreibung der Chancen zur Verfolgung allgemein anerkannter Lebensziele von Interesse sind. In dieses Konzept lassen sich alle Dimensionen sowie Erscheinungsformen sozialer Ungleichheit einbeziehen und es können Kombinationen und Konstellationen von vorteilhaften und nicht vorteilhaften Lebensbedingungen darunter gefasst werden; es kann daher näher an der konkreten Wirklichkeit der Akteure ansetzen. Das Ziel ist dann zunächst, typische soziale Lagen in einer Gesellschaft zu identifizieren. Wenn man von »Lagen« oder »sozialen Lagen« spricht, ist daher immer auch deutlich zu machen, welche Kriterien konkret einbezogen werden.

Die Vorschläge für eine Klassifikation sozialer Lagen in der Bundesrepublik Deutschland sind vielfältig. Beispielsweise wurde im Datenreport 2006 zur Bestimmung der Größe verschiedener sozialer Lagen eine Klassifizierung verschiedener Berufsgruppen nach Geschlecht und regionaler Zugehörigkeit (Ost/West) vorgenommen, wobei zusätzlich nach dem Alter differenziert wurde (vgl. Tab. 5.16) – hier wurden also ausschließlich Determinanten der sozialen Ungleichheit verwendet.

Tab. 5.16 | *Soziale Lagen in Ost- und Westdeutschland 1988/90–2004*

	Soziale Lagen 1988/1990				Soziale Lagen 2004			
	Ost		West		Ost		West	
	Männer	Frauen	Männer	Frauen	Männer	Frauen	Männer	Frauen
	1990		1988		2004			
	in %							
Bis 60 Jahre								
Leit. Ang./ Höhere Beamte	2,1	0,4	2,1	0,2	0,6	0,2	1,2	0,8
Hochqual. Ang./ Geh. Beamte	8,1	5,7	6,5	2,1	4,0	4,0	5,8	4,3
Qual. Ang./ Mittl. Beamte[1]	4,1	8,4	6,1	4,9				
Einf. Ang./Beamte	1,4	4,4	1,0	2,4	3,6	9,2	4,7	9,4
Meister/Vorarbeiter	1,5	0,3	1,6	0,1	2,2	0,1	1,9	0,1
Facharbeiter	15,1	5,8	5,4	0,5	8,4	2,0	6,3	0,8
Un-, angelernter Arbeiter	2,4	3,0	2,6	2,3	1,3	1,6	3,2	1,8
Selbstständige, freie Berufe	0,8	0,5	3,1	1,4	4,5	2,1	3,7	1,8

Soziale Lagen in Ost- und Westdeutschland 1988/90–2004 | noch Tab. 5.16

	Soziale Lagen 1988/1990				Soziale Lagen 2004			
	Ost		West		Ost		West	
	Männer	Frauen	Männer	Frauen	Männer	Frauen	Männer	Frauen
	1990		1988		2004			
	in %							
Bis 60 Jahre								
Arbeitslose	2,1	3,6	1,9	1,5	5,6	7,0	2,8	1,3
Berufs-, Erwerbsunfähige	0,5	1,1	0,6	0,5	/	/	/	/
Hausfrauen/-männer	0	1,6	0	16	0,1	1,7	0,1	8,4
Studium, Lehre	0,5	1,4	4,8	3,8	3,8	2,7	4,0	2,8
Vorruhrstand	/	/	/	/	0,8	1,4	1,3	0,7
Noch nie erwerbstätig	0,1	0	0,2	2,7	0,6	0,7	0,6	2,4
Sonstige nicht Erwerbstätige	0,1	2,5	0,4	0,1	0,8	1,6	1,3	1,6
61 Jahre und älter								
Noch erwerbstätig	0,6	0	0,9	0,4	0,7	0,2	1,2	0,6
Noch nie erwerbstätig	0	0,6	0	4,5	0	0	0	0,9
Rentner (ehem. Arbeiter)	4,6	6,5	3,7	3,7	6,3	7,6	5,5	5,7
Rentner (ehem. Angestellte)	2,6	7,2	3,8	6,0	4,0	8,7	5,1	5,8
Rentner (ehem. Selbstständige)	0	0,4	0,7	1,3	1,1	0,9	1,3	1,0
	100		100		100		100	

[1] *2004: einfache und mittlere Angestellte/Beamte zusammengefasst.*
/ *Nicht ausweisbar.*
Quelle: Wohlfahrtssurvey 1988; Allbus 2004; Statistisches Bundesamt 2006c: 587.

Tabelle 5.16 zeigt, wie sich die Prozentanteile der verschiedenen sozialen Lagen – verstanden als Kombination der hier verwendeten Merkmale Beruf, Geschlecht, Region und Alter – zwischen 1988/90 und 2004 verändert haben. Zu erkennen ist beispielsweise bei den ostdeutschen Männern ein deutlicher Rückgang des Anteils der Facharbeiter unter 61 Jahren von 15,1 Prozent auf 8,4 Prozent.

5.4.3.3 | Milieus und Lebensstile

Nicht nur die Komplexität der Ungleichheitsstrukturen ist gewachsen, mit den unterschiedlichen sozialen Lagen haben sich auch die herrschenden Werte und normativen Orientierungen weiter ausdifferenziert. Im Schichtungsmodell von Geiger entspricht einer schichtspezifischen sozialen Lage auch eine bestimmte, durch die Lebensbedingungen gleichsam vorgegebene innere Haltung (Schichtmentalität) der Schichtangehörigen. Diese Annahme einer strengen Korrespondenz zwischen *objektiven Lebensbedingungen und subjektiven Lebenseinstellungen* und Haltungen wird nun aufgegeben. Von den sozialen Schichten kommen wir zu sozialen Milieus und den Lebensstilen.

Objektive Lebensbedingungen und subjektive Lebeinseinstellungen

Soziale Milieus werden als Gruppen in der Bevölkerung identifiziert, die sich nicht nur in ihren äußeren Lebensbedingungen – etwa dem Einkommen oder dem Wohnumfeld, sondern auch in relativ tief verankerten und stabilen subjektiven Werthaltungen, Motivlagen und Zielen ähnlich sind. Im Unterschied zu sozialen Schichten können Menschen trotz gleicher äußerer Lebensbedingungen sehr unterschiedlichen Wertorientierungen und Lebenszielen anhängen bzw. ihnen eine unterschiedliche Priorität zuweisen; ob sie etwa ihr (ähnlich hohes) Einkommen als »Spargut« ansehen oder es als »Genussmittel« für die Freizeitgestaltung verwenden, hängt davon ab, ob sie eher sicherheits- oder selbstentfaltungsbezogenen Zielen den Vorzug geben (vgl. Hradil 1987: 161). Die milieu-typischen Werthaltungen äußern sich aber in einer ähnlichen Organisation des sozialen Lebens und der Verfolgung ähnlicher Muster im sozialen Handeln.

Definition

Soziales Milieu

Teilgruppe der Bevölkerung, deren Mitglieder bezogen auf ihre Lebenslage (objektive Lebensbedingungen) sowie ihre Werthaltungen und Mentalitäten (subjektive Lebenseinstellungen) ein ähnliches Merkmalsprofil aufweisen.

Soziale Milieus können in unterschiedlicher Differenziertheit und Reichweite konstruiert werden. Hradil unterscheidet:

- *Mikromilieus*, die den engeren, lokalen (oder) sozialen Kontext von Personen betreffen (etwa die Fans eines bestimmten Fußballvereins), und
- *Makromilieus*, die ähnlich wie soziale Schichten große Teilgruppen der Gesellschaft beinhalten und sich durch ähnliche Vorstellungen ihrer Lebenslage und oftmals ähnliche Lebensstile auszeichnen.

Mikromilieus und Makromilieus

Die Überlegungen zum Zusammenhang zwischen der sozialen Lage, der Werthaltung und damit einhergehender Lebens- oder Konsumstile (vgl. obiges Beispiel) hat auch das Interesse kommerzieller Unternehmen geweckt. Die sogenannten Sinus-Milieus sind ein Beispiel dafür. Sie sind auf Basis von Umfragedaten mit der Absicht ermittelt worden, Wirtschaftsunternehmen Informationen über den soziokulturellen Wandel in unserer Gesellschaft zur Verfügung zu stellen, die für eine zielgruppengerechte Marketingstrategie genutzt werden können.

Sinus-Milieus als Beispiel einer kommerziellen Anwendung

Die Sinus-Milieus® in Deutschland 2007
(Quelle: Sinus Sociovision 2007 http://www.sinus-sociovision.de)

| Abb. 5.10

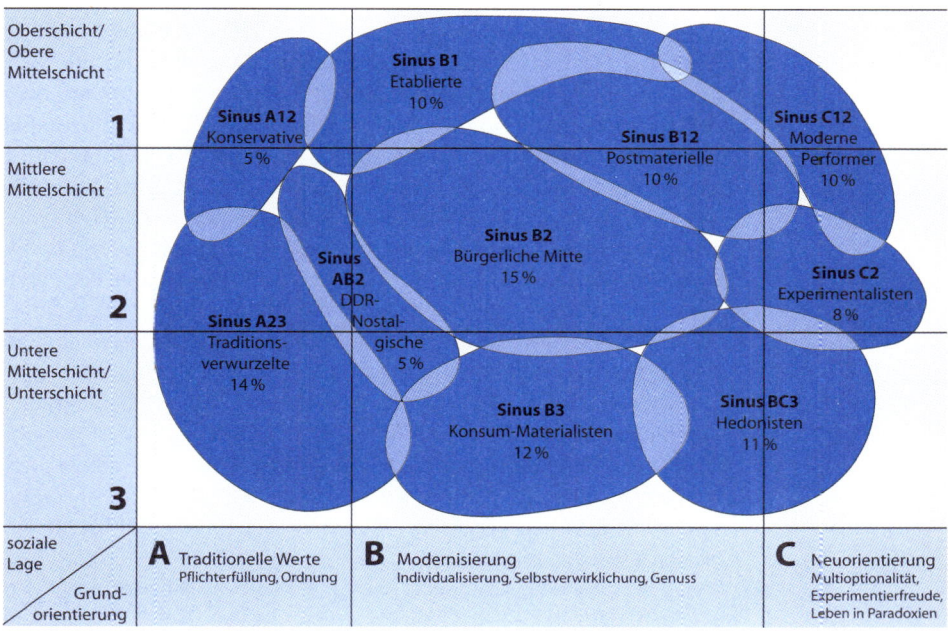

In Abbildung 5.10 werden die Milieus visualisiert, indem ihre Verbreitung angegeben und ihre Beziehung zum klassischen Konstrukt der sozialen Schicht (vertikale Achse – auf Grundlage von Bildung, Beruf und Einkommen) und der wertbezogenen Grundorientierung der Menschen (horizontale Achse – von traditionellen bis zu postmodernen Werten) veranschaulicht wird. Die Abbildung zeigt auch, dass dieselbe Schicht (z. B. Unterschicht) aufgrund unterschiedlicher wertbezogener Grundorientierungen in verschiedene Milieus (Traditionsverwurzelte; Konsum-Materialisten und Hedonisten) aufgeteilt werden kann – die jeweils mit spezifischen Grundorientierungen einhergehen. Auf der Sinus-Internetseite (www.sinus-sociovision.de) können jeweils eine kurze sowie eine ausführliche Charakterisierung der Milieus nachgeschlagen werden.

Ein anderer, auf die Theorie von Bourdieu rekurrierender Ansatz zur Milieudifferenzierung wurde vom Milieuforscher Michael Vester und seinen Mitarbeitern vorgelegt (Vester et al. 2001: 24 ff.). Sie verstehen Milieus als »Gruppen mit ähnlichem Habitus, die durch Verwandtschaft oder Nachbarschaft, Arbeit und Lernen zusammenkommen und eine ähnliche Alltagskultur entwickeln«. Sie werden als Orte im sozialen Feld und insofern als »Nachfahren der sozialen Klassen, Stände und Schichten verstanden«. Milieus werden dann nach zwei Dimensionen differenziert. Auf der vertikalen »Herrschaftsachse« werden drei Milieus durch »Trennlinien der Distinktion und Respektabilität« unterschieden: führende gesellschaftliche Milieus (Bildung, Macht, Besitz), mittlere Volksmilieus (Arbeiter, Angestellte und Dienstleistende, kleine Selbstständige) und unterprivilegierte Volksmilieus (gering Qualifizierte). Diese Unterteilung erinnert an die soziale Schichtung. Auf der horizontalen Differenzierungsachse werden die ersten beiden Milieus weiter nach »Traditionslinien der Autoritätsbindung und der Eigenverantwortung« unterteilt, womit die Einstellung zu Autorität ausgedrückt wird. Auf der einen Seite steht eine Avantgarde, auf der anderen die Hierarchiegebundenen und Autoritären. Es erfolgt schließlich eine weitere Unterteilung in Submilieus, die auf historisch gewachsene Strukturen zurückgehen.

Es ergibt sich also eine recht komplexe Konstruktion von Milieus und Submilieus. So sehr sie im Einzelnen einleuchten mag, so sehr ist auch sie aber letztlich gesetzt und nicht theoretisch abgeleitet. Daran ändert auch der Bezug auf die Bourdieu'sche Terminologie nicht.

Es fehlt noch ein Begriff, der die expressionistischen Elemente der Lebensführung d. h. Verhaltensweisen und Gewohnheiten erfasst: der Begriff des *Lebensstils*. Grundgedanke ist, dass die im Milieu-Konzept enthaltenen ähnlichen Lebensbedingungen und -einstellungen oft auch in einem ähnlichen Geschmack, Konsumgewohnheiten oder Freizeitverhalten niederschlagen. Bei Hradil ist er der »regelmäßig wiederkehrende Gesamtzusammenhang der Verhaltensweisen, Interaktionen, Meinungen, Wissensbestände und bewertenden Einstellungen eines Menschen«. (Hradil 2001: 46). Auch zu dieser Charakterisierung gibt es zahlreiche Alternativen. Dennoch scheint ein gemeinsamer Kern erkennbar, der ihn von den Begriffen der Lebensführung und Lebensweise, auf die wir hier nicht eingehen, absetzt und die Aspekte der Identifizierbarkeit und Stilisierung hervorhebt (vgl. Hartmann 1999; Lüdke 1990).

Definition

Lebensstil

Spezifisches und als solches identifizierbares Muster alltäglich wiederkehrender Verhaltens-, Äußerungs- und Interaktionsweisen von Akteuren, in denen sich – bewusst oder unbewusst stilisiert – bestimmte, möglicherweise milieu- oder lebensphasentypische Formen des Denkens, Wissens und Beurteilens ausdrücken.

Lebensstile sind im Rahmen des Esserschen Modells des Systems sozialer Ungleichheit Teil der kulturellen Struktur einer Gesellschaft (Esser 1993). Sie können als Instrument der (Selbst-)Stilisierung und Vehikel sozialer Distinktion verstanden werden, das neben Merkmalen der Lebenslage und Wertorientierung auch Verhaltenskomponenten umfasst und dazu dienen kann, eine bestimmte Gruppenzugehörigkeit zu signalisieren. Beispielsweise gehört es zum Lebensstil eines Fußballfans, sich zumindest die Heimspiele des Lieblingsvereins im Stadion anschauen und Kleidungsstücke mit den Vereinsfarben als Zeichen der Zugehörigkeit tragen.

Im Unterschied zu den stabilen, ein bestimmtes Milieu prägenden Werthaltungen (z. B. eine materialistische oder eher postmaterialistische Orientierung) ist der Lebensstil der Menschen stärker von den sich im Lebenslauf ändernden Lebenszielen, dem Zeitgeist, Mode-Erscheinungen oder der sich ändernden Ressourcenausstattung abhängig, d. h.: Lebensstile verändern sich im Lebenslauf stärker als die in den Milieus verorteten Wertehaltungen (Hradil 2001: 46).

Unterschiede Milieu und Lebensstil

Ähnlich den Milieu-Typologien werden Lebensstil-Typologien auf Grundlage von Umfragedaten erstellt, die neben Informationen zu Lebensbedingungen und -einstellungen auch Angaben zu Geschmäckern und Verhaltensweisen enthalten. Dazu gibt es wiederum zahlreiche

Ansätze, die wir hier nicht mehr detailliert vorstellen wollen (Hartmann 1999; Georg 1998; Konietzka 1994, Spellerberg 1996).

Diskussion des Milieu- und Lebensstil-Konzeptes

Das Milieu- und Lebensstil-Konzept sozialstruktureller Gruppierung bringt gegenüber dem vertikal ausgerichteten Schichtkonzept eine Reihe wesentlicher Veränderungen mit sich, weist aber Probleme auf:

Zum einen wird das Verständnis sozialer Ungleichheit durch die Aufwertung der nicht ökonomischen Aspekte sozialer Ungleichheiten wesentlich erweitert. Dabei wird auch die subjektive Komponente, die dem klassischen Schichtkonzept schon inhärent war, deutlicher von den objektiven Lebensbedingungen abgesetzt. Das heißt, es sind verschiedene Milieus oder Lebensstile denkbar, deren Mitglieder sich in ähnlichen sozialen Lagen befinden. Milieus und Lebensstile lassen sich zwar bestimmten Lebenslagen oder gar sozialen Schichten zuordnen, sie sind damit aber nicht deckungsgleich. Der Lebensstilbegriff ermöglicht auch eine stärkere Berücksichtigung der Handlungs- und Erlebnisebene der einzelnen Akteure. Die daraus erwachsene theoretische Möglichkeit wird bisher allerdings kaum genutzt (vgl. Schulze 1992). Zum anderen sind sowohl das Milieu- als auch das Lebensstilkonzept überwiegend theorieschwach und induktiv angelegt. Sie werden oft nicht theoretisch hergeleitet und ihre Auswirkungen auf die soziale Ungleichheit sind wenig geklärt. Allerdings gibt es Versuche, etwa von Bourdieu, die ihnen eine eigene theoretische Grundlage geben (Müller 1993: 259 ff, Vester u. a. 2001).

Insgesamt ist die mit den neuen Konzepten einhergehende Begriffsvielfalt analytisch vielleicht gerechtfertigt, praktisch wird sie fast nie konsequent durchgehalten, so wird in der Literatur zwischen Lebensstil und Milieu oft nicht unterschieden.

Gegenkritik

Die Kritik, die die Milieutheoretiker am klassischen Sozialstrukturkonzept geübt haben, ist nicht ohne Gegenkritik geblieben. Rainer Geißler, eher ein Anhänger des klassischen Konzepts, kann anhand empirischer Daten zeigen, dass die Thesen zum Bedeutungsverlust der klassischen Merkmale teilweise überzogen und nicht gerechtfertigt sind und dass die klassischen Dimensionen und Determinanten sozialer Ungleichheit sehr wohl noch eine zentrale Bedeutung für die Lebensverhältnisse der Menschen und damit für ihre Chancen, allgemein anerkannte Lebensziele zu verwirklichen, behalten haben. Er belegt, dass Lebenschancen und -risiken nach wie vor stark von sozialer Herkunft, Bildung und Beruf abhängen. Immer noch lassen sich Verteilungen von schichttypischen Orientierungen und Verhaltensweisen nachweisen, Milieus sind schichttypisch ausgeprägt, ihre Vielfalt ist schichtbezogen unterschiedlich, die Alltagspräsenz von Schichten ist nicht verschwunden und soziale Konflikte werden sehr wohl entlang klassischer Ungleichheitspositionen (arm – reich) wahrgenommen. Die neuen Ungleichheitsdimensionen korrelieren also durchaus deutlich mit den klassischen Dimensionen (Geißler 2006: 116 f.).

Lernkontrollfragen

1 Skizzieren Sie die grundlegenden Kriterien von Schichtungsmodellen.
2 Beschreiben Sie Gemeinsamkeiten und Unterschiede zwischen den Konzepten der Klasse, der sozialen Schicht und des Milieus.
3 Wie unterscheiden sich Milieu und Lebensstil voneinander und welche Gemeinsamkeiten haben sie?
4 Aus welchem Grund ist die Beschreibung von Strukturen sozialer Ungleichheit auf der Basis rein vertikaler Schichtungskonzepte der Gesellschaft unzureichend?

Infoteil

Die Begriffsvielfalt bei der Darstellung von Strukturen sozialer Ungleichheit ist groß. Dennoch führt Hradil zwei weitere Begriffe ein, die in seiner Abhandlung zur sozialen Ungleichheit aus dem Jahr 2001 eine Rolle spielen: Lebensweise und Lebensführung. Er definiert die Lebensweise als »gesellschaftliche typische Denk- und Verhaltensweisen«, in die Werthaltungen, Einstellungen, Meinungen und Verhaltensmuster eingehen«. Menschen, die sich in ihrer Lebensweise ähneln, bilden Milieus und verfolgen gemeinsame Lebensstile. Wir haben diesen Begriff nicht aufgegriffen. Wichtiger ist da schon der Begriff der Lebensführung. Darunter versteht Hradil die »typische Gestaltung des Alltags, insbesondere die Ausrichtung des Lebenswegs« (Hradil 2001: 147 f.).

Soziale Ungleichheit und Lebenslauf | 5.5

Sozialstrukturelle Positionen oder Zugehörigkeiten zu sozialstrukturellen Gruppen können sich im Verlauf des Lebens mehrfach verändern. Im Kapitel 4 sind wir an verschiedenen Stellen auf Dynamiken von sozialstrukturellen Zugehörigkeiten und sozialen Positionen eingegangen, als wir die Komponenten der Bevölkerungsbewegung vorgestellt haben und auf Veränderungen bei den Formen privaten Zusammenlebens eingegangen sind. Dazu gehörten die Etablierung einer nichtehelichen Lebensgemeinschaft, Eheschließungen, die Auflösung einer Paarbeziehung oder Scheidung, die Geburt von Kindern oder ein Wohnortwechsel.

Im Folgenden konzentrieren wir uns auf Veränderungen im Lebenslauf, die sich auf Ungleichheitsmerkmale, also Dimensionen sozialer Ungleichheit, beziehen. Es geht um die Veränderung von Statuspositionen oder Schicht- und Klassenzugehörigkeiten.

5.5.1 | Grundbegriffe der sozialen Mobilität

Verändert ein Individuum seine sozialstrukturelle Position, kann man allgemein davon sprechen, dass es sozial mobil ist – mobil im »Raum« der sozialstrukturellen Positionen einer Gesellschaft.

Definition

Soziale Mobilität
Veränderungen in der Ausprägung von sozialstrukturellen Merkmalen, also sozialstrukturellen Positionen von Individuen. Dazu gehören Veränderungen des Wohnorts, der Lebensform, des Bildungsniveaus, des Berufs oder des Einkommens.

Diese allgemeine Definition gilt es mit Leben zu erfüllen. Das wollen wir zunächst tun, indem wir in Übersicht 5.11 mehrere Formen sozialer Mobilität unterscheiden (vgl. Geißler 2006: 255). Vorgestellt werden die derzeit gebräuchlichsten Mobilitätstypen. Sie betonen jeweils unterschiedliche Aspekte von Mobilität, auch wenn sie sich bezüglich der darunter erfassten Mobilitätsphänomene gelegentlich überschneiden.

Übersicht

5.11 | Typen sozialer Mobilität

1. Vertikale und horizontale Mobilität (Sorokin 1927):

- *Vertikale Mobilität:* soziale Mobilität bezüglich eines *Ungleichheitsmerkmals*, also die Veränderung einer Statusposition; die Verbesserung eines Status (z. B. höheres Qualifikationsniveau, höherer beruflicher Status, höheres Prestige) heißt *Aufstiegsmobilität*, eine Statusverschlechterung (z. B. Einkommens- oder Prestigeverlust) heißt *Abstiegsmobilität*.

- *Horizontale Mobilität*: soziale Mobilität bezüglich eines *Klassifikationsmerkmals*; sie geht mit der Veränderung einer Zugehörigkeit zu einem nicht direkt ungleichheitsrelevanten Merkmal einher – allerdings kann vertikale Mobilität als Folge horizontaler Mobilität auftreten (etwa ein Berufs- oder Wohnortwechsel).

2. **Intragenerationale und intergenerationale Mobilität**
   (Weber 1921):

- *Intragenerationale Mobilität*: soziale Mobilität im Lebenslauf; unter Bezug auf berufliche Statusveränderungen sprechen wir auch von *Karrieremobilität* (z. B. der Aufstieg vom Hotelpagen zum Manager der Hotels).

- *Intergenerationale Mobilität*: soziale Mobilität in der Generationenfolge; dazu gehören Veränderungen von Statuspositionen im Vergleich zwischen Eltern und ihren Kindern (auch: *Generationenmobilität*). Hier wird vor allem Bildungs- und Berufsstatusmobilität betrachtet (z. B. ein Kind, dessen Eltern einen beruflichen Lehrabschluss haben, erreicht einen Hochschulabschluss).

3. **Individuelle und kollektive soziale Mobilität**
   (Geiger 1955, Barth 1994):

- *Individuelle soziale Mobilität*: Soziale Mobilität von Individuen, die auf ihrer individuellen Lebens*planung* und *-gestaltung* beruht (z. B. ein aus individuellem Interesse vollzogener Berufswechsel)

- *Kollektive soziale Mobilität*: Soziale Mobilität, die ganze sozialstrukturelle Gruppen, insbesondere Statusgruppen, etwa aufgrund wirtschaftlichen oder institutionellen Wandels, *erfahren* (z. B. der Prestigeverlust eines ganzen Berufsstandes, wie er etwa den Politikern nachgesagt wird).

4. **Strukturmobilität und Zirkulationsmobilität** (Yasuda 1964):

- *Strukturmobilität*: soziale Mobilität, die durch die Veränderung der Zahl besetzbarer sozialer bzw. sozialstruktureller Positionen einer bestimmten Art (z. B. durch Strukturwandel im Arbeitsmarkt) oder durch die Veränderung der Zahl der Individuen, die soziale bzw. sozialstrukturelle Positionen einer bestimmten Art nachfragen (z. B. wegen schwankender Absolventenzahlen in einem Ausbildungsberuf oder Studienfach), hervorgerufen wird.

- *Zirkulationsmobilität*: soziale Mobilität, die nicht strukturell erzwungen ist, sondern eine Umgruppierung von Akteuren in einem vorhandenen Pool von Positionen bedeutet und daher mit einem Austauschprozess einhergeht (z. B. die Stellenmobilität von Politkern oder Managern, die zum Teil Rotationscharakter zu haben scheint).

Vertikale Mobilität, Klassen- und Schichtmobilität

Im Folgenden konzentrieren wir uns auf Formen vertikaler sozialer Mobilität und die Mobilität zwischen sozialen Klassen bzw. Schichten. Wir werden uns also mit Veränderungen in bestimmten Statusdimensionen beschäftigen und insbesondere Bildungs- und Einkommensmobilität untersuchen.

Berufliche Mobilität kann man als horizontale Mobilität verstehen, wenn es um den reinen Wechsel von Berufen oder um Stellen- und Tätigkeitswechselwechsel geht, ohne dass sich dadurch die Statusposition verändert. Sie wird dann als vertikale Mobilität betrachtet, wenn sich als Folge des Berufswechsels gleichzeitig ungleichheitsrelevante Merkmale, wie das Einkommen oder das mit dem Beruf verbundene Prestige, ändern.

Grundsätzlich kann vertikale Mobilität für alle Dimensionen der Lebenslage von Individuen betrachtet werden, so etwa auch bezogen auf Arbeitsbedingungen in der Berufswelt. Technische Innovationen in der industriellen Produktion haben zum Beispiel für viele Erwerbstätige zu kollektiver Mobilität im Hinblick auf eine Verbesserung der Arbeitsbedingungen – etwa durch das Zurückdrängen einseitig belastender Fließbandarbeit – geführt. Technischer Fortschritt geht allerdings oft auch mit Rationalisierungsmaßnahmen in Produktionsprozessen einher, die zu einer Verringerung von Arbeitsstellen im Bereich der industriellen Produktion geführt und damit intra- und/oder intergenerationale Strukturmobilität hervorgerufen haben.

Phänomene sozialer Mobilität werden durch zahlreiche Faktoren bestimmt und sind in der Regel keiner einfachen Erklärung zugänglich. Allgemein kann man aber auf mindestens vier Faktorenbündel verweisen, die immer zu beachten sind. Sie sind in Übersicht 5.12 zusammengestellt und werden im Folgenden ausführlicher dargestellt.

Übersicht

5.12 | Bestimmungsfaktoren sozialer Mobilität

1. Die soziale Lage der individuellen Akteure (Determinanten und Dimensionen sozialer Ungleichheit).
2. Die institutionelle Struktur, insbesondere die Kontrollstruktur, einer Gesellschaft.
3. Quantitative und qualitative Veränderungen des Gefüges sozialer Positionen in einer Gesellschaft, insbesondere im Bildungssystem oder im Arbeitsmarkt.
4. Veränderungen der Nachfrage nach Statuspositionen.

Das erste Faktorenbündel bezieht sich auf die Mikroebene der individuellen Lebensläufe. Die weiteren drei Faktorenarten beziehen sich auf unterschiedliche Aspekte der strukturgegebenen Handlungsbedingungen der Akteure (also auf die Opportunitäten und Restriktionen auf der Makroebene).

Die soziale Lage der individuellen Akteure (Determinanten und Dimensionen sozialer Ungleichheit): Aus den Ausführungen in Kapitel 5.3 leitet sich unmittelbar ab, dass Determinanten sozialer Ungleichheit Chancen zu vertikaler sozialer Mobilität nach oben wie nach unten direkt beeinflussen. Mit dem Verweis auf das Matthäus-Prinzip (→ Kapitel 5.3.2) kann man Gleiches auch für den jeweils schon erreichten Status bezogen auf einzelne Dimensionen sozialer Ungleichheit (Lebenslage) sagen, da auch zwischen ihnen determinierende Wechselwirkungen bestehen können.

Soziale Lage
und Lebenslage

Vertikale soziale Mobilität und ihre Richtung (aufwärts oder abwärts) ist also potenziell abhängig von allen erworbenen und zugeschriebenen sozialstrukturellen Merkmalen von Akteuren, wie persönliche Eigenschaften, Besitz investitionsfähiger Ressourcen und Handlungsrechte oder die soziale Herkunft. Diese erlauben Akteuren in unterschiedlichem Maße, einen einmal erreichten Status zu verbessern und beeinflussen das Risiko, Statusverluste zu erleiden. Durch die Umverteilung von individuellen Ressourcen verändern sich die Chancen von Akteuren im Wettbewerb um erstrebenswerte Positionen und die Risiken, aus solchen Positionen verdrängt zu werden: Angehörige unterschiedlicher Statusgruppen können sich unterschiedlich gut in Mobilitätsprozessen, die durch Strukturwandel erzeugt werden, behaupten oder sind unterschiedlich erfolgreich darin, Zirkulationsmobilität in Gang zu setzen.

Ein historisches Beispiel aus den frühen 1970er Jahren in der DDR mag Letzteres illustrieren. In dieser Zeit wurden auf Beschluss der Staatsmacht die Zugangsquoten zu einem Direktstudium drastisch gesenkt. Sie gingen von elf Prozent pro Jahrgang im Jahr 1971 auf 8,3 Prozent im Jahr 1980 zurück (Solga 1995: 117 f.). Über die entsprechende Maßnahme zur Einschränkung des Zugangs zur EOS haben wir schon berichtet (→ Kapitel 5.2). Von dieser strukturell erzwungenen zunehmenden Konkurrenz um Studienplätze waren vor allem die Jahrgänge, die 1955 und später geboren wurden, betroffen. Unter ihnen setzten sich die Kinder aus der gesellschaftlich privilegierten Gruppe der sozialistischen Eliten und Kader durch. Das führte in der DDR zu einer steigenden Abhängig-

Beispiel
Bildungsungleichheit
in der DDR

keit der Bildungs- und Karrierechancen von der sozialen Herkunft der Kinder (vgl. auch Geißler 2006: 290).

Institutionelle Rahmenbedingungen

Die institutionelle Struktur, insbesondere die Kontrollstruktur, einer Gesellschaft: Elemente der institutionellen Struktur bestimmen das Ausmaß der Rigidität und die Art von Statuszuweisungsprozessen, etwa in der Ausbildungs- und Berufsstruktur eines Landes. Damit gehen unterschiedlich hohe Mobilitätsbarrieren einher. Diese hängen davon ab, wie stark Bildungs- und Karrierechancen auf sozial offenen, meritokratischen, d.h. leistungsorientierten Statuszuweisungsmechanismen beruhen. Dabei spielt es auch eine Rolle, welche Wirkung status-, klassen-, stand- und schichtbezogen privilegierte Zugangsmöglichkeiten zu Statuspositionen noch entfalten können.

In Deutschland entscheidet sich beispielsweise im dreigliedrigen (und in einigen Bundesländern zweigliedrigen) Schulsystem frühzeitig, d.h. ab dem 10. oder 12. Lebensjahr, welche weiterführende Schule die Kinder besuchen. Damit ist weitgehend festgelegt, welchen Schulabschluss sie erreichen, da ein Wechsel einer einmal gewählten Schulform mit Schwierigkeiten verbunden ist und ein Nachholen höherer Bildungsabschlüsse aufwändig ist.

Ein Beispiel aus dem Erwerbsbereich sind die, im Kapitel 6.1 noch ausführlicher dargelegten Mobilitätsbarrieren zwischen unterschiedlichen Segmenten des Arbeitsmarkts. Man kann auch auf die institutionell begründete Privilegierung hinweisen, die unbefristete berufliche Positionen im öffentlichen Dienst bieten. Inhaber solcher Stellen sind nicht nur im Hinblick auf das Arbeitslosigkeitsrisiko besonders geschützt, sondern genießen auch in einem gewissen Rahmen senioritätsbedingte Einkommensmobilität. Das heißt, ihr Gehalt wächst mit der Beschäftigungsdauer.

Veränderungen im Angebot an Statuspositionen

Quantitative und qualitative Veränderungen des Gefüges sozialer Positionen in einer Gesellschaft, insbesondere im Bildungssystem oder im Arbeitsmarkt: Diese können durch strukturellen Wandel hervorgerufen werden und die Möglichkeiten für den Zugang zu bestimmten Statuspositionen erweitern oder verengen. Zum Beispiel kann Strukturwandel in einem Sektor des Arbeitsmarkts zu einer Vergrößerung oder Verminderung des Angebots an Stellen führen, die auf verschiedenen Statusniveaus angesiedelt sind. Damit geht auch eine Veränderung der Zugangs- sowie Aufstiegs- und Abstiegschancen in dem betroffenen Sektor einher.

Beispiel Bildungsexpansion

Nach einer öffentlichen Diskussion um die deutsche »Bildungskatastrophe« (Picht 1964) in der zweiten Hälfte der 1960er Jahre erfolgte ein Ausbau des Zugangs zu höheren Schul- und Ausbildungsabschlüssen. Die sogenannte Bildungsexpansion hat für Kinder aus allen Schichten

deutlich verbesserte Chancen geschaffen, einen höheren Bildungsabschluss zu erreichen. Die Chancenungleichheit zwischen Kindern unterschiedlicher sozialer Schichten oder Statusgruppen wurde dennoch nur
zum Teil verringert (vgl. Müller 1998). Auch bezogen auf den Arbeitsmarkt gibt es zahlreiche Beispiele. Die Ausweitung des Dienstleistungs-
sektors oder des staatlichen Sektors (z. B. Stellenausweitung im öffentlichen Dienst während der 1970er Jahre) führte zu einem steigenden
Bedarf an Arbeitskräften. Neue Ausbildungsberufe wurden geschaffen.
Damit ging gleichzeitig ein Stellenabbau im produzierenden Gewerbe
einher. Solche Veränderungen im Arbeitsmarkt können auf Push- oder
Pull-Effekten beruhen. Sie können sowohl vertikale als auch horizontale
Mobilität zur Folge haben, da mit einem beruflichen Wechsel Statusveränderungen einhergehen können oder nicht.

Definition

Push- und Pull-Effekte

- *Pull-Effekte.* Sie treten auf, wenn sich in einem Bereich des Arbeitsmarkts die Erwerbschancen von Individuen verbessern, weil die
  Zahl der zu besetzenden Positionen zunimmt. In der Folge strömen
  zusätzliche Arbeitskräfte in diesen Bereich; Beispiel: Dienstleistungs-
  bereich, Informationstechnologie.
- *Push-Effekte:* Sie treten auf, wenn ein wirtschaftlicher Sektor stark
  schrumpft. Da die Zahl der besetzbaren Positionen zurückgeht, verringern sich die Erwerbs- und Karrierechancen. Immer weniger Personen können in diesen Sektor Beschäftigung finden und werden aus ihm
  herausgedrängt; Beispiel: Landwirtschaft, industrielle Produktion.

Veränderungen der Nachfrage nach Statuspositionen: Ein wesentlicher Faktor | Nachfrage nach
ist hier die Größe der nachwachsenden Generationen. Größere Geburts- | Statuspositionen
jahrgänge konkurrieren stärker um eine vorhandene Zahl sozialer Positionen, die mit einem mehr oder weniger hohen sozialen Status verbunden sind. Die zahlenmäßig großen Geburtsjahrgänge haben daher mit
Nachteilen zu rechnen. Dieser Faktor führt zu struktureller Mobilität.
Aber auch die Größe von Absolventenkohorten für unterschiedliche
schulische und berufliche Ausbildungsabschlüsse muss beachtet werden.

Ein Beispiel verbindet sich mit dem Begriff der *Bildungsinflation* (Bou- | Beispiel Bildungsinflation
don 1974). Im Zuge der Verbesserung der allgemeinen Bildungschancen

nimmt die Zahl der Individuen zu, die einen hohen Bildungsabschluss erreichen. Die Konkurrenz um berufliche Positionen, die eine hohe Qualifikation erfordern und dafür mit einem höheren Status verbunden sind, wächst daher – vorausgesetzt ihre Anzahl verändert sich nicht oder nur geringfügig. Das hat einen paradoxen Effekt. Auf der einen Seite bietet ein höherer Bildungsabschluss immer weniger die Garantie dafür, eine entsprechend statusträchtige berufliche Position zu erreichen. Auf der anderen Seite wird aus dem gleichen Grund ein höherer Bildungsabschluss aber immer unerlässlicher für den angestrebten beruflichen Erfolg, da man nur so in der Konkurrenz bestehen kann.

Ein Verhalten, das für den Einzelnen aus dem individuellen Eigeninteresse heraus naheliegt (Mikroebene), führt in der Gesellschaft (Makroebene) zu einer zunehmenden relativen Knappheit höherer Positionen im Berufssystem. Mehr und mehr wollen mit ihrem Bildungsabschluss einen optimalen Einstieg in eine berufliche Karriere erreichen. Indem dies aber zunehmend mehr Personen versuchen, vermindern sie gerade ihre Chancen.

Es gibt typische, zyklische Dynamiken von Ungleichgewichten zwischen der Nachfrage nach Stellen und dem Angebot an Bewerbern um diese Stellen. Das hat etwas mit der Trägheit in der Reaktion auf Ungleichgewichte zu tun. Eine »Lehrerschwemme« etwa führt zu einer abnehmenden Zahl von Frauen und Männern, die den Lehrerberuf noch erlernen wollen, da sie sich schlechte Erwerbschancen ausrechnen. Dies hat zur Folge, dass zu wenig Lehrer ausgebildet werden. Die anschließende Lehrerknappheit motiviert wiederum viele zu einem Lehramtsstudium, was eine neue Lehrerschwemme auslösen kann. Und der Zyklus geht wieder vor vorne los.

Beispiel »Lehrerschwemme«

5.5.2 | Intragenerationale Mobilität: Bildungs- und Erwerbsverläufe

Die Lebenslaufforschung hat sich umfassend mit Prozessen intragenerationaler sozialer Mobilität – und nicht nur vertikaler Mobilität – beschäftigt. Es wird seit Langem eine Auseinandersetzung darüber geführt, wie die heutige auf den Lebenslauf bezogene Dynamik sozialstruktureller Zugehörigkeiten und Statuspositionen (noch) mit der Vorstellung standardisierter, in abgrenzbare Phasen strukturierter Lebensläufe (Normalbiografien) zu vereinbaren ist. Zum einen wird argumentiert, dass man eine »neue« Vielfalt von Verläufen beobachten kann, die durch ungeregelte, wechselhafte, institutionell weniger streng regulierte Biografien gekennzeichnet ist und dass diese Vielfalt als ein charakteristisches Moment

Abschied von der Normalbiografie?

aktuellen Wandels in unserer Gesellschaft anzusehen ist. Zum anderen sind jedoch auch innerhalb dieser vielfältigen Verläufe bemerkenswerte Stabilitäten auszumachen (Kohli 2007, Brückner/Mayer 2005).

Man ist sich darüber einig, dass der moderne Lebenslauf – für Frauen und Männer in unterschiedlicher Weise – durch institutionell geregelte – sich am Alter orientierende – Übergänge und Abfolgen biografischer Zustände im privaten und beruflichen Bereich charakterisiert war (Kohli 1985, Mayer/Müller 1986). Das wurde auch empirisch bestätigt. Während sich männliche Lebensläufe grob in drei Phasen: der Vorerwerbsphase, der Erwerbsphase und der Nacherwerbsphase, gliedern ließen, waren die Lebensläufe der Frauen weitgehend durch ihre Zuständigkeit für Kinder und Familie bestimmt. Die soziale Herkunft, d.h. die Lebensbedingungen, unter denen die jungen Menschen aufwuchsen, hatte einen wesentlichen Einfluss darauf, wo sie ihre ersten, vom Elternhaus unabhängigen, sozialen Beziehungen eingingen und welche Statuspositionen sie in den unterschiedlichen Dimensionen sozialer Ungleichheit erreichten (Mayer/Blossfeld 1990). Das wog umso schwerer, als in Deutschland der Ausbildungs- und Einstiegsberuf für die weitere berufliche Karriere sehr wichtig war und immer noch ist. Umorientierungen waren und sind sowohl in der Ausbildung als auch in der beruflichen Karriere nur schwer möglich (Blossfeld 1989).

Es werden nun viele Belege dafür angeführt, dass die Phase der Institutionalisierung von einer Phase der De-Institutionalisierung und De-Standardisierung von Ausbildungs-, Berufs- und Familienverläufen abgelöst worden ist (Berger 1996, Peuckert 2008). Vor allem die weibliche »Normalbiografie« habe sich, so werden diese Belege gedeutet, stark gewandelt; die Familienzentrierung gehöre immer mehr der Vergangenheit an (Beck/Beck-Gernsheim 1990). Nicht mehr so sehr institutionelle Regeln, sondern individuelle Motive, die sich mehr oder weniger stark an Autonomie, Emanzipation und persönlicher Identität orientieren, steuerten nunmehr den Lebenslauf (Kohli 1988). Gleichzeitig könne zunehmend eine individuelle Lebensplanung in der Bevölkerung Raum greifen, die sich nur an situationsspezifischen Opportunitäten und wohlfahrtsstaatlichen Offerten orientiere (Mayer/Müller 1986).

De-Institutionalisierung und De-Standardisierung von Lebensläufen

Darüber hinaus wird geltend gemacht, dass wichtige Bereiche gesellschaftlicher Strukturen, wie der Arbeitsmarkt und wohlfahrtsstaatliche Institutionen, angesichts ihrer Krisenhaftigkeit in Zeiten der Globalisierung zu Verwerfungen in individuellen Lebensläufen führten, die durch »Fluktuationen«, Instabilitäten und den Zwang, einen eingeschlagenen Lebensweg noch einmal zu überdenken, gekennzeichnet sind. Als Resultat dieser Veränderungen prägen biografische »Brüche« und Kehrtwen-

Globalisierung und Krise des Wohlfahrtsstaats

dungen – einhergehend mit einer vergrößerten Flexibilität und Unsicherheit in der Lebensplanung – zunehmend die soziale Mobilität von Individuen in unserer Gesellschaft (Mayer 2004). Alles in allem wäre also eher mit einer Zunahme als mit einer Abnahme sozialer Mobilität im Lebenslauf zu rechnen.

Vor dem Hintergrund dieser Thesen zum Wandel von individuellen Lebensläufen haben Analysen intragenerationaler sozialer Mobilität, die sich vor allem mit individuellen Erwerbsverläufen und Arbeitsmarkt- oder Karrieremobilität beschäftigen, an Bedeutung gewonnen. Weniger Studien gibt es zu Bildungsverläufen und der Inanspruchnahme von Weiterbildung (Schömann/Leschke 2004). Inzwischen ist das »lebenslange Lernen« in aller Munde und wird als notwendige Antwort auf die Herausforderungen der demografischen Entwicklung und der Globalisierung angesehen. In den aktuellen Empfehlungen des Initiativkreises Weiterbildung zum Beispiel finden wir dazu folgende Aussage:

> *»Die Globalisierung und die Wissensgesellschaft stellen die Menschen vor große Herausforderungen, die durch den demografischen Wandel noch erheblich verstärkt werden: Wissen sowie die Fähigkeit, das erworbene Wissen anzuwenden, müssen durch Lernen im Lebenslauf ständig angepasst und erweitert werden. Nur so können persönliche Orientierung, gesellschaftliche Teilhabe und Beschäftigungsfähigkeit erhalten und verbessert werden.«* (BMBF 2008: 7)

Intragenerationale berufliche Mobilität

Die zahlreichen Untersuchungen zur beruflichen Mobilität beschäftigen sich mit den Ursachen beruflicher Auf- und Abstiegsmobilität (Groß 2008). In Deutschland wird ein im internationalen Vergleich vergleichsweise geringes Ausmaß an intragenerationaler Mobilität beobachtet. Sie nahm in den jüngeren Jahrgängen aber beständig zu. Dabei überwiegt die Aufstiegsmobilität. Die vergleichsweise geringe Karrieremobilität in Deutschland wird dem relativ starren Berufssystem und der engen Kopplung zwischen Berufs- und Ausbildungssystem zugeschrieben (Blossfeld 1989, Berger 1996).

Berufliche Mobilität in Ostdeutschland

Einen erheblichen Anstieg intragenerationaler Mobilität konnte man erwartungsgemäß in Ostdeutschland im Zuge der Wende und der Wiedervereinigung beobachten. Sie hat zu einem schnellen Wandel der Strukturen des Arbeitsmarkts und damit zu einem starken Anstieg struktureller Mobilität beigetragen (Diewald/Sørensen 1996). Man kann sie daher gleichsam als anschauliches Lehrbeispiel für den Effekt der Strukturmobilität verwenden.

Berufliche Mobilität 1989 bis 1993 bei ostdeutschen Frauen und Männern der Jahrgänge 1939–41, 1951–53 und 1959–61 | Tab. 5.17

Beruflicher Status 1989	Beruflicher Status 1993 (Prozentanteile an den 1993 Erwerbstätigen)							Nichterwerbstätige 1993 (in Prozent)		Fallzahl
	Leitungsposition	Professionen*	Semiprofessionen**	Qualifizierte Angestellte	Qualifizierte Arbeiter	Selbstständige	Un-/ Angelernte	Arbeitslose	Sonstige Nichterwerbstätige	
Leitungsposition	37	17	28	11	2	3	3	9	5	71
Professionen*	7	72	6	6	1	9	0	5	1	92
Semi professionen**	8	1	75	10	1	2	3	11	6	164
Qualifizierte Angestellte	1	0	4	77	3	4	11	10	12	135
Qualifizierte Arbeiter	2	0	2	5	76	6	9	12	10	222
Bauern	0	10	0	0	60	0	30	13	20	15
Selbstständige	0	0	5	16	5	68	5	5	10	20
Un-/Angelernte	0	0	3	8	18	5	65	34	12	109
Fallzahl	44	72	133	124	156	41	75	111	72	828

* Professionen umfassen Angestelltenpositionen und freie Berufe mit akademischer Qualifikation (z. B. Ärzte, Rechtsanwälte, Richter);
** Semiprofessionen umfassen Angestelltenpositionen und freie Berufe mit einer Qualifikation auf Fachschulniveau (z. B. Pflegekräfte, Kinderbetreuungspersonal).
Quelle: Lebensverlaufsstudie-Ost des Max-Planck-Instituts für Bildungsforschung; Diewald/Sorensen 1996: 83.

Tabelle 5.17 zeigt, in welchen beruflichen Statusgruppen sich ostdeutsche Frauen und Männer aus verschiedenen Geburtsjahrgängen, die Ende 1989, also noch zu DDR-Zeiten, den in der linken Spalte angegeben Statusgruppen angehörten, Mitte 1993 befanden. Die Zeilenprozente beziehen sich auf Befragte, die im Jahr 1993 erwerbstätig waren. Außerdem ist in den vorletzten beiden Spalten der Tabelle der Anteil der Befragten der verschiedenen Statusgruppen aus dem Jahr 1989 angegeben, die 1993 arbeitslos waren oder aus dem Arbeitsmarkt ausgeschieden sind. Bauern waren bei der Befragung 1993 nicht mehr in der Stichprobe.

Die geringsten berufsgruppenspezifischen Verbleibequoten (Prozente in der Diagonalen im vorderen Teil der Tabelle) sind bei den oberen Leitungspositionen zu vermerken (37 Prozent). Bei allen anderen, die 1993 noch erwerbstätig waren, ist demgegenüber eine bemerkenswerte Stabilität im Hinblick auf den beruflichen Status festzustellen. Man kann diesen überraschenden Befund des hohen Anteils von Personen, die ihren beruflichen Status beibehalten, nicht nur dem westdeutschen, sondern auch dem DDR-Beschäftigungssystem zurechnen. Viele Berufsgruppen sind auch über die Systemgrenzen hinweg kompatibel bzw. anschlussfähig (Diewald/Sørensen 1996: 72). Damit bestätigt sich zugleich noch einmal die Mobilität mindernde Wirkung des (gesamt-)deutschen Ausbildungs- und Berufssystems, das sich aufgrund seiner starken Berufsorientierung als ein Stabilitätsfaktor erweist.

Ein großer Anteil der Befragten war 1993 aus dem Erwerbsprozess ausgeschieden. Das galt vor allem für die unteren Statusgruppen (insgesamt 46 Prozent) und die Bauern (33 Prozent). Man kann auch zeigen, dass die Stabilität bei denjenigen besonders hoch ist, die eine Ausbildung haben und in ihrem Ausbildungsberuf erwerbstätig sind.

Die Tabelle zeigt nicht das ganze Ausmaß der Stellenwechsel zwischen 1989 und 1993. Ergänzende Auswertungen belegen, dass zwei Drittel aller Männer und Frauen der untersuchten Kohorten zwischen 1989 und 1993 eine Veränderung ihrer beruflichen Situation erfahren haben (Diewald/Sørensen 1996: 83). Damit war aber nicht immer auch eine Veränderung des beruflichen Status – also keine vertikale Mobilität – verbunden.

5.5.3 | Intergenerationale Mobilität

In unserer Gesellschaft ist das Elternhaus nach wie vor für die Platzierung der Kinder im sozialstrukturellen Positionsgefüge von großer –

wenn auch nicht ausschließlicher – Bedeutung. Dieses gilt insbesondere für das Ausbildungs- und Erwerbssystem. Wir stellen fest, dass Kinder aus Familien mit unterschiedlichem sozioökonomischen Status oder sozialen Prestige unterschiedliche Chancen in der Bildungsbeteiligung und beim Zugang zu begehrten sozialen bzw. beruflichen Positionen haben.

Auch wenn wohlfahrtsstaatliche Regelungen zu einer größeren Unabhängigkeit der Ausbildungs- und Erwerbschancen vom sozialen Status der Eltern beitragen sollen (kostenloser Schulbesuch, eine finanzielle Unterstützung von Studenten in Abhängigkeit vom Einkommen der Eltern etc.), bleiben soziale Disparitäten bestehen (Becker 2004). Ursachen dafür werden in Übersicht 5.13 aufgezeigt.

Übersicht

Soziale Vererbung von Bildung | 5.13

Die Bedeutung des Elternhauses für den Bildungserfolg der Kinder begründet sich durch:

- die Möglichkeiten bei der Bereitstellung von materiellen und zeitlichen Ressourcen zur Unterstützung des Statuserwerbs der Kinder;
- die Wissens- und Bildungskompetenzen der Eltern (kulturelles Kapital) und den Grad, zu dem im Elternhaus ein intellektuell anregendes Klima ermöglicht wird. Damit wiederum hängt der Grad der Kompatibilität des familiären und des schulischen sozialen Klimas zusammen, die als bedeutsam angesehen wird;
- die sozialen Beziehungen der Eltern (soziales Kapital), die den Kindern Tür und Tor für eine erfolgreiche berufliche Karriere öffnen können;
- die Diskriminierung von Eltern und Kindern, welche die gleichberechtigte Teilhabe an Bildungs- und Erwerbsmöglichkeiten aufgrund von bestimmten sozialstrukturellen Merkmalen beeinträchtigt und die durch Determinanten sozialer Ungleichheit ausgelöst wird. Zu nennen wären etwa das Geschlecht der Kinder oder ethnische Zugehörigkeit der Familie;
- unterschiedliche Bildungs- und Berufsziele, die Eltern aus unterschiedlichen sozialen Schichten für ihre Kinder haben.

Der letzte Punkt in Übersicht 5.13, die Bildungsaspiration der Eltern, ist durch verschiedene Ursachen bedingt (Esser 1999, Becker 2000).

Bildungsziele der Eltern
für ihre Kinder

- Eltern mit einem hohen sozialen Status wollen einen Statusverlust für ihre Kinder vermeiden. Für Eltern aus statusniedrigen Schichten gilt das nicht – gleichzeitig bewerten sie den Statusgewinn durch einen höheren Bildungsabschluss der Kinder oft nicht so hoch. Für sie ist ein Bildungsaufstieg der Kinder gar nicht einmal so attraktiv, weil das dazu führen könnte, dass sich ihre und die Interessen ihrer Kinder zu sehr voneinander entfernen.
- Der Einkommensanteil, den statushöhere Familien langfristig für die Bildung und berufliche Zukunft ihrer Kinder aufwenden, ist geringer als in statusniedrigeren Familien. Letztere müssen relativ zu ihrer Wohlfahrtsposition auf mehr verzichten und streben eher nach einer Entlastung.
- In statusniedrigeren Familien werden die Risiken einer langen Ausbildung höher eingeschätzt und ihre Risikoaversität ist größer. Die Kinder müssen etwa vergleichsweise mehr leisten, damit ihre Eltern ihnen eine längere Ausbildung mit dem Ziel eines akademischen Abschlusses zugestehen.
- Es kann eine Tendenz zur »Vererbung« des eigenen Bildungs- und Berufsstatus, ja der Ausrichtung der Berufstätigkeit geben, welche dadurch motiviert ist, dass man die *soziale Distanz*, d.h. das Ausmaß sozialstruktureller Ungleichheit zu den Kindern nicht zu groß werden lassen möchte (Boudon 1974: 29 f.).

Somit ist soziale Mobilität der Kinder möglicherweise nicht oder nur begrenzt erwünscht, auch und gerade weil die Eltern für ihre Kinder (und für sich) das aus ihrer Sicht Optimale wünschen. Ohne diese Sachverhalte in Rechnung zu stellen, würde man die schichtspezifische Benachteiligung der Kinder überschätzen.

Soziale Selektivität als
soziale Vererbung

Diese elternhausspezifischen Faktoren führen zu einer *sozialen Selektivität* der Bildungsbeteiligung, des Bildungs- und Berufserfolgs und damit der weiteren Lebenschancen der nachwachsenden Generation, soweit sie durch das Elternhaus vermittelt sind. Soziale Selektivität meint, dass der Bildungs- und Berufserfolg der nachwachsenden Generation nicht allein durch die Leistungsfähigkeit der Kinder bestimmt ist. Wir sprechen von *sozialer Vererbung* des Bildungs- oder Berufsstatus, wenn dieser von einer Generation an die nächste weitergegeben wird.

Struktureller Wandel
und intergenerationale
Mobilität

Neben dem Elternhaus ist auch struktureller Wandel für das Ausmaß intergenerationaler Mobilität verantwortlich, wie wir am Beispiel der Kinder von Landwirten erkennen werden (→ Kapitel 5.5.3.2). Die quantitative und qualitative Veränderung des Gefüges sozialer Positionen in einer Gesellschaft kann den nachwachsenden Generationen völlig andere Chancen zum Statuserwerb bieten als der Elterngeneration.

Bildungsmobilität

Die Analyse der Bildungsmobilität und der Bildungschancen ist ein zentrales Gebiet der Mobilitätsforschung. Gleiche Bildungschancen würden bedeuten, dass die Wahrscheinlichkeit, einen bestimmten Bildungsabschluss zu erreichen, von der Zugehörigkeit zu einer bestimmten sozialen Herkunftsschicht unabhängig ist. Das hieße, dass aus allen Herkunftsschichten derselbe Anteil von Kindern einen bestimmten Schulabschluss oder Ausbildungsabschluss erreichen würde.

Gleiche Bildungschancen in diesem Sinne hat es in Deutschland nie gegeben – auch nach der sogenannten Bildungsexpansion nicht (Müller 1998). Der Bildungsforscher Bernhard Schimpl-Neimanns hat den Zugang von Kindern zur Bildung (Schulbesuch) in Abhängigkeit von der beruflichen Stellung des Vaters untersucht. Er zeigt, dass 14- bis 18-jährige Jugendliche aus Familien unterer sozialer Schichten zwischen 1950 bis 1989 in der alten Bundesrepublik im Hinblick auf den Zugang zur Realschule stark aufgeholt haben. Die Anteile der Jugendlichen dieser Altersgruppe, die 1989 die Realschule besuchten, erreichten zwischen 27 und 37 Prozent.

Soziale Herkunft und Schulbesuch

Auch beim Besuch eines Gymnasiums ist überall ein Anstieg der Quoten zu erkennen, der aber mit der Herkunft der Eltern stark variiert. Bei 14- bis 18-jährigen Jugendlichen aus Familien, deren Familienvorstand un- und angelernter Arbeiter war, stieg er von ein auf elf Prozent. Bei Kindern leitender Angestellter und Beamter erhöhte sich dieser Anteil im selben Zeitraum demgegenüber von 38 auf 65 Prozent. Der Abstand zwischen dem Anteil der Arbeiterkinder, die das Gymnasium besuchen, zu dem entsprechenden Anteil der Kinder von leitenden Angestellten und Beamten ist absolut betrachtet also deutlich größer geworden (Schimpl-Neimanns 2000: 653 f.). Die Zuwachsraten sind zwar in der ersten Gruppe größer, das hat aber mit dem äußerst niedrigen Ausgangsniveau bei Kindern un- und angelernter Arbeiter zu tun. Trotzdem hat sich dadurch insgesamt der Chancenunterschied zwischen beiden Gruppen verkleinert.

Die Bildungsexpansion hat in der alten Bundesrepublik also die Bildungsmöglichkeiten für alle sozialen Schichten verbessert, darüber ist man sich mittlerweile einig. Doch hat sie die soziale Selektivität der Bildungschancen bis heute nicht beseitigt. Die soziale Selektionsschwelle sei nur nach oben verlagert worden, und es habe keinen Abbau der Chancenunterschiede bei Kindern unterschiedlicher sozialer Herkunft im Hinblick auf den Zugang zum Gymnasium und das Studium gegeben, so Rainer Geißler nach seiner Auswertung der vorliegenden Befunde (2006: 285 f.). Demgegenüber sind überzeugende Hinweise dafür geliefert worden, dass die Herkunftseffekte auch beim Zugang zum Abitur zurückgegangen sind (Schimpl-Neimanns 2000, Becker 2004). Wie auch immer, es bleibt nach wie vor eine starke soziale Selektivität zugunsten Kinder aus statushöheren Elternhäusern bestehen und diese ist auch im internationalen Vergleich besonders hoch. Das belegen die Ergebnisse der PISA-Studie (Baumert/Schlümer 2001).

Soziale Herkunft der Studierenden   Diese Entwicklung spiegelt sich auch im Anteil der Arbeiterkinder an denjenigen wider, die eine Universität besuchen. Er ist nach wie vor sehr gering. Nach den Ergebnissen der 18. Sozialerhebung des Deutschen Studentenwerks (»Die wirtschaftliche und soziale Lage der Studierenden in der Bundesrepublik Deutschland 2006«) im Jahr 2006 haben 57 Prozent aller Studierenden Eltern, deren höchster Schulabschluss das Abitur ist, bei 14 Prozent der Studierenden hat dagegen höchstens ein Elternteil einen Hauptschulabschluss (BMBF 2007: 126).

Bemerkenswerterweise bleibt eine Diskrepanz zwischen den Zugangsquoten zum Studium auch noch unter den Abiturienten mit unterschiedlicher sozialer Herkunft bestehen. Arbeiterkinder, die das Abitur erreicht haben, beginnen zu einem deutlich geringeren Anteil ein Universitätsstudium als Kinder von Eltern mit einem höheren beruflichen Status: »Arbeiterkinder – man kann es fast so krass sagen – meiden die Universitäten.« (Müller/Pollak 2004: 342). Ein Grund dafür sind die unterschiedlichen finanziellen Möglichkeiten der Abiturienten aus unterschiedlichen sozialen Schichten.

Dass, wie schon argumentiert wurde, tatsächlich die Bildungsaspirationen der Eltern in Bezug auf ihre Kinder schichtspezifisch unterschiedlich ausgeprägt ist, zeigen Ergebnisse aus den Befragungen des Instituts für Schulentwicklungsforschung (IFS), das alle zwei Jahre Meinungen zu Fragen des Bildungswesen erhebt. (Holtappels u.a. 2004). Im 13. Band des Jahrbuchs der Schulentwicklung werden für das Jahr 2004 entsprechende Befunde vorgestellt. In Tabelle 5.18 haben wir einige Zahlen dokumentiert.

	Hauptschule	Realschule	Abitur	N*
		in %		
Schulabschlusswunsch nach Stellung im Beruf der Eltern (Westdeutschland)				
Selbstständige	1	23	75	56
Angestellte	7	39	54	514
Beamte	2	25	72	52
Arbeiter	19	45	36	170
Schulabschlusswunsch nach Schulabschluss der Eltern (Westdeutschland)				
Abitur	1	13	86	151
Mittlere Reife	3	40	57	342
Bis Hauptschule	19	50	31	320
Schulabschlusswunsch nach Stellung im Beruf der Eltern (Ostdeutschland)				
Angestellte	5	47	48	194
Arbeiter	17	62	21	129
Schulabschlusswunsch nach Schulabschluss der Eltern (Ostdeutschland)				
Abitur	5	21	75	40
Mittlere Reife	6	58	36	246
Bis Hauptschule	24	56	20	69

* Anzahl der Fälle

| Tab. 5.18

Schulabschlusswunsch der Eltern für ihre Kinder nach Stellung im Beruf und Schulabschluss der Eltern

Quelle IFS-Umfrage 2004; Holtappels u.a. 2004: 19.

75 Prozent der selbstständigen Eltern in Westdeutschland wünschen für ihre Kinder das Abitur. Bei den Beamten ist der Anteil ähnlich hoch, bei den Arbeitern sind es jedoch nur 54 Prozent. Von den Eltern, die selbst das Abitur absolviert haben, wünschen 86 Prozent auch für ihr Kind diesen Abschluss, bei Hauptschulabsolventen sind es dagegen nur 31 Prozent. Ostdeutsche Eltern haben durchweg eine geringere Neigung für das Abitur, aber die bildungs- und berufsstatusspezifischen Unterschiede sind auch hier vorhanden. Die sozialen Disparitäten im Bildungsabschluss sind also auch auf unterschiedliche Bildungsaspirationen der Eltern der Schüler zurückzuführen.

5.5.3.2 | Klassenmobilität

Mobilitätsmatrix

Die Analyse der Schicht und Klassenmobilität geschieht häufig auf der Grundlage von *Mobilitätsmatrizen*, die für die deskriptive Beschreibung und weitergehende Analyse der inter- aber auch intragenerationalen Schicht- und Klassenmobilität etabliert sind. Sie enthalten die in Übersicht 5.14 erläuterten Zustrom- und Abstromprozente und stellen diese einander gegenüber.

Übersicht

5.14 | Intergenerationale soziale Mobilität: Die Mobilitätsmatrix

Intergenerationale Mobilität bezogen auf ein Ungleichheitsmerkmal kann aus zwei Perspektiven betrachtet werden:

* *Abstromprozente:* Verteilung der Kinder, deren Vater (oder Elternteil) einer bestimmten Statusgruppe angehört, nach der von ihnen erreichten Statusgruppe (beispielsweise: die Verteilung der Söhne nach dem erreichten beruflichen Status in Abhängigkeit vom Berufsstatus ihrer Vaters).

   Abstromprozente indizieren den *Vererbungsgrad* von Statuspositionen von einer Generation zur anderen (z.B. Berufsstatus, Klassenstatus).

* *Zustromprozente:* Verteilung der Kinder, die eine bestimmte Statusgruppe erreicht haben, nach der Statusgruppe ihres Vaters (Elternteils) (beispielsweise: die Verteilung der Söhne mit einem bestimmten Berufsstatus nach dem beruflichen Status ihrer Väter).

   Zustromprozente indizieren den *Grad der Selbstrekrutierung* bzw. der *Offenheit oder Geschlossenheit* von Statusgruppen (z.B. Berufsgruppen oder Klassen). Von der *sozialen Schließung* einer Statusgruppe spricht man, wenn diese sich weitgehend aus sich selbst heraus rekrutiert und daher Angehörigen anderer Statusgruppen verschlossen ist: die Zustromprozente sind dann sehr hoch. In dem Maße, wie sie auch Angehörigen anderer Statusgruppen zugänglich wird, lässt sich eine *soziale Öffnung* feststellen.

Intergenerationen-
mobilität in Deutschland

In Tabelle 5.19 wird die Mobilitätsmatrix zur intergenerationalen Klassenmobilität von nach 1950 geborenen, mindestens 30 Jahre alten Söhnen im Vergleich zu ihren Vätern in den alten Bundesländern dokumentiert. Datengrundlage ist der kumulierte ALLBUS 1980-2006 (vgl. Anhang). Als Statusmerkmal verwenden wir die Zugehörigkeit zu einer

der Kategorien des Klassenschemas von Goldthorpe, Erikson und Portocarero (EGP-Klassen; → Kapitel 5.4). Die oberen Prozentzahlen in jeder Zelle
geben die Abstromprozente an, die unteren Zahlen geben die Zustromprozente.

Betrachten wir zunächst die Abstromprozente. Die Söhne aus der
oberen Dienstklasse (I) haben die besten Chancen, auch ihrerseits wieder darin zu landen. Die *Vererbungsquote* beträgt 47 Prozent. Ihre *Mobilitätsquote* beträgt demnach 53 Prozent. Auch die Söhne aus der unteren
Dienstklasse (II) haben gute Chancen, die obere Dienstklasse zu erreichen (32 Prozent). Söhne, deren Väter nicht-manuelle Ausführende sind
(III), erreichen die obere Dienstklasse immerhin noch zu 25 Prozent.
Diejenigen, deren Vater zur »Arbeitselite« (V) gehört, landen mit 27 Prozent vergleichsweise häufig in der unteren Dienstklasse (II). Die Söhne
aus Arbeiter- und Bauernfamilien (IVc bis VIb) haben dagegen geringe
Chancen, die obere oder untere Dienstklasse (I und II) zu erreichen.
Bei einigen Klassen ist der Anteil der Söhne, die in der Herkunftsklasse
verbleiben, besonders hoch, die Mobilitätsquote also klein. Das trifft
besonders für die obere Dienstklasse (I) und für die Facharbeiter (VI)
zu. Das Ausmaß sozialer Vererbung ist hier groß. Das Gegenteil gilt für
Söhne von »Nicht-manuell-Ausführenden« (III) oder der Arbeiterelite
(V), Söhne von Landwirten – hier sind starke Zugänge zur Facharbeiter-
Klasse (VI) zu verzeichnen – und Söhne von Landarbeitern (VIIb), von
denen viele den Aufstieg zum Facharbeiter (24 Prozent) und zur Arbeiterelite (29 Prozent) schaffen.

*Abstromprozente
und Vererbungsquote*

Tab. 5.19 | *Intergenerationale Klassenmobilität nach 1950 geborener westdeutscher Männer (Obere Prozentangabe: Abstromprozente; Untere Prozentangabe: Zustromprozente)*

		EGP-Klasse des Sohnes										Gesamt
		I	II	III	IVa.	IVb.	IVc	V	VI	VIIa	VIIb	
EPG-Klasse des Vaters	I	47,1%	19,9%	4,4%	5,8%	5,8%		4,9%	8,3%	3,4%	0,5%	9,2%
		26,9%	8,7%	10,7%	12,0%	13,2%		3,5%	3,2%	3,2%	4,2%	
	II	32,2%	32,9%	5,5%	2,7%	3,9%		7,8%	10,2%	3,9%	0,8%	11,4%
		22,8%	17,9%	16,7%	7,0%	11,0%		7,0%	4,8%	4,6%	8,3%	
	III	25,4%	36,6%	7,0%	1,4%	5,6%		8,5%	11,3%	4,2%		3,2%
		5,0%	5,5%	6,0%	1,0%	4,4%		2,1%	1,5%	1,4%		
	IVa.	22,7%	26,9%	2,5%	21,0%	7,6%		3,4%	8,4%	7,6%		5,3%
		7,5%	6,8%	3,6%	25,0%	9,9%		1,4%	1,9%	4,1%		
	IVb.	6,3%	28,6%	1,6%	12,7%	17,5%	1,6%	14,3%	11,1%	6,3%		2,8%
		1,1%	3,8%	1,2%	8,0%	12,1%	1,7%	3,2%	1,3%	1,8%		
	IVc	10,4%	11,3%	2,7%	3,6%	3,6%	25,88%	11,3%	22,6%	5,9%	2,7%	9,9%
		6,4%	5,3%	7,1%	8,0%	8,8%	96,6%	8,8%	9,3%	5,9%	25,0%	
	V	12,2%	27,1%	3,1%	5,4%	3,4%		19,0%	20,3%	9,2%	0,3%	13,2%
		10,0%	17,0%	10,7%	16,0%	11,0%		19,6%	11,1%	12,3%	4,2%	
	VI	8,2%	16,7%	3,9%	2,6%	2,9%		15,3%	37,4%	11,6%	1,4%	29,0%
		14,7%	23,0%	29,8%	17,0%	20,9%		34,7%	44,9%	34,2%	37,5%	
	VIIa	5,1%	16,0%	3,8%	1,9%	2,6%	,3%	14,1%	34,8%	19,8%	1,6%	14,0%
		4,4%	10,6%	14,3%	6,0%	8,8%	1,7%	15,4%	20,2%	28,3%	20,8%	
	VIIb	9,8%	14,6%					29,3%	24,4%	22,0%		1,8%
		1,1%	1,3%					4,2%	1,9%	4,1%		
Gesamt		16,1%	21,1%	3,8%	4,5%	4,1%	2,6%	12,8%	24,2%	9,8%	1,1%	2231

Die EGP-Klassen: I Professional, administrative and managerial, higher (Obere Dienstklasse), II Professional, administrative and managerial, lower (Untere Dienstklasse), III Routine nonmanual (Nicht-manuell Ausführende), IVa Proprietors and self-employed with employees (Selbstständige mit Beschäftigten), IVb Proprietors and self-employed without employees (Selbstständige ohne Beschäftigte), IVc Farmers and smallholders (Landwirte), V Lower technical and supervisory (Arbeiterelite), VI Skilled manual (Facharbeiter), VIIa Semi-skilled and unskilled manual (Un- und Angelernte), VIIb Agricultural workers (Landarbeiter)
Quelle: Kumulierter ALLBUS 1980–2006; daraus: alle 1950 und später geborenen Männer, die zum Zeitpunkt der Befragung mindestens 30 Jahre alt waren; eigene Berechnungen.

Die Zustromprozente (zweite Prozentangabe) zeigen, dass die selbstständige Bauernschaft (IVc) eine weitgehend geschlossene Klasse darstellt. Sie rekrutiert sich zu einem Anteil von 97 Prozent aus sich selbst (d.h. aus der jeweiligen Kindergeneration). Der Hintergrund dieser Tatsache ist, dass sie im Verlauf der Jahrzehnte zahlenmäßig stark geschrumpft und die Zahl der Bauernhöfe zurückgegangen ist. Das hat zum einen dazu geführt, dass Kinder aus nicht landwirtschaftlichen Elternhäusern sehr schlechte Chancen hatten, in diesen Berufssektor zu gelangen. Da aus den nachfolgenden Generationen auch immer weniger Söhne von Landwirten als selbstständige Landwirte tätig sein konnten, war zum anderen strukturell induzierte soziale Mobilität von Bauernsöhnen die Folge (Push-Effekt). Bei den Facharbeitern (VI) ist ebenfalls noch eine relativ hohe Selbstrekrutierungsquote zu erkennen (45 Prozent). Aber auch andere Klassen »bedienen« sich aus dieser Berufsgruppe (V, VIIa, VIIb). In den Dienstklassen ist die Selbstrekrutierungsquote relativ niedrig – es gibt einen entsprechend hohen Zustrom aus anderen Klassen. Das ist ein Ausdruck der starken Expansion dieser Klasse, also auch eine Folge struktureller Mobilität (Pull-Effekt).

Zustromprozente und Se bstrekrutierungsquoten

Dazu ist es aufschlussreich, die Verteilung der Väter und der Söhne in den verschiedenen EGP-Klassen miteinander zu vergleichen. Man setzt die Prozentangaben in der letzten Spalte der Tabelle (Verteilung der Väter auf die EGP-Klassen) mit den Angaben in der letzten Zeile (Verteilung der Söhne auf die EGP-Klassen) in Beziehung. Dieser Vergleich belegt den schon erwähnten strukturellen Wandel zugunsten der Dienstklassen. Während von den Vätern nur ca. 21 Prozent zu den Klassen I und II gehörten, sind es bei den Söhnen gut 37 Prozent. Bei den Landwirten (IVc) dagegen ist der Anteil von 10 Prozent auf knapp 3 Prozent gesunken.

Vergleich der Verteilungen von Vätern und Söhnen nach EGP-Klasse

Mit Hilfe geeigneter statistischer Auswertungsverfahren können diese Mobilitätstabellen auf eine Vielzahl unterschiedlicher Fragestellungen hin untersucht werden. Insbesondere kann analysiert werden, ob sich der Vererbungsgrad oder die Geschlossenheit der Klassenstruktur über die Zeit hin verändern oder zwischen verschiedenen Ländern unterscheiden.

Statistische Analysen von Mobilitätstabellen

Erikson und Goldthorpe (1992) haben in einer historisch und international vergleichenden Studie für zahlreiche Länder gezeigt, dass sich entgegen theoretisch begründeter Erwartungen die Mobilitätsquoten bei Männern, die in der ersten Hälfte des 20. Jahrhundert geboren wurden (gemessen anhand ihres eigenen EGP-Klassenschemas), nicht vergrößert hatten. Erst in jüngerer Zeit dürften sich in einigen europäischen Ländern die intergenerationalen Mobilitätsbarrieren etwas abgeschwächt haben und damit die Offenheit der Berufsklassen gestiegen sein (Breen 2004; Groß 2008).

Das Ausmaß intergenerationaler Mobilität im Hinblick auf den beruflichen Status hat sich in Deutschland bei Frauen und Männern in den letzten 30 Jahren nicht bedeutsam verändert. Das Gleiche gilt bei den Männern für das Verhältnis von Aufstiegs- und Abstiegsmobilität, wobei Erstere deutlich überwiegt. Unter den Frauen ist die intergenerationale Statusmobilität (im Vergleich zu ihren Vätern) aber höher als bei den Männern. Gleichzeitig ist bei ihnen mit der Zeit ein deutlicher Anstieg der Aufstiegsmobilität auf Kosten der Abstiegsmobilität zu beachten gewesen (Statistisches Bundesamt 2006c: 603).

Vor der auf Mobilitätsmatrizen basierenden Analyse sozialer Mobilität war eine andere Form der Mobilitätsanalyse etabliert. Gemeint sind die sogenannten Statuszuweisungsmodelle *(status attainment-Modelle)*, die auf dem statistischen Analyse-Verfahren der linearen Regression bzw. der Pfadanalyse basieren, welche beispielsweise den kausalen Zusammenhang zwischen dem Status des Vaters und des Sohnes beschreiben sollen. Der Klassiker dieses Ansatzes ist die Studie von Blau und Duncan American Occupational Structure (1967). Wir wollen ihn am folgenden Beispiel illustrieren, das einem Beitrag der deutschen Soziologen und Lebenslaufforscher Karl U. Mayer und Hans P. Blossfeld (1990) entnommen wurde (vgl. Abb. 5.11).

status attainment-Modelle

Abb. 5.11 |

status attainment-Modell: Effekte der sozialen Herkunft auf den Berufsstatus von Männern der Kohorte 1949–51

Quelle: Deutsche Lebensverlaufsstudie; Mayer/ Blossfeld 1990: 309

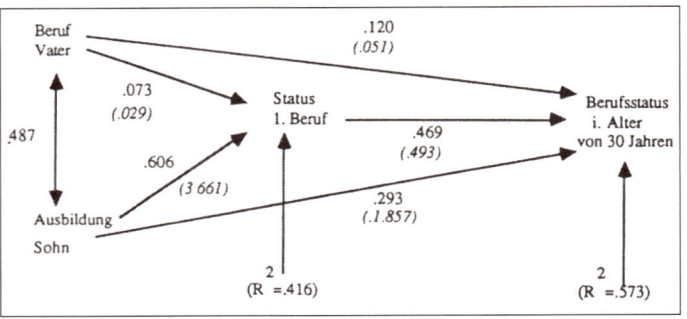

In dem Modell werden die standardisierten Effekte (kausale Zusammenhänge) des väterlichen Berufsstatus – gemessen über das Berufsprestige – auf den Status des ersten Berufs sowie des Berufs im Alter von 30 Jahren ausgewiesen. Auch der Zusammenhang mit dem Ausbildungsniveau ist angegeben. Aus dem Modell geht hervor, dass das Berufsprestige des Vaters stark mit dem Ausbildungsniveau des Sohnes korreliert und dass es darüber hinaus positiv auf den Berufsstatus des Sohnes »wirkt«. Erstaunlich ist, dass dieses unabhängig von den Effekten auf Ausbildung und ersten Beruf auch zusätzlich noch für den Beruf im Alter von 30 Jahren gilt. Das bedeutet, dass die berufliche Statusposition des Vaters auch für die Erwerbslaufbahn bedeutsam ist. Auf der Basis der einbezogenen Merkmale des Vaters kann man also mit einer recht hohen Treffsicherheit das Berufsprestige der Söhne im Alter von 30 Jahren vorhersagen. 57 Prozent der Varianz im Berufsprestige der Söhne wird statistisch erklärt.

Auch die intergenerationale Bildungsmobilität wurde mit ähnlichen Modellen untersucht (*educational attainment*-Modelle). Mittlerweile sind sie durch methodisch überlegene Ansätze abgelöst worden, in denen geschätzt wird, welchen Effekt die soziale Herkunft auf die Chancen hat, den Schritt von einem Bildungsabschluss zum nächst höheren zu tun (Mare 1981, Müller/Pollack 2004).

Lernkontrollfragen

1 Was sind die unterschiedlichen Typen sozialer Mobilität und welche Beispiele dafür kann man angeben?
2 Wie hat sich die Bildungsexpansion auf die Entwicklung der Schichtabhängigkeit des Bildungserfolgs ausgewirkt?
3 Was ist das Prinzip der Mobilitätstabelle? Was lässt sich damit beschreiben?

Infoteil

Die Mobilitätsforschung ist einer der methodisch anspruchsvollsten Bereiche der Sozialstrukturanalyse. Darin wird eine Vielzahl zum Teil recht fortgeschrittener statistischer Verfahren angewendet, zu denen es kein einheitliches Lehrbuch gibt. Wir empfehlen einschlägige Statistik-Lehrbücher der kategorialen Regressionsanalyse, der Ereignisdatenanalyse oder der Strukturgleichungsmodelle als Ausgangslektüre, wie zum Beispiel Andress/Hagenaars/Kühnel 1997, Blossfeld/Rohwer 2002 oder Reinecke 2005.

Literatur

Allensbacher Berichte (2008): Nr. 2; http://www.ifd-allensbach.de/pdf/prd_0802.pdf.

Andreß, Hans-Jürgen/Hagenaars, Jacques A. Kühnel, Steffen (1997): Analyse von Tabellen und kategorialen Daten, Berlin/Heidelberg/New York.

Bahrdt, Hans P. (1994): Schlüsselbegriffe der Soziologie, München.

Baumert, Jürgen/Schlümer, Gundel (2001): Familiäre Lebensverhältnisse, Bildungsbeteiligung und Kompetenzerwerb, in: Deutsches PISA-Konsortium (Hg.), PISA 2000. Basiskompetenzen von Schülerinnen und Schüler im internationalen Vergleich, Opladen, S. 159–202.

BBR (Bundesamt für Bauwesen und Raumordnung) (2005): Raumordnungsbericht 2005, Bonn.

Beck, Ulrich (1986): Die Risikogesellschaft, Frankfurt/M.

Beck, Ulrich/Beck-Gernseim, Elisabeth (1990): Das ganz normale Chaos der Liebe, Frankfurt/M.

Becker, Gary S. (1964): Human Capital, Chicago.

Becker, Rolf (2000): Klassenlage und Bildungsentscheidungen. Eine empirische Anwendung der Wert-Erwartungstheorie, in: Kölner Zeitschrift für Soziologie und Sozialpsychologie, 52, Heft 2, S. 450–475.

Becker, Rolf (2004): Soziale Ungleichheit von Bildungschancen und Chancengleichheit, in: Becker, Rolf/Lauterbach, Wolfgang (Hg.), Bildung als Privileg? Erklärungen und Befunde zu den Ursachen der Bildungsungleichheit, Wiesbaden, S. 162–193.

Berger, Peter A./Hradil, Stefan (Hg.) (1990): Lebenslagen, Lebensläufe, Lebensstile (Sonderband 7 der Sozialen Welt), Göttingen.

Berger, Peter A. (1996): Individualisierung: Statusunsicherheit und Erfahrungsvielfalt, Opladen.

Blau, Peter M. (1964): Exchange and Power in Social Life, New York.

Blau, P.M. (1994): Structural Contexts of Opportunities,. Chicago/London.

Blau, Peter M./Duncan Otis D. (1967): The American Occupational Structure, New York.

Blossfeld, Hans P. (1989): Kohortendifferenzierung und Karriereprozeß, Frankfurt/M.

Blossfeld, Hans-Peter/Klijzing, Erik/Mills, Melinda/Kurz, Karin (Hg.) (2005): Globalization, Uncertainty and Youth in Society, London.

Blossfeld, Hans-Peter/Rohwer, Götz (2002): Techniques of Event History Modeling. New Approaches to Causal Analysis, Mahwah.

BMAS (Hg.) (2005): Lebenslagen in Deutschland. Zweiter Reichtums- und Armutsbericht, Bonn.

BMAS (Hg.) (2006): Bericht »Sicherheit und Gesundheit bei der Arbeit 2006«, Berlin.

BMBF (Hg.) (2007): Die wirtschaftliche und soziale Lage der Studierenden in der Bundesrepublik Deutschland 2006, Berlin.

BMBF (Hg.) (2008): Empfehlungen des Innovationskreises Weiterbildung für eine Strategie zur Gestaltung des Lernens im Lebenslauf, Berlin.

Bolte, Karl M. (1990): »Strukturtypen sozialer Ungleichheit. Soziale Ungleichheit in der Bundesrepublik Deutschland im historischen Vergleich", in: Berger, Peter A./Hradil Stefan (Hg.), Lebenslagen, Lebensläufe, Lebensstile (Sonderband 7 der Sozialen Welt), Göttingen, S. 27–50.

Bolte, Karl M./Hradil, Stefan (1988): Soziale Ungleichheit in der Bundesrepublik Deutschland, Opladen.

Bolte, Karl M./Kappe, Dieter/Neidhardt, Friedhelm (1967): Soziale Schichtung der Bundesrepublik Deutschland, in: Bolte, Karl M. (Hg.), Deutsche Gesellschaft im Wandel, Band 1, Veröffentlichung der Akademie für Wirtschaft und Politik Hamburg, Opladen, S. 233–354.

Boudon, Raymond (1974): Education, Opportunity, and Social Inequality, New York.

Boudon, Raymond/Bouricaud, Francois (1992): Soziologische Stichworte, Opladen.

Bourdieu, Pierre (1982): Die feinen Unterschiede. Kritik der gesellschaftlichen Urteilskraft, Frankfurt/M.

Bourdieu, Pierre (1983): Ökonomisches Kapital, kulturelles Kapital, soziales Kapital, in: Kreckel, Reinhard (Hg.), Zur Theorie sozialer Ungleichheiten (Sonderband 2 der Sozialen Welt), Göttingen, S. 183–198.

Breen, Richard (Hg.) (2004): Social Mobility in Europe, Oxford.

Brückner, Hannah/Mayer, Karl U. (2005): De-Standardization of the Life Course: What it might Mean? And if it Means Anything, whether it Actually Took Place? in: Macmillan, Ross (Hg.), The Structure of the Life

Course: Standardized? Individualized? Differentiated?, Amsterdam, S. 27–33.

Bundesagentur für Arbeit (Hg.) (2005): Strukturanalyse, Nürnberg.

Büschges, Günter/Abraham, Martin/Funk, Walter (1995): Grundzüge der Soziologie, München.

Burzan, Nicole (2004): Soziale Ungleichheit. Eine Einführung in die zentralen Theorien, Wiesbaden.

Coleman, James S. (1991): Grundlagen der Sozialtheorie, Band 1, München.

Dahrendorf, Ralf (1965): Gesellschaft und Demokratie in Deutschland, Stuttgart/Hamburg.

Davis, Kingsley/Moore, Willbert (1973): Einige Prinzipien der sozialen Schichtung, in: Hartmann, Heinz (Hg.), Moderne amerikanische Soziologie. Stuttgart, S. 394–411.

Deckl, Silvia (2006): Indikatoren der Einkommensverteilung in Deutschland 2003. Ergebnisse der Einkommens- und Verbrauchsstichprobe, in: Wirtschaft und Statistik, Heft 11, S. 1178–1187.

Diewald, Martin/ Sørensen, Annemette (1996): Erwerbsverläufe und soziale Mobilität von Frauen und Männern in Ostdeutschland: Makrostrukturelle Umbrüche und Kontinuitäten im Lebensverlauf, in: Diewald, Martin/ Mayer, Karl U. (Hg.), Zwischenbilanz der Wiedervereinigung, Opladen, S. 63–88.

Dragano, Nico (2007): Gesundheitliche Ungleichheit im Lebenslauf, in: Aus Politik und Zeitgeschichte, Heft 42, S. 18-25.

Erikson, Robert/Goldthorpe, John H./Portocarero, Lucienne (1979): Intergenerational Class Mobility in Three Western European Societies, in: British Journal of Sociology, 30, Heft 4, S. 415–441.

Erikson, Robert/Goldthorpe, John H. (1992): The Constant Flux, Oxford.

Esser, Hartmut (1993): Soziologie. Allgemeine Grundlagen, Frankfurt/M.

Esser, Hartmut (1999): Soziologie. Spezielle Grundlagen, Band 1: Situationslogik und Handeln. Frankfurt/M.

Esser, Hartmut (2000): Soziologie. Spezielle Grundlagen, Band 2: Die Konstruktion der Gesellschaft. Frankfurt/M.

Ganzeboom, Harry B. G. u. a. (1992): A Standard International Socio-Economic Index of Occupational Status, in: Social Science Research, 21, Heft 1, S. 1–56.

Geiger, Theodor (1967) [1932]: Die soziale Schichtung des deutschen Volkes, Stuttgart.

Geiger, Theodor (1955): Typologie und Mechanik der gesellschaftlichen Fluktuation, in: Bernsdorf, Wilhelm/Eisermann, Gottfried (Hg.): Die Einheit der Sozialwissenschaften, Stuttgart, S. 84–116.

Geiger, Theodor (1963): Schichtung, in: Geiger, Theodor, Arbeiten zur Soziologie, hg. von P. Trappe, Neuwied/Berlin, S. 186–205.

Geiger, Theodor (1967) [1932]: Die soziale Schichtung des deutschen Volkes, Darmstadt.

Geißler, Rainer (1996): Kein Abschied von Klasse und Schicht, in: Kölner Zeitschrift für Soziologie und Sozialpsychologie, 48, Heft 2, S. 319–338.

Geißler, Rainer (2006): Die Sozialstruktur Deutschlands, 4., überarb. und akt. Aufl., Wiesbaden.

Georg, Werner (1998): Soziale Lage und Lebensstil. Eine Typologie, Opladen.

Granato, Nadia/Kalter, Frank (2001): Die Persistenz ethnischer Ungleichheit auf dem deutschen Arbeitsmarkt: Diskriminierung oder Unterinvestition in Humankapital?, in: Kölner Zeitschrift für Soziologie und Sozialpsychologie, 53, Heft 3, S. 497–520.

Green, Donald P./Shapiro, Ian (1994): Pathologies of Rational Choice Theory. A Critique of Applications in Political Science, New Haven/ London.

Groß, Martin (2008): Klassen, Schichten, Mobilität, Wiesbaden.

Handl, Johann (1977): Sozio-ökonomischer Status und der Prozeß der Statuszuweisung. Entwicklung und Anwendung einer Skala., in: Handl, Johann/Mayer, Karl U./Müller, Walter (Hg.), Klassenlagen und Sozialstruktur. Empirische Untersuchungen für die Bundesrepublik Deutschland, Frankfurt/M., S. 101–153.

Hartmann, Michael (2004): Elitesoziologie. Eine Einführung, Frankfurt/M.

Hartmann, Peter H. (1999): Lebensstilforschung. Darstellung, Kritik und Weiterentwicklung, Opladen.

Hinz, Thomas/Gartner, Hermann (2005): Geschlechtsspezifische Lohnunterschiede in Branchen, Berufen und Betrieben, in: Zeitschrift für Soziologie 34, Heft 1, S. 22–39.

Hochschild, Arlie R. (1990): Das gekaufte Herz. Zur Kommerzialisierung der Gefühle, Frankfurt/M.

Holtappels, Heinz G. u. a. (2004): Jahrbuch der Schulentwicklung, Band 13, Weinheim/München.

Hradil, Stefan (1987): Sozialstrukturanalyse in einer fortgeschrittenen Gesellschaft, Opladen.

Hradil, Stefan (2001): Soziale Ungleichheit, 8. Aufl., Opladen.

Huinink, Johannes (1995): Warum noch Familie? Zur Attraktivität von Partnerschaft und Elternschaft in unserer Gesellschaft, Frankfurt/M.

Huinink, Johannes/Mayer, Karl U./Trappe, Heike (1995): »Staatliche Lenkung und Karrierechancen: Bildung- und Berufsverläufe«, in: Huinink, Johannes/Mayer, Karl U. u. a. (Hg.), Kollektiv und Eigensinn. Lebensverläufe in der DDR und danach, Berlin, S. 45–89.

Huinink, Johannes/Konietzka, Dirk (2007): Familiensoziologie. Ein Lehrbuch, Frankfurt/M.

Huinink, Johannes/Röhler, K. Alexander (2005): Liebe und Arbeit in Paarbeziehungen. Zur Erklärung geschlechtstypischer Arbeitsteilung in nichtehelichen und ehelichen Lebensgemeinschaften, Würzburg.

IfL (Institut für Länderkunde) (2006): Nationalatlas BRD, Band 7: Arbeit und Lebensstandard, Heidelberg.

Kley, Stefanie (2004): Migration und Sozialstruktur. EU-Bürger, Drittstaater und Eingebürgerte in Deutschland, Berlin.

Kohli, Martin (1985): Institutionalisierung des Lebenslaufs. Historische Befunde und theoretische Argumente, in: Kölner Zeitschrift für Soziologie und Sozialpsychologie, 37, Heft 1, S. 1–29.

Kohli, Martin (1988): Normalbiographie und Individualität. Zur institutionellen Dynamik des gegenwärtigen Lebenslaufregimes, in: Brose, Hans-Georg/Hildenbrand, Bruno (Hg.), Vom Ende des Individuums zur Individualität ohne Ende, Opladen, S. 33–53.

Kohli, Martin (2007): The Institutionalization of the Life Course: Looking Back to Look Ahead, in: Research in Human Development, 4, Heft 3-4, S. 253–271.

Kohli, Martin/Künemund, Harald (Hg.) (2000): Die zweite Lebenshälfte. Gesellschaftliche Lage und Partizipation im Spiegel des Alters-Survey, Opladen.

Konietzka, Dirk (1994): Lebensstile und sozialstruktureller Kontext, Opladen.

Kreckel, Reinhard (1997): Politische Soziologie der sozialen Ungleichheit, Frankfurt/M.

Lampert, Thomas/Kroll, Lars E./Dunkelberg, Annalena (2007): Soziale Ungleichheit der Lebenserwartung in Deutschland, in: Aus Politik und Zeitgeschichte, Heft 42, S. 11–17.

Lenski, Gerhard (1973): Macht und Privileg. Eine Theorie der sozialen Schichtung, Frankfurt/M.

Leßmann, Ortrud (2006): Lebenslagen und Verwirklichungschancen (capability) – Verschiedene Wurzeln, ähnliche Konzepte, in: Vierteljahrshefte zur Wirtschaftsforschung, 75, Heft 1, S. 30–42.

Lüdke, Hartmut (1990): Lebensstile als Dimension handlungsproduzierter Ungleichheit, in: Berger, Peter A./Hradil, Stefan (Hg.), Lebenslagen, Lebensläufe, Lebensstile (Sonderband 7 der Sozialen Welt), Göttingen, S. 433–454.

Mare, Robert D. (1981): Change and Stability in Educational Stratification, in: American Sociological Review, 46, Heft 1, S. 72–87.

Maslow, Abraham (1954): Motivation and Psychology, New York.

Mau, Steffen (2004): Soziale Ungleichheit in der Europäischen Union, in: Aus Politik und Zeitgeschichte, Heft 38, S. 38–46.

Mayer, Karl U. 2004: Whose Lives? How History, Societies, and Institutions Define and Shape Life Courses, in: Research in Human Development, 1, Heft 3, S. 161–187.

Mayer, Karl U./Blossfeld, Hans-Peter 1990: Die gesellschaftliche Konstruktion sozialer Ungleichheit, in: Berger, Peter A./Hradil, Stefan (Hg.), Lebenslagen, Lebensläufe, Lebensstile (Sonderband 7 der Sozialen Welt), Göttingen, S. 297–318.

Mayer, Karl U./Müller, Walter. 1986: The State and the Structure of the Life Course, in: Sørensen, Aage B./Weinert, Franz E./Sherrod, Lonnie R. (Hg.), Human Development and the Life Course, Hillsdale, NJ, S. 219–245.

Merton, Robert K. (1995): Soziologische Theorie und soziale Struktur, Berlin.

Müller, Hans-P. (1993): Sozialstruktur und Lebensstile, 2. Aufl., Frankfurt/M.

Müller, Walter (1998): Erwartete und unerwartete Folgen der Bildungsexpansion, in: Friedrichs, Jürgen/Lepsius, M. Rainer/Mayer, Karl U. (Hg.), Die Diagnosefähigkeit der Soziologie. Sonderheft Nr. 38 der Kölner Zeitschrift für Soziologie und Sozialpsychologie, Wiesbaden, S. 82–112.

Müller, Walter/Pollack, Reinhard (2004): Weshalb gibt es so wenig Arbeiterkinder in Deutschlands Universitäten? in: Becker, Rolf/Lauterbach, Wolfgang (Hg.), Bildung als Privileg? Erklärungen und Befunde zu den Ursachen der Bildungsungleichheit, Wiesbaden, S. 311–352.

Peuckert, Rüdiger (2008): Familienformen im sozialen Wandel, 7., vollständig überarb. Aufl., Wiesbaden.

Picht, Georg (1964): Die deutsche Bildungskatastrophe, Olten.

Preisendörfer, Peter (2002): Kompensation statt Kumulation? Soziale Ungleichheit aus der Sicht des Theorems des Ausgleichs der Nettovorteile, in: Zeitschrift für Soziologie, 31, Heft 1, S. 93–105.

Reinecke, Jost (2005): Strukturgleichungsmodelle in den Sozialwissenschaften, München.

Richter, Matthias/Hurrelmann, Klaus (Hg.) (2006): Gesundheitliche Ungleichheit. Grundlagen, Probleme, Perspektiven, Wiesbaden.

Richter, Matthias/Hurrelmann, Klaus (2007): Warum die gesellschaftlichen Verhältnisse krank machen, in: Aus Politik und Zeitgeschichte, Heft 42, S. 3–10.

Royal Government of Bhutan (2005): Bhutan National Development Report.

Scheuch, Erwin K./Daheim, Hansjürgen (1961): Sozialprestige und soziale Schichtung, in Glass, D./König, R., (Hg.), Soziale Schichtung und soziale Mobilität, Opladen, S. 65–103.

Schimpl-Neimanns, B. (2000): Soziale Herkunft und Bildungsbeteiligung, in: Kölner Zeitschrift für Soziologie und Sozialpsychologie, 52, Heft 4, S. 636–669.

Schömann, Klaus/Leschke, Janine (2004): Lebenslanges Lernen und soziale Inklusion: der Markt alleine wird's nicht richten, in: Becker, Rolf/Lauterbach, Wolfgang (Hg.), Bildung als Privileg? Erklärungen und Befunde zu den Ursachen der Bildungsungleichheit, Wiesbaden, S. 354–391.

Schulze, Gerhard (1992): Die Erlebnisgesellschaft. Kultursoziologie der Gegenwart, Frankfurt/M.

Schwenk, Otto G. (1999): Soziale Lagen in der Bundesrepublik Deutschland. Opladen.

Sen, Amartya (1999): Development as Freedom, New York.

Solga, Heike (1995): Auf dem Weg in die klassenlose Gesellschaft? Klassenlagen und Mobilität zwischen den Generationen in der DDR, Berlin.

Spellerberg, Annette (1996): Soziale Differenzierung durch Lebensstile, Berlin.

Sorokin, Pitirim A. (1927): Social Mobility, New York/London.

Statistisches Bundesamt (Hg.) (2002): Datenreport 2002. Zahlen und Fakten über die Bundesrepublik Deutschland, Bonn.

Statistisches Bundesamt (Hg.) (2006c): Datenreport 2006. Zahlen und Fakten über die Bundesrepublik Deutschland, Bonn; http://www.gesis.org.

Statistisches Bundesamt (Hg.) (2007): Statistisches Jahrbuch 2007, Wiesbaden

Tesch-Römer, Clemens/Engstler, Heribert/Wurm, Susanne 2006: Altwerden in Deutschland Sozialer Wandel und individuelle Entwicklung in der zweiten Lebenshälfte, Wiesbaden.

Trappe, Heike (1995): Emanzipation oder Zwang? Frauen in der DDR zwischen Beruf, Familie und Sozialpolitik, Berlin.

Treiman, Donald (1977): Occupational Prestige in Comparative Perspective, New York.

Vester, Michael u. a. (2001): Soziale Milieus im gesellschaftlichen Strukturwandel, Frankfurt/M..

Voges, Wolfgang (2002): Perspektiven des Lebenslagenkonzepts in: Zeitschrift für Sozialreform, 48, Heft 3, S. 262–278.

Weber-Menges, Sonja (2004): »Arbeiterklasse« oder Arbeitnehmer. Vergleichende empirische Untersuchung zu Soziallage, Lebenschancen und Lebensstilen von Arbeitern und Angestellten in Industriebetrieben, Wiesbaden.

Weber, Max (1972) [1921]: Wirtschaft und Gesellschaft, Tübingen.

Wegener, Bernd (1985): Gibt es Sozialprestige?, in: Zeitschrift für Soziologie, 14, Heft 3, S. 209–235.

Wright, E. Olin (1985): Classes, London.

Yasuda, S. (1964): A Methodological Inquiry into Social Mobility, in: American Sociological Review, 29, Heft 1, S. 16–23.

6 | Sozialstruktur und gesellschaftliche Institutionen

Ein anschauliches Modell, das die Beziehung gesellschaftlicher Institutionen zueinander und ihre Relevanz für soziale Ungleichheit illustriert, präsentiert Reinhard Kreckel in seiner Theorie sozialer Ungleichheit. Er skizziert ein auf Ungleichheit begründendes »Kräftefeld«, das durch Akteure bestimmt ist, die in unterschiedlichem Maße Einfluss auf die Ungleichheitstrukturen der Gesellschaft haben bzw. unterschiedlich stark in den Kampf um die Verteilung von Mitteln zur Realisierung von Lebenszielen eingreifen können (vgl. Abb. 6.1).

Kraftfeldmodell
von Kreckel

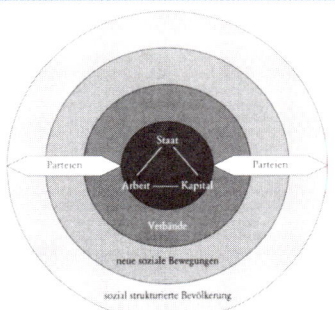

| Abb. 6.1

*Kreckels Modell des
Ungleichheit begrün-
denden Kräftefeldes*

*Quelle
Kreckel 1997: 164.*

Im Zentrum des Kraftfeldes sieht Kreckel die korporativen Akteure, die den Faktoren Lohnarbeit und Kapital sowie dem Staat zuzuordnen sind (»korporatistisches Dreieck«; Kreckel 1997: 161 ff.). Dazu gehören die Gewerkschaften, Unternehmerverbände und die staatlichen Institutionen der Legislative, Exekutive und Jurisdiktion. Um sie herum gruppieren sich »spezialisierte Interessenorganisationen« (Lobbyisten), die Belange bestimmter Bevölkerungsgruppen wahrnehmen (Kinderschutzbund, ADAC u. a.), um diese wiederum gruppieren sich »soziale Bewegungen«, die sich interessen- und themenspezifisch gesellschaftlich engagieren (etwa der WWF). Am Rand des »Kräftefeldes« befindet sich die »sozial strukturierte« Bevölkerung, die in der einen oder anderen Form – zumeist indirekt über die korporativen Akteure, in denen sie organisiert ist – in die inneren Kreise des Kräftefeldes hineinwirken kann. Dazu gehören die quer zu den konzentrischen Kreisen liegenden politischen Parteien, die als »institutionelle Vermittlungsinstanzen« fungieren. Die Hierarchie der Kreise entspricht dem unterschiedlichen Grad der »Konfliktfähigkeit« der jeweils beteiligten Akteure, womit unterschiedlich weitreichendes Einfluss- und Durchsetzungspotential verbunden ist.

Kreckels Modell könnte als eine Exemplifikation der Esser'schen Kontrollstruktur dienen (vgl. Esser 1993: 441); sie beschreibt die typische Verteilung der faktischen und durch die Institutionen geregelten Kontrolle über die Mittel, mit denen erstrebenswerte Lebensziele erreicht werden. Das Modell deutet zudem darauf hin, wie sehr soziale Ungleichheit – in den sie betreffenden Strukturen – zwischen den verschiedenen Akteuren immer wieder neu ausgehandelt und gestaltet wird. Wirtschaft und Staat spielen eine zentrale Rolle, die bei Kreckel auch im Einzelnen weiter untersucht wird.

Kreckels Modell ist aber nicht vollständig. Im Unterschied zu maßgeblichen Konzepten der Wohlfahrtsstaatforschung (Esping-Andersen 1990, 1999), in denen die Familie, neben Markt und Staat, als wichtiger Wohlfahrtsproduzent eine besondere Beachtung findet, bleibt die ungleichheitsbezogene Relevanz der Familie unterbelichtet. Sie taucht in Kreckels Schema als eigenständige Institution bezeichnenderweise auch erst gar nicht auf.

Die Familie fehlt

Wir wollen Kreckels Ansatz hier nicht vertiefend ausarbeiten, sondern im Folgenden für Deutschland einige Systematisierungen und empirische Befunde zum Einfluss von Wirtschaft und Arbeitsmarkt sowie der Institutionen des Wohlfahrtsstaats auf Aspekte sozialer Ungleichheit vorstellen.

6.1 | Sozialstruktur, Arbeitsmarkt und Wirtschaft

Die institutionellen Grundelemente, die unser Wirtschaftsystem charakterisieren, sind nach Schäfers (2004: 176 ff.):

Grundelemente des Wirtschaftssystems

1. Arbeit und Arbeitsteilung,
2. Privateigentum,
3. Wettbewerbs- und Marktordnung und
4. das Leistungsprinzip.

Die Wechselwirkungen dieser Grundelemente mit der Sozialstruktur werden im Folgenden kurz dargestellt.

Grundelement: Arbeit und Arbeitsteilung

Arbeit und Arbeitsteilung: Die arbeitsteilige Organisation des Wirtschaftens verweist auf eine fortschreitende funktionale soziale Differenzierung als grundlegendes Struktur- und Entwicklungsprinzip moderner Gesellschaften. Die Arbeitsteilung ermöglicht eine zunehmend effizientere und leistungsfähigere Produktion von Gütern und Dienstleistungen zur Gewährleistung und Steigerung gesellschaftlichen Wohlstands und zur Befriedigung der sich immer mehr ausdifferenzierenden (»verfeinernden«) Bedürfnisse der Menschen.

Doppelter Bezug der Arbeitsteilung zur Sozialstruktur

Es gibt einen zweifachen Bezug zur Sozialstruktur:

1. Die arbeitsteilige Wirtschaft geht mit einer Struktur von unterschiedlichen beruflichen Positionen und Tätigkeiten einher, die spezifische und unterschiedlich hohe Qualifikationen erfordern. Diese Struktur ist die Grundlage für die Verortung von Akteuren im Beschäftigungssystem und damit ein wesentliches Element sozialer Differenzierung und ein zentrales Ursachenfeld für ökonomische soziale Ungleichheit. Die Art und Ausgestaltung der Arbeitsteilung und deren beständiger Wandel haben weiterhin unmittelbaren Einfluss auf Arbeitsbe-

dingungen und Erwerbsrisiken sowie inter- und intragenerationale Mobilitätschancen und -erfordernisse (→ Kapitel 5.5). Im Arbeitsmarkt, so Reinhard Kreckel, fallen, bezogen auf die Lebenschancen der Menschen, die entscheidenden Würfel (Kreckel 1997: 185).

2. Eine zunehmende Arbeitsteilung führt zur Etablierung und Stabilisierung sozialer Austauschbeziehungen. Diese bilden einerseits einen wesentlichen Teil der sozialen Beziehungsstrukturen in der modernen Gesellschaft, andererseits hat ihre inhaltliche Ausgestaltung einen erheblichen Einfluss auf die Verteilung ungleichheitsrelevanter Merkmale – insbesondere Macht und Prestige.

Privateigentum: In der Bundesrepublik stellt das Privateigentum eine entscheidende Bedingung für die marktwirtschaftliche Ordnung der Wirtschaft (soziale Marktwirtschaft) dar. Es repräsentiert, wie wir schon gesehen haben, eine zentrale Ressourcendimension sozialer Ungleichheit (→ Kapitel 5.2) und ist für die Spezifikation des Klassenbegriffs konstitutiv (→ Kapitel 5.4). *(Grundelement Privateigentum)*

Wettbewerb- und Marktordnung: Die Wettbewerbs- und Marktordnung eines Landes verlangt effizientes Wirtschaften, ein im strengen Sinne zweckrationales, kalkulierendes Handeln aller beteiligten Akteure und einen effizienten Umgang mit den eigenen Ressourcen. Aufgrund der bestehenden Konkurrenz um Marktanteile bzw. attraktive berufliche Positionen herrscht sowohl aufseiten der Arbeitgeber als auch aufseiten der Arbeitnehmer die Logik nutzenorientierten Handelns vor; denn die auf dem Markt zu erzielenden Warenpreise – bzw. der Arbeitslohn – richten sich nach dem Verhältnis von Angebot und Nachfrage von Gütern und Dienstleistungen. *(Grundelement Wettbewerb- und Marktordnung)*

Man ist in der Bundesrepublik von einem perfekten Markt aber weit entfernt. So spielt etwa die durch das Privateigentum oder andere Faktoren bestimmte *Marktmacht* von Marktteilnehmern eine wichtige Rolle für den ökonomischen Erfolg. Die Arbeitslöhne sind im Allgemeinen tarifrechtlich gebunden. Dennoch können – vielleicht anfangs noch kleine – Marktnischen Chancen für wirtschaftlichen Erfolg bieten. Das Beispiel vom amerikanischen Tellerwäscher mit der richtigen Marktidee ist sprichwörtlich.

Leistungsprinzip: Es ist in der bundesrepublikanischen Gesellschaft als legitimes Prinzip der Zuweisung von Mitteln zur Verfolgung allgemein akzeptierter Lebensziele verankert. Die Statuszuweisung soll grundsätzlich meritokratisch erfolgen: wie die Leistung, so der Ertrag. Auch hier lässt sich wieder der Tellerwäscher bemühen, der für seinen unermüdlichen Einsatz und Fleiß und seine Kreativität letztlich mit Reichtum belohnt wird. *(Grundelement Leistungsprinzip)*

Wir haben aber an verschiedenen Stellen gezeigt (→ Kapitel 5.3 und 5.5), dass das meritokratische Prinzip der Statuszuweisung in unserer Gesellschaft nicht vollständig durchgesetzt ist. Immer noch werden Privilegien direkt durch Zuschreibung oder indirekt durch Vorgänge erreicht, in denen zugeschriebene Merkmale von Akteuren, wie das Geschlecht oder die ethnische Herkunft, eine wesentliche Rolle spielen.

6.1.1 | Grundbegriffe der Arbeitsmarktstatistik und Erwerbsbeteiligung

Bevor wir auf einige ungleichheitsrelevante Aspekte des Arbeitsmarkts eingehen bzw. bedeutsame Strukturmerkmale analysieren, seien in Übersicht 6.1 Definitionen zum Bereich der Erwerbstätigenstatistik vorausgeschickt.

Übersicht

6.1 | Konzepte der Erwerbstätigenstatistik

Basis der Erwerbsstatistiken in Deutschland sind die Personenbestände, welche die regionalen Arbeitsagenturen der Bundesagentur für Arbeit monatlich melden. Hinzu kommen der Mikrozensus, eine jährlich vom statistischen Bundesamt und den Landesämtern durchgeführte Haushaltsbefragung (→ Kapitel 8) sowie eine gemäß den Vorgaben der International Labour Organisation (ILO) durchgeführte telefonische Bevölkerungsbefragung. Folgende Begriffe werden den Erfassungen zugrunde gelegt:

- *Erwerbstätige*: Personen im erwerbsfähigen Alter (ab 15 Jahren), die im Bereichszeitraum gegen Entgelt oder im Rahmen einer selbstständigen Tätigkeit gearbeitet haben – unabhängig vom zeitlichen Umfang. Hierzu werden auch Personen gezählt, die im Berichtszeitraum ihre Erwerbstätigkeit vorübergehend nicht ausgeübt haben oder in einem Familienbetrieb mithelfend tätig sind (entsprechend ILO).
- *Erwerbslose*: Person im Alter von 15 bis 74 Jahren, die im Berichtszeitraum keiner Beschäftigung nachgehen und in den letzten vier Wochen vor der Befragung aktiv eine Tätigkeit gesucht haben. Hierbei muss eine neue Tätigkeit innerhalb von zwei Wochen aufgenommen werden können (entsprechend ILO).
- *Arbeitslose*: Personen, die nach sozialgesetzlichen Vorgaben amtlich als solche gemeldet sind und der Arbeitsvermittlung zur Verfügung stehen (Bundesagentur für Arbeit). Arbeitslose können geringfügig beschäftigt sein (weniger als 15 Stunden pro Woche).

- *Erwerbspersonen*: alle Erwerbstätige und Erwerbslose; sie sind Grundlage für die Berechnung der Erwerbsquoten. *Nichterwerbspersonen* sind entsprechend alle Personen, die nicht erwerbstätig sind. Dazu gehören zum Beispiel noch in Schulausbildung oder Studium befindliche Personen, sowie Personen, die nicht arbeitsuchend sind, z. B. Rentner.
- *Stille Reserve*: Personen, die grundsätzlich bereit und in der Lage sind, eine Erwerbstätigkeit auszuüben, unter den gegebenen wirtschaftlichen Bedingungen ihr Ziel jedoch nicht realisieren können. Der aktive Teil dieser Stillen Reserve ist mit den nicht arbeitslosen Erwerbspersonen gleichzusetzen. Es gibt auch einen inaktiven Teil, der zum je aktuellen Zeitpunkt nicht aktiv eine Beschäftigung sucht, allerdings bei entsprechender Gelegenheit erwerbstätig werden kann und will. Der inaktive Teil der Stillen Reserve gehört damit zu den Nichterwerbspersonen.
- *Erwerbsquote*: bezogen auf eine Bevölkerungsgruppe der prozentuale Anteil der *Erwerbspersonen* an allen Mitgliedern dieser Bevölkerungsgruppe.
- *Erwerbstätigenquote*: bezogen auf eine Bevölkerungsgruppe der prozentuale Anteil der *Erwerbstätigen* an allen Mitgliedern dieser Bevölkerungsgruppe.

Zum generellen Ausmaß der Erwerbsbeteiligung in Deutschland ein paar Zahlen: Nach dem Monatsbericht der Bundesagentur für Arbeit für den April 2008 lag der Monatsdurchschnitt der Zahl der Erwerbstätigen im März 2008 bei 39 925 000 Personen. Dem standen 3 507 436 Arbeitslose gegenüber, von denen 48,6 Prozent weiblich und 51,4 Prozent männlich waren. Bezogen auf *alle* zivilen Erwerbspersonen insgesamt entspricht das einer Arbeitslosenquote von 8,4 Prozent. Dass die strukturellen Rahmenbedingungen des Arbeitsmarkts nicht nur geschlechts- und altersspezifische Auswirkungen haben, sondern sich auch regional unterscheiden, wurde bereits im Kapitel 5.3.1 thematisiert. Das lässt sich auch an den regionalen Arbeitslosenquoten ablesen.

Wie Abbildung 6.2 deutlich macht, schwankte die Zahl der Erwerbstätigen im Laufe der letzten 15 Jahre beträchtlich. Dieses hat mit verschiedenen wirtschaftlichen, aber auch demografischen Entwicklungen zu tun, auf die wir hier nicht im Detail eingehen können.

Ausmaß der
Erwerbsbeteiligung 2008

Abb. 6.2 |

Erwerbstätigenzahlen
und Arbeitsstunden
je Erwerbstätiger¹)
in Deutschland
1991–2006

Quelle: ©Statistisches
Bundesamt, Wiesbaden
2007. Statistisches
Jahrbuch. S. 71.

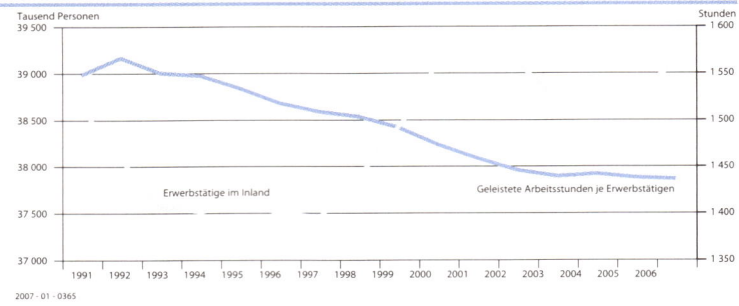

¹ *Erwerbstätige mit Arbeitsort in Deutschland in der Abgrenzung der*
Volkswirtschaftlichen Gesamtrechnungen (VGR). – Rechenstand: Februar 2007.

In der Abbildung wird auch ein im Zusammenhang mit sozialer Ungleichheit oftmals vernachlässigtes Strukturmerkmal des Arbeitmarkts, und zwar die durchschnittliche Zeit, die Menschen arbeiten, im Zeitverlauf dokumentiert. Sie bestimmt nicht nur das Einkommen, sondern auch, wie viel (Frei-)Zeit die Menschen für die Verfolgung nicht berufsspezifischer Lebensziele zur Verfügung haben. In der Zeit zwischen 1991 und 2006 ist ein deutlicher Rückgang der durchschnittlichen Arbeitszeit von 1550 Stunden (1991) auf unter 1450 Stunden (ab dem Jahr 2002) zu erkennen.

Wie teilen sich die Erwerbstätigen auf verschiedene berufliche Statusgruppen auf? Tabelle 6.1 zeigt die Verteilung nach der beruflichen Stellung, die ein guter Indikator für den beruflichen Status darstellt.

Tab. 6.1 |

Erwerbstätige in
Deutschland nach Stel-
lung im Beruf 2004¹

Quelle: Mikrozensus;
Statistisches Bundes-
amt 2006c: 95.

Stellung im Beruf	Männer (in %)	Frauen (in %)
Selbstständige	13,9	7,0
Mithelfende Familienangehörige	0,5	1,9
Beamte	7,3	5,0
Angestellte[2]	39,1	64,6
Arbeiter[3]	39,2	21,5

¹ *Ergebnisse des Mikrozensus, März 2004.*
² *Einschl. Auszubildende in anerkannten kaufmännischen und technischen*
  Ausbildungsberufen.
³ *Einschl. Auszubildende in anerkannten gewerblichen Ausbildungsberufen.*

Bei den Männern stellen Arbeiter und Angestellte jeweils noch je 40 Prozent, 14 Prozent sind selbstständig. Bei den Frauen überwiegen die Angestellten, was deutlich macht, dass sie vor allem in Dienstleistungsberufen tätig sind. Historische Vergleiche zeigen, dass sich der Anteil der Angestellten drastisch auf Kosten des Anteil der Arbeiter erhöht hat (Statistisches Bundesamt 2006c: 94)

Um die Erwerbsbeteiligung von Frauen und Männern nach dem Alter zu ermitteln, betrachten wir die altersspezifischen Erwerbsquoten von Frauen und Männern für verschiedene Geburtsjahrgänge. In Abbildung 6.3 sind sie für die Geburtsjahrgänge 1941 bis 1945 und 1961 bis 1965 dokumentiert.

Altersspezifische Erwerbsquoten

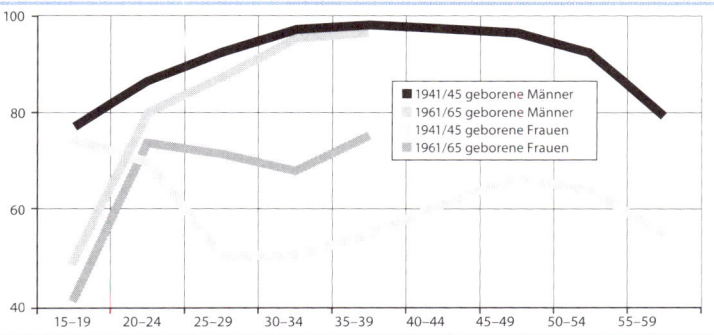

| Abb. 6.3

Abb. 6.3 Altersspezifische Erwerbsquoten von Frauen und Männern der Geburtsjahrgänge 1941/45 und 1962/65 in den alten Bundesländern (in %)

Quelle: Engstler/Menning 2003: 109.

Die altersspezifischen Erwerbsquoten unterscheiden sich sowohl nach Geschlecht als auch nach Geburtsjahrgang erheblich voneinander. Bei den 15- bis 19-jährigen Frauen und Männern lag die Erwerbsquote bei der Kohorte 1941–45 deutlich höher (ca. 75 Prozent) als bei denn Geburtsjahrgängen 1961-65 (unter 50 Prozent). Ursache dafür ist die mit der Bildungsexpansion einhergehende, höhere Bildungsbeteiligung in der jüngeren Kohorte. In den folgenden Altersgruppen entwickeln sich die Erwerbsquoten der Männer beider Geburtskohorten ähnlich – schon bei den 25- bis 29-Jährigen liegt die Quote bei über 90 Prozent. Bei den 25- bis 29-jährigen Frauen der älteren Kohorte ist ein deutlicher Rückgang der Erwerbsquote auf 50 Prozent festzustellen. In späterem Alter steigt die Quote wieder. Das reflektiert das sogenannte Drei-Phasen-Modell einer durch die Kindererziehung unterbrochenen Erwerbsbeteiligung im Lebenslauf. Im altersspezifischen Verlauf der Erwerbsquote der 1961–65 geborenen Frauen lässt sich kaum noch ein Rückgang ausmachen. Sie bekommen weniger Kinder und unterbrechen weniger lange familienbedingt die Erwerbstätigkeit. Sie sind dafür aber auch sehr häufig nur in Teilzeit erwerbstätig.

Wir haben argumentiert, dass der Rückgang der weiblichen Erwerbsbeteiligung im mittleren Lebenslauf mit der Kinderbetreuung zusammenhängt, die im Falle einer Elternschaft hauptsächlich durch die Frauen geleistet wird und die nur schwer mit einer gleichzeitigen Erwerbsbeteiligung zu vereinbaren ist. Um den Effekt von Elternschaft auf die Erwerbsbeteiligung von Frauen genauer als in der vorangegangenen Grafik zu beleuchten, kann man diese in Abhängigkeit davon betrachten, ob sich Kinder im Haushalt befinden oder nicht. Dazu haben wir mit Daten des Mikrozensus 2001 untersucht, wie sich die Erwerbsbeteiligung von Frauen mit Kindern mit der Höhe des Bildungsniveaus verändert und welche Unterschiede es zwischen West- und Ostdeutschland gibt.

Tab. 6.2 |

*Erwerbstätigenquoten[1]
west- und ostdeutscher
Frauen im Alter von
25 bis 40 Jahren
ohne Kinder und mit
Kindern nach Ausbil-
dungsniveau sowie
Alter des jüngsten
Kindes im Jahr 2001
(in %)*

*Quelle:
Mikrozensus 2001;
eigene Berechnungen.*

Alter des jüngsten Kindes	Westdeutschland	Ostdeutschland
Ausbildung unterhalb Hochschulabschluss		
ohne Kinder	92	79
jüngstes Kind unter drei Jahre	33	45
jüngstes Kind drei bis unter zehn Jahre	68	70
jüngstes Kind zehn Jahre und älter	81	81
Ausbildung mit Hochschulabschluss		
ohne Kinder	91	87
jüngstes Kind unter drei Jahre	42	58
jüngstes Kind drei bis unter zehn Jahre	72	82
jüngstes Kind zehn Jahre und älter	84	91

[1] *Erwerbstätige ohne vorübergehend Beurlaubte.*

Die Auswirkungen der Familiengründung auf die Erwerbsbeteiligung der Frauen sind in beiden Ausbildungsgruppen klar erkennbar, d.h. die aktive Erwerbstätigkeit geht mit der Geburt eines Kindes deutlich zurück. Zwar steigt die Erwerbsquote der Mütter mit zunehmendem Alter der Kinder wieder an, das vorherige Niveau wird jedoch nicht mehr erreicht – gleichwohl hat sich der Anteil längerfristig erwerbsloser Frauen gegenüber früheren Geburtskohorten deutlich verringert. Der

Rückgang der Erwerbsbeteiligung ist bei ostdeutschen Müttern geringer, da hier Kinderbetreuung und Erwerbstätigkeit aufgrund der günstigeren Rahmenbedingungen einfacher zu vereinbaren sind (vgl. Huinink 2002).

Zu erkennen ist außerdem, dass Frauen mit Hochschulabschluss in Ost- wie in Westdeutschland zu einem größeren Teil erwerbstätig bleiben als Frauen aus der niedrigeren Ausbildungsgruppe. Es liegt die Vermutung nahe, dass höher qualifizierte Frauen weniger bereit sind, den Beruf aufzugeben und gleichzeitig mehr Mittel und Möglichkeiten haben, eventuell eine private Betreuung für die Kinder zu gewährleisten. Allerdings sind auch hier Mütter im Vergleich zu den kinderlosen Frauen deutlich seltener erwerbstätig. Zudem sind sie in Westdeutschland zum überwiegenden Teil nur teilzeitbeschäftigt, was in dieser Tabelle nicht eigens ausgewiesen ist. In Ostdeutschland dagegen bilden die Teilzeitbeschäftigten in jeder Familiensituation noch die Minderheit (Kreyenfeld/ Geisler 2006).

Strukturen des Arbeitsmarkts | 6.1.2

Die individuellen Einstiegs- und Aufstiegsmöglichkeiten in den Arbeitsmarkt sind nicht nur von den individuellen Qualifikationen und verschiedenen zugeschriebenen Merkmalen (Alter, Geschlecht) abhängig. Auch die Strukturen des Arbeitsmarkts (Arbeitsmarktsektoren, Branchen und Arbeitsmarktsegmente) haben einen unmittelbaren Effekt auf die soziale Ungleichheit. Dabei wird der Arbeitsmarkt seinerseits von der sich ständig wandelnden marktökonomischen Struktur sowie anderen gesellschaftlichen (bzw. staatlichen) Institutionen beeinflusst.

Um die Effekte des Arbeitsmarkts auf soziale Ungleichheit zu analysieren, muss man die *Zugangschancen zum Arbeitsmarkt* und *die Mobilitätschancen im Arbeitsmarkt* untersuchen, d. h. wie individuelle Erwerbsmöglichkeiten und -laufbahnen durch Arbeitsmarktstrukturen beeinflusst werden. Die unterschiedliche Verortung im Arbeitsmarkt geht auch mit einer unterschiedlich hohen Arbeitsplatzsicherheit einher. | Zugangs- und Mobilitätschancen

Branchen- und Sektorenstruktur des Arbeitsmarkts | 6.1.2.1

Mit Bezug auf die Einkommensmöglichkeiten haben wir im Kapitel 5.3 schon darauf verwiesen, dass es erhebliche Unterschiede zwischen den Wirtschaftsbranchen und -sektoren gibt. Wir hatten erwähnt, dass vor allem in den Branchen vergleichsweise wenig verdient wird, in denen

Sektorspezifische
Differenzierung
des Arbeitsmarkts
weibliche Arbeitskräfte überrepräsentiert sind. Die arbeitsteilige Struktur des Wirtschaftssystems (Branchen und Sektoren) hat aber auch zu anderen ungleichheitsrelevanten Faktoren Bezüge. Dazu gehören etwa ungleiche Arbeitsbedingungen und Arbeitsbelastungen, wie die Untersuchungen zum Bericht »Sicherheit und Gesundheit bei der Arbeit« zeigen (BMAS 2006).

Erwerbsverläufe, Einkommens- und Karrierechancen hängen auch stark davon ab, in welchen Bereich des Arbeitsmarkts man zu Beginn der Erwerbslaufbahn eintritt. Zahlreiche Studien zeigen, dass dem Eintritt ins Erwerbsleben eine wichtige Funktion zukommt, weil damit Weichenstellungen vorgenommen werden, die später nur schwer zu verändern oder korrigieren sind (vgl. Blossfeld 1989).

Der Anteil der verschiedenen Sektoren und Branchen am gesamten Arbeitsmarkt hat somit – vermittelt über die Arbeitsmarktschancen – einen direkten Effekt auf die sozialstrukturelle Positionierung der Individuen. Der Wandel der Branchen- und Sektorstruktur ist in der Regel auch eine Ursache für strukturelle Mobilität (→ Kapitel 5.5).

In Theorien gesellschaftlicher Entwicklung wird häufig eine einfache Differenzierung zwischen drei Wirtschaftssektoren als Indikator für den Fortschritt auf dem Weg in die moderne oder fortgeschrittene Industriegesellschaft gewählt. Man unterscheidet mit dem französischen Ökonom Jean Fourastié (Geißler 2006: 24):

- den primären Sektor: Land- und Forstwirtschaft, Fischerei;
- den sekundären Sektor: das produzierende Gewerbe;
- den tertiären Sektor: alle Arten von Dienstleistungen mit den Bereichen Handel, Verkehr, Verwaltung.

Wandelnde Bedeutung
der Sektoren
Die Bedeutung der drei Sektoren hat sich im Verlauf der letzten zwei Jahrhunderte stark verändert, wie Abbildung 6.4 belegt. Zum Teil beziehen sich die Zahlen noch auf das Deutsche Reich, die Jahre 1950 und 1970 allein auf die alte Bundesrepublik und für die Jahre 1991 und 2004 auf ganz Deutschland.

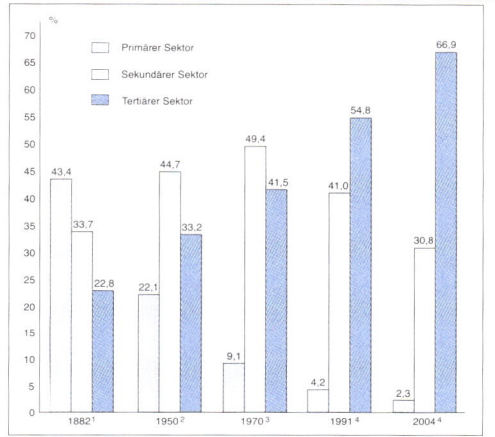

| Abb. 6.4

Erwerbstätige nach Wirtschaftsbereichen im Vergleich

©*Bundeszentrale für politische Bildung.*

Quelle: Datenreport 2006.

Auch wenn der Vergleich der Zahlen aufgrund der Unterschiede in den sozioökonomischen Voraussetzungen im Deutschen Reich, der alten Bundesrepublik und Gesamtdeutschland schwierig ist, ist doch ein deutlicher Trend zu belegen. Der Anteil der Beschäftigten im primären Sektor hat sich ständig verringert, der industrielle Sektor hat zwischenzeitlich stark gewonnen, ist aber mittlerweile ebenfalls auf dem Rückzug, während der tertiäre- oder auch Dienstleistungssektor kontinuierliche Zuwächse verbuchen kann. Die Ausweitung ist zum Teil auch mit einem Anstieg des Anteils von Beschäftigten im staatlichen Beschäftigungssektor (öffentlicher Dienst) an allen Erwerbstätigen verbunden (→ Kapitel 6.2). Er lag im Jahr 2005 zwischen 12 und 13 Prozent (BMI 2007).

Auch wenn der die modernen Gesellschaften dominierende tertiäre Sektor oft als Dienstleistungssektor bezeichnet wird, ist ein zunehmender Teil der hier verorteten Beschäftigten im Bereich der sich rasant entwickelnden Kommunikations- und Informationstechnologie (Informationsdienstleistungen) beschäftigt. Aus der Dienstleistungsgesellschaft ist nach einer weiteren Phase der Umstrukturierungen eine Informationsgesellschaft geworden, welche die Mittel bereitstellen soll, den immer komplexer werdenden Anforderungen gesellschaftlicher Entwicklung gerecht zu werden. Entsprechend wird vorgeschlagen, den Informationssektor als vierten Wirtschaftssektor hinzuzufügen (vgl. Geißler 2000: 19).

Von der Dienstleistungs- zur Informationsgesellschaft

Zusammenfassung

Branchen und Sektoren der Wirtschaft

Die Beschäftigung in den drei (bzw. vier) Wirtschaftssektoren ist jeweils mit spezifisch ausgeprägten Ungleichheitsmerkmalen verbunden (etwa Einkommensmöglichkeiten, Arbeitsbedingungen). Veränderungen bei der Arbeitsproduktivität bzw. den Beschäftigungszahlen in den einzelnen Sektoren haben also einen direkten Effekt auf die Sozialstruktur eines Landes. Nach der »Drei-Sektoren-Hypothese« von Fourastié geht die zunehmende Bedeutung des tertiären Sektors (»Dienstleistungsgesellschaft«) mit einem umfassenden Wandel der Arbeitsbedingungen und einem Wohlstandsanstieg einher. Aufgrund seiner wachsenden Bedeutung wird der Bereich »Information« inzwischen als eigener Sektor behandelt.

6.1.2.2 | Arbeitsmarktsegmentation

Neben der branchenspezifischen und sektoralen Gliederung des Arbeitsmarkts erweist sich ein weiteres Strukturphänomen als beachtenswert. Es wird postuliert, dass sich der Arbeitsmarkt in relativ stark voneinander abgeschottete Segmente aufteilt, die quer zu der eben behandelten Branchen- und Sektorstruktur liegen und zwischen denen kaum berufliche Mobilität stattfindet (Szydlik 1990). Auch hierbei handelt es sich um ein wichtiges arbeitsmarktspezifisches Merkmal der Ungleichheit.

Ursachen   Eine möglichst effiziente Bereitstellung von Ausbildungsplätzen und Arbeitskräften hat zum Ziel, den Qualifikations- und Arbeitskräftebedarf in den verschiedenen Wirtschaftsbereichen in optimaler Weise zu befriedigen. Dies liegt im Interesse von Arbeitgebern wie Arbeitnehmern. Das heißt zum einen, dass für entstehende Vakanzen und – wie im Fall strukturellen Wandels – für neue Berufsfelder in ausreichendem Maße geeignete Arbeitskräfte bereitstehen müssen. Es bedeutet zum anderen, dass die Ausbildungsinvestitionen angesichts des Arbeitskräftebedarfs und der bestehenden Arbeitskräftestruktur optimal angeboten bzw. nachgefragt werden müssen.

Sind diese Voraussetzungen gegeben, sollte der Einsatz von Arbeitskräften mit einer möglichst geringen Mobilität zwischen verschiedenen Berufsfeldern einhergehen, da die notwendigen Umschulungen einen Effizienzverlust bedeuten. Mobilität sollte nur innerhalb der Berufsfelder mit mittleren Aufstiegsdistanzen auftreten und nicht zu hohe zusätzliche Ausbildungsinvestitionen (Umschulungen) erfordern oder gar zu qualifikatorischen Abstiegen führen. Die beiden ersten Prinzipien gelten allerdings nicht für Positionen, die geringe berufsspezifische Qualifikationen benötigen.

Diese Konstruktion legt nahe, dass es eine mehrfache Segmentierung des Arbeitsmarkts gibt, und zwar in Bezug auf Berufsfelder und Qualifikationsstufen, die Grenzen zwischen den Arbeitsmarktsegmenten aber kaum überschritten werden. Soziale Positionen wären damit langfristig festgelegt: Das ist ein wichtiger Ansatzpunkt für die Beschäftigung mit der sozialstrukturellen Analyse von Lebensläufen.

> Arbeitsmarktsegmente als Schichtgrenzen?

Tatsächlich lässt sich gut begründen, dass der Arbeitsmarkt in der Bundesrepublik (und anderswo) in einzelne Segmente untergliedert ist, zwischen denen Mobilität erschwert wird. Entsprechende Theorien behaupten eine Zwei- bzw. Dreiteilung des Arbeitsmarkts in einen *oberen* und *unteren primären* und *einen sekundären Arbeitsmarkt*, die durch die Struktur des Gütermarkts bzw. die Produktionsstrukturen in einer Ökonomie bedingt ist (Theorie des dualen Arbeitsmarkts; Piore 1978, Kreckel 1997: 194 ff.; vgl. Übersicht 6.2).

Übersicht

Arbeitsmarktsegmentation | 6.2
Konzept von Piore (1978):
- Im *primären Arbeitsmarkt* gibt es Tätigkeiten mit relativ guten Löhnen, guten Arbeitsbedingungen, Aufstiegschancen, Beschäftigungssicherheit, die Arbeitskräfte sind gut ausgebildet. Der primäre Arbeitsmarkt lässt sich grob noch einmal aufteilen:
  - in ein oberes Segment mit relativ hoher beruflicher Mobilität (z.B. Manager)
  - in ein unteres (Facharbeiter-)Segment mit relativ niedriger beruflicher Mobilität
- Im *sekundären Arbeitsmarkt* sind die Tätigkeiten gering bezahlt, es gibt kaum Aufstiegschancen, die Beschäftigungsverhältnisse sind äußerst instabil, die Arbeitskräfte haben ein niedriges Qualifikationsniveau.

Konzept von Lutz und Sengenberger (Sengenberger 1987)
- Das *unstrukturierte Segment* oder der »Jedermannsarbeitsmarkt« entspricht dem sekundären Arbeitsmarkt bei Piore.
- Das *(berufs-)fachliche Segment* beinhaltet Arbeitskräfte, die über eine gute berufsspezifische, aber nicht betriebsspezifische Qualifikationen

verfügen. Die Investitionen des Betriebs in die Ausbildung der Beschäftigten sind gering. Die berufsbezogene Mobilität ist eingeschränkt, die qualifikationsspezifische Mobilität ist innerhalb gewisser Grenzen möglich (entspricht dem unteren primären Arbeitsmarkt in dem o.g. Konzept von Piore).

- Das *betriebsinterne Segment* ist durch Positionen gekennzeichnet, die eng an den Betrieb gebunden sind. Die Qualifikation der Arbeitskräfte ist betriebsbezogen. Die Bindung zwischen Arbeitskräften und Betrieb ist daher hoch. Sie stellen den Prototyp eines *internen Arbeitsmarkts* dar, d.h., die Besetzung von Vakanzen wird eher betriebsintern über Aufstiege realisiert. Einsteiger von außen (externer Arbeitsmarkt) kommen nicht zum Zuge. Neue Arbeitskräfte von außen treten auf den unteren Qualifikationsstufen in den Betrieb ein (*port of entry*) und machen dann innerbetrieblich Karriere.

Ansätze der Arbeitsmarktsegmentation postulieren also eine strukturelle Gliederung des Arbeitsmarkts, mit der sich Aussagen in Bezug auf unterschiedliche Formen des Zugangs zum Arbeitsmarkt und unterschiedliche Chancen zur beruflichen Mobilität verbinden lassen. Dabei werden die arbeitsmarktspezifischen Merkmale – nämlich die Möglichkeiten des Zugangs zu bestimmten Arbeitssegmenten – als eine zentrale Ursache sozialer Ungleichheit betrachtet.

Bezug zur Sozialstrukturforschung   Der Bezug zur Sozialstrukturforschung ist vielfältig. Er ist zum einem dadurch gegeben, dass die Zugehörigkeit zu einem Arbeitsmarktsegment sich mit den klassischen Dimensionen sozialer Ungleichheit in Verbindung bringen lässt:

- So gehören Menschen, die im Sinne von Piore im sekundären Segment tätig sind, eher unteren sozialen Schichten an, während im oberen primären Segment die statushöheren Schichten dominieren.
- Auf der anderen Seite begründet die Arbeitsmarktsegmentationstheorie die Bedeutung neuer Determinanten sozialer Ungleichheit. Es hängt also im Hinblick auf Einkommen, aber auch auf Arbeitsbedingungen, Arbeitsplatzsicherheit etc. viel davon ab, in welchem Segment man den Einstieg in eine berufliche Laufbahn vollzieht. Eine differenziertere Analyse und Ableitung typischer »arbeitsmarktstrategischer Lagen« nimmt etwa Kreckel vor (1997: 202).
- Letztlich haben die für sich genommen jeweils recht geschlossenen Arbeitsmarktsegmente selbst viele Eigenschaften, die bisher mit den verschiedenen Klassen- oder Schichten verbunden waren. In die-

sem Sinne können sie dann auch als ein (weiteres) Argument für die nach wie vor hohe Relevanz vertikaler Gliederungsmerkmale gelesen werden.

Zusammenfassung

Arbeitsmarktsegmentation

Die Segmentierung des Arbeitsmarkts – bzw. der einzelnen Wirtschaftssektoren – kann man als einen wichtigen Faktor ansehen. Sie trägt zur Verfestigung von Strukturen unterschiedlicher sozialer Positionen oder Karriereverläufe und damit zur Verfestigung sozialer Ungleichheit im Lebenslauf bei. Die verschiedenen Segmente gehen nicht nur mit unterschiedlichen Statuspositionen im Ungleichheitsgefüge (Einkommen, Arbeitsbedingungen) einher, sondern sie sind auch mit unterschiedlichen Aufstiegschancen verknüpft.

Zugang zum Güter- und Dienstleistungsmarkt | 6.1.3

Der Zugang zum Güter- und Dienstleistungsmarkt wird vor allem über materielle Ressourcen und Informationen geregelt, die klassische Dimensionen sozialer Ungleichheit darstellen. Konsumchancen hängen vom sozioökonomischen Status der Akteure ab. Unterschiedlich gute Konsumchancen sind ein zentrales Merkmal sozialer Ungleichheit.

Konsumchancen als Ungleichheitsmerkmal

Konsumverhalten dient daher gleichzeitig auch der Distinktion zwischen sozialstrukturellen Positionen bzw. der Stilisierung individueller Lebensweisen (→ Kapitel 5.2 und 5.4). Damit ist zum einen der Bezug zum Prestige als Dimension sozialer Ungleichheit hergestellt, zum anderen verweist dies auf die Bedeutung individueller Orientierungen, Geschmäcker usw., wie sie im Zusammenhang mit dem Milieu- und Lebensstilkonzept postuliert wird.

Konsumverhalten als Ungleichheitsindiz

Das sich ausdifferenzierende Konsumgüterangebot ist direkte Folge einer Ausweitung des Güter- und Dienstleistungsmarkts, die durch eine zunehmende Arbeitsteilung ermöglicht wird. Folge der Arbeitsteilung ist eine effizientere Produktion. Der Wohlstand steigt, es können mehr Konsumgüter günstiger angeboten werden und vielfältige Konsumbedürfnisse besser bedient werden. Umgekehrt hat das zunehmende Konsumgüterangebot auch eine sich ausdifferenzierende Bedürfnisstruktur zur Folge. Die Bedürfnisstruktur wird durch Entwicklungen und Merkmale des Wirtschaftssystems bzw. des Arbeitsmarkts beeinflusst.

Während vor wenigen Jahrzehnten beispielsweise das Bedürfnis nach Information lediglich durch ein paar Tageszeitungen und Magazine befriedigt wurde, existiert mittlerweile ein fast unüberschaubares Angebot, das ebenfalls unterschiedliche »Lebensstile« bedient. Diese und vergleichbare Entwicklungen auf dem Konsumgütermarkt gehen mit folgenden Konsequenzen einher:

- *Erstens* tragen der zunehmende Wohlstand und das differenzierte Angebot günstiger Konsumgüter dazu bei, dass neue Bedürfnisse und damit neue sozialstrukturelle Unterschiede entstehen. Man vergleiche beispielsweise das Angebot des Konsumgütermarkts in Ostdeutschland heute im Vergleich zur Planökonomie in der DDR. Da die individuellen Wahlmöglichkeiten auch an die Preise gekoppelt sind, entstehen neue Gelegenheiten zur Distinktion, die zu neuen sozialen Ungleichheiten führen. Dabei fallen gleichzeitig die Vermögens- und Einkommensunterschiede immer noch stark ins Gewicht. Sie dürften aber relativ an Relevanz verlieren.
- *Zweitens* kann der allgemeine Anstieg des Wohlstands der Bevölkerung soziale Unterschiede auch einebnen, da sich eine zunehmende Zahl von Menschen »Luxusgüter«, wie einen Mercedes oder eine bestimmte Kleidermarke, auch im mittleren oder unteren Einkommenssegment leisten kann. Darüber hinaus wird postuliert, dass die dem ökonomischen Gebot der Nutzenmaximierung folgende Rationalisierung der Güterproduktion und damit einhergehende Veränderungen der Angebotsstruktur im Konsumgütermarkt eher eine nivellierende Konsequenz auf die produzierten Konsumgüter haben – sich also beispielsweise die verschiedenen Automarken in Technik und Ausstattung immer mehr angleichen.

Zusammenfassung

Güter- und Dienstleistungsmarkt

Konsumverhalten und Konsumchancen dienen der sozialen Distinktion, da sie vom sozioökonomischen Status der Akteure abhängen. Das sich mit dem zunehmenden Wohlstand ausdifferenzierende Konsumgüterangebot hat – gekoppelt an die Konsumgüterpreise – einerseits neue Distinktionsmöglichkeiten geschaffen, andererseits wurden durch die zunehmende Notwendigkeit einer effizienten Konsumgüterproduktion, die sich in einer auf Massenproduktion angelegten Herstellung von Gütern niederschlägt, Unterschiede zwischen Konsumgütern aber auch eingeebnet. Distinktion wird daher zu einem teuren Unterfangen.

Lernkontrollfragen

1 Welche Ungleichheitsdimension wird in Kreckels Kraftfeldmodell thematisiert?
2 Nennen Sie die Grundelemente des Wirtschaftssystems und ihre Bedeutung für Strukturen sozialer Ungleichheit.
3 Auf welche Weise wird die Sozialstruktur durch Arbeitsmarkt und Arbeitsteilung beeinflusst?

Infoteil

Zu diesem Themenkomplex kann man das Lehrbuch des deutschen Soziologen Bernhard Schäfers zur Sozialstruktur und zum sozialen Wandel in Deutschland empfehlen. Es bietet einen sehr systematischen Überblick über die funktional differenzierte Gesellschaft der Bundesrepublik und die damit korrespondierenden Gegebenheiten der Sozialstruktur. Im Jahr 2004 ist die achte Auflage erschienen.

Sozialstruktur und Wohlfahrtsstaat | 6.2

Die Genese des Wohlfahrtsstaats hängt mit zwei grundlegenden Entwicklungen seit der Neuzeit zusammen (Flora/Heidenheimer 1981: 23 f.):

Genese des Wohlfahrtsstaats

1. die Entstehung von Nationalstaaten mit demokratischen Verfassungen; sie begründete den Wohlfahrtsstaat als politische Antwort auf die zunehmenden Forderungen nach sozialer Gleichheit, sozialen Rechten sowie sozialer und existentieller Sicherheit;
2. die Entwicklung des Kapitalismus; sie forderte den Wohlfahrtsstaat als Regulationsinstanz für gesellschaftliche Interessenkonflikte sowie die Gewährleistung sozialer Sicherheit und Mindeststandards individueller Wohlfahrt, aber auch als wirtschaftspolitischen Akteur.

In seinen stark beachteten Arbeiten unterscheidet der dänische Soziologe Gøsta Esping-Andersen (1990, 1999) verschiedene *Typen von Wohlfahrtsstaaten*, die in unterschiedlicher Weise auf soziale Beziehungsstrukturen und das Gefüge sozialer Ungleichheit in Gesellschaften Einfluss nehmen. Ein erstes, zentrales Kriterium ist, ob die Sicherung der Wohlfahrt der Bürger weitgehend vom Erfolg im Arbeitsmarkt abhängig ist oder ob sie eher durch alternative Unterstützungsformen, etwa durch Sozialpolitik, gewährleistet wird. Letzteres wird von ihm als Ausdruck einer »De-Kommodifzierung« betrachtet, womit gemeint ist, dass die

Marktabhängigkeit individueller Wohlfahrt durch sozialstaatliche Sicherungsleistungen verringert wird. Zum zweiten wird die Bedeutung der wohlfahrtsstaatlichen Aktivitäten für die soziale Ungleichheit in den Gesellschaften betrachtet. Schließlich spielt drittens eine wichtige Rolle, welche Bedeutung Staat, Markt und Familie innerhalb dieses Gefüges und im Verhältnis zueinander haben.

Deutschland als »konservativer« Wohlfahrtsstaat

Deutschland zählt nach dieser Typologie zu den »konservativen« Wohlfahrtsstaaten. Diese zeichnen sich durch ein ausgebautes System staatlich organisierter sozialer Sicherung aus, die auf einer durch Zwangsmitgliedschaft gekennzeichneten, in verschiedene Zweige gegliederten Sozialversicherung beruht. Ansprüche an die Sozialversicherung werden grundsätzlich durch eine Beteiligung am Erwerbsleben erworben – damit ist eine Marktabhängigkeit und Statusabhängigkeit sozialer Sicherung impliziert. Auch bleibt die Familie eine wichtige soziale Sicherungsinstanz. Der Staat greift in der Regel erst dann mit seinen Leistungen ein, wenn das Selbsthilfepotential der Familie nicht ausreicht (Subsidiaritätsprinzip). Die Strukturen sozialer Ungleichheit bleiben daher relativ stabil, Umverteilungsprozesse sind eher gering ausgeprägt.

Das Familienbild ist traditionell. Viele Aufgaben, insbesondere auch die Erziehung der nachwachsenden Generationen, bleiben in privater Hand. Da dies mit einer traditionellen Arbeitsteilung zwischen den Geschlechtern einhergeht, sind die Frauen durch Haushalt- und Familienarbeit gebunden. Wollen Frauen Mutterschaft und Familie realisieren, sind sie oft gezwungen, sich in die ökonomische Abhängigkeit vom Mann als Haupternährer zu begeben. Ihre Möglichkeiten, eigenständig hinreichend hohe Ansprüche an das Sozialversicherungssystem zu erwerben, sind daher vielfach begrenzt. Erst in den letzten Jahren zeichnet sich in Deutschland im Zuge einer veränderten Familienpolitik ein stärkerer Trend dahingehend ab, dass die Familienmitglieder zunehmend von Aufgaben entlastet werden. Dazu gehört ein beständiger Ausbau des Kinderbetreuungssystems auch für Kinder unter drei Jahren.

Wohlfahrtsstaat als Steuerungs- und Regulierungsinstanz

Der deutsche Wohlfahrtsstaat hat in den letzten Jahrzehnten seine Funktionen und Steuerungskompetenzen beständig erweitert. Er ist eine der wichtigsten Regulatoren individueller Lebensläufe (vgl. Mayer/ Müller 1986) und nimmt Einfluss auf die sozialen Beziehungsstrukturen und fast alle Dimensionen sozialer Ungleichheit.

Familie und Lebensformen sind staatlichen Regelungen unterworfen und ihre »Verrechtlichung« schreitet voran. Bildungs- und Ausbildungswege der Bürger werden vom Staat mitgestaltet. Staatliche Institutionen greifen in die Strukturen des Arbeitsmarkts und des Erwerbslebens ein.

Der Staat regelt den Einstieg in und den Ausstieg aus dem Erwerbsleben und beeinflusst die Einkommens- und Erwerbschancen sowie die Arbeitsbedingungen der Berufstätigen. Er organisiert die Absicherung im Krankheitsfall und die Altersversorgung. Kommunen, Länder und Bund gestalten auf verschiedene Weise die Wohn-, Umwelt- und Freizeitbedingungen der Menschen mit. Der Staat ergreift Maßnahmen, um die Diskriminierung von Minderheiten und sozial Benachteiligten zu verhindern. Durch seine demokratische Ordnung gewährt er den Bürgern politische Partizipations- und Mitbestimmungsrechte. Die Rechtstaatlichkeit sichert die Wahrung der Würde und Entfaltungsmöglichkeiten jedes Einzelnen.

Übersicht 6.3 verdeutlicht noch einmal die Doppelfunktion des Wohlfahrtsstaats in Bezug auf soziale Ungleichheit: Einerseits nimmt er *direkt* – durch die Bereitstellung von Infrastruktur, Dienstleistungen und sozialen Sicherungsmaßnahmen – auf die Ausgestaltung von Lebensbedingungen Einfluss. Andererseits beeinflusst er diese Merkmale indirekt, über Gesetzgebung, Verordnungen und weitere Regulierungsmechanismen.

Direkte und indirekte Einflussnahme des Wohlfahrtsstaats

Übersicht

Aktivitätsfelder und Funktionen des Wohlfahrtsstaats | 6.3

- *Kontrollfunktionen und Steuerungsaufgaben:* Ein Beispiel sind die Möglichkeiten, auf den Wirtschaftsprozess einzuwirken und die Bedeutung des Wohlfahrtsstaats als Globalsteuerungsinstanz der Wirtschaft.
- *Anbieten von Dienstleistungen:* Beispiele sind das Angebot im Bereich der Kinderbetreuung, das Bildungs- und Ausbildungswesen oder die Gewährleistung öffentlicher Sicherheit.
- *Bereitstellung von Infrastruktur:* Hier denke man etwa an die Bereiche Verkehr, Kommunikation und Energiewirtschaft.
- *Maßnahmen zur sozialen Sicherheit:* Zu nennen sind vor allem das Sozialversicherungssystem und das Gesundheitswesen. Auch die Zuständigkeit für die Sicherung vor wachsenden globalen Risiken und das Engagement im ökologischen Bereich und beim Umweltschutz gehören dazu.
- *Regulierung von Interessenkonflikten:* Gesellschaftliche Konflikte, wie der Konflikt zwischen Kapital und Arbeit, sowie Interessenskonflikte auf lokaler und zwischenmenschlicher Ebene werden durch staatliche Gesetze reguliert.

Auch wenn im Zuge des sogenannten Umbau des Sozialstaats in Deutschland keine Ausweitung der Staatsaufgaben mehr erfolgt und ein Rückzug in Angriff genommen wird, wird sich an der großen Bedeutung staatlichen Handelns für die Sozialstruktur der Gesellschaft auf absehbare Zeit kaum Entscheidendes ändern – es ist sogar zu erwarten, dass im Zuge der Globalisierung neue Aufgaben auf den Staat zukommen, um soziale Ungleichheiten innerhalb der Bevölkerung zu verhindern oder abzumildern. Betrachten wir in fünf Punkten entsprechende Verbindungslinien zwischen Wohlfahrtsstaat und Sozialstruktur.

6.2.1 | Wohlfahrtsstaatliche Handlungsfelder

6.2.1.1 | Der Staat als Arbeitgeber

Beschäftigte im öffentlichen Dienst

Circa 4,6 Millionen Menschen waren im Jahr 2006 in Deutschland im öffentlichen Dienst beschäftigt. Diese Zahl sinkt seit der Wiedervereinigung stetig. Die Verteilung der Beschäftigten auf verschiedene Aufgabenfelder ist in Abbildung 6.5 dokumentiert.

Abb. 6.5 |

Beschäftigte im öffentlichen Dienst am 30. Juni 2006 nach Aufgabenbereichen

Quelle: Schwahn 2007: 1081.

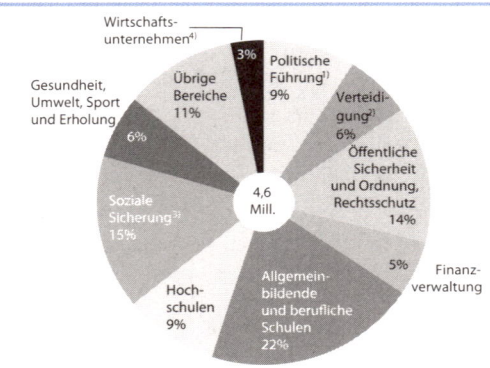

1) Einschl. zentraler Verwaltung und auswärtiger Angelegenheiten. – 2) Einschl. Berufs-/Zeitsoldaten und -soldatinnen, ohne Grundwehrdienstleistende. – 3) Einschl. gesetzlicher Krankenversicherung, Rentenversicherung, Unfallversicherung, Bundesagentur für Arbeit. – 4) Einschl. Bundeseisenbahnvermögen, kommunaler Versorgungs- und Verkehrsunternehmen.

Der öffentliche Dienst als Teil des Beschäftigungssystems zeichnet sich immer noch durch Besonderheiten aus, die ungleichheitsrelevant sind:
- die vertragliche Gestaltung nicht befristeter Arbeitsverträge im öffentlichen Dienst (Arbeitsplatzgarantie, formal geregelte Karriere-

und Einkommensentwicklung im Berufsverlauf) und Privilegien für Beamte, die seit den letzten Jahren allerdings sukzessive abgebaut werden (Geißler 2006: 176);

- die Auswirkungen auf den Arbeitsmarkt: Die Erweiterung der wohlfahrtsstaatlichen Funktionen führte zu einem expansiven Ausbau des öffentlichen Dienstes. In der alten Bundesrepublik wirkte sich die Ausweitung des staatlichen Sektors in den 1970er Jahren nachhaltig auf die gesamte Berufsstruktur aus und beschleunigte das Wachstum des tertiären Sektors. Sie erhöhte insbesondere in starkem Maße die Chancen von Frauen auf eine qualifizierte Erwerbsarbeit. Der Stellenabbau seit Beginn der 1990er Jahre hat dagegen negative Auswirkungen auf die Karriere- und Mobilitätschancen in der Bevölkerung insgesamt gehabt und zum hohen Niveau der Arbeitslosigkeit beigetragen;
- der gesellschaftliche Einfluss: Positionen auf den mittleren und oberen Entscheidungsebenen in staatlichen Institutionen haben Einfluss auf die Gestaltung aller Bereiche allgemein-öffentlichen Interesses und die Top-Positionen zählen zu der gesellschaftlichen Elite.

Der Staat als gesellschaftliche Steuerungsinstanz | 6.2.1.2

Der Staat hat einen wesentlichen Anteil an und Einfluss auf die Kontrollstruktur der Gesellschaft (→ Kapitel 5.1). Auch hier lassen sich verschiedene Gesichtspunkte unterscheiden:

Staat und gesellschaftliche Kontrollstruktur

- Der Staat greift in die Mechanismen der Reproduktion und Veränderung sozialer und sozialstruktureller Positionen seiner Bürger ein und bestimmt die Prinzipien der Zuweisung von sozialen Positionen mit. Eine zentrale Rolle spielt dabei das Bildungs- und Ausbildungssystem und dessen strukturelle Anbindung an die Erwerbssphäre. Im modernen Wohlfahrtsstaat soll in diesen Institutionen die Statuszuweisung meritokratisch angelegt sein, d.h., legitime Prinzipien der Verteilung von sozialen Positionen und Belohnungen sollten dem Leistungsgrundsatz verpflichtet sein und eine allein durch Privilegien begründete Statuszuweisung unterbinden.
- Der Wohlfahrtsstaat setzt relativ verlässliche, wenn auch zunehmend differenzierte Rahmenbedingungen, innerhalb derer die Individuen ihre Lebensperspektiven entwickeln und die zeitliche Struktur ihres Lebenslaufs organisieren können. Sie müssen sich daran aber auch orientieren (Mayer/Müller 1986). Ein sehr augenfälliges Beispiel sind die Regelungen zum Eintritt in das Bildungssystem, sprich die Schule, und zum Verlauf der Bildungsbeteiligung während der Schulzeit und der nachfolgenden Ausbildungsphase.

6.2.1.3 | Der Staat als Regulierungsinstanz für gesellschaftliche und soziale Konflikte

Der Staat nimmt wichtige Aufgaben bei der Schlichtung bzw. Regulierung zentraler gesellschaftlicher Konflikte wahr:

> »Die Entwicklung der politischen Ordnungen westlicher Industriegesellschaften in den letzten Jahrzehnten läßt sich charakterisieren durch die Ausbildung einer Vielzahl neuer Institutionen zur Bewältigung und Regelung sozialer Konflikte.« (Lepsius 1990, S. 142).

Bezogen auf Klassenkonflikte gehören nach dem deutschen Soziologen M. Rainer Lepsius zu diesen Institutionen: das Arbeitsrecht, die Sozialversicherungssysteme, die Tarifvertragsfreiheit, die Mitbestimmung auf der Unternehmensebene und das Betriebsverfassungsgesetz. Ein Effekt dieser Intervention ist die Disaggregierung, d. h. die Zerlegung und Zergliederung des Grundkonflikts zwischen Arbeit und Kapital in einzelne Konfliktlinien oder Konfliktthemen, die jeweils auf sehr konkrete Problemstellungen bezogen sind: Arbeitsbedingungen, Lohnhöhe, Sicherung im Krankheitsfall, Arbeitszeitregelungen. Der Klassenkonflikt hat damit, so Lepsius, seine politische Sprengkraft verloren (Lepsius 1990: 142 ff.).

Interessenverbände und Lobbyismus Dazu gehört auch, dass in einer pluralistischen Wohlstandsgesellschaft Interessengruppen in Verbänden zusammengeschlossen sind, die zum Teil quer zu den Klassengrenzen liegen, zum Teil einzelnen Klassen zurechenbar sind (vom Bauernverband etwa bis zur kassenärztlichen Vereinigung). Wir erinnern in diesem Zusammenhang noch einmal an das Modell von Kreckel (vgl. Abb. 6.1), der in seiner Theorie sozialer Ungleichheit von einem Ungleichheit begründenden Kräftefeld ausging, in dem kollektive und insbesondere korporative Akteure agieren. Sie können in unterschiedlichem Ausmaß in den Kampf um die Verteilung von Lebenschancen eingreifen (Kreckel 1997: 161 ff.). In diesem Kräftefeld spielen neben den staatlichen Institutionen und wirtschaftlichen Machtzentren, Gewerkschaften und Unternehmerverbände sowie spezialisierte Interessenorganisationen (Lobbyisten) eine wichtige Rolle. Es gibt weitere Institutionen der gesellschaftlichen Öffentlichkeit, wie kirchliche Verbände, Vereine und Wohlfahrtsorganisationen, die Medien etc., die ebenfalls vielfältige Bezüge zu Aspekten der Sozialstruktur einer Gesellschaft aufweisen (intermediäre Instanzen; → Kapitel 6.2.2).

Verbände und Interessenorganisationen sind wichtige korporative Akteure, die sich als Sachwalter der Anliegen bestimmter sozialstruktureller Teilgruppen (Landwirte, Kassenärzte) oder Statusgruppen in der

Bevölkerung verstehen. Indem sich diese Gruppen in Verbänden organisieren, vergrößern sie ihren Einfluss auf politische Entscheidungsprozesse und die gesellschaftliche Willensbildung. Das erlaubt ihnen, ihre Belange mit größerer Aussicht auf Erfolg zu vertreten. Dabei spielt ihre Marktmacht und die Größe der von ihnen vertretenen sozialstrukturellen Gruppe eine große Rolle. Wichtig ist aber auch, wie gut es ihnen gelingt, durch geeignete Aktivitäten einen guten »Draht« zu staatlichen Institutionen und Entscheidungsträgern aufzubauen (Lobbyismus) oder sich diese sogar zu verpflichten (Leif/Speth 2003).

Der Staat als sozialpolitische Instanz | 6.2.1.4

Sozialpolitik ist ein Instrument zur Bereitstellung von Leistungen, deren Inanspruchnahme oder Nutzung allen Bürgern oder Mitgliedern von Teilgruppen der Bevölkerung, die nach Maßgabe bestimmter Berechtigungstitel bestimmt sind, angeboten oder gar vorgeschrieben wird (z. B: Arbeitslosengeld I und II, Krankenversicherung). Nach dem deutschen Sozialökonom Heinz Lampert hat sie die folgenden expliziten Ziele (Lampert 1994):

- die Sicherung der Lebensgrundlagen im Fall des Eintretens vorhersehbarer und unvorhersehbarer, existenzgefährdender Risiken der Lebensführung (Arbeitslosigkeit und Einkommensverlust, Unfälle und Krankheiten etc.); das ist der *Aspekt sozialer Sicherheit*;
- die Verbesserung der Lebensgrundlagen wirtschaftlich und sozial benachteiligter Bevölkerungsgruppen – also der Ausgleich bestehender sozialer Ungleichheit: damit ist der *Aspekt sozialer Gerechtigkeit* angesprochen.

Ziele der Sozialpolitik

Der Wohlfahrtsstaat setzt dabei grundsätzlich drei verschiedene Interventionsformen ein:

- direkte Transferzahlungen (z.B. Kindergeld, Arbeitslosengeld, Renten),
- die Versorgung mit Dienstleistungen (z.B. Kinderbetreuung, Bildungssystem),
- indirekte Vergünstigungen (Steuerfreibeträge).

Das Sozialbudget der Bundesregierung listet jährlich die verschiedenen Leistungen des Sicherungssystems auf. Daraus lassen sich die unterschiedlichen Typen und Arten von Sozialleistungen ablesen. Außerdem wird die Art ihrer Finanzierung deutlich, die aus öffentlichen Zuweisungen, den Beiträgen der Versicherten und den Beiträgen der Arbeitgeber erfolgt; sie werden getrennt voneinander ausgewiesen. Wie Tabelle 6.3 zeigt, beliefen sich die Leistungen des Sozialbudgets 2003 für Deutschland auf rund 732,8 Mrd. Euro; davon waren 272,7 Mrd. Euro öffentliche Zuwei-

Finanzierung der Sozialleistungen

sungen, was einen Anteil von 37 Prozent ergibt. Die Sozialleistungsquote, also das Verhältnis der Sozialleistungen zum Bruttoinlandsprodukt, betrug 2003 für Deutschland 32,6 Prozent.

Tab. 6.3 | *Sozialleistungen und ihr Anteil am Sozialbudget der Bundesrepublik 2003*
Quelle: Statistisches Bundesamt 2006c: 195.

Institution	Leistungen insgesamt		Finanzierung durch		
			Beiträge der		Zuweisungen aus öffentlichen Mitteln
			Versicherten	Arbeitgeber	
	Mrd. Euro	%	Mio. Euro		
Sozialbudget insgesamt[1]	732,8	100	221519	237734	272738
Allgemeine Systeme	483,8	66,0	213651	158457	104310
Rentenversicherung	238,5	32,5	84651	72909	78780
Private Altersvorsorge	–	–	640	–	–
Krankenversicherung	143,3	19,6	92033	45354	1275
Pflegeversicherung	17,4	2,4	10874	5781	–
Unfallversicherung	11,3	1,5	1405	9092	496
Arbeitsförderung	73,3	10,0	24048	25321	23759
Sondersysteme	5,8	0,8	5443	477	2556
Alterssicherung der Landwirte	3,3	0,5	768	–	2556
Versorgungswerke	2,5	0,3	4675	477	–
Leistungssysteme des öffentl. Dienstes	52,7	7,2	229	21802	27209
Pensionen	35,8	4,9	229	12191	21460
Familienzuschläge	7,0	1,0	–	–	5675
Beihilfen	9,9	1,4	–	9611	74
Leistungssysteme der Arbeitgeber	52,6	7,2	2196	56998	688
Entgeltfortzahlung	25,0	3,4	–	25043	–
Betriebliche Altersversorgung	16,1	2,2	1590	23790	–
Zusatzversorgung	8,7	1,2	606	6905	593
Sonst. Arbeitgeberleistungen	2,7	0,4	–	1260	95
Entschädigungssysteme	5,6	0,8	–	–	5676
Soziale Entschädigung	4,5	0,6	–	–	4575
Lastenausgleich	0,1	0,0	–	–	93
Wiedergutmachung	1,0	0,1	–	–	863

| noch Tab. 6.3

Institution	Leistungen insgesamt		Finanzierung durch		
			Beiträge der		Zuweisungen aus öffentlichen Mitteln
			Versicherten	Arbeitgeber	
	Mrd. Euro	%	Mio. Euro		
Sonst. Entschädigungen	0,1	0,0	–	–	145
Förder- und Fürsorgesysteme	57,3	7,8	–	–	57 267
Sozialhilfe²	28,0	3,8	–	–	27 970
Jugendhilfe	17,9	2,4	–	–	17 914
Kindergeld	0,1	0,0	–	–	134
Erziehungsgeld	3,5	0,5	–	–	3 481
Ausbildungsförderung	1,7	0,2	–	–	1 667
Wohngeld	5,2	0,7	–	–	5 209
Förderung der Vermögensbildung	1,0	0,1	–	–	892
Indirekte Leistungen	75,0	10,2	–	–	75 032
Steuerliche Maßnahmen (ohne FLA)	39,0	5,3	–	–	38 952
Familienleistungsausgleich (FLA)	36,1	4,9	–	–	36 080

¹ Einschl. Beiträge des Staates.
² Einschl. Leistungen an Asylbewerber.

Ein möglicher Indikator für die ungleichheitsrelevante Wirkung von Sozialpolitik ist das Ausmaß der Armutsreduktion durch sozialpolitische Transferleistungen (Sozialausgaben). Man vergleicht die Armutsrisikoquote in
einer Bevölkerung, die sich ohne die Sozialausgaben ergeben würde, mit der
tatsächlichen, unter Berücksichtigung der staatlichen Transferleistungen
beobachteten Armutsrisikoquote. Nach Ergebnissen, die EUROSTAT aufgrund von Auswertungen des Europäischen Haushaltspanels veröffentlicht
hat, kann man annehmen, dass die Armutsrisikoquote (Grenze: 60 Prozent
des Medians des durchschnittlichen Nettoäquivalenzeinkommens; vgl.
Übersicht 5.6) in Deutschland durch die Sozialausgaben – ohne Berücksichtigung der Rente, die als Einkommen gerechnet wird – im Jahr 2004
von 24 auf 16 Prozent gesenkt wurde (European Commision 2007: 95).

Über den Anteil der Bevölkerung, der Sozialleistungen empfängt und
darüber, wie sich diese verteilen, gibt zum Beispiel eine Studie des von
Wirtschaftsverbänden getragenen Instituts der Deutschen Wirtschaft

Armutsreduktion

Anteil
der Sozialleistungs-
empfänger

Auskunft. Deren Ergebnisse sind in den Abbildungen 6.6 und 6.7 zusammengefasst (Peter 2008, Institut der deutschen Wirtschaft 2008)

Abb. 6.6 |

Empfänger von Sozialleistungen

*Quelle:
iwd – Informationsdienst des Instituts der deutschen Wirtschaft Köln, Nr. 11/2008, ©Deutscher Instituts-Verlag, Köln.*

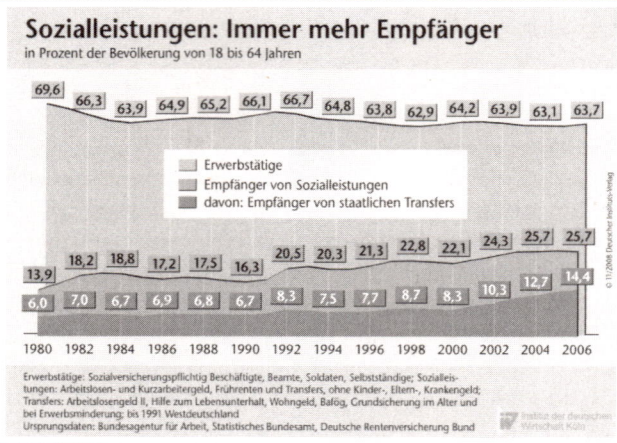

Abbildung 6.6 zeigt, dass der Anteil der Empfänger von Sozialleistungen im Jahr 2006 bei 25,7 Prozent und die Erwerbsquote bei knapp 64 Prozent lag.

Art der Sozialleistungen   Wie sich die Empfänger nach der Art der Sozialleistungen verteilen, ist in der Abbildung 6.7 dargestellt. Die Änderungen in der Sozialgesetzgebung in den letzten Jahren erkennt man am sprunghaften Anstieg der Prozentzahlen in den Kategorien Arbeitslosenhilfe/Arbeitslosengeld II, Grundsicherung und Sozialhilfe (Hilfe zum Lebensunterhalt). Im Jahr 2005 wurden die Sozial- und Arbeitslosenhilfe für Arbeitsuchende zusammengelegt. Erwerbsfähige Hilfebedürftige erhalten seitdem Arbeitslosengeld II. Personen, die keiner Beschäftigung nachgehen können, und dauerhaft Erwerbsunfähige erhalten Sozialgeld oder die neu eingeführte Grundsicherung im Alter und bei Erwerbsminderung. 10 Prozent der 18- bis 64-Jährigen bezogen 2006 nach diesen Berechnungen das Arbeitslosengeld II, 8,4 Prozent Frührenten und knapp 3 Prozent Arbeitslosengeld.

Sozialleistungen: Immer mehr Ansprüche

So viel Prozent der 18- bis 64-Jährigen in Deutschland empfingen folgende Versicherungsleistungen und Transfers

	Frührenten	Arbeitslosengeld/Kurzarbeitergeld	Arbeitslosenhilfe/Arbeitslosengeld II	Bafög	Wohngeld	Grundsicherung	Hilfe zum Lebensunterhalt
1980	6,4	1,6	0,3	3,4	1,2	0	1,1
1985	8,7	2,7	1,5	1,3	1,5	0	2,0
1990	7,5	2,0	1,0	1,4	1,9	0	2,4
1995	8,9	3,7	1,8	1,2	2,0	0	2,6
2000	10,4	3,4	2,7	0,7	2,1	0	2,8
2005	8,6	3,6	9,7	1,6	1,5	0,6	0,3
2006	8,4	2,9	10,5	1,6	1,3	0,6	0,4

Sozialleistungen: Frührenten, Arbeitslosen- und Kurzarbeitergeld sowie Transfers, ohne Kinder-, Eltern-, Krankengeld; Grundsicherung: im Alter und bei Erwerbsminderung; bis 1991 Westdeutschland
Ursprungsdaten: Statistisches Bundesamt, Deutsche Rentenversicherung Bund, Bundesagentur für Arbeit

| Abb. 6.7

Empfänger nach Art der Sozialleistungen

Quelle: iwd – Informationsdienst des Instituts der deutschen Wirtschaft Köln, Nr. 11/2008, ©Deutscher Instituts-Verlag, Köln.

Durch Sozialpolitik bereitgestellte Leistungen verändern die Gesamt-konstellation der Rahmenbedingungen für die Lebensgestaltung bzw. die »Wohlfahrtsproduktion« individueller Akteure bzw. sozialer Gruppen von Akteuren. Mit sozialpolitischen Maßnahmen versucht der Staat, einen abmildernden Einfluss auf das Gefüge sozialer Ungleichheit in einer Gesellschaft auszuüben. Wie der Anstieg der Armutsquoten in den letzten Jahren zeigt (→ Kapitel 5.2), gelingt ihm das kaum – es bleibt bei einer Absicherung gegen existentielle Risiken; deren Ursachen werden nicht erfolgreich bekämpft. Doch sind sozialpolitische Maßnahmen auf der einen Seite durch dieses Motiv begründet.

Auf der anderen Seite ist die Sozialpolitik als ein wichtiges Steuerungsinstrument des Staates anzusehen. Sie soll seine Bürger in die Lage versetzen, so zu handeln, dass die gesellschaftliche Entwicklung und Reproduktion gewährleistet bleibt. Wo ein Interventionsbedarf besteht und wie hoch dieser ist, liegt wesentlich in der Definitionsmacht des Staates begründet. Bedürftigkeit und die Festlegung von Mindeststandards, die Etikettierung von Randgruppen der Bevölkerung gehen auf zweifellos oft notwendige, staatliche Bestimmungen zurück (vgl. Übersicht 6.4).

Sozialpolitik als Steuerungsinstrument

Übersicht

Das soziokulturelle Existenzminimum

| 6.4

Das sogenannte soziokulturelle Existenzminimum ist der Betrag, der zur Sicherung eines minimalen Lebensstandards in der Bundesrepublik Deutschland (Bedarf an Ernährung, Unterkunft, Kleidung, Körperpflege,

Hausrat, Heizung und persönliche Bedürfnisse des täglichen Lebens) notwendig ist.

Es wird nach dem sogenannten Statistik-Modell berechnet. Der Betrag entspricht den durchschnittlichen Ausgaben des bezogen auf das Nettoeinkommen unteren Quintils der Einpersonenhaushalte (ohne Sozialhilfeempfänger), die auf der Basis der Einkommens- und Verbrauchsstichprobe ermittelt werden.

Das soziokulturelle Existenzminimum wurde laut dem 5. Existenzminimumbericht im Jahr 2005 für eine alleinstehende erwachsene Person auf einen jährlichen Betrag von 7 356 Euro festgelegt. Auf diesen Betrag ist dann auch der Regelsatz für die Grundsicherungsleistungen der Sozialgesetzgebung (Arbeitslosengeld II, Sozialhilfe und Grundsicherung bei Alter und Erwerbsminderung) festgelegt (Sozialgesetzbuch II und XII).

Sozialpolitische Maßnahmen gelten dementsprechend immer auch als Instrument der jeweils Herrschenden, um kulturelle Bestände und Wertesysteme gemäß der eigenen politischen Ziele und Leitbilder durchzusetzen und zu stabilisieren. Sie stärken damit die Legitimationsbasis der Herrschaftsstruktur.

Doch sind aufgrund der komplexen Struktur sozialer Prozesse die Effekte sozialpolitischer Regelungen nicht vollständig vorhersehbar, geschweige denn kontrollierbar. So kann die Sozialgesetzgebung Auswirkungen auf die Wahl der Lebensform von Akteuren zeitigen, die so gar nicht beabsichtigt sind. Zum Beispiel wird das Einkommen eines Lebenspartners auf den Anspruch auf Arbeitslosengeld II oder Sozialhilfe des anderen Lebenspartners angerechnet, wenn die Partner zusammenleben. Paare können daher, sogar auch dann, wenn sie ein gemeinsames Kind haben, entscheiden, nicht mehr zusammenzuwohnen – mit möglicherweise negativen Konsequenzen für die Beziehung.

Sozialpolitische Regelungen sind Teil der Opportunitätsstrukturen individuellen Handelns, im Rahmen derer Individuen eigensinnig, damit durchaus auch politischen Intentionen zuwider handeln. Sozialpolitische Maßnahmen können daher ihre erklärten Ziele verfehlen, woran man sie jedoch messen sollte. Sie können auch Zusatzwirkungen haben, die nicht vorhergesehen und unerwünscht sein können. In diesem Sinne kann man wieder von *nicht intendierten Effekten sozialpolitischer Intervention* sprechen.

Soziale Sicherung

Sozialpolitik ist ein Instrument zur Sicherung und Verbesserung der Lebenslage aller Bürger eines Wohlfahrtsstaats (soziale Sicherheit und soziale Gerechtigkeit).

Sie ist ein Steuerungsinstrument des Staates, da ihm die Definitionsmacht über die Kriterien von Bedürftigkeit und Mindestniveaus von Lebensstandard obliegt (soziokulturelles Existenzminimum).

Sozialpolitik zeitigt nicht intendierte Konsequenzen, weil

- sozialpolitische Maßnahmen direkt oder indirekt über den Lebensbereich, auf den sie abzielen, hinaus handlungsrelevante Auswirkungen haben können (Beispiel: Sozialhilfe und Lebensform);
- Akteure sozialpolitische Maßnahmen und Angebote eigensinnig in ihrer Lebensplanung berücksichtigen können und damit nicht den Intentionen der politischen Akteure folgen müssen.

Der Staat als Interessenverwalter | 6.2.1.5

Nach neo-marxistischen Theorien, wie der Theorie der »Disparität der Lebensbereiche« (Bergmann et al. 1969; vgl. auch Hradil 2001: 84 f.), darf man nicht vergessen, welche Bedeutung die Eigeninteressen des Staates bzw. seiner Entscheidungsträger für ihr Handeln und Entscheiden haben. Dieses Faktum könne, so ist die These, eine Ungleichheit verstärkende Wirkung haben. Staatliche Institutionen orientieren ihr Planen und Handeln nach diesen Theorien in erster Linie an den Gegebenheiten in solchen Gesellschafts- und Handlungsbereichen, die aus ihrer Sicht für Ziele wie wirtschaftliche Stabilität, Krisenvermeidung und politischer Machterhalt besonders wichtig erscheinen.

So kann man argumentieren, dass der Wirtschaft und ihren Interessen zum Beispiel eine besondere Bedeutung im politischen Entscheidungsprozess zukommt. Die Belange der Kulturschaffenden oder gesellschaftlicher Randgruppen etwa werden dagegen weniger stark beachtet. Die Folge ist, dass Bereiche wie Gesundheit und soziale Sicherung oder – heute zunehmend deutlich – Kultur und sogar Bildung tendenziell ökonomischen Zwängen untergeordnet werden. Diese Zwänge sind angesichts der zunehmenden Globalisierung und der wirkungsvollen Drohpotentiale einer international agierenden, mobilen kapitalistischen Wirtschaft groß.

Staatliches Handeln verstärkt in dieser Situation soziale Ungleichheit, da die privilegierten und einflussreichen Teile der Bevölkerung weitere Privilegien erfahren und sie gleichzeitig – im Unterschied zu ärmeren Bevölkerungsgruppen – von neuen oder alten Defiziten gesellschaftlicher Entwicklung wenig betroffen sind bzw. diese problemlos verkraften können. Das gilt nicht nur in wirtschaftlicher Hinsicht. So trifft eine aufgrund zu laxer Bestimmungen zum Umweltschutz verursachte Verschlechterung von Umweltbedingungen in der Regel vor allem diejenigen, die sich deren Auswirkung aufgrund einer beschränkten Mobilität nicht entziehen können. Dazu gehören diejenigen, die diese Bestimmungen zu ihrem ökonomischen Vorteil nutzen und die Umwelt durch ihr Tun belasten, häufig eben nicht.

Zusammenfassung

Wohlfahrtsstaat und soziale Ungleichheit

Der moderne Wohlfahrtsstaat beeinflusst Verhältnisse sozialer Ungleichheit, indem er

- als Arbeitgeber fungiert,
- auf die sozioökonomische Entwicklung einer Gesellschaft Einfluss nimmt,
- gesellschaftliche und soziale Konflikte reguliert,
- sozialpolitische Maßnahmen zur sozialen Sicherheit und sozialen Gerechtigkeit einführt,
- gesellschaftliche Partikularinteressen unterschiedlich gut befriedigt.

6.2.2 | Politische Teilhabe der Bevölkerung

In modernen demokratischen Wohlfahrtsstaaten haben wir es mit einer *pluralen Machtstruktur* zu tun. Diese drückt sich verfassungsmäßig aus in der *Gewaltenteilung* zwischen Legislative, Exekutive und Judikative sowie der Existenz unabhängiger Organisationen der politischen Willensbildung, also im Allgemeinen mehrerer, miteinander konkurrierender politischer Parteien. Der deutsche Wohlfahrtsforscher Wolfgang Zapf spricht hier von

Konkurrenzdemokratie

Konkurrenzdemokratie, die er neben der Marktwirtschaft und der »Wohlstandsgesellschaft mit Massenkonsum und Wohlfahrtsstaat«, als eine *Grundinstitution* moderner Gesellschaften betrachtet (Zapf 2007).

Darüber hinaus gibt es eine Vielzahl weiterer Machtzentren außerhalb der Politik im engeren Sinne (korporative Struktur). Dazu gehören so verschiedene Institutionen wie die Kirchen und die ihnen angeschlossenen Organisationen, Wohlfahrtsverbände, Vereine, Institutionen des Gesundheitssystems, Gewerkschaften, Unternehmerverbände usw. Diese Organisationen versuchen, die Interessen von gesellschaftlichen Akteuren zur Geltung zu bringen, politisch auf die Tagesordnung zu setzen oder in Interessenkonflikte einzubringen. Damit haben wir noch einmal einen Hinweis auf die Bedeutung der *intermediären Instanzen,* die wichtige Transmissionsfunktionen für die Vertretung und Durchsetzung der Interessen der Bürger im politischen Entscheidungsprozess haben.

Intermediäre Instanzen

Exkurs

Exkurs: Zivilgesellschaft

»Zwischen der ökonomischen Struktur und dem Staat mit seiner Gesetzgebung und seinem Zwang steht die Zivilgesellschaft« (Gramscis Gefängnisheft 10, Teil II, 1999; zitiert nach Ahlheit 1994: 600). Es gibt gesellschaftliche Instanzen zwischen Staat und Ökonomie, in denen soziale Akteure miteinander um Einfluss und Macht ringen, ohne dabei einen grundlegenden sozialen Konsens zu verlassen: Entscheidend ist für die Zivilgesellschaft die »dauerhafte Trennung und Abgrenzung gegenüber dem Staat« und die Abgrenzung gegenüber der Ökonomie sowie der in ihr dominanten Handlungslogik, die durch das Prinzip ökonomischer Zweckrationalität geprägt ist (Ahlheit 1994: 599 f.).

Gramscis Idee ist nicht, dass die Zivilgesellschaft unabhängig von Ökonomie und Staat ist, sondern dass in ihren Institutionen (z.B. Kinderschutzbund, Umweltschutzverbände, Bürgerinitiativen) im Rahmen einer anderen Logik sozial gehandelt wird, die eher über Konsensinteressen vermittelt ist. Sie bestimmen damit auf eine andere Weise gesellschaftliche Entwicklung mit, als dies wirtschaftliche Verbände tun, die eher ökonomisch begründete Partikularinteressen vertreten.

Die Frage der Partizipation der Bevölkerung an gesellschaftlichen Willensbildungsprozessen gewinnt mit der Bedeutung wohlfahrtsstaatlicher Regulierungen für den Einzelnen an Relevanz. Daher ist es nicht unwichtig, in welcher Weise der Zugang zu politischem Einfluss sozialstrukturell unterschiedlich ausgeprägt, also sozial selektiv ist.

Die parlamentarisch-demokratische Verfassung der Bundesrepublik Deutschland garantiert weitreichende politische Partizipationsrechte der Bürger. Dazu gehört das allgemeine Wahlrecht für alle erwachse-

Partizipationsmöglichkeiten

nen Deutschen. Ausländer, die in Deutschland leben, haben in der Regel weder eine aktives noch passives Wahlrecht. Weitere Möglichkeiten der politischen Partizipation, als Versuch der Einflussnahme auf politische Entscheidungsprozesse, sind die Mitarbeit in politischen Parteien, Verbänden und Bürgerinitiativen, die Teilnahme an politischen Veranstaltungen sowie Eingaben bei politischen Entscheidungsträgern als eher konventionelle Formen politischer Beteiligung. Politischer Protest, die Organisation von und die Teilnahme an Demonstrationen bis hin zu Aktionen wie ziviler Ungehorsam und nicht legale Arten politischen Protests gelten als unkonventionelle Formen.

Politische Partizipation und bürgerliches Engagement

Es lässt sich ein systematisches »Teilnahmedefizit« seitens der unteren Bildungsgruppen und sozialen Schichten bezüglich der politischen Partizipationsformen nachweisen (Engels 2004). In Tabelle 6.4 wird dieses im Vergleich von Bevölkerungsgruppen mit unterschiedlichem Bildungsstatus bestätigt. Allein bei der Mitgliedschaft in einer Gewerkschaft gibt es zwischen den Bildungsgruppen vergleichsweise geringe Unterschiede.

Tab. 6.4 |

Politische und gesellschaftliche Teilhabe nach Bildungsstatus

Quelle: ALLBUS 2000 und Freiwilligensurvey 1999; Engels 2004: 23.

Partizipationsform	Schulabschluss		
	Hauptschule od. kein Abschl.	Mittlere Reife	(Fach-)Hochschulreife
Mitgliedschaft in ...		in %	
Partei	2,7	4,1	6,4
Gewerkschaft	15,0	16,3	11,6
Umweltschutzorgan	2,4	6,7	7,3
Beteiligung an ...			
Unterschriftensammlung	41,5	61,5	65,7
Demonstration	8,4	20,8	32,0
Bürgerinitiative	14,7	29,2	32,6
Bürgerschaftliches Engament	24,0	37,0	39,0

Vergleicht man Bevölkerungsgruppen mit unterschiedlichen Einkommensniveaus, bestätigt sich ebenfalls das bereits konstatierte »Teilnahmedefizit« der unteren sozialen Schicht (vgl. Abb. 6.8).

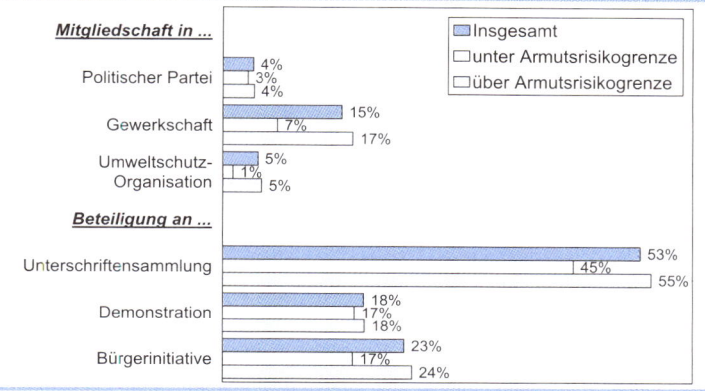

| Abb. 6.8

Einkommenslage und politische Partizipation

Quelle: ALLBUS 2000; Engels 2004: 27.

Die Mitglieder niedriger sozialer Schichten schätzen ihre Einflussmöglichkeiten eher als gering ein und ihre Motivation zum Engagement ist geringer als die von Mitgliedern höherer sozialer Schichten. Umgekehrt erleben die aktiven Teile der Bevölkerung Einflussmöglichkeiten und werden dadurch zu politischem Handeln motiviert: die Situation hat also den Charakter eines sich selbst verstärkenden Prozesses, da sich faktisch die Ungleichheit der Einflusschancen immer weiter zuungunsten der unteren Schichten vergrößert (Geißler 1994: 99). Neben diesen strukturellen Ursachen der ungleichen Partizipation von Bürgern am politischen Geschehen und bürgerlichem Engagement kann man auch eine «Unterschichtsferne» der Politik anmerken: Die politische Diskussion hat sich mit ihrem steigenden Abstraktionsniveau und Spezialisierungsgrad immer mehr von den lebensweltlichen Erfahrungshorizonten der Menschen entfernt. Das trifft natürlich besonders die Mitglieder der unteren sozialen Schichten und Bildungsgruppen.

Lernkontrollfragen

1 Skizzieren Sie die wichtigsten Einflüsse sozialstaatlichen Handelns auf die Sozialstruktur, d.h. die soziale Beziehungs- und Verteilungsstruktur einer Gesellschaft.

2 Suchen Sie ein Beispiel für nicht intendierte Folgen sozialpolitischer Intervention.

3 Wie ist die soziale Ungleichheit bezüglich politischer Teilhabe mit anderen Dimensionen sozialer Ungleichheit verknüpft?

Auch zu den hier behandelten Themen sei noch einmal auf das Lehrbuch von Bernhard Schäfers verwiesen. Einschlägig sind natürlich die Arbeiten von Esping-Anderson (1990, 1999) und seiner Kritiker. Einen umfassenden Überblick über die außerordentlich umfangreiche Forschung zu Wohlfahrtsstaaten gibt eine dreibändige, von Stephan Leibfried und Steffen Mau herausgebende Aufsatzsammlung zur Wohlfahrtsstaatsforschung (2008).

Literatur

Ahlheit, Peter (1994): Die Fragilität des Konzepts »Zivilgesellschaft«, in: Das Argument, Heft 206, S. 599–607.

Bergmann, Joachim u. a. (1969): Herrschaft, Klassenverhältnis und Schichtung, in: Adorno, Theodor W. (Hg) Spätkapitalismus oder Industriegesellschaft?, Stuttgart, S. 67–87.

BMAS (Hg.) (2006): Bericht »Sicherheit und Gesundheit bei der Arbeit 2006«, Berlin.

BMI (Hg.) (2007): Der öffentliche Dienst in Deutschland – Ein Überblick, Berlin.

Engels, Dietrich (2004): Armut, soziale Ausgrenzung und Teilhabe an Politik und Gesellschaft. Institut für Sozialforschung und Gesellschaftspolitik e.V., Köln.

Engstler, Heribert/Menning, Sonja (2003): Die Familie im Spiegel der amtlichen Statistik. Lebensformen, Familienstrukturen, wirtschaftliche Situation der Familien und familiendemographischen Entwicklung in Deutschland, BMFSFJ, Berlin.

Esping-Andersen, Gøsta (1990): Three worlds of welfare capitalism, Cambridge.

Esping-Anderson, Gøsta (1999): Social foundations of postindustrial economies, Oxford.

Esser, Hartmut (1993): Soziologie. Allgemeine Grundlagen, Frankfurt/M.

European Commission (2007): The social situation in the European Union 2005–2006, Luxembourg.

Flora, Peter/Heidenheimer, Arnold J. (1981): The Historical Core and Changing Boundaries of the Welfare State, in: dies. (Hg.), The Development of Welfare States in Europe and America, New Brunswick/London.

Geißler, Rainer (1994): Sozialer Schichtung und Lebenschancen in Deutschland, 2., völlig neu bearb. und akt. Aufl., Stuttgart.

Geißler, Rainer (2000): Entwicklung zur Dienstleistungsgesellschaft, In: Informationen zur politischen Bildung 269: Sozialer Wandel in Deutschland, Bundeszentrale für politische Bildung, Bonn.

Geißler, Rainer (2006): Die Sozialstruktur Deutschlands, 4., überarb. und akt. Aufl., Wiesbaden.

Gramsci, Antonio (1999): Gefängnishefte, Band 6: Philosophie der Praxis., hg. von Wolfgang Fritz Haug unter Mitwirkung von Klaus Bochmann, Peter Jehle und Gerhard Kuck, Hamburg.

Hradil, Stefan (2001): Soziale Ungleichheit, 8. Aufl., Opladen.

Huinink, Johannes (2002): Polarisierung der Familienentwicklung in europäischen Ländern im Vergleich, in: Schneider, Norbert F./ Matthias-Bleck, Heike (Hg.), Elternschaft heute, Opladen, S., 49–73.

Institut der Deutschen Wirtschaft (2008): Sozialpolitik. Bedenkliche Schieflage, in: Informationsdienst des Instituts der deutschen Wirtschaft Köln, Jg. 34, Heft 11, S. 4 f..

Kreckel, Reinhard (1997): Politische Soziologie der sozialen Ungleichheit, Frankfurt/M.

Kreyenfeld, Michaela/Geisler, Esther (2006): Müttererwerbstätigkeit in Ost- und Westdeutschland, in: Zeitschrift für Familienforschung, 18, Heft 3, S. 333–360.

Lampert, Heinz (1994): Lehrbuch der Sozialpolitik, Berlin.

Leibfried, Stephan/Mau, Steffen (Hg.) (2008): Welfare States: Construction, Deconstruction, Reconstruction, Cheltenham.

Leif, Thomas/Speth, Rudolf (Hg.) (2003): Die stille Macht, Lobbyismus in Deutschland, Wiesbaden.

Lepsius, M. Rainer (1990): Soziale Ungleichheit und Klassenstrukturen in der Bundesrepublik Deutschland, in: Lepsius, M. Rainer: Interessen, Ideen und Institutionen. Opladen, S. 117–152.

Mayer, Karl U./Müller Walter (1986): The State and the Structure of the Life Course, in: Sørensen, Aage B./Weinert, Franz E./Sherrod, Lonnie R. (Hg.): Human Development and the Life Course. Hillsdale, NJ, S. 219–245.

Peter, Waltraut (2008): Die Entwicklung der Balance zwischen Erwerbstätigkeit und Sozialleistungsbezug in Deutschland, in: I W-Trends, 35, Heft 1, S. 43–57.

Piore, Michael J. (1978): Lernprozesse, Mobilitätsketten und Arbeitsmarktsegmente, in: Sengenberger, Werner (Hg.), Der gespaltene Arbeitsmarkt. Probleme der Arbeitsmarktsegmentation, Frankfurt, S. 67–98.

Schäfers, Bernhard (2004): Sozialstruktur und sozialer Wandel in Deutschland, 8., völlig neu bearb. Aufl., Stuttgart.

Schwahn, Florian (2007): Beschäftigte der öffentlichen Arbeitgeber am 30. Juni 2006, in: Wirtschaft und Statistik, Heft 11, S. 1079–1086.

Sengenberger, Werner (1987): Struktur und Funktionsweise von Arbeitsmärkten. Die Bundesrepublik Deutschland im internationalen Vergleich, Frankfurt/M.

Statistisches Bundesamt (Hg.) (2006c): Datenreport 2006. Zahlen und Fakten über die Bundesrepublik Deutschland, Bonn; www.gesis.org.

Statistisches Bundesamt (Hg.) (2007): Statistisches Jahrbuch 2007, Wiesbaden.

Szydlik, Marc (1990): Die Segmentierung des Arbeitsmarktes in der Bundesrepublik, Berlin.

Zapf, Wolfgang (2008): Entwicklung und Sozialstruktur moderner Gesellschaften, in: Korte, Hans/Schäfers, Bernhard (Hg.), Einführung in die Hauptbegriffe der Soziologie, 7., grundlegend überarb. Aufl., Opladen, S. 257–269.

7 | Schluss: Fragen an die aktuelle Sozialstrukturanalyse

Wir haben in diesem Band einen Überblick über die wichtigsten Grundlagen einer mikrofundierten Sozialstrukturanalyse gegeben und einen theoretisch begründeten, begrifflichen Rahmen dafür vorgestellt. Es wurden zwei Aspekte der Sozialstruktur unterschieden, die zusammenhängen:

- die Muster sozialer Beziehungsgeflechte in einer Gesellschaft (soziale Beziehungsstruktur) und
- die Gliederung der Bevölkerung nach Merkmalen, die für die Stellung oder Positionierung von Individuen im sozialen Beziehungszusammenhang einer Gesellschaft eine wichtige Rolle spielen (soziale Verteilungsstruktur).

Diese Strukturphänomene verstehen wir als das Ergebnis des Handelns von Akteuren, welche dabei selbst Bedingungen unterliegen, die durch die Sozialstruktur beeinflusst sind. Des Weiteren haben wir hervorgehoben, dass das Handeln der Akteure Teil ihres Lebenslaufs ist und dass der wechselseitige Zusammenhang zwischen individuellem Verhalten und Sozialstruktur nur im Längsschnitt adäquat erfasst werden kann.

Als inhaltliche Schwerpunktbereiche der Sozialstrukturforschung haben wir dann die Bevölkerungsstruktur und -entwicklung sowie Strukturen sozialer Ungleichheit in unserer Gesellschaft vorgestellt.

Beide Bereiche sind in einer mehr oder weniger starken Entwicklung begriffen, zu der wir im Folgenden einige abschließende Anmerkungen machen.

Demografische Sozialstrukturforschung

| 7.1

Dieser Teil der Sozialstrukturanalyse hat in der deutschen soziologischen Forschung in den letzten drei Jahrzehnten deutlich an Relevanz gewonnen. Die Demografie hat gleichsam in die Soziologie zurückgefunden, als deutlich wurde, dass die Konsequenzen demografischer Prozesse und des ihnen zugrundeliegenden individuellen Handelns weitreichende Folgen für unsere Wohlstandsgesellschaften haben. Dieses hat zu einer starken Belebung der Forschung zum Zusammenhang zwischen Dimensionen sozialer Ungleichheit auf der einen Seite und demografisch relevantem Verhalten von Akteuren – wie Familiengründung und -erweiterung oder die Wahl von Lebensformen – auf der anderen Seite beigetragen. Das ist in unserer Darstellung offenkundig geworden.

Zunehmende Beutung der Demografie in der Soziologie

Die jüngste Entwicklungsphase in der Bevölkerungsforschung, die zu einer konsequenten Hinwendung zu längsschnittlichen und auf Mikrodaten basierenden Ansätzen und Modellen geführt hat, dürfte zu ihrem Abschluss kommen. Man kann für diesen Teil der Sozialstrukturforschung mittlerweile einen weitgehend geteilten Kanon von Begriffen, Fragestellungen und Methoden konstatieren. Das heißt natürlich nicht, dass es – insbesondere, was die thematischen Forschungsfelder angeht – keine Lücken im Themenspektrum gäbe, die aus sozialstrukturanalytischer Sicht zu schließen wären. Dazu gehört vor allem eine differenziertere Analyse der Wechselwirkung zwischen sozialstrukturellen Positionen und individuellen Lebensformen auf der Grundlage eines mehrebenentheoretischen Modells. Darin müssen auch subjektive Faktoren (psychosozialen Dispositionen; → Kapitel 3.1) einen stärkeren Eingang finden, als das bisher geschehen ist. Das stellt große Anforderungen an geeignete Daten, die bislang noch nicht zufrieden stellend bereitgestellt worden sind (Huinink/Feldhaus 2008).

Längsschnittorientierung dominant

Ungleichheitsforschung

| 7.2

Die Diskussion um den richtigen Zugang zur Analyse sozialer Ungleichheit stellt sich offener dar. Sicher sind sich alle einig, das es mit fortschreitender Modernisierung zur Analyse sozialer Ungleichheit nicht mehr ausreicht, sich auf klassische Ungleichheitsmerkmale wie Einkommen, Prestige und Bildung zu beschränken. Soziale Ungleichheit drückt sich unübersehbar auch in anderen, vornehmlich wohlfahrtstaatlichen, sozialen und emanzipatorischen Dimensionen aus. Es sind daher in den letzten Dekaden *neue Dimensionen* der individuellen Lebenslage postuliert worden, die nicht mehr auf wenige, die sozialstrukturelle Position dominierende Faktoren zurückgeführt werden können.

Größere Vielfalt von Ungleichheitsmerkmalen

Die gestiegene Vielfalt relevanter Ungleichheitsmerkmale wurde vor allem mit zwei Argumenten begründet (Beck, 1986, Hradil 1987):

1. Mit dem zunehmenden Wohlstand in der Gesellschaft haben neue Ungleichheitsmerkmale in Relation zu den klassischen Merkmalen (Einkommen, Bildung, Macht) an Bedeutung gewonnen, weil sich der Kanon allgemein geteilter Lebensziele erweitert hat. Ihre Realisierung wird zudem (zumindest teilweise) durch neue Faktoren – wie etwa Erwerbschancen und -risiken, Wohnumwelt, Partizipationschancen – bestimmt (→ Kapitel 5.2).

2. Verschiedene Ungleichheitsmerkmale korrelieren nicht in so starkem Maße miteinander, wie das früher der Fall war. Insbesondere die ehemals zentrale Relevanz der ökonomischen Dimensionen für die Lebenslage hat sich abgeschwächt.

Allerdings ist der theoretische Stellenwert der »neuen« Dimensionen sozialer Ungleichheit noch nicht befriedigend geklärt (vgl. Geißler 1996).

Beschreibung von Strukturen sozialer Ungleichheit

Daran schließt die Frage an, wie Strukturen sozialer Ungleichheiten in unserer Gesellschaft angemessen beschrieben bzw. gegliedert werden können. Immerhin kann man feststellen, dass alle Gliederungskonzepte sozialer Ungleichheit und Klassifikationen von Lebenslagen, auch die Milieutypologien, noch wesentlich auf Unterscheidungsmerkmalen gründen, die ökonomischen Dimensionen sozialer Ungleichheit zuzurechnen sind. Aus dem Beruf abgeleitete Statuspositionen sind für die Darstellung von Strukturen sozialer Ungleichheit unverzichtbar. Ergänzend werden in unterschiedlicher Weise Aspekte subjektiver Wertorientierungen berücksichtigt. Die gegenwärtig vorgeschlagenen Gliederungskonzepte zeigen aber noch ein sehr uneinheitliches oder gar verwirrendes Bild:

- *Erstens* ist man sich nicht einig, welche Merkmale genau berücksichtigt werden sollen. Es werden sehr verschiedene Milieu- und Lebensstil-Ansätze verwendet (vgl. Hartmann 1999).

- *Zweitens* ist die Begründung der Gliederungskonzepte in der eher deskriptiv ausgerichteten Schicht-, Milieu- und Lebensstilforschung nicht hinreichend theoretisch fundiert. Ein Vorschlag, der die Relevanz verschiedener schicht-, milieu- und lebensstilspezifischer Merkmale für die Ungleichheit aus handlungstheoretischer Sicht rekonstruiert und begründet, wurde von dem deutschen Soziologen Jörg Rössel (2005) vorgelegt.

- *Drittens* fehlen theoretische Begründungen zu den Bedingungen der (Un-)Durchlässigkeit von Schicht- und Milieugrenzen: Beispielsweise schreibt Beck (1986: 125) zwar, dass die Überschneidungszonen zwischen den Klassenwelten wachsen und an ihre Stelle Konsumstile treten. Es ist aber viel genauer zu begründen, ob, warum und wie sich Milieus oder Lebensstile gegeneinander abgrenzen, wenn entsprechende Strukturkonzepte sozialer Ungleichheit nicht bei einer Beschreibung flüchtiger mode- und szenespezifischer Vielfältigkeiten stehen bleiben sollen.

Insgesamt wird sich in den kommenden Jahren noch zeigen müssen, ob die multidimensionalen Gliederungskonzepte theoretisch und empirisch einen Beitrag zum Verständnis sozialer Ungleichheit leisten können und im Sinne einer »Paradigmen-Konkurrenz« neben den klassischen Gliederungskonzepten Bestand haben werden (vgl. Geißler 1996: 335).

Diskutiert wird jedoch nicht nur über die (neuen) Handlungsbedingungen individueller Zielverfolgung, die sich in der objektiven Lebenslage von Akteuren niederschlagen. Es wird auch der Frage nach *subjektiven* Dimensionen sozialer Ungleichheit nachgegangen. Bei der Messung individueller Lebenslagen werden neben objektiven Kriterien Merkmale der subjektiv wahrgenommenen Wohlfahrtssituation berücksichtigt (Voges 2002).

Aus subjektiver Sicht können objektive Ungleichheiten in Lebenslagedimensionen – beispielsweise das Einkommen oder die Möglichkeit, politisch Einfluss zu nehmen – durchaus als unterschiedlich gravierend wahrgenommen werden. Das hängt von der subjektiven Relevanz der Ziele, wie zum Beispiel »wirtschaftlicher Wohlstand« oder »politische Partizipation«, ab und davon, welche Ansprüche man diesbezüglich vertritt, d.h. wie viel Geld oder Einfluss man für sich als befriedigend ansieht. Aus unserer Sicht spricht aber viel dafür, sich bei der Darstellung der Lebenslage auf die objektiven Faktoren zu beschränken. Die subjektive Wahrnehmung der individuellen Wohlfahrtslage hängt dann von der objektiven Lebenslage einerseits und den Ansprüchen, die Akteure damit verknüpfen, andererseits ab. Auch Letztere sind erklärungsbedürftig, um die subjektive Sicht auf die Lebenslage erklären zu können. Damit hängt eng zusammen, wie gut Akteure meinen, aus ihrer subjektiven Sicht und vor dem Hintergrund ihrer subjektiven Ansprüche ihre Lebensziele mit den ihnen zur Verfügung stehenden Ressourcen erreichen zu können.

Ob Lebensziele erreicht werden oder nicht, in welchem Ausmaß das gelungen ist und wie man dieses misst – das ist in unseren Darstellungen übrigens nicht erörtert worden. Wir haben keine Konzepte vorge-

Subjektive Dimension der Lebenslage?

stellt, die erfassen, ob und inwieweit Akteure die angestrebten, allgemein anerkannten Lebensziele realisieren konnten. In Abgrenzung zu den bisher erörterten Konzepten versucht zum Beispiel der *Lebensstandard-Ansatz* des deutschen Sozialstrukturforschers Hans-Jürgen Andreß (2003) diesen Sachverhalt erfassen. Wir stellen ihn kurz in Übersicht 7.1 vor. Eine subjektive Komponente, etwa die Frage nach der Zufriedenheit

7.10 | Der Lebensstandardansatz von Andreß (2003: 18 ff.)

1. Schritt: Bestimmung der »Bestandteile des notwendigen Lebensstandards durch Befragung«. In der folgenden Tabelle ist eine Frage dokumentiert, die diesen Zweck erfüllen soll:

Im Folgenden lese ich Ihnen verschiedene Dinge vor, die gelegentlich erwähnt werden, wenn man vom Lebensstandard in Deutschland spricht. Wenn man in Deutschland für alle Menschen und Haushalte einen normalen, ausreichend guten Lebensstandard erreichen bzw. sicherstellen wollte, was wäre dann dazu: unbedingt notwendig, eher notwendig, eher nicht notwendig oder überhaupt nicht notwendig?

Bitte nennen Sie jeweils die Kennziffer Ihrer Antwort.

INT.: Vorgaben vorlesen, zu jeder Vorgabe eine Antwortziffer einkreisen		unbedingt notwendig	eher notwendig	eher nicht notwendig	überhaupt nicht notwendig
A	Im Durchschnitt eine warme Mahlzeit pro Tag	1	2	3	4
B	Mindestens alle zwei Tage eine warme Mahlzeit mit Fleisch, Geflügel oder Fisch	1	2	3	4
C	Abgenutzte, aber noch funktionsfähige Möbel durch neue ersetzen	1	2	3	4
D	Neue Kleidung kaufen, auch wenn die alte noch nicht abgetragen ist	1	2	3	4
E	Eine Waschmaschine	1	2	3	4
F	Ein Telefon	1	2	3	4
G	Ein Auto	1	2	3	4
H	Generell mehr auf die Qualität anstatt auf den Preis der Produkte achten können	1	2	3	4
I	Mindestens ein einwöchiger Urlaub weg von zu Hause pro Jahr	1	2	3	4
J	In einem Haus wohnen, das in einem guten baulichen Zustand ist	1	2	3	4

2. Schritt: Für alle Merkmale prüfen, »wer über die dort genannten Items aus finanziellen Gründen nicht verfügen kann«. Auch das wird erfragt.
3. Schritt: Unterversorgung bestimmen, indem die Anzahl der aus finanziellen Gründen fehlenden Items pro Haushalt bestimmt wird. Diese kann dann als zusätzlicher Indikator für relative Armut (→ Übersicht 5.6) verwendet werden.

mit dem erreichten Lebensstandard, ist darin nicht enthalten, könnte aber ergänzt werden.

Kommen wir noch einmal auf die Frage der Erklärung sozialer Ungleichheit zurück. Wir hatten in Kapitel 5.2 vorgeschlagen, bei der Beschreibung sozialer Ungleichheit zwischen den in der individuellen Lebenslage enthaltenen Dimensionen sozialer Ungleichheit und den diese Lebenslage bestimmenden Determinanten zu unterscheiden, um Beschreibung und Erklärung sozialer Ungleichheit nicht zu vermischen. Wie bei den Dimensionen haben sich, so wird behauptet, mit fortschreitender Modernisierung auch die Gewichte bezüglich der Determinanten sozialer Ungleichheit verändert (Hradil 1987: 40 ff.): Auch wenn empirische Befunde belegen, dass der Beruf als bislang wichtigste Determinante kaum an Bedeutung verloren haben dürfte, hätten neue Aspekte an Bedeutung und Aufmerksamkeit gewonnen (Geschlecht, Region, Lebensform, Nationalität). Ebenso müssen Veränderungen in den Wechselwirkungen zwischen Dimensionen sozialer Ungleichheit berücksichtigt werden (vgl. Voges u. a. 2005: 50 ff.). Klassische Thesen, etwa zur Geltung des Dominanzprinzips (→ Kapitel 5.3.2), reichen nicht mehr aus, um die vielschichtigen Ursachenzusammenhänge für soziale Ungleichheit zu erfassen.

Neue Determinanten sozialer Ungleichheit sind aber immer im Kontext einer erklärenden Theorie einzuführen. Mit den neuen Dimensionen sozialer Ungleichheit sind zum Beispiel andere Erklärungszusammenhänge in den Vordergrund gerückt, welche auf neue Determinanten zurückgreifen. Dazu gehört die gestiegene Bedeutung wohlfahrtsstaatlicher Aktivitäten. Es erscheint uns jedoch fraglich zu sein, ob der gegenwärtig unter anderem in der Lebensstil-Forschung erkennbare Trend, auf individuelle Wertemuster als erklärende Variable zurückzugreifen, erfolgreich ist. Wie oben schon angedeutet, dürfen subjektive Faktoren nicht außen vor gelassen werden. Ihre Relevanz kann aber nur im Rahmen einer dynamischen Analyse der Wechselwirkung subjektiver und

Neue theoretische Erklärungen sozialer Ungleichheit

objektiver Faktoren theoretisch und empirisch einwandfrei bestimmt werden.

Das verweist schlussendlich auf die große Bedeutung von *lebenslaufstheoretischen Ansätzen*, die soziale Ungleichheit aus einer biografischen Perspektive erklären und damit den Aspekt der Entstehung, der zeitlichen Entwicklung und des Episodencharakters sozialer Ungleichheit betonen (vgl. Mayer 2001). Soziale Ungleichheit ist danach von biografisch relevanten Entscheidungen abhängig, die ihrerseits durch die individuellen Ressourcen sowie die jeweils herrschenden Strukturbedingungen (etwa auf dem Arbeitsmarkt) beeinflusst sind. Hier kommen die subjektiven Faktoren dann als eine eigenständige Einflussdimension zum Tragen, wie die Entwicklungs- und Sozialpsychologie zeigt. Die Entwicklung entsprechender, interdisziplinär angelegter Theorien ist im vollen Gange.

Literatur

Andreß, Hans-Jürgen (2003): Lebenslagenkonzept – Lebensstandardansatz: Konkurrierende oder komplementäre Konzepte?, in: Bundesministerium für Gesundheit und Soziale Sicherung (Hg.), Lebenslagen, Indikatoren, Evaluation – Weiterentwicklung der Armuts- und Reichtumsberichterstattung, Bonn, S. 8 ff.

Beck, Ulrich (1986): Die Risikogesellschaft, Frankfurt/M.

Geißler, Rainer (1996): Kein Abschied von Klasse und Schicht. In: Kölner Zeitschrift für Soziologie und Sozialpsychologie, 48, Heft 2, S. 319–338.

Hartmann, Peter (1999): Lebensstilforschung. Darstellung, Kritik und Weiterentwicklung, Opladen.

Hradil, Stefan (1987): Sozialstrukturanalyse in einer fortgeschrittenen Gesellschaft, Opladen.

Huinink, Johannes/ Feldhaus, Michael (2008): Family Research from the Life Course Perspective, in: International Sociology (in press).

Mayer, Karl U. (2001): Lebensverlauf, in: Schäfers, Bernhard/Zapf, Wolfgang (Hg.): Handwörterbuch zur Gesellschaft Deutschlands, Opladen, S. 446–460.

Rössel, Jörg (2005): Plurale Sozialstrukturanalyse. Eine handlungstheoretische Rekonstruktion der Grundbegriffe der Sozialstrukturanalyse, Wiesbaden.

Voges, Wolfgang (2002): Perspektiven des Lebenslagenkonzepts, in: Zeitschrift für Sozialreform, 48, Heft 3, S. 262–278.

Voges, Wolfgang u. a. (2005): Methoden und Grundlagen des Lebenslagenansatzes, Reihe Lebenslagen in Deutschland, hg. vom Bundesministerium für Gesundheit und Soziale Sicherung, Bonn.

Anhang: Sozialstrukturdaten – ein Überblick

Die Sozialstrukturanalyse »lebt« von empirisch erhobenen Informationen zur sozialen Beziehungs- und Verteilungsstruktur einer Gesellschaft. Dazu gehören besonders Daten zu verschiedenen Merkmalen der Bevölkerungsstruktur und -entwicklung und der sozialen Ungleichheit in einer Gesellschaft.

Neben Handbüchern und statistischen Jahrbüchern spielt das Internet als Informationsquelle für aktuelle Daten zu verschiedenen Sachverhalten in der heutigen Zeit eine immer wichtigere Rolle. Auch wir haben es für die Erstellung dieses Buches genutzt. Allerdings ist eine unkritische Verwendung der im Internet angebotenen Informationen nicht unproblematisch: Man muss *immer* berücksichtigen, dass viele Anbieter mit den zur Verfügung gestellten Informationen und Interpretationen eigene Interessen verfolgen sowie zum Teil unprofessionelle oder schlicht falsche Informationen liefern.

Im Folgenden sind einige Institutionen zusammengestellt, die aktuelle und weitgehend zuverlässige Informationen zu verschiedenen Themenfeldern der Sozialstrukturanalyse anbieten. Die nachfolgende Auflistung stellt eine kleine Auswahl bereit und beschränkt sich auf deutsche Quellen. Ein Auswahlkriterium war, dem Leser einige längerfristig verfügbare und möglichst aktuelle Einstiegsmöglichkeiten in die eigenständige Recherche zu geben.

Statistisches Bundesamt (http://www.destatis.de):

Statistisches Bundesamt

Informationsangebot/Schwerpunkt: Amtliche Statistik mit ausführlichen Informationen zu allen Themen der Sozialstrukturanalyse.
Beschreibung: Das Statistische Bundesamt erhebt, sammelt, analysiert und stellt statistische Informationen zu Wirtschaft, Gesellschaft und Umwelt bereit. Viele aufbereitete Daten werden online zur Verfügung gestellt.
Veröffentlichungen: Das Statistische Bundesamt veröffentlicht jährlich das Statistische Jahrbuch und gibt alle zwei Jahre den Datenreport heraus. Daneben sind die Fachserien und die Zeitschrift Wirtschaft und Statistik zu nennen.

Datenquellen: Jährlich wird 1 Prozent der Bevölkerung der Bundesrepublik Deutschland im Rahmen des **Mikrozensus** über ihre wirtschaftliche und soziale Lage, über die Erwerbstätigkeit, den Arbeitsmarkt und die Ausbildung befragt. Im Zentrum der Befragung steht die jährliche Erhebung verschiedener haushaltsspezifischer Merkmale. Seit 1996 werden auch lebensformspezifische Informationen erhoben. Der Mikrozensus ist also eine zentrale Informationsquelle zu haushaltsspezifischen Themen.

Die **Einkommens- und Verbrauchsstichprobe (EVS)** wird seit 1964 alle fünf Jahre durchgeführt und liefert Informationen über die Entwicklung der wirtschaftlichen Lebensverhältnisse in den Privathaushalten. Sie ist Bestandteil der amtlichen Statistik und wird ebenfalls vom Statistischen Bundesamt und den Landesämtern erhoben.

Eigenrecherchen können mit der Online-Datenbank **GENESIS** unter anderem zu folgenden Themen durchgeführt werden: Gebiet und Bevölkerung, Erwerbstätigkeit, Wahlen, Bildung, Sozialleistungen, Gesundheit, Recht, Wohnen und Umwelt.

Statistische Landesämter

Statistische Landesämter:
Informationsangebot/Schwerpunkt: Regionale und bundesweite Statistiken.
Beschreibung: Die Statistischen Landesämter der Bundesländer erstellen als Landesbehörden bundeslandspezifische Statistiken und nehmen in Zusammenarbeit mit dem Statistischen Bundesamt die Aufgaben der bundeseinheitlichen amtlichen Statistik in Deutschland wahr.
Veröffentlichungen/Datenquellen: Statistische Jahrbücher und die amtliche Statistik sind über die Landesämter abrufbar:
Internatadressen der Statistischen Landesämter:
Baden Württemberg: http://www.statistik-bw.de
Bayern: http://www.statistik.bayern.de
Berlin und Brandenburg : http://www.statistik-berlin-brandenburg.de
Bremen: http://www.statistik-bremen.de
Hamburg und Schleswig-Holstein:http://www.statistik-nord.de
Hessen: http://www.statistik-hessen.de
Mecklenburg-Vorpommern: http://www.statistik-mv.de
Niedersachsen:http://www.nls.niedersachsen.de
Nordrhein-Westfalen: http://www.lds.nrw.de
Rheinland-Pfalz: http://www.statistik.rlp.de
Saarland: http://www.statistik-saarland.de
Sachsen: http://www.statistik-sachsen.de
Sachsen-Anhalt: http://www.statistik.sachsen-anhalt.de
Thüringen: http://www.statistik.thueringen.de

Bundesregierung und Bundesministerien

(http://www.bundesregierung.de):

Informationsangebot/Schwerpunkt: Darstellungen des aktuellen Forschungs-standes zu verschiedenen sozialstrukturellen Themenbereichen.

Beschreibung: Die Bundesregierung bzw. die jeweiligen Bundesministerien veröffentlichen zu diversen Themen informative Fachberichte, die in der Regel von wissenschaftlich besetzten Kommissionen erstellt werden.

Veröffentlichungen:

- Das **Bundesministerium für Gesundheit und soziale Sicherung** (http://www.bmg.bund.de) veröffentlichte 2005 den **Zweiten Armuts- und Reichtumsbericht** (Datengrundlage: amtliche Statistik 1998–2004) und 2008 den Dritten Armuts- und Reichtumsbericht sowie den vom Robert Koch Institut und dem Statistischen Bundesamt erarbeiteten **Gesundheitsbericht** (http://www.gbe-bund.de). Letzterer gibt einen Überblick über die gesundheitliche Situation der Bevölkerung und das Gesundheitswesen in der Bundesrepublik Deutschland.

- Das **Bundesministerium für Bildung und Forschung** (http://www.bmbf.de) und die Ständige Konferenz der Kultusminister der Länder (KMK) veröffentlichen den **Bildungsbericht** (http://www.bildungs-bericht.de). Dieser wird federführend vom Deutschen Institut für Internationale Pädagogische Forschung (DIPF), in Zusammenarbeit mit dem Deutschen Jugendinstitut (DJI), der Hochschul-Informati-ons-System GmbH (HIS) und dem Soziologischen Forschungsinstitut Göttingen (SOFI) erstellt; er basiert auf repräsentativen empirischen Erhebungen und behandelt das deutsche Bildungswesen anhand aus-gewählter Indikatoren.

- Das **Bundesministerium für Arbeit und Soziales** (http://www.bmas.de) veröffentlichte 2006 den Bericht »**Sicherheit und Gesundheit bei der Arbeit**« (http://de.osha.europa.eu/statistics/statistiken/suga/). Datengrundlage ist hier die amtliche Statistik wie auch eine Erwerbs-tätigenbefragung des Bundesinstituts für Berufsbildung (BIBB) und der Bundesanstalt für Arbeitsschutz und Arbeitsmedizin (BAuA).

- Das **Bundesministerium für Familie, Senioren, Frauen und Jugend** (http://www.bmfsfj.de/) veröffentlicht bisher regelmäßig Berichte zur Situation von Familien (zuletzt der **Siebte Familienbericht** aus dem Jahr 2006).

Gesellschaft sozialwissenschaftlicher Infrastruktureinrichtungen e.V. (GESIS) (http://www.gesis.org):

Informationsangebot/Schwerpunkt: Sozialwissenschaftliche Empirie und Me-thodologie.

Bundesregierung und Bundesministerien

Gesellschaft sozialwissenschaftlicher Infrastruktur-einrichtungen e.V.

Beschreibung: Die GESIS stellt eine umfangreiche Sammlung von Informationsdatenbanken zu sozialwissenschaftlicher Forschung bereit. Hier werden Umfragedaten zu verschiedensten sozialwissenschaftlichen Fragestellungen gesammelt und verfügbar gemacht und eine umfassende Beratung und Weiterbildungen in methodischen Fragen angeboten.

Veröffentlichungen: Die GESIS gibt regelmäßige Publikationen wie den GESIS-Report sowie eine Zeitschrift zu empirischen Methoden (»**methoden daten analysen**«) heraus.

Datenquellen: Beispielhaft seien als bekanntere Datensätze, die über die GESIS zu beziehen sind die »Allgemeine Bevölkerungsumfrage der Sozialwissenschaften« **(ALLBUS)**, der deutsche Teil des »International Social Survey Programme« **(ISSP)**, der **Wohlfahrtssurvey** oder auch der **Eurobarometer** genannt. Der **ALLBUS** ist im Download frei verfügbar. Er wird seit 1980 in zweijährigem Abstand als repräsentativer Querschnitt der deutschen Bevölkerung durchgeführt und beinhaltet Fragen zu verschiedenen sozialwissenschaftlich relevanten Themen. Hierzu werden dem Nutzer auch interaktive Auswertungsmöglichkeiten geboten.

Deutsches Institut für Wirtschaftsforschung Berlin (DIW) (http://www.diw.de):

Informationsangebot/Schwerpunkt: Wirtschaftswissenschaftliche und sozioökonomische Analysen, zum Teil auf Grundlage eigener Befragungen.

Beschreibung: Das DIW ist ein wirtschaftswissenschaftliches Forschungsinstitut, das auch zu aktuellen wirtschaftlichen Entwicklungen Stellung nimmt. Für Sozialwissenschaftler ist es deshalb besonders interessant, weil hier das Sozio-ökonomische Panel angesiedelt ist.

Datenquellen: Im DIW ist das **Sozio-ökonomische Panel** (SOEP) beheimatet, eine jährlich durchgeführte repräsentative Wiederholungsbefragung in über 12 000 Privathaushalten in der Bundesrepublik Deutschland. Erhoben werden Daten zu allen Lebensbereichen, wobei ein gewisser Schwerpunkt auf Fragen der Lebenslage von Haushalten liegt. Der SOEP-Datensatz wird an Studenten und Wissenschaftler zur sozialwissenschaftlichen Analyse weitergeben.

Bundesinstitut für Bevölkerungsforschung (BiB) (http://www.bib-demographie.de):

Informationsangebot/Schwerpunkt: Bevölkerungs- und Familienfragen; Demografie.

Beschreibung: Das BiB befasst sich seit seiner Gründung 1973 mit allen Themen der Bevölkerungsforschung, darunter: Alterung, Fertilität, Sterblichkeit, Bevölkerungsbilanz und Familienstrukturen, Migration und Mortalität.

Veröffentlichungen: Das BiB gibt mehrmals jährlich Veröffentlichungen zu bevölkerungswissenschaftlichen Themen und Fragestellungen heraus. Dazu gehören die Zeitschrift für Bevölkerungswissenschaft, die Materialien zur Bevölkerungswissenschaft und die BiB-Mitteilungen.

Datenquellen: Das BiB führt unter anderem den deutschen **Generation and Gender Survey (GGS)** durch, mit dem sich familien-, intergenerationen- und lebensformenbezogene Themen untersuchen lassen. Die erste Erhebungswelle der Befragung fand im Jahr 2003 statt. Im Jahr 2006 erfolgte eine Erhebung unter der in Deutschland lebenden Migrantenbevölkerung. Eine Wiederbefragung der im Jahr 2003 befragten Personen ist für das Jahr 2008 geplant.

Deutsches Jugendinstitut (DJI) (http://www.dji.de):

Deutsches Jugendinstitut (DJI)

Informationsangebot/Schwerpunkt: Kinder- und Jugendforschung.

Beschreibung: Das DJI führt seit 1963 als außeruniversitäres Forschungsinstitut Forschungsprojekte und Erhebungen zu kinder-, jugend-, familien- und geschlechterbezogenen Themen durch.

Datenquellen: Das DJI hat zahlreiche Surveys durchgeführt. Dazu gehört unter anderem der **Familiensurvey**, der den Wandel und die Entwicklung von Familienstrukturen mit drei Erhebungen zwischen 1988 und 2000 untersuchte. Der **Jugendsurvey**, der seit 1992 durchgeführt wird, beschäftigt sich mit den Lebensverhältnissen sowie den gesellschaftlichen und politischen Orientierungen junger Menschen. Das **Kinderpanel** ist eine Längsschnittstudie, die seit 2001 Informationen zum Thema Kindheit in Deutschland erhebt.

Institut für Arbeitsmarkt und Berufsforschung (IAB)

Institut für Arbeitsmarkt und Berufsforschung

(http://www.iab.de/de/):

Informationsangebot/Schwerpunkt: Arbeitsmarkt-, Berufs- und Qualifikationsforschung.

Beschreibung: Seit seiner Gründung 1967 liegt der Schwerpunkt des IAB auf der Arbeitsmarktforschung. Als Dienststelle der Bundesagentur für Arbeit analysiert es Instrumente der Arbeitsförderung und Leistungen der Arbeitslosenversicherung und Grundsicherung.

Datenquellen: Die Statistik-Abteilung der Bundesagentur für Arbeit bietet Aggregatdaten zur arbeitsmarktrelevanten Themen aus den amtlichen Statistiken. Es besteht die Möglichkeit, online auf verschiedene

Datenquellen zuzugreifen: Mikrodaten und amtliche Statistik der Bundesagentur für Arbeit, sowie Indikatoren zur Arbeitsmarktentwicklung. Das IAB führt mit dem **IAB-Betriebspanel** zudem seit 1993 jährlich eine repräsentative Arbeitgeberbefragung zu betrieblichen Bestimmungsgrößen der Beschäftigung durch, wobei bundesweit etwa 16 000 Betriebe zu beschäftigungspolitischen Themen befragt werden.

Universität
Duisburg-Essen
(Institut für Soziologie)

»Sozialpolitik-aktuell« der Universität Duisburg-Essen (Institut für Soziologie) (http://www.sozialpolitik-aktuell.de):

Informationsangebot/Schwerpunkt: Umfassende Darstellung sozialpolitisch relevanter Inhalte.

Beschreibung: Die Universität Duisburg Essen stellt im Internet aktuelle Informationen und aufbereitete Daten und Grafiken zu sozialpolitischen Themen bereit.

Veröffentlichungen: Es liegen diverse Internetangebote vor, die zum Teil grafisch aufbereitete Informationen zum Beispiel zum Arbeitsmarkt, zur Alterssicherung, sozialer Sicherung, zu Lebensformen und Familienpolitik beinhalten.

Sachindex